谨将此书献给我儿时的街巷：汉口精武路

战国秦代的乡里组织与地方社会：以简牍资料为中心的考察

王准 著

国家出版基金项目
NATIONAL PUBLICATION FOUNDATION
湖北省学术著作出版专项资金
“十三五”国家重点图书
楚地出土文献：文本、地方社会与思想文化研究
丛书主编 晏昌贵

WUHAN UNIVERSITY PRESS
武汉大学出版社

图书在版编目(CIP)数据

战国秦代的乡里组织与地方社会:以简牍资料为中心的考察/王准著.—武汉:武汉大学出版社,2021.11

楚地出土文献:文本、地方社会与思想文化研究/晏昌贵主编

“十三五”国家重点图书 国家出版基金项目 湖北省学术著作出版专项资金资助项目

ISBN 978-7-307-22149-9

Ⅰ.战… Ⅱ.王… Ⅲ.古代社会—研究—中国—战国时代—秦代 Ⅳ.K220.7

中国版本图书馆 CIP 数据核字(2021)第 029374 号

责任编辑:李 程　　责任校对:汪欣怡　　版式设计:马 佳

出版发行:**武汉大学出版社** (430072 武昌 珞珈山)

(电子邮箱:cbs22@whu.edu.cn 网址:www.wdp.com.cn)

印刷:武汉精一佳印刷有限公司

开本:720×1000 1/16 印张:23 字数:340 千字 插页:4

版次:2021 年 11 月第 1 版 2021 年 11 月第 1 次印刷

ISBN 978-7-307-22149-9 定价:112.00 元

总 序

公元前221年的某一天，破灭六国、一统天下的秦王嬴政，志得意满，在秦都咸阳召开御前会议，其中一项主要议题便是“议帝号”。当时的丞相王绾、御史大夫冯劫、廷尉李斯等高官皆以为秦王政“兴义兵，诛残贼，平定天下，海内为郡县，法令由一统，自上古以来未尝有，五帝所不及”，古有“天皇”“地皇”“泰皇”，泰皇最贵，建议秦王尊号曰“泰皇”，并议王命曰“制”、令曰“诏”、天子自称曰“朕”。秦王嬴政欣然采纳，但去“泰”著“皇”，采上古“帝”号，号曰“皇帝”。又废除谥法，自号“始皇帝”，后世以计数，二世三世至于万世，传之无穷。① 由此开启了中国历史上长达两千多年的帝制时代，对中国历史产生了重大影响，具有十分重要的历史意义。

1975年11月初，湖北省云梦县城关公社肖李大队某社员发现古墓，立即上报。1975年12月1日正式发掘，1976年1月9日止，共历时40余天。其中一座编号M11的古墓出土大批竹简，考古工作者整理后得知，竹简主要是法律文书和反映民间信仰的《日书》，有一篇被整理者命名为“编年记”(后或改称“叶书”)的竹书，分栏记叙自秦昭王元年(前306年)至秦始皇三十年(前217年)的军国大事，兼及墓主人喜的个人履历及家族成员，但在秦始皇廿六年(前221年)一栏，有关秦统一的重大事件，却缺而不载，留下空白。②

---

① 参看《史记·秦始皇本纪》，中华书局1959年版，第235~239页。

② 《云梦睡虎地秦墓》编写组：《云梦睡虎地秦墓》，文物出版社1981年版，第1页；参看陈伟主编，晏昌贵撰著：《秦简牍合集：释文注释修订本(壹)·叶书》，武汉大学出版社2016年版，第7、12页。

从里耶秦简《更名方》看，秦统一伊始，即将相关的政策和制度下行到地方基层社会，① 作为秦南郡安陆县的小吏喜应该明晓其事，但我们不知道他为什么没有在《编年记》中将秦灭六国统一天下这样的重大事件记上一笔。我们或许应该理解，历史事件的意义往往是由后人往前追溯而凸显出来的，当时人未必能洞悉其中的历史含义；而历史发展的阶段性划分，也是后来的研究者人为设定的结果。历史的发展犹如长江大河，不容从中一分为二，截为两节。

如今考古发现和科研机构收藏的简牍已逾30万枚，不仅有像《编年记》这样对"重大"历史事件缺而不载的例子，还有更多像《日书》一类不见传世文献的简牍帛书。1925年，王国维针对以顾颉刚为首的"古史辨学派"疑古过甚的倾向，提出著名的"二重证据法"，不仅可以据出土的新材料"以补正纸上之材料，亦得证明古书之某部分全为实录，即百家不雅驯之言亦不无表示一面之事实"②。王国维所称的"地下之新材料"，主要是指古文字资料，论述的重点还是以传世文献为主，以地下出土文献主要是甲骨文印证古书记载，以证明古书记载的历史真实可靠。"二重证据"之不足，更发展为三重或多重证据法，举凡一切地下出土物包括古代遗址、墓葬，以及现当代的民族学调查资料和民间传说，皆可入史，从而极大地丰富了史料的来源和古史研究的范围。

出土简牍文献方面，也已从王国维时代的"二重证据法"转向简牍自身的研究，尤其是对那些不见于传世文献的简牍文书，日本学者从古文书学的角度，以文书集成的方式，复原简册的原始形态，构拟政令实施的过程，并进而发展到据简牍文书的抄写形式，从抄本文化的角度，探寻文本的内在逻辑，重建历史文本及其形成过程。以陈梦家为代表的中国学者，突破"二重证据"的限度，在文字资料之外，更注意结合考古学，以历史学的视野，从

① 湖南省文物考古研究所编：《里耶秦简(壹)》，文物出版社2012年版，图版第68页，释文第32~33页。

② 王国维：《古史新证——王国维最后的讲义》，清华大学出版社1994年版，第2~3页。

最基本问题入手，循序渐进，重构历史现场，取得丰硕成果。①

呈现在读者面前的这套小丛书共五册，就是我们利用出土文献和文物资料，并结合传世文献重构历史事实的初步尝试。其中既有利用文献学方法从抄本的形成与流传的角度，对楚地出土简帛日书文本的分类整理和日书所见古代社会生活的研究，又有利用民族人类学以及古代神话研究的方法对清华简《楚居》所涉及楚族源、楚先公先王以及早期楚国、楚文化的探讨；既有利用考古学方法对楚墓资料的整理以分析楚系家族形态，也有利用出土古文字资料从社会政治学的角度比较东周诸侯国的基层组织与社会。我们关注的对象往往是区域性的，关注的时段集中在先秦秦汉时期，时空范围多在早期中国的楚国故地，目光也不在庙堂之上，但目的只有一个，即探求历史的真相。

这套丛书的作者，多为朝气蓬勃的青年才俊，博士毕业之后多在大学或社科院工作。丛书的构想和实施，多有赖于武汉大学出版社的李程女史的多方组织协调。我作为主编还是第一次，在能力和经验方面都存在诸多不足，我所供职的武汉大学历史学院和兼职的中国传统文化研究中心给予诸多支持和便利，在此一并深致谢忱，也请读者对本丛书多加批评指正。

晏昌贵

2020年12月25日于珞珈山

① 参看侯旭东：《序》，郭伟涛：《肩水金关汉简研究》，上海古籍出版社2019年版，“序”1～3页。又见侯旭东：《二重证据法再思考——在出土文书类简牍中发现历史》，“清华大学公开课”讲座，https://www.bilibili.com/video/BV1Rs411h7yG?from=search&seid=16894219982693746730。

凡　　例

一、出土文献释文一般用通行文字书写，拟补的字用[　]标示，假借字、异体字用( )标示。无法辨认的字用□标示。简文残断用☒标示。简文中的符号作减省处理。

引文中出土文献编号等加阴影标示。

二、简牍陶文沿用发表时的编号，金文使用《殷周金文集成》的统一编号。为求检索、查找方便，引用《岳麓书院藏秦简》除特别注明之外，一律采用分册编排序号，不采用出土原始编号。

三、简牍原有篇名的，使用原篇名。原无篇名者，沿用整理者拟定的篇名。

四、以下批次的简牍、陶文在引用时，若无特别注明，皆出自下列版本，不再标出作者、版本与页码。

①包山楚简：

陈伟等：《楚地出土战国简册[十四种]》，经济科学出版社 2009 年版。

②睡虎地秦墓竹简：

陈伟主编：《秦简牍合集[壹]·睡虎地秦墓简牍》，武汉大学出版社 2014 年版。

③里耶秦简：

陈伟主编：《里耶秦简牍校释(第一卷)》，武汉大学出版社 2012 年版。

陈伟主编：《里耶秦简牍校释(第二卷)》，武汉大学出版社 2018 年版。

④岳麓书院藏秦简：

朱汉民、陈松长主编：《岳麓书院藏秦简（壹）》，上海辞书出版社 2010 年版。

朱汉民、陈松长主编：《岳麓书院藏秦简（贰）》，上海辞书出版社 2011 年版。

朱汉民、陈松长主编：《岳麓书院藏秦简（叁）》，上海辞书出版社 2013 年版。

陈松长主编：《岳麓书院藏秦简（肆）》，上海辞书出版社 2016 年版。

陈松长主编：《岳麓书院藏秦简（伍）》，上海辞书出版社 2017 年版。

陈松长主编：《岳麓书院藏秦简（陆）》，上海辞书出版社 2017 年版。

⑤张家山汉简：

彭浩、陈伟、工藤元男主编：《二年律令与奏谳书：张家山二四七号汉墓出土法律文献释读》，上海古籍出版社 2007 年版。

⑥齐国陶文：

高明编著：《古陶文汇编》，中华书局 1990 年版。

目　录

图表目录

绪 论

一、选题缘起及相关概念

战国至秦代所发生的从分封制到郡县制的变化，是中国政治制度史上的一次大变革。如果我们把目光越过郡县的层级、关注于乡里等地方社会上，会发现地方社会同样也发生着巨大变动。从微观角度来看，此时的地方社会从血缘性组织向地缘性组织过渡，其发展演变对应着分封制向郡县制的转变，对秦汉以后的地方社会产生了深远的影响。然而这一时期地方社会的发展演变至今仍旧无法描绘出一个清晰的面貌。以往我们只能从传世典籍的记载中寻找职官制度、行政区划、土地制度等方面的线索，但先秦诸子对于当时地方社会组织的记载相对比较零散，难以一窥全貌。《周礼》中为地方组织安排了一个看起来似乎很严密的系统：乡中有州、党、族、比、闾，遂中有县、鄙、里、邻、酂，还有在都鄙中划分井田时使用的井、邑、都、县、丘、甸。尽管《周礼》保存了不少珍贵的史料，但是也有相当多的内容并不太可靠，需要与其他文献如《诗》《书》等相印证后才能使用。由于传统文献的不足，学界对这一时期地方社会组织结构形态与职能等方面的认识还存在很多分歧。20 世纪以来，大量出土文献的公布，为我们认识和深入研究战国秦代社会的组织结构、职能，地方社会秩序，地方社会生活实态等提供了空间。

关于地方社会的概念，虽然现今在学术领域被广泛使用，但不同的使用者采用的内涵稍有不同。本书指称的“地方社会”，又称基层社会，是指县以下(不含县)的社会。本书所说的乡里组织或基层社会组织，是泛指县廷以下(不含县廷)的各种地方组织，比如里、邑、州、乡，等等。在秦汉时代，这种地方社会尚可称为“乡里社会”，但是在战国时代各国行政区划系统并不整齐划一，只能仍以通行的“地方社会”与“乡里组织”来称呼。

二、学术史回顾①

古代政治制度研究者对战国秦代地方社会乡里组织往往一笔带过，且多为转载传世文献记载，少有论述，我们可以将这一阶段称为相关研究的滥觞期。唐代杜佑的《通典》在论及“食货”时下列有“乡党”条，对于周秦时代户口版籍管理问题，主要采用《周礼》《管子》《商君书》之说。② 宋代郑樵的《通志》正式列有“乡官”条，放入“二十略”之中“职官略”末尾，其中周代制度记述非常简略，秦汉乡官记载则采纳《汉书·百官公卿表》《续汉书·百官志》之说。③ 元代马端临《文献通考》“历代乡党版籍职役”条述及周秦时代部分，大致因循杜佑《通典》之记载，采用《周礼》《商君书》之说。④ 马端临对古代乡里组织有所议论，打破之前志书仅辑录史籍记载的传统，但也仅有一条而已。⑤ 明末董说《七国考》虽分类收录秦、齐、楚、赵、韩、魏、燕等战国各国制度之文献，惟有“秦职官”部分收录“里正”之职，采自《韩非子》，认为

① 此处学术史涉及众多学者与成果，为求行文简洁，提及诸位学者时皆省略“先生”之称。

② 杜佑：《通典》卷三“食货三”之“乡党”条，中华书局1988年版，第56页。

③ 郑樵：《通志》卷五十六“职官略六”之“乡官”条，中华书局1987年版，第694页。

④ 马端临：《文献通考》卷十二“职役一”之“历代乡党版籍职役”条，中华书局1986年版，第123~124页。

⑤ 马端临比较了秦人所行什伍之法与周王朝的制度，认为两者看似一样，但周之法是守望相助、疾病相扶，培养的是“仁厚辑睦”的君子，秦之法则是众人告发、邻里连坐，培养的是“暴戾刻核”之小人。

“里正者，司乡邑者也”。董说所谓“乡邑”即指乡里。同书“秦食货”部分所附“户籍”条引用《史记》载秦献公十年初为户籍相伍事。① 清人孙楷《秦会要》于卷十六“民政”、卷二十五“方域下”之“乡里”条辑录《史记》之《秦始皇本纪》《商君列传》、《汉书·百官公卿表》等关于“初令男子书年”“为户籍相伍”“相收司连坐”“十里一亭……皆秦制也”的几条史料，并未有更多讨论。② 顾炎武《日知录》卷二十二“乡里”条认为以县统乡，以乡统里；“亭”条又记曰：“秦制，十里一亭，十亭一乡。”③他虽然注意到亭抓捕盗贼的职能，却似乎忽略了“以乡统里”与亭制之间的矛盾。清人金鹗《邑考》篇考察了古代文献中的邑，认为虽然邑有大小不一等，但四井之邑应该是更为合理的居民之法。④

清代以前对乡里组织的研究，经历了从简单抄撮文献资料向讨论具体问题的转变，且研究者所处的时代越晚，对于古代乡里组织之细节资料变得更加注意。但从总体上来说，研究者更加注重对于晚近时段的乡里的研究，早期的战国秦代并未受到充分重视，相关研究仍处于起步阶段。

1911 年辛亥革命之后，新成立的中华民国政府产生了总结乡里社会治理经验的需要，历史上的乡里社会与保甲、里甲制度的研究逐渐受到学者重视，可以说相关研究已进入崛起期。20 世纪二三十年代，以梁漱溟为代表的一批知识分子与活动家深入民国乡村开展“乡村建设运动”。20 世纪 30 年代初，保甲制度成为当时研究和讨论的热门话题，产生了一批研究成果。在这些研究中，尤其值得重视的是闻钧天所著《中国保甲制度》，它是最早专门研究中国乡里制度的著作，有专门章节讨论周秦时期的保甲制度。闻钧天认为

---

① 董说：《七国考》卷一“秦职官”、卷二“秦食货”，中华书局 1956 年版，第 10、89 页。

② 孙楷著，徐复订补：《秦会要订补》卷十六“民政”、卷二十五“方域下”之“乡里”条，中华书局 1959 年版，第 255~256、417 页。

③ 顾炎武著，陈垣校注：《日知录》卷二十二“乡里”条、“亭”条，安徽大学出版社 2007 年版，第 1220、1224 页。

④ 金鹗：《求古录礼说》“礼说九”之“邑考”，《续修四库全书》第 110 册，上海古籍出版社 2002 年版。

保甲制度广义上即“吾国之地方自治制度”。此种制度之精旨在周之政主于教，齐之政主于兵，秦之政主于刑，汉之政主于捕盗，晋魏之政主于户籍。该书作者注意到周代地方制度均以“家”为计数单位，打破之前以“井”里称谓的习惯，认为这是破除地域固定的组合，树立户族之面貌，立友邻亲族之方法。当时乡里所谓亲民小吏，实则半官半民的性质，其职务为亲理民事、受役于民。① 同时期另外一位学者江士杰所著《里甲制度考略》，主要从赋役角度研究里甲制度，其中也有不少关于乡里组织结构的论述。当时以顾颉刚为代表的古史辨派风头正劲，他们主张《周礼》由汉代刘歆伪造，因而其中记载不可相信。但江士杰并未随此大流，他引用日本学者佐野袈裟美的观点②，认为《周礼》一部分为事实，一部分为理想之政治作品。包括乡党、邻里在内的组织，在春秋孔子的时代，已多次被引用，故《周礼》记载的乡遂制度，有一部分应当在西周已经存在无疑。虽然乡遂组织记载有不少后人故意加入的内容，但邻里乡党这些组织或名称，决不会是假的。只要一翻《论语》中关于这一类的字句之多，就足证之不谬。③

在民国时期，除了保甲或里甲制度研究都出于现实政治需要而对历史进行追溯之外，学者也在探讨历代政治制度之时，对于乡里组织作一定之研究，代表性的成果有严耕望《中国地方行政制度史·秦汉地方行政制度》。严耕望认为，秦汉的乡仅为县之区分而治者，不能算是一级行政单位，乡吏也是县廷属吏之出部者，所以《汉官六种》等书记述县吏时，会把乡有秩啬夫等一并记录。他还采纳《续汉书·百官志》的说法，认为“亭下有里”。乡亭之小吏都是在乡部、亭部出任职务的县属吏身份，并非乡官，也毫无地方自治

① 闻钧天：《中国保甲制度》，商务印书馆 1935 年版。又收入《民国丛书》第四编 23 册，上海书店 1992 年版。

② 日人佐野袈裟美说：“须知真书之中，也有不真实的部分，伪书之中，也有真实的部分，辨别真伪，需要有一种真知灼见。玉中有石，石中也会发现真玉的。所以在处理史的资料时，不能专赖形势主义文献学的方法。”转引自江士杰：《里甲制度考略》，《民国丛书》第四编 23 册，上海书店 1992 年版，第 7 页。

③ 江士杰：《里甲制度考略》“二、唐以前的里甲制度”，商务印书馆 1934 年版。又收入《民国丛书》第四编 23 册，上海书店 1992 年版。

之意义。①

以上学者的研究都是基于传世文献而进行的梳理或讨论。但是传世文献中关于地方乡里组织，或者语焉不详，或者文献本身的可信度受到怀疑，这种状况极大地影响到相关研究，导致讨论难以深入，研究成果也相对较少。

1949年以后，随着金文、玺印、陶文、简帛等出土文献资料逐渐公布，关于地方社会乡里组织的史料不断有新发现，学者们可以用出土、传世文献相互印证，研究因而有了相当大的进展，相关研究进入兴盛期。其研究主要集中在以下几个方面：

(一)关于乡的起源问题

因为牵涉到西周的乡遂制度，所以讨论比较热烈，但目前仍存在着一定分歧，有殷商说、西周说与春秋说等不同观点。陈梦家在殷墟卜辞中发现有“我奠”的记载，认为奠应当在殷王国范围内，怀疑是郊甸的“甸”。金文中有邑与奠，两者是国与郊、都与鄙的关系。② 杨宽认为虽然《周礼》记载的制度夹杂了许多拼凑与理想的成分，但是其中的乡遂制度基本保留了西周春秋时代的特点，并非没有来历。西周时代的“六自”与“八自”既是军事组织，也是地域乡邑组织。《周礼》中的“六乡”与“六军”制度也是地域组织与军事组织密切结合的。金文中的“邑人”与“奠人”分别是乡与遂的长官。乡中居民称为“国人”，是具有完全公民权的统治阶层。乡中社会组织保留有村社的因素。③ 张亚初、刘雨认为虽然金文中没有出现乡遂的“遂”字，但在裘卫盉、

① 严耕望：《中国地方行政制度史·秦汉地方行政制度》，上海古籍出版社2007年版。严耕望的《秦汉地方行政制度》最新版虽然出版于1989年，影印再版于2007年，但此书初稿成形于20世纪40年代，较晚才得以出版，乡亭部分所用史料也限于传世文献，故而笔者将其归入民国时期成果。

② 陈梦家：《殷墟卜辞综述》，中华书局1988年版，第324页。

③ 杨宽：《试论西周春秋间的乡遂制度和社会结构》，《古史新探》，中华书局1965年版，第153~165页；杨宽：《论西周金文中“六自”“八自”和乡遂制度的关系》，《考古》1964年第8期。

裘鼎出现了“乡”字，应理解为乡遂的乡，故而推论金文中诸侯国有乡遂之分。他们同意陈梦家、杨宽关于奠人与邑人即乡遂两地官吏的观点。① 张懋镕根据史密簋铭文中的“遂人”记载，认为它证实了西周晚期的齐国确实实行了乡遂制度，《周礼》的相关记载比《管子》更加接近西周信史。西周礼制通过齐国与周王室的共同利害关系不断输送到齐国。② 田昌五、臧知非认为西周的乡并不全是地方居民单位，而偏重于军事上的划分，西周有乡遂制度是肯定的。③ 赵秀玲认为，西周开始出现“乡”级组织，并且出现“国”与“野”的分别，表示开始有了“乡里”社会的界定。④ 但也有学者认为西周时期并没有乡级组织。于省吾认为在当时出土的几千件青铜器铭文中，没有一处以乡遂的本字“卿”“豖”作“乡”“遂”使用者，因而是乡遂制度不起源于西周的有力证明。⑤ 杜正胜认为根据西周史料，尚无任何关于乡里之乡的痕迹。金文“乡”字作“卿”，义同公卿之卿、飨食之飨、方向之向，而无乡里之乡。《诗经》中的乡同样作“向”而非“乡”。故西周时代大概没有乡这一层行政机构或聚落。文献中春秋才有乡制记载，宋、陈、郑等国都有乡。春秋以来人口向城市集中，诸侯纷纷扩建外城，城内里的数量增加，基层社区与国君距离拉远，行政系统上才有必要设置一层中介“乡”。⑥ 晁福林指出《周礼》乡遂制度不仅乡与遂存在混淆不清的现象，而且与同书之中的地域概念国、郊、野存在明显矛盾，因而乡遂系统是不可信的，同时也违背了《周礼》的原义。齐、宋、郑国的乡与乡遂无关。金文中的奠人、邑人并非官职而仅表明身份或地域，六自、八自只是西周的军事组织而非乡邑组织。故西周没有乡遂制度，

① 张亚初、刘雨：《西周金文官制研究》，中华书局1986年版，第142页。

② 张懋镕：《史密簋与西周乡遂制度——附论“周礼在齐”》，《文物》1991年第1期。

③ 田昌五、臧知非：《周秦社会结构研究》，西北大学出版社1996年版，第55页。

④ 赵秀玲：《中国乡里制度》，社会科学文献出版社2002年版，第3页。

⑤ 于省吾：《关于〈论西周金文中“六自”“八自”和乡遂制度的关系〉一文的意见》，《考古》1965年第3期。

⑥ 杜正胜：《编户齐民：传统政治社会结构之形式》，台湾联经出版事业公司1990年版，第115~118页。

乡、遂两个字也不是作为居住单位来使用。① 卜宪群认同乡作为地域组织在西周就已经存在，春秋时期乡的材料见于鲁、郑、陈、宋诸国，证明乡的存在由来已久，其设置的普遍性应解释为从西周承袭而来。② 董巧霞认为乡字在甲骨文和金文中具有浓厚血缘特征，逐渐发展为一级地方社会组织，春秋战国之际在各诸侯国普遍确立。③ 西周时是否有乡遂制度仍旧存疑，但春秋时诸国有乡遂、战国时期各国有乡里，应该是不争的事实。但春秋时期乡遂上与西周的关系、下与战国乡里的演进，仍有许多不太清楚的地方。

(二) 乡里之"里"何时起源的问题

关于"里"的起源，目前学界有殷商说、西周初年说、春秋说，三者并存。因"里"的地域概念不仅存在于《尚书》《逸周书》《周礼》等传世典籍中，西周青铜器铭文《九年卫鼎》《令方彝》也有记载，所以学者们多认为西周时已经将"里"作为居民的基层地域组织。朱凤瀚认为里的本义是人所聚居之邑，在西周时期虽然保留着浓厚的血缘组织的制度与风俗，但已经成为地域性的社会组织。他根据殷墟甲骨文与商代金文都未见"里"字的情况，认为不能认定商代就有"里"的地域组织，而西周铜器铭文有"里君"记载，意味着西周初年才开始出现地域组织"里"。④ 以宫崎市定为代表的日本学者，认为古代中国城外无聚落，古代人民的聚落保持城郭都市的形式，城郭以外空地几乎没有人居住，直到东汉、三国以后，人民才开始往城外定居，形成新的村落。⑤ 杜

① 晁福林：《先秦社会形态研究》，北京师范大学出版社 2003 年版，第 407~448 页。

② 卜宪群：《春秋战国乡里社会的变化与国家基层权力的建立》，《清华大学学报》2007 年第 2 期。

③ 董巧霞：《先秦时期的基层组织——乡》，《历史教学》2008 年第 16 期。

④ 朱凤瀚：《先秦时代的"里"——关于先秦基层地域组织之发展》，唐嘉弘主编：《先秦史研究》，云南民族出版社 1987 年版。

⑤ ［日］宫崎市定：《中國における村制の成立》，（日本）《东洋史研究》18 卷 4 号，1960 年；《漢代の里制と唐代坊制》，（日本）《东洋史研究》21 卷 3 号，1962 年。中文译本《中国村制的确立——古代帝国崩溃的一个侧面》与《汉代的里制与唐代的坊制》均收录于氏著《宫崎市定亚洲史论考》中卷，上海古籍出版社 2017 年版。

正胜认为从传世文献与金文中邑的记载来看，春秋以前城外是有聚落的。西周与春秋时代郊野聚落多名作“邑”，城内的社区则称为“里”。城内之里五十家，城外之邑三十家，大概是古代聚落社区的基本形态。春秋中期以后，人口大量集中于城市，百里之家或许是战国到秦汉城市社区颇为普遍的现象。① 田昌五、臧知非分析了先秦的社会结构变迁，认为西周国家结构分为国、野两部分，里是国中的行政区划，一里就是一个居民区。邑是自然居民点，商代即普遍存在。里由邑演变而来，出现晚于邑，西周时期邑里并存，有的邑改为里，有的仍称邑。② 李修松认为周代的里或里社（书社）是一种以立社祀社活动为纽带而形成的社会基层组织，普遍分布于周朝国野与各诸侯国中。③ 王晖认为季姬尊铭文“厥友廿又五家”反映的是周代聚族而居的基层组织“闾”，正好与文献记载的一闾二十五家相合。④ 还有一些学者的观点与传统不同，否认西周的里是基层地域组织。史建群认为西周的里只是一个地域概念，常常指土地，春秋时才成为地域组织。⑤ 沈长云、李秀亮也认为西周的里并非居民的基层地域组织，而只有两种含义：一定面积的土地，或是作长度单位。作为基层组织的里直到春秋时才出现。⑥ 卜宪群认为西周之里虽然大多是城内的社区，但是已经构成基层社会组织形式。春秋时期的里可以人为设置，仍是城邑内的基层居民区，不必是自然聚落。春秋以前尽管传世文献与出土材料上有乡、里、邑等名称，但它们不可能成为后世意义上的国家基层行政组织。春秋战国之际，家族公社与农村公社解体，乡里等公社共同体赖以寄存的地域组织向国家的基层行政组织转化。⑦ 总体

① 杜正胜：《编户齐民：传统政治社会结构之形成》，台湾联经出版事业公司 1990 年版，第 102~108 页。

② 田昌五、臧知非：《周秦社会结构研究》，西北大学出版社 1996 年版，第 53 页。

③ 李修松：《立社与分封》，《安徽大学学报》1992 年第 2 期。

④ 王晖：《季姬尊铭与西周兵民基层组织初探》，《人文杂志》2014 年第 9 期。

⑤ 史建群：《〈周礼〉乡遂组织探源》，《郑州大学学报》1986 年第 2 期。

⑥ 沈长云、李秀亮：《西周时期“里”的性质》，《历史研究》2011 年第 4 期。

⑦ 卜宪群：《春秋战国乡里社会的变化与国家基层权力的建立》，《清华大学学报》2007 年第 2 期。

上学界基本认可西周的“里”具有地域组织的性质，但逐渐开始注意到其中存在的宗族关系。

(三)东周时期乡里组织的综合讨论

传世典籍也被学者们重新审视，一些学者基于传世文献的记载，对于东周时期乡里组织进行了整体研究。徐杰令认为《周礼》的乡遂制度虽然整齐划一，但不能否认其真实性。周人先祖古公亶父“邑别居之”即将居民划分乡里等地方组织，创立乡遂制度，后世蕃衍为六乡六遂，周王分封将乡遂制度带到各封国，春秋时乡遂制度仍被保留下来。战国时期因各国推行郡县制，乡里制度被简化，基本上均维持乡、里两级。乡官与乡遂制度紧密联系，西周春秋时在文献中名称繁多，战国时部分乡官废止，只剩乡、里两级。① 王彦辉等注意到东周秦汉时期乡里组织的系列变化，首先是乡里组织与宗族组织初步剥离，其次乡里组织本身由繁入简趋向统一，最后是乡官权势地位呈下降趋势。② 臧知非将什伍与乡里制度密切联系起来，认为什伍乡里制度渊源于西周，产生于春秋，形成于战国，确立于秦。血缘宗族关系随之淡化，开始异姓杂居、频繁迁徙，于是进一步强化乡里制度与户籍管理。③ 张信通认为从殷商时期起邑、里、丘就是居民的最小行政单位，到西周的乡遂制度下基层行政组织基本配备。春秋战国时乡里基层政权从属于新生的郡、县，乡里政权人员配备与分工更加完善，乡里制度在战国末期初步形成。④ 除了乡、里之外，还有一些新的地域单位被学者认为是基层组织。张怀通认为丘是先秦重要的基层组织，在商代就是农田渔猎的基本单位，在西周春秋则是野中的政权组织，战国时期丘被乡取代而退出历史舞台。⑤ 朱凤瀚也认为丘

① 徐杰令：《试论先秦乡官制度》，《求是学刊》2000 年第 2 期。
② 王彦辉、徐杰令：《论东周秦汉时代的乡官》，《史学集刊》2001 年第 3 期。
③ 臧知非：《先秦什伍乡里制度试探》，《人文杂志》1994 年第 1 期。
④ 张信通：《我国乡里制度的起源和演变》，《太原师范学院学报》2017 年第 6 期。
⑤ 张怀通：《先秦时期的基层组织——丘》，《天津师范大学学报》2000 年第 1 期。

可能是里上一级的地域组织单位。① 关于乡里吏员的职能，也有学者进行专门讨论。朱凤瀚认为战国时的里已经是县制下的最基层地方组织，仍设置于城、邑中，里内居民聚族而居状况已经基本消失。里的主要社会作用是保障对居民的徭役与兵役的征发。② 张信通依据《管子》关于春秋齐国农乡的记载，对农乡里吏的行政职能与军事职能进行了研究，行政职能包括户籍管理、发展经济、举才、告恶、治安等，军事职能包括军事训练与纪律教育，在春秋早期顺应了齐国发展潮流。③ 传世文献的研究虽然不乏新见，但相关史料的缺乏始终限制了对地方社会问题的进一步研究。

(四)齐、楚等国的乡里组织

随着考古学者对战国遗址的科学发掘，在原齐国、楚国等境内出土了多批次有陶文的陶器、简牍，支撑学者们对战国各区域的乡里组织作更进一步的研究。

李学勤梳理了战国时期的器物题铭，认为当时器物题铭多记录器物的督造者、制造者和使用者，其中齐国陶器多记载生产者的籍贯名氏。陶文“衢”读作“鄙”，相当于汉制的乡。④ 蔡全法考察了新郑“郑韩故城”出土陶文，认为陶文中的“里”字可能是居住当地里中之人以“里”为姓氏。⑤ 孙敬明认为齐国陶文中的“”释为“𣪘”字，读为“轨长”之“轨”，由此可证齐国鄙邑、里轨制度之存在。⑥ 孙敬明等在新出齐陶文中发现有“亭升”字样，认为齐国的

---

① 朱凤瀚：《商周家族形态研究(增订本)》，天津古籍出版社 2004 年版，第 563 页。

② 朱凤瀚：《先秦时代的“里”——关于先秦基层地域组织之发展》，唐嘉弘主编：《先秦史研究》，云南民族出版社 1987 年版。

③ 张信通：《东周齐国农乡的里吏》，《中国农史》2016 年第 3 期。

④ 李学勤：《战国题铭概述(上)》，《文物》1959 年第 7 期。

⑤ 蔡全法：《近年来新郑“郑韩故城”出土陶文简释》，《中原文物》1986 年第 1 期。

⑥ 孙敬明：《齐陶新探(附益都藏陶)》，《古文字研究》第十四辑，中华书局 1986 年版。

亭也备有量器，以征收贸易税。陶文中的“鄙”意义相当于后世文献中的“郊”。① 从陶文所记制陶手工业的督造者、工师、陶工的邑里分析，制陶业者多居于都城近郊，官营窑厂多在城西近郊及西北，私营产品已各有专擅，城东、北郊多制陶豆，西郊专作陶罐。② 李零在分析春秋战国时期齐国居民组织时认为，《周礼》所记载的居民组织和军队编制分为乡、遂、都鄙三套系统，他把乡称为武士组织，遂称为仿士组织，都鄙称为边鄙农民组织。这些古代居民组织有着两大来源：其中武士组织和仿士组织来源于军队编制，军事色彩浓厚，与氏族制度关系密切。边鄙农民组织则来源于计地的里制，它是纯地域性质的，与氏族制度无关。③ 他在研究齐、燕等国陶文时指出，陶文中的“敀”应该是陶量的置用机构。制陶工匠在陶文中标记市籍，简式书写通常作“某里某”。陶文中的“[illegible]”“衢”等应读为“廛里”之“廛”，是民居之区域，也是制陶工匠最集中的地方。④ 高明根据齐国都城临淄出土的大量陶文，对临淄城衢(乡)里制陶业的地区分布、组织形式、生产性质及陶工身份进行了考察。⑤ 王恩田则认为陶文中常见的“[illegible]”字不应释为“鄙”，而应释为“乡”。齐国民营制陶业已经有了明确分工，出现了某个地区或几个地区只生产一种产品的现象。⑥ 曹锦炎将战国陶文中的“敀”字改释为“敀”，是齐、燕两国职司量器制造的机构，陶文中的“右里敀”“左里敀”，反映设有敀机构

① 孙敬明、李剑、张龙海：《临淄齐故城内外新发现的陶文》，《文物》1988 年第 2 期。

② 孙敬明：《从陶文看战国时期齐都近郊之制陶手工业》，《古文字研究》第二十一辑，中华书局 2001 年版。

③ 李零：《中国古代居民组织的两大类型及其不同来源——春秋战国时期齐国居民组织试析》，《文史》第 28 辑，中华书局 1987 年版。

④ 李零：《齐、燕、邾、滕陶文的分类与题铭格式——新编全书季木藏陶介绍》，《管子学刊》1990 年第 1 期。

⑤ 高明：《从临淄陶文看衢里制陶业》，《古文字研究》第十九辑，中华书局 1992 年版。

⑥ 王恩田：《齐国地名陶文考》，《考古与文物》1996 年第 4 期。

的里名。① 朱凤瀚认为陶文中的“衢”可能近似于《齐语》中的鄙地，为国都近郊行政区划，其内部的里则是一些独立小聚落。② 刘伟根据齐陶文认为齐国都城周围的地域组织为“乡—邑—里”三级。③ 陆德富考释了齐国陶文中的“聚”字，认为陶文中的聚是分布于都城外的自然聚落，并不是地方乡里组织。陶文中的“某聚某里”大概是指聚落居民编入乡里组织中。④ 齐国陶文的记载虽然零碎，但其不小的数量仍旧提供了相当多的历史信息。

包山楚简出土公布后，因为包含大量涉及楚国地方乡里组织的文书档案，因而成为讨论的热点。顾久幸探讨了楚国基层行政机构，认为里是楚国最基层的行政机构，里之上依次是州、乡两级机构，乡的上级是县，由上至下呈现“县—乡—州—里”的结构。⑤ 罗运环指出包山楚简的“州”是一种民户编制，州前冠以人名与官名的都是食税州，食税者但食租税，没有民政与司法权。⑥ 陈伟考察了包山楚简的法律文书资料，认为楚国的地域政治系统并非可以简单归纳，而呈现复杂面貌，其中邑、里是并存于地方政区的两种组织形式，州则是集中于楚都周围的特殊建置。⑦ 陈伟还认为包山简中的邑与田相关，因此位于乡野之地，而里多在城中。𢧵、敔、邑构成由上至下的行政区域系统。⑧ 黄盛璋认为包山楚简的“集箸”简反映了户籍登记制度，表示三年登记一次户口，溺籍是没有入籍经查出来补充登记的名籍。⑨ 李零指出包山简中记载地方行政区划有“路”“戠”“州”“还”。州似乎是属于若干贵族

---

① 曹锦炎：《释战国陶文中的敀》，《考古》1984 年第 1 期。

② 朱凤瀚：《商周家族形态研究(增订本)》，天津古籍出版社 2004 年版，第 562 页。

③ 刘伟：《齐国陶文的研究》，山东大学硕士学位论文，2008 年，第 40 页。

④ 陆德富：《齐国陶文的“聚”字》，《中国文字学报》第八辑，商务印书馆 2017 年版。

⑤ 顾久幸：《楚国地方基层行政机构探讨》，《江汉论坛》1993 年第 7 期。

⑥ 罗运环：《论包山简中的楚国州制》，《江汉考古》1991 年第 3 期。

⑦ 陈伟：《包山楚简所见邑、里、州的初步研究》，《武汉大学学报》1995 年第 1 期。

⑧ 陈伟：《包山楚简初探》，武汉大学出版社 1996 年版，第 68~93 页。

⑨ 黄盛璋：《包山楚简中若干重要制度发复与争论未决诸关键字解难、决疑》，《湖南考古辑刊》第 6 辑，《求索》增刊，1994 年。

官吏。州吏有州加公与州里公。“还”怀疑应读为县。这类地名下还有“域”，“域”下还有“吾”等级，以及属于更基层的邑和里。当时楚国地域层级很复杂，但州、县是主要系统。① 另外李零在讨论“三闾大夫”之时，根据王逸的说法推断，楚国贵族昭、景、屈三氏在郢都之内各有居住区，分别为“昭闾”“景闾”“屈闾”。望山2号楚墓出土内棺带有印文“邵吕”，怀疑就是昭氏居住的“昭闾”。② 贾连敏整理了新蔡葛陵楚简，认为其中的“某人之述”可读为“某人之遂”，可能指某人(官吏或贵族)的采邑。葛陵简中的“丘”应指丘陵，简中的“国(域)”“寷”分别与包山简中的“䢅”“敔”相似。葛陵简的邑尽管多数与里一样都是基层单位，但有些邑层次可能高于里。邑可能类似现在农村集镇，里则相当于一般的村。③ 日本学者大西克也认为葛陵楚简中的地理名词“述”的含义与“州”一样指官员的俸邑。两者只是距离国都远近的区别：州离国都近，述离国都远。④ 罗运环认为包山简中的“䢅”当释为“国”，存在三种可能性：灭国不绝其祀的“迁国”；吴起变法失败后收封君之国而未尽收者；新封的侯国。敔可能与某些地区因特殊需要而设的管理山林川泽的地方虞官有关，其下辖之邑为虞官直辖之邑。䢅是一种大邑，可能为郡县治所的县城或郡城，也可能为封邑。⑤ 鲁鑫通过对包山楚简中的里名进行分类，将其分为从属某人之里与从属某地之里两大类，里中居民身份并非整齐划一，但楚国名籍登记制度已经很完善，名籍可能已经统一掌握在中央集权国家手中。⑥ 鲁鑫总结了楚国基层行政机构，认为春秋时期楚国已经有了“里”一级行政组织，由里公负责里内行政事务。里是行政机构，社是祭祀

① 李零：《包山楚简研究(文书类)》，《李零自选集》，广西师范大学出版社1998年版。

② 李零：《“三闾大夫”考》，《文史》第54辑，中华书局2001年版。

③ 贾连敏：《新蔡葛陵楚简中的祭祷文书》，《华夏考古》2004年第3期。

④ 大西克也：《试论新蔡楚简的“述(遂)”字》，《古文字研究》第二十六辑，中华书局2006年版。

⑤ 罗运环：《释包山楚简䢅敔宫三字及相关制度》，《简帛研究　二〇〇二、二〇〇三》，广西师范大学出版社2005年版。

⑥ 鲁鑫：《包山楚简州、里问题研究缀述》，《中原文物》2008年第2期。

组织，两者不一定完全重合。州作为行政组织在乡之下，州加公负责州内事务。乡是州之上、县之下的行政机构，行政长官是乡师。① 包山楚墓楚国文书类简牍的出土，为楚国乡里组织的研究打开了一扇大门。虽然它并非专为记载乡里组织而书写，但在记录刑名案件之余，顺便记录了相当多的里邑等乡里组织的信息。不论是名籍制度，或是里民的社会生活，仍有很大的讨论空间。

（五）秦的乡里组织

随着几十年来秦简牍大量出土公布，其中多有涉及基层的律令与文书档案，所以关于战国时期秦国与秦代乡里组织的研究历来是学界研究的重点。从秦乡里组织的结构层级、运作方式，到秦乡官、里吏的员额和职能，还有什伍制度、亭制，都产生了相当丰硕的成果，接下来我们将分类整理相关研究。

秦乡里组织的结构与层级方面，学者们经历了长期讨论，基本上达成共识。严耕望大致认同“亭下有里”的说法，将亭与乡并称为乡亭。② 安作璋、熊铁基认为亭与乡是同一级的地方行政组织，亭下辖里，十里一亭。③ 傅有举也认为以县辖亭，亭下辖里。④ 王毓铨根据汉代史料指出汉代的亭是与乡里不同性质不同行政系统的机构，相互没有统辖关系。亭在历史上是军事设置，与地方行政组织乡里完全不同。⑤ 虽然讨论的是汉代的亭，但对于秦的乡里组织研究有着重要借鉴意义。罗开玉根据睡虎地秦简《封诊式》多个案例

① 谭黎明：《春秋战国时期楚国官制研究》，吉林大学博士学位论文，2006年，第120~127页。

② 严耕望：《中国地方行政制度史——秦汉地方行政制度》，上海古籍出版社2007年版，第237页。

③ 安作璋、熊铁基：《秦汉官制史稿》下册，齐鲁书社1984年版，第202~214页。

④ 傅有举：《有关秦汉乡亭制度的几个问题》，《中国史研究》1983年第3期。

⑤ 王毓铨：《汉代“亭”与“乡”“里”不同性质不同行政系统说——“十里一亭……十亭一乡”辨正》，《历史研究》1954年第2期。

论证秦国直接以乡辖里，中间没有亭的层级。① 杨剑虹认为傅有举对材料的解读存在问题，结论是里属于乡，与亭无关。秦汉时期县以下的基层政权是乡、里，亭是负责治安的，是县衙的派出机构，与乡、里并无统属关系。② 张金光认为秦汉的亭并非治民行政区域，只是治安区划，所以县以下的统属关系为"县—乡—里—伍"。③ 张力也认为秦汉在县下设乡，乡下置里。④ 杜正胜认为秦汉无坊和村之名，不论城内社区或城外农庄都称作里，兼具自然聚落和行政单位两种性质。从封建制到郡县制，聚落景观大概没有大变化，发生变化的是地方行政系统的建立。以地理景观而言，小农庄和大国都都是具体聚落，前者转化为秦汉的里，后者转化为秦汉的县，构成地方制度的基本骨干；不像郡与乡，只是行政区域而已。⑤ 池田雄一以表格的形式对秦汉制度形成之前先秦时期的地方行政组织情况进行了整理。从表格可知，先秦地方行政组织构成方式主要有两种，一种是以户数为基准的划分；一种是按照面积为基准的划分。各种划分中的最低一级仅有五户的单位，在后世属于什伍、邻保系统。位于其上的里、闾等单位则代表了当时聚落的普遍规模。以户数为基准构建的地方行政制度产生于郡县制国家控制体制的形成时期，出现的背景是家族关系的松弛。⑥ 晏昌贵、郭涛利用里耶秦简全面复原迁陵县的乡里建置，迁陵县下辖三乡：都乡、启陵乡、贰春乡。都乡辖高里、阳里；启陵乡辖成里；贰春乡辖南里、东成里、舆里。⑦

---

① 罗开玉：《秦国乡、里、亭考》，《考古与文物》1982 年第 5 期。

② 杨剑虹：《从简牍看秦汉时期的乡与里组织》，《陕西历史博物馆馆刊》第三辑，西北大学出版社 1996 年版。

③ 张金光：《秦乡官制度及乡、亭、里关系》，《历史研究》1997 年第 6 期。

④ 张力：《秦汉里论》，《四川师范学院学报》1993 年第 4 期。

⑤ 杜正胜：《编户齐民：传统政治社会结构之形成》，台湾联经出版事业公司 1990 年版，第 110、123 页。

⑥ 池田雄一：《中国古代的聚落与地方行政》，复旦大学出版社 2017 年版，第 84~89 页。

⑦ 晏昌贵、郭涛：《里耶简牍所见秦迁陵县乡里考》，《简帛》第 10 辑，上海古籍出版社 2015 年版。

关于秦乡里组织的运作方式，严耕望认为乡部、亭部出任职务的有秩、啬夫、游徼、亭长等都是县属吏的身份，并非真正意义上的乡官，所以秦汉乡亭制度毫无地方自治之意义。① 仝晰纲认为秦汉时期的乡里管理体制，包括了乡里“自治”体制、行政管理体制、治安管理体制三个层面，三者一体，构成国家在乡里的统治基础。② 关于基层行政组织如何建立政治权力的过程，卜宪群指出国家基层行政组织的设立与乡里社会自身的发展是一个互动的历史过程，既有矛盾也有统一。乡里社会的事务在发生多元变化的同时，基层政治权力也不可避免地随之产生。云梦秦简显示秦基层行政组织的权力来源是自上而下的，管理方式是垂直管理。《周礼》记载的乡官也反映春秋战国乡里制度的权力体系是专制主义中央集权的管理。乡里社会并不存在国家与地方自治共同体二者分割权力的二元权力体系，乡里政权的权力体系仍旧是一元化的。③ 卜宪群还补充说明了乡里组织的主要经济职能，包括维护小农经济稳定发展、处理乡里社会的复杂经济事务等，这些都是基层行政组织得以建立的原因。④ 臧知非认为秦汉时期里的形态、功能都在不断变动。秦和西汉初期，里是以土地国有制为基础规划、控制基层社会的基本单位，里民的生产生活都在国家设定轨道中运行；此后随土地私有和经济结构变化，里的生产职能淡化，宗族血缘渗透进来，国家力量控制弱化。⑤ 王爱清认为秦与西汉前期，国家权力凌驾于社会势力之上，基层小吏如里正、田典与伍长等的选用不受地方社会势力左右，国家以法治吏，使基层小吏成为基层行政的忠实执行者。⑥

---

① 严耕望：《中国地方行政制度史——秦汉地方行政制度》，上海古籍出版社 2007 年版，第 237 页。

② 仝晰纲：《秦汉时期的乡里管理体制》，《东岳论丛》1999 年第 4 期。

③ 卜宪群：《春秋战国乡里社会的变化与国家基层权力的建立》，《清华大学学报》2007 年第 2 期。

④ 卜宪群：《从简帛看秦汉乡里组织的经济职能问题》，《史学月刊》2008 年第 3 期。

⑤ 臧知非：《秦汉里制与基层社会结构》，《东岳论丛》2005 年第 6 期。

⑥ 王爱清：《秦汉基层小吏的选用及其功能变迁》，《绵阳师范学院学报》2012 年第 12 期。

出土的里耶秦简内容大量涉及乡里的官方文书，乡里的文书行政也受到学者重视。卜宪群指出秦代乡中行政事务都以公文形式处理。乡的文书传递主要是上行文书，对县廷的要求作出答复。乡与乡之间也有平行文书，但是必须经县转达。秦代的乡管理着各种涉及乡民基本状况的簿籍。里耶秦简反映秦代的乡是户籍等簿籍的藏地。① 凡涉及乡里的公文都要下达乡里。乡中事务的复杂性决定了乡小吏要撰写各类文书，以文书行政。上级机构对乡中事务的处理一般以乡的上行文书为依据，而非口头汇报。里吏、里民与上下级之间或许没有文书往来，而以“自言”行事。睡虎地秦简反映里典以“告”的形式向上级报告，采取的是口头汇报而非文书形态。秦汉时期什伍与里，里与里，里与乡、县之间的日常行政，包括里民与这些机构间的行政是不以文书形式运作的。原因大约是空间距离不远，不需要复杂的上行、平行文书。② 周晓陆、路东之《秦封泥集》仅收录有秦乡封泥而未见秦里封泥，似乎能够印证卜宪群关于里中不以文书行政的观点。③ 鲁家亮梳理了迁陵县三乡的水陆交通路线与渡津，并且认为三乡在文书中出现的次序可能与酉水流经三乡的顺序有关。④

每一乡都设有乡官，乡官具体有哪些种类，负责哪些实际事务，都是研究需要关注的。严耕望认为秦汉只有三老、孝弟、力田等属于乡官，即乡里民官率民参政者。乡官的特点是：虽可率民，却无实际执掌；代表民意，领衔呈诉，与地方政府奏请不同；有位无禄。乡中另有乡吏，如乡有秩、啬夫等，皆秦制。⑤ 其他学者大多没有采用严耕望的乡官定义，而将三老、啬夫等笼统称为乡官。安作璋、熊铁基认为，乡官以啬夫为主，虽然常常把三老

① 卜宪群：《从简牍看秦代乡里的吏员设置与行政功能》，《里耶古城·秦简与秦文化研究：中国里耶古城·秦简与秦文化国际学术研讨会论文集》，科学出版社 2009 年版。

② 卜宪群：《从简帛看秦汉乡里的文书问题》，《文史哲》2007 年第 6 期。

③ 周晓陆、路东之：《秦封泥集》，三秦出版社 2000 年版。

④ 鲁家亮：《里耶秦简所见迁陵三乡补论》，《国学学刊》2015 年第 4 期。

⑤ 严耕望：《中国地方行政制度史——秦汉地方行政制度》，上海古籍出版社 2007 年版，第 245、237~239 页。

摆在乡官之首，但实际行政由啬夫负责。乡佐在乡中地位类似于郡县之丞。游徼为县职，分布于各乡。三老不属于秦吏，但又是地方上有影响的人物。① 罗开玉指出乡三老不见云梦秦简记载，怀疑不是秦制而是承袭六国。乡游徼、乡有秩可能都是西汉早中期才出现。② 王宇信等认为战国时期乡一级的官吏在云梦秦简中称为“乡主”，里一级行政组织设有里典与伍老。③ 仝晰纲认为三老并非严格意义上的国家官吏与行政职务，只是比作官吏。游徼是县的外部吏。只有乡啬夫、乡佐才是真正意义上的乡官。④ 张金光认为秦乡吏至少有二员，正职曰啬夫，副职曰佐。乡“三老”不见于秦简记载，但仍是秦地方社会名流，在反秦战争中成为政府的异己力量。游徼也不见于秦简，秦乡吏是否有此职待考。⑤ 卜宪群指出里耶秦简中的仓主是主管仓者的泛称。仓啬夫设于县中，其属官派往乡中。仓主尽管在乡中工作，但与乡吏员并非一个系统。⑥ 卜宪群认为乡主是乡中主要负责人的代称，而非正式职官名称。乡守也不是乡官的正式名称，而是乡的守官的简称，是任用官吏的一种方式，并非官名。秦乡中有乡司空，负责工程营造以及管理工程中的刑徒。根据文书下达程序与秩次看，乡司空直接秉承县司空，而不仅仅是乡啬夫的佐官。汉初以后，大规模战争结束，乡司空职能消失，职位也随之消失。田官守是否乡啬夫佐吏还不能断定，但它是与土地管理有关的官职当可以确定。⑦ 池田雄一认为乡守与乡啬夫在里耶秦简记载的同一乡中并存，另外还见到乡主的记载。乡守与乡主都可以确认为乡啬夫。乡主是乡的责任者的泛称。里耶秦简显示地方户赋的征收是以乡为单位收缴的，乡吏是能够代

---

① 安作璋、熊铁基：《秦汉官制史稿》下册，齐鲁书社 1984 年版，第 187~202 页。

② 罗开玉：《秦国乡、里、亭考》，《考古与文物》1982 年第 5 期。

③ 王宇信等：《中国政治制度通史·先秦卷》，人民出版社 1992 年版，第 546 页。

④ 仝晰纲：《秦汉乡官里吏考》，《山东师大学报》1995 年第 6 期。

⑤ 张金光：《秦乡官制度及乡、亭、里关系》，《历史研究》1997 年第 6 期。

⑥ 卜宪群：《秦汉之际乡里吏员杂考——以里耶秦简为中心的探讨》，《南都学坛》2006 年第 1 期。

⑦ 卜宪群：《从简牍看秦代乡里的吏员设置与行政功能》，《里耶古城·秦简与秦文化研究：中国里耶古城·秦简与秦文化国际学术研讨会论文集》，科学出版社 2009 年版。

理运出粟米的人。① 刘乐贤注意到里耶秦简中在提及乡级机构主管官员时，存在将其职务略去不书的现象，即职官省称现象。② 王彦辉认为里耶秦简所见秦代乡级吏员设置及其执掌与此前学者已有认识大体相同。乡设乡部与田部，乡部长官为乡有秩、乡啬夫，田部有田啬夫与田典。③

乡官中的乡啬夫尤其受到学者关注。《汉书·百官公卿表》记载乡啬夫源于秦制。严耕望认为大乡五千户设有秩，不及五千则设啬夫，故而常以啬夫包括有秩而言，啬夫几乎成为通制，有秩成为特制。有秩啬夫都为郡县所署，比于属曹，故亦称掾。④ 云梦秦简未曾记载乡啬夫，引发学者们的猜测。罗开玉指出乡啬夫听讼并非秦制，在云梦秦简中也得不到例证。⑤ 安作璋、熊铁基认为啬夫原为古代农夫之别称，后来逐渐变成官称。有秩是乡有秩啬夫的简称，啬夫分为有秩啬夫与无秩的啬夫，区别在于禄秩高低、是否登记于“官簿”、是否佩戴印绶等。大乡、小乡设置不同：小乡仅置啬夫一人，不一定有三老与游徼。⑥ 裘锡圭认为“啬夫”作为官名，首先应该应用于乡啬夫一类下级基层治民官吏。地位较高的官吏也称啬夫的现象，只有在乡啬夫名称使用一段时间后才可能出现。秦律时代已经存在乡啬夫官名。⑦ 仝晰纲认为乡啬夫分“有秩啬夫”与“(无秩)啬夫”，区别在是否有秩、执掌乡之大小与是否有印绶。⑧ 杨剑虹认为乡可称邑，也可叫田，因而云梦秦简中

① 池田雄一：《关于里耶秦简中的乡里吏问题》，《史林挥麈——纪念方诗铭先生学术论文集》，上海古籍出版社 2015 年版。

② 刘乐贤：《里耶秦简和孔家坡汉简中的职官省称》，《文物》2007 年第 9 期。

③ 王彦辉：《〈里耶秦简〉(壹)所见秦代县乡机构设置问题蠡测》，《古代文明》2012 年第 4 期。

④ 严耕望：《中国地方行政制度史——秦汉地方行政制度》，上海古籍出版社 2007 年版，第 237~239 页。

⑤ 罗开玉：《秦国乡、里、亭考》，《考古与文物》1982 年第 5 期。

⑥ 安作璋、熊铁基：《秦汉官制史稿》下册，齐鲁书社 1984 年版，第 191~200 页。

⑦ 裘锡圭：《啬夫初探》，《云梦秦简研究》，中华书局 1981 年版，第 229 页。

⑧ 仝晰纲：《秦汉乡官里吏考》，《山东师大学报》1995 年第 6 期。

的田啬夫、邑啬夫即乡啬夫。① 张金光认为在秦政府中，啬夫为各机构之政长，是普遍使用的职称名。在对官长称谓实际运用中常被省去，而直以某机构名称代之。乡之官长“乡主”即乡啬夫。② 日本学者堀毅注意到《汉书·百官公卿表》虽然记载乡啬夫“职听讼”，但是睡虎地秦简的记载仅有县级官吏可以听讼，并未见到乡啬夫听讼的实例，也找不出乡啬夫收赋税的事例，啬夫的名称是从穑夫(田夫)而来，秦代乡官中不存在啬夫。③ 里耶秦简出土后，简文明确记载了“乡啬夫”之职，从而证明堀毅的观点并不成立。卜宪群认为乡有秩即乡啬夫，仅因乡啬夫本身秩别存在不同级差。有秩并非与百石严格对等，百石以下的斗食、佐吏也应属于有秩者。④ 卜宪群还指出里耶秦简证实秦乡里组织中设置了乡啬夫一职，并且说明秦代乡级政权中的负责人就称为乡啬夫而非其他名称。但秦代是否有“乡有秩”尚不明朗，有待其他直接证据发现。⑤ 张朝阳认为秦代基层管理采用了双头模式，乡啬夫是名义上一乡之长，乡守则实际上主管一乡事务。里耶秦简中乡啬夫少见，而大量见到乡守，表明乡守与乡啬夫是平行、并列关系，不相隶属。⑥

另外里耶秦简出土有户籍简牍，关于秦户籍制度与户籍简也成为讨论热点。孙筱据传世文献与云梦秦简、居延新简对秦汉户籍制度进行了考证。⑦ 张春龙公布了里耶秦简中的户籍史料，指出当时人口登记内容包括户主姓名、爵位、大男、大女、小男、小女及死亡情况等，并对于秦人和原楚国居

---

① 杨剑虹：《从简牍看秦汉时期的乡与里组织》，《陕西历史博物馆馆刊》第三辑，西北大学出版社 1996 年版。

② 张金光：《秦乡官制度及乡、亭、里关系》，《历史研究》1997 年第 6 期。

③ 堀毅：《秦汉乡官考》，《秦汉法制史论考》，法律出版社 1988 年版。

④ 卜宪群：《秦汉之际乡里吏员杂考——以里耶秦简为中心的探讨》，《南都学坛》2006 年第 1 期。

⑤ 卜宪群：《从简牍看秦代乡里的吏员设置与行政功能》，《里耶古城·秦简与秦文化研究：中国里耶古城·秦简与秦文化国际学术研讨会论文集》，科学出版社 2009 年版。

⑥ 张朝阳：《也从里耶简谈秦代乡啬夫与乡守：论基层管理的双头模式》，《史林》2013 年第 1 期。

⑦ 孙筱：《秦汉户籍制度考述》，《中国史研究》1992 年第 4 期。

民加以严格区分。① 邢义田认为里耶秦简南阳户籍简原本可能是秦代地方官府正式户籍簿册的一部分，证明了户籍登记包括奴婢在内，南阳是里名，推测是城中之里。② 张荣强认为里耶户籍简分栏书写方式与商鞅变法后秦国的户口统计方式一致，此户版就是乡保存的户籍，也就是“名数”。户版应该是秦占领楚地后不久编制的。③ 韩国学者李成珪也认为“南阳”是里名，南阳里名取自原楚国地区的南阳郡，户籍简上登录的是从原南阳郡迁移过来的原楚国人。④ 田旭东认为里耶户籍简中没有见到年龄、身高、肤色形貌、财产等的记录，推测应该有与户籍登记配套的其他情况的簿籍。户籍简反映秦统一后郡县制全面实行时，户籍制度更严密的实际情况。⑤ 黎明钊根据户籍简显示的家庭类别，认为秦并未严格实行分异法，小家庭是主导，但仍存在相当多的扩展家庭和联合家庭。⑥ 陈絜根据里耶秦简户籍简记载的户主姓氏繁多的状况，判断战国末期迁陵县南阳里呈现异姓杂居之状。家庭奴仆是编户民的附属人口，人身依附关系得到法律承认。⑦ 凡国栋认为乡级政府承担着户口登记管理的职责，户籍简中的人物籍贯信息中的县、乡两级信息已默认为户口所在地县、乡，故户口登记时直接登记里名而无须登录县、乡名。秦乡里名多见与县名相同现象，凡国栋同意黎明钊、李成珪的意见，认为南阳里名来自南阳郡移民的结果。⑧ 沈刚认为里耶户籍文书以里为单位编制，无注

① 张春龙：《里耶秦简所见的户籍和人口管理》，《里耶古城·秦简与秦文化研究：中国里耶古城·秦简与秦文化国际学术研讨会论文集》，科学出版社 2009 年版。

② 邢义田：《龙山里耶秦迁陵县城遗址出土某乡南阳里户籍简试探》，简帛网，2007 年 11 月 3 日。

③ 张荣强：《湖南里耶所出“秦代迁陵县南阳里户版”研究》，《北京师范大学学报》2008 年第 4 期。

④ 李成珪：《里耶秦简南阳户人户籍与秦迁徙政策》，(韩国)《中国学报》第 57 辑，2008 年。

⑤ 田旭东：《里耶秦简所见的秦代户籍格式和相关问题》，《四川文物》2009 年第 1 期。

⑥ 黎明钊：《里耶秦简：户籍档案的探讨》，《中国史研究》2009 年第 2 期。

⑦ 陈絜：《里耶“户籍简”与战国末期的基层社会》，《历史研究》2009 年第 5 期。

⑧ 凡国栋：《里耶秦简所见秦基层地方行政体系》，《湖南考古辑刊》第 11 辑，科学出版社 2015 年版。

役、年龄记录，乡负责户口登记与初步分类，县在乡基础上编制特殊名籍。户口变化时，由里典参与公正事宜。① 张信通认为秦国的民籍包括5种籍簿，由里吏初步填写，乡吏书写正式户籍。民籍管理由乡部吏负责，里吏负连带责任。② 孙兆华、王子今研究了里耶秦简户籍文书中登录的姓名，发现其中存在妻不书姓现象，认为或许反映妻从夫姓的情形以及出嫁从夫在秦边疆地带的流行。户人书姓则显示秦户籍管理以户人为中心的原则。③ 也有学者否认这批简牍是户籍简。刘敏认为户籍简各栏并非为区分户主、配偶、子女等，而用于区分是否丁壮男子、丁壮女子，所以性质也不是秦政府正规户籍样式，而是临时性的区分男女老弱丁壮的分类登记表。④ 姚斓认为里耶户籍简中反映出的高度异姓杂居状态，显示东周地方社会经历演变后在东周晚期已完成血缘向地缘的转变。⑤

里中设有里吏，作为最直接面对里民的小吏，其身份与职能也颇受关注。安作璋、熊铁基指出基层里吏具有官民二重身份，小吏包括里正(里魁)、父老、社宰、里监门等。⑥ 仝晰纲认为秦汉时期的里吏包含了里正、间佐、父老、社宰、伍长、里监门等。里吏任用一般由乡选里举决定。⑦ 里正又称里君、里宰、里长、里正。秦称里典，汉称里正。间佐是里正之副贰。父老非官非吏。秦代设有什典与伍老。里监门当为一种贱职。⑧ 张力认为在里中存在两套组织系统，一是由里正、伍长、监门等组成的行政组织系

① 沈刚：《里耶秦简所见民户簿籍管理问题》，《中国经济史研究》2015年第4期。

② 张信通：《秦国乡官里吏民籍管理职能探究》，《河北师范大学学报》2017年第2期。

③ 孙兆华、王子今：《里耶秦简牍户籍文书妻从夫姓蠡测》，《中国人民大学学报》2018年第3期。

④ 刘敏：《关于里耶秦"户籍"档案简的几点臆测》，《历史档案》2008年第4期。

⑤ 姚斓：《东周晚期基层社会从血缘到地缘的转变——以里耶户籍简为中心》，《淮北师范大学学报》2015年第3期。

⑥ 安作璋、熊铁基：《秦汉官制史稿》下册，齐鲁书社1984年版，第216~217页。

⑦ 仝晰纲：《秦汉时期的里》，《山东师大学报》1988年第4期。

⑧ 仝晰纲：《秦汉乡官里吏考》，《山东师大学报》1995年第6期。

统，一是由父老子弟构成以血缘关系为根基的自律的父老组织系统。① 张金光认为里的负责者在秦统一前称“里典”，有时称“田典”，秦简中无称“里正”者，并非避秦王政讳而改。② 卜宪群指出里耶秦简有里佐，当为里典的助手。里典即里正，避秦始皇之讳而改。里典虽是百石或秩次更低的小吏，其任命也必须经过正式程序，经乡申请、县廷审批，有律令可依。③ 池田雄一据里耶秦简认为里典等里吏掌握当地居民日常情况，对居民的迁动情况向县报告。里典的人事手续由管辖里的乡吏筛选候补者，县的长吏对此进行任命。④

在里的内部，还有所谓“伍长”，涉及当时的什伍制度。罗开玉根据睡虎地秦简记载，认为并非所有相邻五家都能成“伍”。且地方上以里辖“伍”，不存在十家连坐的“什”，“什”是军事编制。但“士伍”的称谓可能源自什伍制度。⑤ 安作璋、熊铁基认同里中有什伍制度，设伍老(伍长)、什典(什长)。⑥ 杜正胜认为从云梦秦简来看，并无“什”的政治社会单位。察奸之外，什伍制最主要的目的是稳定户口，禁止逃亡。⑦ 张金光认为除《史记》外，其他秦文献及秦简中都不见秦里中有“什”的编制，也没有“什典”。⑧ 池田雄一先生认为《管子》中记载的伍长也许经过一定的加工润色，没有确切证据能够证明秦汉时期的什伍制度中常设有伍长，而是长吏为方便管理而临时安排的。⑨

---

① 张力：《秦汉里论》，《四川师范学院学报》1993 年第 4 期。

② 张金光：《秦乡官制度及乡、亭、里关系》，《历史研究》1997 年第 6 期。

③ 卜宪群：《从简牍看秦代乡里的吏员设置与行政功能》，《里耶古城·秦简与秦文化研究：中国里耶古城·秦简与秦文化国际学术研讨会论文集》，科学出版社 2009 年版。

④ 池田雄一：《关于里耶秦简中的乡里吏问题》，《史林挥麈——纪念方诗铭先生学术论文集》，上海古籍出版社 2015 年版。

⑤ 罗开玉：《秦国什伍、伍人考》，《四川大学学报》1981 年第 2 期。

⑥ 安作璋、熊铁基：《秦汉官制史稿》下册，齐鲁书社 1984 年版，第 217~220 页。

⑦ 杜正胜：《编户齐民：传统政治社会结构之形成》，台湾联经出版事业公司 1990 年版，第 132、138 页。

⑧ 张金光：《秦乡官制度及乡、亭、里关系》，《历史研究》1997 年第 6 期。

⑨ 池田雄一：《中國古代の聚落地方と行政》，(日本)汲古书店 2002 年版，第 475~476 页。中文译文见池田雄一著，郑威译：《中国古代的聚落与地方行政》，复旦大学出版社 2017 年版，第 441 页。

但刘欣宁对此提出不同看法，认为秦汉什伍制中已经有伍长。① 里耶秦简出土后，其中“户籍简”有伍长的记载，故而证实伍长确实是常设职务。池田雄一认为仍有讨论余地。迁陵县的军事色彩浓厚，一旦有事变，对于强行迁徙至此地的新住民，用军事组织起来，紧急选任伍长并在户籍简下半部分空栏中迅速补记。秦汉什伍制是用于告奸连坐，里耶秦简也记载有什长，但并非告奸连坐的什伍之长而是军中兵卒、军吏。② 陈絜根据里耶秦简的户籍简内容，认为里中居民实行编伍制度是秦制而非荆楚旧有制度。③

在乡、里之外，学界还就秦汉亭的制度进行了探讨。《汉书·百官公卿表》记载“十里一亭”“十亭一乡”，长期以来给人造成了一种基本印象，似乎秦汉乡里组织具有“乡—亭—里”的结构。关于亭的性质讨论较多的是汉代的亭，形成了很多意见。冈崎文夫将《百官公卿表》与《汉官仪》比较，认为“十里一亭”的“里”是“道里”之“里”。但同时他又承认“县—乡—亭—里”的统辖关系。④ 劳干也认为汉代“十里一亭”之“里”可解释为两种“里”，居民编制之“里”，与“道里”之“里”。⑤ 王毓铨指出《汉书》记载的乡、亭数量不成比例，且亭在户籍制度中完全没有痕迹，从而坐实亭作为防盗维持治安机关的性质，亭不主民，故而乡不辖亭，亭不辖里。亭与乡里是不同性质的地方组织，也不属于一个行政系统。十亭一乡不过是十里一乡传抄之误。亭以长度单位“里”为间距标准。⑥ 还有一类意见以日比野丈夫为代表，认为只要放弃一里百户和乡亭里的十进制关系，积亭为乡是可行的，里也包含在

---

① 刘欣宁：《秦漢律における同居の連坐》，(日本)《东洋史研究》70 卷 1 号，2011 年。

② 池田雄一：《关于里耶秦简中的乡里吏问题》，《史林挥麈——纪念方诗铭先生学术论文集》，上海古籍出版社 2015 年版。

③ 陈絜：《里耶“户籍简”与战国末期的基层社会》，《历史研究》2009 年第 5 期。

④ 冈崎文夫：《魏晋南北朝通史》，(日本)弘文堂 1932 年版。

⑤ 劳干：《汉代的亭制》，《劳干学术论文集》甲编上册，艺文印书馆 1976 年版。

⑥ 王毓铨：《汉代“亭”与“乡”“里”不同性质不同系统说》，《历史研究》1954 年第 2 期。

亭部中。① 周振鹤从汉代“部”的概念出发重新解释乡亭里制度，结合刺史部、督邮部、廷掾部、亭部等4个作为监察区的“部”，认为亭或亭部是不辖里民、不管户籍、没有户口的。② 以上研究虽然主要谈汉代亭制，但是其结论对于秦代同样具有启发性。罗开玉认为不论云梦秦简或是文献资料都见不到亭具有乡、里的基本职能，只是负责治安、兼管市场，其所在亭楼还供行旅宿会。亭与乡、里确实是不同系统、不同性质的乡里组织。③ 熊铁基认为亭下辖里，《汉书》“十亭一乡”乃是“十里一乡”之误写。④ 安作璋、熊铁基认为亭与乡是同一级的地方行政组织。城市中亭下辖里，十里一亭。乡村中有乡亭，性质为市镇，可以起到客舍和邮传的作用。亭长主要职责是禁盗贼，维持治安。亭部吏卒还有亭佐、亭候、求盗。⑤ 张金光认为秦亭之长有啬夫之称，校长、亭长二者同职而异名。秦亭有若干类型：乡亭、邮亭、市亭、门亭、边亭与燧亭。⑥ 苏卫国认为县下分设乡、亭，但乡往往有居处属性，亭则与交通密切相关，乡亭形成一县互有交叉的两类空间，乡吏、亭吏互不统属。乡并非县下一级正式行政机构，乡啬夫、游徼、亭长同为县外部吏，各有专司，转呈县令而已。县外部吏之外，另选乡里表率者为三老等以民官身份辅助县治。⑦ 高荣认为“十里一亭”之说不可信，亭的设立与司奸盗、供止宿、便邮驿的职能紧密相关。⑧ 自从尹湾汉墓简牍公布之后，证明了王毓铨的观点基本是正确的，学界关于亭的看法也趋于一致。

---

① 日比野丈夫：《乡亭里についての研究》，(日本)《东洋史研究》14卷1、2合并号，1955年。

② 周振鹤：《从汉代“部”的概念释县乡亭里制度》，《历史研究》1995年第5期。

③ 罗开玉：《秦国乡、里、亭考》，《考古与文物》1982年第5期。

④ 熊铁基：《“十里一乡”和“十里一亭”——秦汉乡、亭、里关系的决断》，《江汉论坛》1983年第4期。

⑤ 安作璋、熊铁基：《秦汉官制史稿》下册，齐鲁书社1984年版，第202~214页。

⑥ 张金光：《秦乡官制度及乡、亭、里关系》，《历史研究》1997年第6期。

⑦ 苏卫国：《秦汉乡亭制度初探》，北京大学硕士学位论文，2000年。

⑧ 高荣：《“十里一亭”说考辨——秦汉亭制研究之一》，《南都学坛》2008年第3期。

除了乡里官员的官方行政事务外，里民的社会生活包含居住方式、地方风俗等也逐渐引起学者的兴趣。朱凤瀚认为战国时期的里多与春秋旧制相同，是设置于城邑中的区域单位。里设有闾门、隔墙，户与户间有围墙，封闭设施主要用于治安。里中居民已经非血缘宗族，混杂居住，同巷近邻也非同姓。只有手工业者还保持着在较大地域内聚居的形式，与技艺族内传承有关。战国时农民也居住于有城郭的城市或较小的邑中，以里为居住单位。里中居民贫富分化与阶级分化，亲族情谊下降，失去共同体的性质，国家对乡里组织以严厉措施包含连坐制度等进行管制，乡里组织成为保证徭役与兵役征发的君主集权政治工具。① 符奎对岳麓秦简“尉卒律”记载的里的规模、拆分与合并等情况进行了研究，认为秦推行里制促进了聚落形态闾里化的进程，反映了对基层社会的一元化权力体系治理模式。② 卜宪群认为春秋战国乡里行政组织形成的同时，居住其中的人们也逐渐形成共同的价值观和社会风尚，这些观念是乡里人群社会关系紧密的反映，又对乡里组织的建设有推动作用。③ 关于睡虎地秦简《语书》中的“乡俗”，学者们有不同的解释。整理者认为是地方风俗。④ 詹越认为是当地(南郡)传统的风俗习惯，跟楚人笃信巫鬼风俗有关。⑤ 黄盛璋引用秦始皇会稽石刻内容，认为《语书》中“淫佚”与乡俗并举，主要指地方男女风俗习惯，其次也包括民众敢于违犯法律的行为。⑥ 刘海年则认为乡俗当指制度而言，而《语书》中的乡俗与恶俗不

① 朱凤瀚：《商周家族形态研究(增订本)》，天津古籍出版社 2004 年版，第 561~566 页。

② 符奎：《秦简所见里的拆并、吏员设置及相关问题——以〈岳麓书院藏秦简(肆)〉为中心》，《安徽史学》2017 年第 2 期。

③ 卜宪群：《春秋战国乡里社会的变化与国家基层权力的建立》，《清华大学学报》2007 年第 2 期。

④ 睡虎地秦墓竹简整理小组编：《睡虎地秦墓竹简》“释文注释”部分，文物出版社 1990 年版，第 13 页。

⑤ 詹越：《斥“四人帮”在秦代史上的反动谬论》，《考古》1978 年第 3 期。

⑥ 黄盛璋：《云梦秦简辨正》，《考古学报》1979 年第 1 期。

同，恶俗即法律禁止、危害统治阶级的风俗。官方所说的恶俗与“淫泆”相关，而“淫泆”指三个方面，一指嗜欲过度、游手好闲；二指曾有爵禄的旧贵族；三指男女不以义交。① 汤浅邦弘、渡边信一郎等日本学者多认为乡俗指地方社会形成的地方秩序或习俗。② 池田知久从“乡”字的地域范围特性出发，考察了6种不同行政级别单位的风俗，包含“国俗”“郡俗”“县俗”“乡俗”“里俗”“家俗”，最后认为《语书》的乡俗应该与“县、乡、里”的风俗同一或相类似。③ 臧知非认为《语书》显示地方风俗文化的统一远非政治、军事上的统一可比，短期内难以做到“行同伦”。南郡守腾严令县道执行，可以视为秦始皇“匡饬异俗”的先声。④ 池田知久对睡虎地秦简《语书》中有关“乡俗”思想进行探讨，认为《语书》中“乡俗”思想是受到战国末期秦国的墨家“尚同论”影响而写成的一种强化中央集权的政治思想。⑤ 他认为在中国古代对于“风俗”存在着两种不同的思想：一种是以《语书》、墨家、法家、儒家为代表的主张管制地方风俗、移风易俗的中央集权思想；另一种是倡导承认地方风俗并依照风俗施行政治的《淮南子·齐俗》的地方分权思想。⑥ 臧知非认为“闾左”即里门左侧，因里民根据身份等级有相应居住区，闾左是浮浪人群居住区，居住者既非贱民，也非破产流浪人员，

① 刘海年：《云梦秦简〈语书〉探析——秦始皇时期颁布的一个地方性法规》，《学习与探索》1984年第6期。

② 转引自中国政法大学中国法制史基础史料研读会：《睡虎地法律文书集释（一）：〈语书〉（上）》，《中国古代法律文献研究》第六辑，社会科学文献出版社2012年版。

③ 池田知久：《睡虎地〈语书〉与〈淮南子·齐俗〉篇——围绕着“风俗”的中央集权和地方分权》，《湖南大学学报》2013年第6期。

④ 臧知非：《周秦风俗的认同与冲突——秦始皇“匡饬异俗”探论》，《秦文化论丛》第10辑，三秦出版社2003年版。

⑤ 池田知久：《睡虎地秦简〈语书〉与墨家思想》，《秦汉史论丛》第九辑，三秦出版社2004年版。

⑥ 池田知久：《睡虎地〈语书〉与〈淮南子·齐俗〉篇——围绕着“风俗”的中央集权和地方分权》，《湖南大学学报》2013年第6期。

显示秦统一后基层社会秩序化的过程。① 鲁西奇认为战国晚期原楚国鄢郢腹心区落入秦人之手，原“楚人”演变为“新秦人”，不复有故国之思，而楚“东国”故地的“楚人”却强化了对于楚的国族认同，并凭借它成为反秦的基础与旗帜。②

纵览以上的成果，国内外的学者从不同角度对战国秦代乡里组织及地方社会生活等的研究已经较为深入，在多个方面取得了很大的成绩，但是相关研究仍难免存在缺憾之处：

其一，学者们对东周秦代的基层乡里组织已从各个角度进行了研究，有的研究乡官制度，有的讨论具体的乡里组织功能，并试图总结特定时段乡里组织的特点，但从战国到秦代的历时性变化过程，目前尚少有专门研究，也缺少整体研究的论著。秦汉以后的乡里组织在很长一段时间内保持了相对稳定，但是从战国到秦代确实经历了剧烈的变化。如果能在两个时段之间勾勒出发展的脉络，将有利于从地方社会的角度理解秦汉帝国的构建过程。

其二，近几年新的简牍不断公布，其中不少是与乡里组织密切相关的律令、文书，研究的速度仍赶不上材料公布的速度。不少公布已久的出土文献资料，原本作单独考察时平平无奇，但是拿来与新史料一比对，就又会发现不少值得深究的问题。许多新旧史料有很丰富的内涵与潜力，相关的讨论目前来看还不够充分。

其三，乡里组织的研究必然经历一个从政治史起步，逐渐向其他方向扩散的过程。此前因材料相对匮乏，研究多集中在乡里组织的政治性质、职官设置与行政职能等方面，对于生活其中的居民的社会秩序与日常生活关注较

---

① 臧知非：《“闾左”新证——以秦汉基层社会结构为中心》，《史学集刊》2012 年第 2 期。

② 鲁西奇：《楚秦汉之际的“楚人”》，台湾《早期中国史研究》第 8 卷第 1 期，2016 年。

少。而新公布的律令、文书，已经能够让学者开始有条件去尝试了解普通里民的生活方式、社会风俗等。这些都是未来可以努力的方向。

三、研究思路与方法

本书在前人研究的基础上，主要从以下方面推进对战国秦代的乡里组织问题的研究：传世文献比如《周礼》中对于乡里组织相关制度的记载早已为人所熟知，但其真实性一直受到不少质疑。出土文献中的相关记载可部分印证传世文献的记载，更以实例生动演绎出不同诸侯国的独特设置与其实际运作的过程。从出土文献实例来看，乡里组织的地域差别会是一个比较新颖的认识方式。法律文书主要被用作为法律史的资料，但在从分封制到郡县制的历史转变过程中，可以从社会控制的角度来观察。总的说来，自下而上的观察角度也许能比传统宏观视角更容易理解乡里组织的存在。

本书以出土文献为基本材料，以战国秦代县以下的乡里组织的结构与运作为研究中心，主要研究内容包括四个方面。

其一，乡里组织的结构。春秋战国时期，是分封制向郡县制演变的关键时期。在此时，地方社会内部也随之发生了巨大的变化。这种变化与因地方社会事务增多而产生的对经济、社会职能的需求有关(法律文书中，由州、里吏员以官方身份而非个人身份向县呈报的经济与刑事案件占到相当大的部分)，是地方社会的自身需要。同时，在基层设立里邑小吏、编户齐民(包山楚简中专门有一类“集箸”简，以官方文书形式记录当时社会查验名籍与隐没名籍的博弈个案，可见名籍制度之推行甚为有力)的动作又与国家权力向下扩张将地方社会纳入中央集权管理的趋势相呼应。由此可以说是地方社会与国家的共同需要，或者应该说，中央为满足地方社会对于公共服务的基本需求而建立起基层政权的合法性与权威性。传世文献中乡里组织的名称往往有多个不同版本，如族党、闾里、什伍、乡遂、邑、州、鄙，等等，可以说歧见迭出，让人无所适从。但根据里耶秦简、包山楚简、陶文玺印等资料，我们得以有第一手出土材料与传统文献进行相互印证，在进行细分缕析之后，能以较有力的证据达成对乡里组织结构具有明显地域性特点的认识。根据出土文献，可以系统地研究春秋战国时期基层社会的结构，探索包括里、邑在内的乡里组织的地域性特点。

其二，乡里组织的职能。乡里组织中一般设有专门吏员，他们虽然身份低微，但却是管理民众的重要力量。他们的职权范围也非常广泛，虽然有传世文献记载了部分基层小吏的基本职能性质，但是却没有行使职能的实例。包山楚简、睡虎地秦简等出土文献中保存了相当多的实际例子，为我们深入了解乡里组织的职能提供了难得的资料。乡里组织的职能划分远比传世文献所载更加复杂。出土简帛中有一部分是涉及地方的法律文书，由此揭示的法律案例与文书的传递过程，有助于进一步理解乡里组织的运作，及中央对地方社会的直接控制。简牍中的法律文书，其中不少涉及基层政府的法律判例，体现了乡里组织在司法方面的功能。通过分析文书简牍，乡里组织向上与上级政府的关系，以及向下与个人的联系得以体现。

其三，地方社会秩序。乡里民众在日常生活中承担各种义务，比如傅籍、徭戍，等等，为逃避义务而屡屡发生的逃亡县乡，还有地方治安、社会风俗，都直接构成了民众感受到的地方社会基本秩序。从民众与官府的两重视角观察地方秩序，避免对乡里组织的研究只重视制度而忽视人本身。

其四，乡里民众的生活形态。乡里民众是被传统史书忽视的人群，他们地位卑微，无权参与国家政府的军政大事决策，没有什么惊人事迹，所以也很少被史书记载。但是他们是构成社会的大多数，他们的生活状况如何是整个社会的基本指标，所以有必要了解普通民众的生活形态。出土文献中提供了不少民众日常生活的关键材料，我们可以从中了解当时的人们如何定居、如何流动、如何营生，以及商业氛围、法律规定对于民众社会生活的切实影响。

下面将对本书引用的主要出土文献资料的情况作一简要说明。

荆门包山楚简，出土于湖北荆门十里铺镇包山二号楚墓，大部分编联竹简有纪年，因而得知墓主下葬时间为公元前316年楚历六月。包山二号墓下葬年代清楚，所以包山楚简可以反映战国中期偏晚楚国的社会状况。

云梦睡虎地秦简，出土于湖北云梦县城关西部的M11秦墓，总共1155枚竹简，另有2件木牍出土自M4秦墓。M11竹简《编年记》记载了墓主“喜”的身份与经历，其中记录秦王政元年为“今元年”，表示书写于秦王政(始皇)时期。竹简中书写较早的也当在战国末期。

龙山里耶秦简，主要出土于湖南龙山县里耶镇里耶古城遗址1号井，总数达38000余枚，其出土地正是秦洞庭郡迁陵县官署所在。1号井中的堆积分成17个自然层，其中第5~16层为秦末废弃堆积，17层为战国至秦代的使用堆积。里耶秦简从第5层开始出现直到井底。简牍中有大量纪年文字，从秦王政二十五年(前222年)到秦二世二年(前208年)，一年不少。另外考古工作者还在北护城壕11号坑出土51枚简牍，多数学者认为此批户籍简时代为战国末年至秦代。有个别学者认为此批户籍简的年代应是汉代，但并未成为主流观点。①

岳麓书院藏秦简，于2007年入藏湖南大学，总数为2100余枚，其中比较完整的有1300余枚，内容包括《质日》《占梦书》《数》《为吏治官及黔首》，还有律令、奏谳类的文献。岳麓秦简虽然并非科学考古发掘出土，但是其竹简材质已经得到科学检测的可靠性验证，被判断为秦简。其文字内容，特别是律令部分，可与出土的其他秦汉简牍相印证。所以岳麓秦简应是可靠的秦史料来源。岳麓秦简的法律文献部分的书写年代应在秦王政时期至秦始皇三十五年。②

---

① 刘瑞：《里耶古城北城壕出土户籍简牍的时代与性质》，《考古》2012年第9期。

② 陈伟：《论岳麓秦简法律文献的史料价值》，《武汉大学学报》2019年第2期。

齐国陶文资料主要来自《古陶文汇编》“山东出土陶文”部分,① 相当大比例是从齐国都城临淄出土，每件陶器字数一般一二字至十数字不等，时代自战国初到战国末，绵延约两百年，其中有不少可以反映齐国乡里制陶业的资料。

本书采取的研究方法，主要是二重证据法，将运用王国维所倡导的二重证据法，充分利用地下与传世文献资料互相印证。接下来我们将以《周礼》一书为例来谈谈研究方法问题。

《周礼》在汉代出现时称《周官》，自古以来围绕其真伪时代问题争议不断，成为经今古文之争的焦点之一。因为西汉以前今文经盛行的时代《周礼》没有师法传授，到了西汉末年王莽的时代才由刘歆整理而列之于经。《周礼》的传承没有记载，自身又没有写明为何朝代之典章制度，只有刘歆指定它是周公之作。这种没有清晰来历的典籍又被列于学官，自然引来非议。加上王莽改制的许多典章制度都取法于《周礼》，北周的官制改革、王安石变法都效法《周礼》精神进行变革，所以关于《周礼》的论争又带有政治斗争的色彩。今文经的学者斥之为刘歆造出的伪书，认为它全是王莽作为篡位的工具。东汉何休认为它是战国阴谋家书，后来宋代的胡宏与明代的季本、万斯同都对其有过驳辩，清代学者姚际恒甚至将它放入《古今伪书考》内。近代的康有为曾在《新学伪经考》认为“歆之伪学，此书为首”(《新学伪经考》三《汉书艺文志辨伪考》)。所谓伪书，即指《周礼》并非周公之作品而言。经过长期争论，学者们基本放弃将它作为周公作品看待的前提，开始平心静气讨论成书的年代问题。

关于《周礼》的成书时代的不同观点，彭林先生曾做过梳理，大致有以下几种②：第一种认为《周礼》是周公的作品，说法源自刘歆，郑玄、贾公彦和历代名家大儒多持此说。第二种，作于西周，蒙文通先生就认为

① 高明编著:《古陶文汇编》，中华书局1990年版。

② 彭林:《周礼主体思想与成书年代研究》，中国社会科学出版社1991年版，第4~8页。

虽非周公之书，却必然是西周制度。① 第三种，作于春秋。刘起釪先生早期曾认为是春秋时作品②，但后来他修正了自己的观点认为“全书的写定当在战国时期”③。第四种，成书于战国。此说起源于东汉何休，此后历代很多学者都持此说，比如明人季本《读礼疑图》，清人崔述《丰镐考信录》、皮锡瑞《经学通论》都是如此认为。近代以来钱穆、顾颉刚、郭沫若、范文澜等也认为是战国之书。杨向奎认为《周礼》是战国中叶齐国的书，时代比《管子》稍晚。④ 后来他又将周礼年代的总体结论修正为战国初年。⑤ 此说逐渐成为学界影响最大的观点。第五种，作于周秦之际。持此种观点的学者有梁启超、陈连庆、池田温等人。第六种，西汉末年刘歆伪造。最早持此说的是宋人胡安国、胡宏父子，后来廖平、康有为、钱玄同、杜国庠、徐复观等都力主此说。除以上六种之外，彭林认为根据《周礼》的主题思想特征，应该成书于汉初。⑥

以上还只是关于《周礼》成书年代的总体结论，就已经存在多种不同的观点。问题是《周礼》可能不是成书于一时，不是成书于一人之手。从目前出土的《老子》《周易》简牍与帛书文本来看，传世古籍内容经过长时间演变的可能性是非常大的，甚至可能是普遍现象。比如刘起釪认为：“《周礼》的成书有一发展过程。第一步只是一部官职汇编，至迟成于东周春秋时代，它依据的是自西周以来逐渐完备的周、鲁、卫、郑四国姬周系统的官制，初步还记录了一些官职的职掌。后来逐渐详细补充，写成了各官职的职文，除主要保

① 蒙文通：《从社会制度及政治制度论周官成书年代》，《图书集刊》第一期，1942年。

② 刘起釪：《洪范成书时代考》，《中国社会科学》1980年第3期。

③ 刘起釪：《〈周礼〉真伪之争及其书写的真实依据》，《古史续辨》，中国社会科学出版社1991年版，第650页。

④ 杨向奎：《周礼内容的分析及其制作时代》，《山东大学学报》1954年第4期。

⑤ 杨向奎：《中国古代社会与古代思想研究》上册，上海人民出版社1962年版，第357页。

⑥ 彭林：《周礼主体思想与成书年代研究》，中国社会科学出版社1991年版，第247页。

存了春秋以上资料外，还录进了不少战国资料，所以全书的写定当在战国时期。到汉代整理图书时，又有少数汉代资料掺进去了，但不影响这部书原是周代的旧籍。”①如果我们把《周礼》看作不同时代逐渐形成的文本，其中哪些部分是西周形成的，哪些又是春秋的、战国的？另外，《周礼》也不是一部完全秉笔实录之书，其中又掺杂了不少理想性的内容。那么引用《周礼》作为史料时，又如何得知哪些是真实记录，哪些是理想内容？

出土文献在此时显示出极大的价值，可以印证包括《周礼》在内的先秦文献的真实性。比如学者们用金文材料研究《周礼》，就取得了很大成绩。刘雨、张亚初用金文考证《周礼》中的职官，认为《周礼》中有四分之一以上职官在西周金文中可以找到依据。这不是巧合，而是在成书中参照了西周职官实况。②

事实上对于像《周礼》这种典籍，不少学者都是秉持寻找其中的真实记载为我所用的态度。杨向奎就认为：“大戴礼曾经引用过它(《周礼》)，司马迁、匡衡也引用过它，无论如何不是王莽的伪造。其中记载也不完全是理想，而有着现实的反映。”③杜正胜更是直接指出：“检读战国著述，不少谈到地方行政系统，阶层结构却相当规整精密。它们的来源可能不一，上溯封建时代，向来多被视作不会认真付诸实行的拟议。其实仔细分辨，这些著述可能也反映一部分的史实。”④

具体到乡里组织的问题上，古代学者在论述战国秦代这一时段之时，往往只能引用《周礼》等的记载，因为相关记载非常稀少，他们几乎没有选择史料的可能，也谈不上使用不同资料对问题进行验证。今天我们可以用出土的战国秦代文献，与《周礼》的记载进行比对。我们会发现很多地方无法对应，

① 刘起釪：《〈周礼〉真伪之争及其书写的真实依据》，《古史续辨》，中国社会科学出版社1991年版，第650页。

② 刘雨、张亚初：《西周金文官制研究》，中华书局1986年版，第140页。

③ 杨向奎：《周礼内容的分析及其制作时代》，《山东大学学报》1954年第4期。

④ 杜正胜：《编户齐民：传统政治社会结构之形成》，台湾联经出版事业公司1990年版，第113页。

比如《周礼》乡遂制度与都鄙制度中的党、比、邻、酂，在出土文献中未曾见到踪影；有些大致可以对应，比如闾里、邑；有些则是只保留了名字，性质与规模差距甚大，比如州、县、乡。能够对应的部分，可以显示《周礼》记录现实的成分，也显示出土文献资料深厚的历史背景。不能完全对应的部分，或许是文人的理想成分，也可能是目前出土材料还不够的缘故。让我们对传世和出土文献都能产生更深、更广的认识，这大概就是二重证据法的价值所在吧。

第一章　战国秦代的乡里组织及其起源

乡与里都有非常悠久的历史，它们在西周时已经发源，春秋时得到较大的发展，到战国秦代，乡与里已经是行政系统中最为基础、最为重要的地域性基层组织。战国秦代的乡里组织具有多样化的特点，由于乡里组织身处行政系统的最底层，传世文献大多不重视此类记载，或是以理想化方式编排出看似井井有条的组织系统，让乡里组织的真实状况湮没于历史之中。我们的工作起点，就是从乡与里的起源开始，探寻乡里组织的演变。战国秦代的乡里组织并非只有乡、里两种，在秦人整合六国地方行政之前，曾经存在过许多的不同形式。

第一节　从“乡遂”之乡到“乡里”之乡

按照传世文献的记载，西周时期的乡存在于乡遂制度之中，是当时郊野地区的行政区划，但作为地方组织的乡在西周金文中非常罕见，从而引发学者对西周乡制的怀疑。《周礼》的乡遂记载应该带有很大的理想成分，但春秋文献中又确实可以看到乡遂制度遗留的痕迹。西周、春秋时期的“乡遂”之乡的地位比较高，应该保留了一定血缘组织的色彩。进入战国后乡已经彻底转变为地缘组织，成为仅仅高于里的基层组织，在秦、齐等国都能见到大量实例。

一、乡之起源

“乡”字的起源很早，在甲骨文中的写法中，比如,① 像两人相对而食之形，这被认为是饗宴之“饗”字的象形初文。比如杨宽认为，“鄉”和“饗”原本是一字，整个字像两人相向对坐、共食一簋的情况。② 于省吾认为：“西周金文中的‘鄉’字本作‘卿’，卿、鄉初本同字，后世以用各有当，因而由‘卿’字孳化出‘鄉’字。西周金文既以‘卿’为‘卿事(士)’之‘卿’，也以为祭鄉或宴鄉之鄉(饗)。”③所以“乡”字在早期与饗、卿有着同源的关系，在金文中其字形则多用“飨(饗)”或者“向(嚮)”。比如西周中期的《七年趞曹鼎》铭文曰：“唯七年十月既生霸……趞曹立中廷，北鄉(向)……用作宝鼎，用鄉(饗)朋友。”④全篇铭文56个字，“鄉”字前后出现两次，前者作方向之“向”，后者作飨宴的“飨(饗)”。

有学者认为乡之起源与方向有关。比如《论语·阳货》“乡原”，何晏《论语集解》引周生之说：“乡，向也。古字同。”⑤乡引申为表示某个方向的地域，且在“乡”之前常冠以表示方位或位置的冠词，比如《诗·小雅·采芑》“中乡”、《诗·商颂·殷武》“居国南乡”，中、南都表示方位。乡用于表示某个方向的地域较为广阔，后来才从地域概念转为地域组织名称。⑥ 此说主

---

① 参见中国社会科学院历史研究所编：《甲骨文合集》第三册5247正，中华书局1982年版，第768页；中国科学院考古研究所编：《甲骨文编》，中华书局1965年版，第378页。

② 杨宽：《“乡饮酒礼”与“飨礼”新探》，《古史新探》，中华书局1965年版，第288页。

③ 于省吾：《关于〈论西周金文中“六自”“八自”和乡遂制度的关系〉一文的意见》，《考古》1965年第3期。

④ 中国社会科学院考古研究所编：《殷周金文集成释文》第2卷2783，香港中文大学出版社2001年版，第358页。

⑤ 程树德撰，程俊英、蒋见元点校：《论语集释》，中华书局1990年版，第1220页。

⑥ 史建群：《〈周礼〉乡遂组织探源》，《郑州大学学报》1986年第2期。

要以传世文献为依据。

在商周金文中，极少见到作为行政组织的“乡”字。于省吾先生注意到，在出土的西周青铜器铭文中，没有一处以“卿”字用作“乡”字的案例，而且《尚书》之中除了《费誓》以外的周初篇章也见不到乡制的迹象，进而怀疑乡的制度是否起源于西周时代。① 杨宽先生认为这种论证方法属于学术上的“默证”而难以成立，西周金文多记载任命官职与赏赐物品的册命之辞，少数记录战功与契约，《尚书》周初诸篇也多是贵族间告诫之辞，内容上有很大局限性，不能因为这些篇目未曾记载乡的制度就认为不存在。② 这场争论虽然主要围绕金文中的六自、八自与屯田制度展开，但其中涉及乡制问题的辨析，在当时的学界影响深远。

商代是否有乡的制度，目前已不可考，我们能够见到关于西周春秋时期乡的制度之系统记载，相当部分出自《周礼》。《周礼·地官》中记载有多处“六乡”：

> 大丧，帅六乡之众庶，属其六引，而治其政令。(《大司徒》)③
>
> 凡征役之施舍，与其祭祀、饮食、丧纪之禁令，乃颁比法于六乡之大夫，使各登其乡之众寡、六畜、车辇，辨其物，以岁时入其数，以施政教，行征令。……及大比六乡、四郊之吏，平教治，正政事。(《小司徒》)④
>
> 岁终，则考六乡之治，以诏废置。(《乡师》)⑤

---

① 于省吾：《关于〈论西周金文中“六自”“八自”和乡遂制度的关系〉一文的意见》，《考古》1965 年第 3 期。

② 杨宽：《再论西周金文中“六自”和“八自”的性质》，《考古》1965 年第 10 期。

③ 阮元校刻：《十三经注疏》卷 10《地官司徒》，上海古籍出版社 1997 年版，第 708 页。

④ 阮元校刻：《十三经注疏·周礼注疏》卷 11《地官司徒》，上海古籍出版社 1997 年版，第 710、713 页。

⑤ 阮元校刻：《十三经注疏·周礼注疏》卷 11《地官司徒》，上海古籍出版社 1997 年版，第 714 页。

岁终，则令六乡之吏，皆会政致事。(《乡大夫》)①

《周礼·夏官》也记载：

司勋掌六乡赏地之法，以等其功。(《司勋》)②

所谓六乡，是《周礼》对于周天子统治之下的地域所作的一种划分。周人将周天子直接统治的王畿地区，划分为“国”与“野”两个大的区域：“国”在中心，“野”在四周。王城的城郭以内，称为“国中”。城郭以外的周围地区，也是“国”与“野”之间的交接区域，被称为“郊”或者“四郊”。“六乡”是在“国”以外、“郊”以内的地区所设置的行政区域。另外，“郊”以外、“野”以内的区域，设置有“六遂”。六乡六遂的制度安排，反映的是周王畿的情形。乡、遂又合称为乡遂。按照经学家的解释，各个诸侯国的乡遂数量，随该国地位、规模的大小而多少不等，大国三乡三遂，次国二乡二遂，小国一乡一遂。“六乡”居民被称为“国人”，是兵役与军赋的主要承担者，也因此享有政治权利。遇到重大事件，执政者要向其咨询意见。“六军”即由“六乡”居民编制而成，乡的长官即为各级武官。“六遂”的居民称为“氓”“野民”，是农业生产的主要承担者，没有多少政治权利。乡遂内部的组织结构又是如何，在《周礼·地官》中有记载：

大司徒……乃施教法于邦国、都鄙，使之各以教其所治民。令五家为比，使之相保；五比为闾，使之相受；四闾为族，使之相葬；五族为党，使之相救；五党为州，使之相赒；五州为乡，使之相宾。

① 阮元校刻：《十三经注疏·周礼注疏》卷12《地官司徒》，上海古籍出版社1997年版，第717页。

② 阮元校刻：《十三经注疏·周礼注疏》卷30《夏官司马》，上海古籍出版社1997年版，第841页。

(《大司徒》)①

遂人掌邦之野。……五家为邻，五邻为里，四里为酂，五酂为鄙，五鄙为县，五县为遂，皆有地域沟树之使，各掌其政令刑禁。(《遂人》)②

按照以上记载，在“国”与“野”的不同区域内，形成了“家—比—闾—族—党—州—乡”与“家—邻—里—酂—鄙—县—遂”的组织结构。值得注意的是，从一家一户到乡、遂，总共建立起了7个不同的层级。这种比蜘蛛网更加密集复杂的组织结构，到了战国末期、秦汉时代，其郡(国)以下之组织堪堪与之可比。③ 依据《周礼》，西周时在乡之下建构了如此绵密复杂的层级，而在诸多西周铭文中却不见任何痕迹，这种现象确实让人难以理解。所以《周礼》的乡遂复杂结构应该带有想象的成分，应该是当时知识分子的理想国，而非完全真实的历史。

20世纪80年代陕西安康市曾出土一件史密簋，乃西周中期铜器，其铭文曾被部分学者认为与乡遂制度有关。铭文曰：“齐𠂤(师)、族土(徒)、遂人乃执鄙宽亚。”吴镇烽先生考释“遂”乃是国名，遂人即遂土之人。《通志·氏族略》载周同姓诸侯国：“遂氏，子爵。”④《春秋》庄公十三年“夏六月，齐人灭遂”，杜预注：“遂国在济北蛇丘县东北”，晋蛇丘县在今山东省肥城县南。⑤ 张懋镕先生则不将“遂”作国族名解，而是与《周礼·地官》中的“遂人”相联系，认为是地官遂人掌管的兵卒。他引用《周礼·地官·

① 阮元校刻：《十三经注疏·周礼注疏》卷10《地官司徒》，上海古籍出版社1997年版，第706~707页。

② 阮元校刻：《十三经注疏·周礼注疏》卷15《地官司徒》，上海古籍出版社1997年版，第740页。

③ 参考战国末年的秦国制度，郡以下依次设置县、乡、里、户，如果加上不算正式行政组织的“伍”，也不过6个层级，比《周礼·地官·大司徒》中的7层还少1层。

④ 郑樵撰，王树民点校：《通志二十略·氏族略》，中华书局1995年版，第51页。

⑤ 吴镇烽：《史密簋铭文考释》，《考古与文物》1989年第3期。

小司徒》贾公彦疏“凡出军之法，先六乡；赋不止，次出六遂”，认为史密簋铭文反映出遂与六乡一样，都有征兵之资格。① 然而金文中关于遂的记载终究太少，用于证明西周乡遂制度之存在以及相关细节，仍显得证据薄弱。

杨宽认为《周礼》虽然是春秋战国时代的一部理想化政典，所述制度并非西周时代原貌，但其中的乡遂制度仍保留了西周、春秋时代特点，而且可以与《左传》《国语》记载的乡遂制度相印证。② 那么我们就来看看春秋时代的乡制。

> 管子对曰：“制国以为二十一乡。”桓公曰：“善。”管子于是制国以为二十一乡：工商之乡六；士乡十五……管子于是制国：五家为轨，轨为之长；十轨为里，里有司；四里为连，连为之长；十连为乡，乡有良人焉。以为军令：五家为轨，故五人为伍，轨长帅之；十轨为里，故五十人为小戎，里有司帅之；四里为连，故二百人为卒，连长帅之；十连为乡，故二千人为旅，乡良人帅之；五乡一帅，故万人为一军，五乡之帅帅之。(《国语·齐语》)③

《国语·齐语》记载的是齐国春秋时代的乡制，以乡为最高级的地方行政组织，全国分为 21 乡，形成“家—轨—里—连—乡”的结构。其中 15 个士乡又与军事编制相结合，从每家到每乡皆抽取一定人口入伍成军，最终以军令号令诸乡。从《国语》的记载来看，齐国的乡制与《周礼》记载的乡遂制度确实有很多相似之处，15 个士乡类似于《周礼》中的“六乡”。但齐国的乡制是否从西周乡制发展而来，我们还不能得出肯定的结论。

---

① 张懋镕：《史密簋与西周乡遂制度——附论“周礼在齐”》，《文物》1991 年第 1 期。

② 杨宽：《再论西周金文中“六自”和“八自”的性质》，《考古》1965 年第 10 期。

③ 徐元诰撰，王树民、沈长云点校：《国语集解》，中华书局 2002 年版，第 222、224 页。

> 九年春，宋灾。……使华臣具正徒，令隧正纳郊保，奔火所。……二师令四乡正敬享，祝宗用马于四墉，祀盘庚于西门之外。(《左传》襄公九年)①

所谓“隧正”与“乡正”，都是宋国的职官名。杜预注：“隧正，官名也。五县为隧。纳聚郊野保守之民，使随火所起，往救之。……乡正，乡大夫。”②杜预应该也受到《周礼·地官·遂人》的影响，故认为“五县为隧”。但从“隧正”与“乡正”之职位来看，宋国在春秋时应该还存在着乡遂制度。

无独有偶，春秋时鲁国也有“隧正”之职。《左传》襄公七年载：“叔仲昭伯为隧正，欲善季氏而求媚于南遗。”杜预注：“隧正，主役徒。昭伯，叔仲惠伯之孙。”叔仲昭伯曾担任鲁国“隧正”，即遂大夫之类职务。另外，在春秋时期的郑国，曾发生过著名的“子产不毁乡校”的故事，事见《左传》襄公三十一年。所谓“乡校”，杜预注云：“乡之学校。”可见郑国仍保留着国人在乡校议论国政、参与政治之传统。所以鲁、郑两国当时应该仍保持有乡遂制度，但是乡之下的组织结构仍旧没有见到记载，至于是否如同齐国制度在乡下设置连、里等层级，也就无从知晓了。

进入战国时代，文献中关于乡的记载仍然不多，其中还不乏一些似是而非的文字。有代表性的比如《管子·小匡》。

> 桓公曰：“叁国奈何?”管子对曰：“制国以为二十一乡：商工之乡六，士农之乡十五。……制五家为轨，轨有长；十轨为里，里有司；四里为连，连有长；十连为乡，乡有良人；三乡一帅。”桓公曰：“五鄙奈何?”管子对曰：“制五家为轨，轨有长；六轨为邑，邑有司；十邑为率，率有长；十率为乡，乡有良人；三乡为属，属有帅。五属一大夫。武政

① 杨伯峻编著：《春秋左传注》，中华书局1990年版，第961~963页。

② 阮元校刻：《十三经注疏·春秋左传正义》卷30，上海古籍出版社1997年版，第1940~1941页。

听属，文政听乡，各保而听，毋有淫佚者。”①

《管子》被学者们普遍认为其篇章应形成于战国之后，多数产生于战国晚期至汉代。但《管子·小匡》中的记载明显是直接移录自上文所述《国语·齐语》，其中关于乡的记载至少并不能反映战国齐乡之面貌。

另外还有《鹖冠子·王鈇》：

> 五家为伍，伍为之长，十伍为里，里置有司，四里为扁，扁为之长，十扁为乡，乡置师，五乡为县，县有啬夫治焉，十县为郡，有大夫守焉，命曰官属。②

鹖冠子，据《汉书·艺文志》所说，是一位以鹖鸟羽毛为冠饰的楚人隐士。③《鹖冠子》虽是著录于《汉书·艺文志》的先秦道家著作，但长期以来被认为是伪书。④ 自从马王堆汉墓帛书《黄帝书》出土后，学者们发现它的文句有不少与《鹖冠子》相同或者相似，故而伪书之说逐渐式微。《鹖冠子》原文中记载的“柱国”“令尹”等确实是战国时期的楚国特有职官，更加可以印证作者的楚人身份。黄怀信先生认为鹖冠子是出生于楚、游学并定居于赵的隐士。⑤ 因此《鹖冠子》逐渐摆脱了“伪书”的身份，成为研究的热点。《鹖冠子》中有关郡县乡里的记载，也被认为是战国楚国乡里组织的记录。战国中期的包山楚墓发掘之后，其中出土的楚简有大量的司法文书档案材料，记载了大量的楚国乡里组织名称，包含了里、邑、州和一些现今仍无法认定的组

---

① 黎翔凤撰，梁运华整理：《管子校注》卷8，中华书局2004年版，第400页。

② 黄怀信：《鹖冠子汇校集注》，中华书局2004年版，第178~180页。

③ 《汉书·艺文志》班固注：“楚人，居深山，以鹖为冠。”(班固：《汉书》卷30，中华书局1962年版，第1730页)《隋书·经籍志》注曰：“楚之隐人。”(《隋书》卷34，中华书局1973年版，第1001页)

④ 唐代柳宗元曾撰写《辨鹖冠子》一文，认为此书“尽鄙浅言也”，斥之为“好事者”所作伪书。后世学者多从其说。

⑤ 黄怀信：《鹖冠子汇校集注》“前言”，中华书局2004年版，第3页。

织。陈伟先生注意到其中完全没有见到乡的踪影，并且对文献中记载的所谓楚国乡下辖里的史料进行辨析，结论是楚国是否有乡的存在还有待证明。①其说当是。包山楚简中出现的邑、州等重要乡里组织，在《鹖冠子·王鈇》中没有记载。该篇记录的县以下、里之上的乡里组织——乡、扁，都不见于包山楚简的文书。虽然《鹖冠子·王鈇》有可能记载的是某一时期楚国制度，或许到包山楚简所处楚怀王时期制度已经发生变更导致乡、扁两种组织消失，但县以下的乡里组织在历史上一直保持很强的稳定性，尤其乡里组织结构自秦汉以后，以千年为时间标尺，都未曾有大的变动。考虑到这一点，楚国在战国两三百年间发生变动的可能性实在比较低。所以我们倾向于认为《鹖冠子·王鈇》中关于乡级组织的记载或许并非是对楚国真实情况的历史记录，而是带有理想主义色彩的政治论述，作者或许是受到当时诸子写作风气的影响才写下这种文字。

在检视过《管子》《鹖冠子》材料的可信度之后，文献中记载的战国时代乡的史料就所剩不多了。《墨子》中有不少"乡里"的记载，比如：

> 是以数千万里之外，有为善者，其室人未遍知，乡里未遍闻，天子得而赏之。数千万里之外，有为不善者，其室人未遍知，乡里未遍闻，天子得而罚之。(《墨子·尚同中》)②
>
> 内者宗族，外者乡里，皆得如具饮食之。虽使鬼神请亡，此犹可以合欢聚众，取亲于乡里。(《墨子·明鬼》)③
>
> 是以入则孝慈于亲戚，出则弟长于乡里，坐处有度，出入有节，男女有辨。(《墨子·非命上》)④

"乡里"在《墨子》中用来指代地方社会中的居民聚居单位，与"天子"所

① 陈伟：《包山楚简初探》，武汉大学出版社1996年版，第84~85页。
② 吴毓江撰，孙启治点校：《墨子校注》卷3，中华书局1993年版，第120页。
③ 吴毓江撰，孙启治点校：《墨子校注》卷8，中华书局1993年版，第343页。
④ 吴毓江撰，孙启治点校：《墨子校注》卷9，中华书局1993年版，第402页。

代表的中央形成对立概念，而与“宗族”“亲戚”紧密相连。这里的“乡”似乎与乡遂制度下的区域有别，而是与“里”直接相关的单位。至于两者之关系，《墨子·尚同上》有记载：

> 里长发政里之百姓，言曰：闻善而不善，必以告其乡长。乡长之所是，必皆是之。……乡长发政乡之百姓，言曰：闻善而不善者，必以告国君。国君之所是，必皆是之。……国君发政国之百姓，言曰：闻善而不善，必以告天子。天子之所是，皆是之。……天子唯能壹同天下之义，是以天下以治也。①

里长“闻善而不善”，必告其乡长，且以乡长之所是而是之、乡长之所非而非之，如此看来已经形成上下统辖之关系，乡直接统辖里，这是在西周春秋时期史料中从未见过的现象。但同时值得注意的是，乡长的上级居然直接是国君，而不是郡县的长官，这就很有意思了。县制最早出现于春秋时代，根据《战国策》《史记》等的记载，到战国时，秦国与山东六国已经普遍施行郡县制。为何《墨子·尚同》记录里长、乡长之后，不写郡、县，直接跳到国君一级？检索《墨子》全文，没有一个“郡”字；虽有多个“县”字，但绝大多数情况下通悬挂之“悬”，仅在《迎敌祠》《号令》《杂守》等三篇用作郡县之“县”字。② 墨子是春秋、战国之际的人，据《史记·孟子荀卿列传》载：“盖

① 吴毓江撰，孙启治点校：《墨子校注》卷3，中华书局1993年版，第110页。

② 《迎敌祠》第六十八：“凡守城之法，县师受事，出葆，循沟防，筑荐通涂，修城。”《号令》第七十：“县各上其县中豪杰若谋士、居大夫重厚、口数多少……符传疑若无符，皆诣县廷言请，问其所使。”“某县某里某子家食口二人，积粟六百石，某里某子家食口十人，积粟百石。”《杂守》第七十一：“寇近，亟收诸杂乡金器若铜铁及他可以左守事者。先举县官室居、官府不急者，材之大小长短及凡数，即急先发。”“取疏，令民家有三年畜蔬食，以备湛旱、岁不为常。令边县豫种畜芫、芸、乌喙、袾叶，外宅沟井可填塞，不可，置此其中。”(吴毓江撰，孙启治点校：《墨子校注》，中华书局1993年版，第895、920、923、975、976页)

墨翟，宋之大夫，善守御，为节用。或曰并孔子时，或曰在其后。”①其生活之时代略晚于孔子，并未见到战国时代之变法改革，大概因为这个原因，在其著作中对于郡县制度并无多少反映。但《墨子·尚同》篇乡长直接向国君汇报的安排，显示出似乎先秦时代的乡制正处于一个关键的转型期或者过渡期：一方面有着早期乡遂制度遗留的痕迹，一方面又处于向地域性组织转变之中。乡遂制度下在国都四周郊外设置乡，乡的地位确实很高，乡长有权向国君直接汇报。同时从血缘性组织向地缘性组织过渡之后，乡对于基层的管理不再是依赖于宗族，而是直接统辖闾里等地域单元。两种制度在史料中交会，从而展示出过渡性的特色。这段材料还有一个有意思的地方在于，国君服从于天子，天子“壹同天下”则天下大治，这种拥戴周天子的思想在春秋战国之际的社会背景下，带有明显的理想主义色彩。那么《墨子·尚同》篇反映的是不是当时普遍现象，或者只是某些国家的社会现实呢？这就不得而知了。但是我们认为，墨子即使能够在全篇之中理想性地规划天下大同的社会愿景，但《墨子》中大量出现的“乡里”一词，似乎并不是墨子自己生造出来的词汇，而很可能是对当时社会已有词汇的直接运用。乡里的基层社会结构在当时应该已经广泛存在，所以才会有“乡里”一词。

与《墨子》相比，《吕氏春秋》记录的似乎是转型完成之后的情形。《吕氏春秋·怀宠》载：

> 有能以家听者，禄之以家；以里听者，禄之以里；以乡听者，禄之以乡；以邑听者，禄之以邑；以国听者，禄之以国。②

文中的“邑”从上下文来看应作县解，当时常有“县邑”连称，以“邑”称

---

① 司马迁：《史记》卷74《孟子荀卿列传》，中华书局1982年版，第2350页。

② 陈奇猷校注：《吕氏春秋新校释》卷7，上海古籍出版社2002年版，第417~418页。

县。比如《韩非子·说林下》：“晋中行文子出亡，过于县邑。”①《战国策·韩策二》云：“今几瑟亡之楚，楚又收秦而复之，几瑟入郑之日，韩，楚之县（邑）[已]。”②如此一来，就形成了“家—里—乡—邑（县）—国”的完整链条。乡处于县之下、里之上，这一点与秦汉时代相同。此时的乡已经完全看不到乡遂制度的痕迹了，而成为战国县制之下的地域单位。另外《吕氏春秋》也有“乡里”的记载③，用于指代其生活的故里、家乡，时常写作“乡曲”④。

到了战国晚期与秦代，关于乡的记载开始增多。秦末战争中的部分历史人物，《史记》详细记载了他们居处的乡名。比如汉初曾任丞相的陈平，《史记·陈丞相世家》载其为“阳武户牖乡人也”，即居处于阳武县下辖之户牖乡。但这样的史料使用起来仍须小心。《史记》对秦末人物家乡的记载大多只记录其县名，很少详细至乡名。少数记载的乡名，我们需要注意一种可能性，即它或许是太史公身处之西汉早期的地名，而并非秦末时期的地名原貌。比如《史记·老子韩非列传》记载“老子者，楚苦县厉乡曲仁里人也”，按照一般理解，人们会认为老子家乡在战国时代楚国苦县厉乡曲仁里。老子所居之地区原属陈国，后来陈被楚所灭，故写成楚国苦县，亦无不可。但历史上此地并非只有一个楚国。张守节《正义》注云：“按年表云淮阳国，景帝三年废。至天汉修史之时，楚节王纯都彭城，相近。疑苦此时属楚国，故太史公书之。”⑤所以太史公记录的老子乡里还可能是汉初所封楚国之苦县厉乡。再则，包山楚简中并无乡之记载。所以《史记·老

① 王先慎撰，钟哲点校：《韩非子集解》，中华书局1998年版，第191页。

② 缪文远：《战国策新校注》卷27《韩策二》，巴蜀书社1985年版，第985页。

③ 《吕氏春秋·安死》：“君之不令民，父之不孝子，兄之不悌弟，皆乡里之所釜鬲者而逐之。”（陈奇猷校注：《吕氏春秋新校释》卷10，上海古籍出版社2002年版，第543页）

④ 《吕氏春秋·行论》：“故布衣行此，指于国，不容乡曲。”《尊师》：“高何、县子石，齐国之暴者也，指于乡曲，学于子墨子。”（陈奇猷校注：《吕氏春秋新校释》卷20、卷4，上海古籍出版社2002年版，第1398、208页）

⑤ 司马迁：《史记》卷63《老子韩非列传》，中华书局1982年版，第2140页。

子韩非列传》中的乡里记载，仍以应理解为汉初之地名。① 如此一来，传世文献相关记载的可靠性就存在一定疑问。于是，我们不得不将目光转向出土秦简牍的材料。

二、秦的乡

秦的乡一级组织应该出现于商鞅变法之前。《史记·商君列传》载商鞅为大良造后，“集小都乡邑聚为县，置令、丞，凡三十一县”②。杨振红先生认为商鞅的举措是与建造咸阳城并列的重要措施，因而所改造的都、乡、邑、聚都是秦内史下辖的聚落组织，将其全部归并为县。③ 从材料来看，秦此时已经有乡，从当时需要“集乡为县”来看，乡已是比县更低的行政组织或聚落，而此后秦也的确执行“县—乡—里”自上而下的管理。

乡级机构在秦的行政系统中又被称作“乡部”。《龙岗秦简》“取传书乡部稗官”的记载让学者得知“乡部”之存在，但惊鸿一瞥、仅此一见，后来在《里耶秦简(壹)》《岳麓书院藏秦简(肆)》中才有了更多记载。

《里耶秦简(壹)》：

(1)伤一人，赀乡部官[啬]夫、吏、吏主☐史主者各一盾。过一人，以人数☐8-297+8-1600

《岳麓书院藏秦简(肆)》：

(2)其乡部课之，卒岁，乡部吏弗能得，它人捕之，男女无少长，

---

① 参考陈伟：《包山楚简初探》，武汉大学出版社 1996 年版，第 84~85 页。

② 司马迁：《史记》卷 68《商君列传》，中华书局 1982 年版，第 2232 页。

③ 杨振红：《从秦“邦”、“内史”的演变看战国秦汉时期郡县制的发展》，《中国史研究》2013 年第 4 期。

伍(五)人，谇乡部啬夫；廿人，赀乡部啬夫一盾；卅人以上，赀乡部啬夫一甲，令丞谇，乡部吏主者，与乡部啬夫同罪。……55-57

材料(1)中因为发生伤人事件而判罚乡部官吏，提及的乡部官啬夫、吏、吏主者等职官，在材料(2)中大致都能见到。"乡部"之称后来被汉代所承袭，在张家山汉简《二年律令》中有不少"乡部""乡部啬夫"的记载。①

关于"乡部"的"部"究竟为何种含义？朱汉民、陈松长先生认为表示辖区，并引用两条史料为证《奏谳书》简080-081："苍即与求盗大夫布、舍人簪裊馀共贼杀武于校长丙部中"；《守法守令等十三篇》简976："后其将吏出于县部界……"②其说法是有一定道理的。"部"字原本有区分之义。《玉篇·邑部》："部，分判也。"在军队中进行区分也称"部"，后来才有"部队"。《广韵·姥韵》："部，部伍，又部曲。"在行政区划上作区分也称"部"，比如《管子·乘马》："方六里命之曰暴，五暴命之曰部，五部命之曰聚。"③因为区分而产生了边界与辖区。这种区分既是乡与乡之间在地域上的区分(辖区)，也是乡与其他政府机构之间在职责上的区分(领域)，或者两者兼而有之。比如在县以下的地方社会，乡部常常与被称作"田"的机构共同出现，两者在职责上有重叠之处，④ 但在某些情况下它们在管理区域上又有明显区分。《二年律令·田律》简247-248载："乡部主邑中道，田主田道。道有陷败不可行者，罚其啬夫、吏主者黄金各二两。"这虽是汉初的律令，但大致可以反映乡、田两种机构在职责上的某种区分。

里耶简8-1663曰："▨[迁]陵令▨[敢]告尉，三乡▨"迁陵县下设有三个乡。据里耶简J1⑯6："三月庚戌，迁陵守丞敦狐敢告贰春乡司空、仓主，

① 例如《二年律令·贼律》："乡部、官啬夫、吏主者弗得，罚金各二两。"

② 朱汉民、陈松长主编：《岳麓书院藏秦简(叁)》，上海辞书出版社2013年版，第106页。

③ 黎凤翔撰，梁运华整理：《管子校注》，中华书局2004年版，第89页。

④ "田"与"乡"之联系，参见李勉《再论秦及汉初的"田"与"田部"》(《中国农史》2015年第3期)。

听书从事；尉别都乡司空，[司空]传仓都乡；别启陵、贰春皆勿留脱。"①可知迁陵县的三个乡分别是都乡、启陵乡和贰春乡。据晏昌贵、郭涛先生考证，都乡下辖高里与阳里，启陵乡下辖成里，贰春乡下辖南里、东成里、舆里。② 凡国栋先生观点稍有不同，他认为迁陵县的乡里政区曾发生过变迁，最终结果是都乡下辖高里与阳里，启陵乡下辖成里与渚里，贰春乡仅下辖南里，还有南阳里上属乡暂时存疑。③ 从现有材料来看，迁陵县下辖乡，乡下辖里，构成"县—乡—里"的行政建制格局。秦简的档案文书具有时效性，反映当时的行政管辖关系，不用担心出现像史书那样用后世地名来称呼的情况。乡处于县与里之间，这也是当时秦朝全国地方行政建制的一个缩影。

秦的县通常下辖若干乡，其中县治所在地设置的乡被称为"都乡"。里耶秦简中便常见秦迁陵县下辖之"都乡"。如简 8-170："廿八年五月己亥朔甲寅，都乡守敬感言之▨"都乡之"都"，如同首都之"都"，可能因有更高机构之所在而有"首领"之意。都乡相比县内其他的乡俨然有特殊之地位。秦简中可见到其他类似的包含"都"的词汇，比如县仓中有"都仓"(睡虎地秦简《效律》简 52)，郡中有"郡都县"(《岳麓书院藏秦简(肆)》简 27)，诸市之中有"都市"(《岳麓书院藏秦简(肆)》简 203)。都乡以外的其他乡，在秦简牍中并未见到正式的称呼，但在张家山汉墓的《奏谳书》简 82 案例十六中有"离乡"与"都"相对："武主趣都中，信行离乡。"据整理者推算，此案发生于汉高祖六年，看来汉初高祖时已有"离乡"之称。秦时虽未见"离乡"，但当时律令中已明显有与"都"相对的"离"之观念，比如睡虎地秦简《效律》简 53："都仓、库、田、亭啬夫坐其离官属于乡者，如令、丞。"这里都仓啬夫等官吏显然与"离官"相对。此外还有其他的例子："离邑仓佐"(睡虎地秦简《仓

① 湖南省文物考古研究所编著：《里耶发掘报告》，岳麓书社 2007 年版，第 193 页。

② 晏昌贵、郭涛：《里耶简牍所见秦迁陵县乡里考》，《简帛》第 10 辑，上海古籍出版社 2015 年版。

③ 凡国栋：《里耶秦简所见秦基层地方行政体系》，《湖南考古辑刊》第 11 辑，科学出版社 2015 年版，第 308 页。

律》简21)、“宫别离居它县界中”(《岳麓书院藏秦简(伍)》简1704)、“离城乡啬夫”(《岳麓书院藏秦简(肆)》简191)。秦人已经具备“都”与“离”的相对概念，又有迁陵县“都乡”的实例，“离乡”已经呼之欲出，所以在《奏谳书》里看到了汉初的案例。里耶秦简记载秦迁陵县在都乡之外另有启陵乡与贰春乡，后两者应该属于“离乡”之类。

乡的行政职责主要包含保管户籍、征发赋役，因牵涉广泛，相关内容将放在后文“秦县与乡官”“乡民的基本义务”中详谈。乡官会因为租赋交接而与仓的事务发生联系。睡虎地秦简《效律》简168-169：“入禾，万[石一积而]比黎之为户……是县入之，县啬夫若丞及仓、乡相杂以封印之……”当仓入禾之时，乡官须与仓啬夫、县啬夫(或县丞)三方共同在场验证并封印。因为仓之“入禾”多数来自地方上缴，负责从编户里人处收取禾作为租赋的官吏正是乡啬夫等人，也是入禾事务中的交付方。负责储存的是仓啬夫，他的身份是接收方。最后再加上县啬夫或县丞，作为中间见证人，整个交接手续才算完备，防止收付双方作伪。此则材料不表示仓与乡的机构间有隶属关系。乡的行政职能还包括了司法方面，当地方发生案件之时，乡级机构仅能参与和协助县廷进行司法活动。睡虎地秦简《法律答问》简95：“辞者辞廷。……辞者不先辞官长、啬夫。”辞讼要诉于县廷而非都官或各种啬夫(包括乡啬夫)。① 所以乡的司法职能是不完整的，仅有辅助县级官吏的权责，本身并没有受理权与决狱审判权。

三、齐国的乡

齐国都城临淄出土了大量陶文，内容非常丰富，不仅对研究战国时期齐国的手工业极为重要，而且其中记录的地名、人名，对于研究齐国的乡、里也有着基础的作用。陶文的时代从战国初到战国末，绵延有两百多年时间。

① 张金光：《秦乡官制度及乡、亭、里关系》，《历史研究》1997年第6期。

高明先生汇集陶文拓片，编著《古陶文汇编》①，其中将山东出土的陶文单独列为一篇，并且按照行政隶属关系将收录的涉及乡里名的陶文分类整理，有助于我们对齐国陶文中的乡里组织进行研究。根据高明先生的统计，临淄出土陶文据统计有十多个衢(乡)，五十多个里，数百名制陶工人。② 这既说明齐国临淄制陶业的兴盛，也反映制陶行业与乡里的密切关系。下面我们将从齐国陶文的角度对齐国的乡作一番探究。

齐国陶文的内容有很多是记录生产者的籍贯姓氏，比如：

繇衢夻(大)陶里癸《古陶文汇编》3·63
楚郭衢芦里门《古陶文汇编》3·336
左南郭衢辛匋里賹《古陶文汇编》3·477

其中的“癸”“门”“賹”一般认为是陶器制作工匠的名字，而“夻(大)陶里”“芦里”“辛匋里”都是齐国的里名，里名之前的“繇衢”“楚郭衢”“左南郭衢”应该就是里的上级组织或政区的名称。衢在陶文中一般写作“”，关于此字的考释，学者历来有很多种意见。吴大澂释为“鄙”字，顾廷龙等释为“遷”字，朱德熙、裘锡圭先生赞同顾说。周进先生疑为“乡鄙”之“鄙”。李学勤先生亦曾释为“鄙”字③，后改读为“乡”。方濬益认为“衢”是“乡”字的异文。高明先生也对“衢”与“乡”相通作出过考证，认为衢字即为“乡”的古体字形。④ 笔者认为方濬益、高明先生之说可从，“衢”应该读为“乡”字。

齐国故城有多个乡从事陶器生产，其中最著名的当属繇衢。比如：“繇衢夻(大)匋里癸”(《古陶文汇编》3·63)、“繇衢中匋里倖”(《古陶文汇编》

① 高明编著：《古陶文汇编》，中华书局1990年版。

② 高明：《从临淄陶文看乡里制陶业》，《古文字研究》第十九辑，中华书局1992年版。

③ 李学勤：《战国题铭概述(上)》，《文物》1959年第7期。

④ 高明：《从临淄陶文看乡里制陶业》，《古文字研究》第十九辑，中华书局1992年版。

3·109)、“繇衢东匋里结”(《古陶文汇编》3·111)。这里的“繇”字，在陶文中写作“”，吴大澂释作“绍”；曾宪通先生释“繇”，读为“陶”①，高明先生从之②。陶文记载“繇衢”中有相当多数量的里从事制陶业，读为“陶乡”是很有道理的。根据临淄陶文，“繇乡”中一共有18个里从事陶器生产：大匋里、中匋里、东匋里、蒦圆南里、蒦圆匋里、蒦圆鱼里、蒦圆杨里、蒦圆中里、大蒦圆里、中蒦圆里、东蒦圆里、西蒦圆里、南蒦圆、南□里、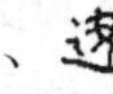里、里、膂里、上𨸓里等。

丘齐乡是另外一个制陶业相对集中的乡，一共有四个里(匋里、平里、漆彫里、辛里)从事陶业生产，其陶业主要是民营生产。在丘齐乡出产的还有一类性质比较特别的陶器。《古陶文汇编》收录有一则陶文：“丘齐辛匋左里敀亳区。”(编号3·619)其中“丘齐”是“丘齐衢”的缩写。“辛匋”大概是类似于“蒦圆”之类的区域名，“左里”是里名。文中的“敀”仍然训读为官方负责督造陶器的职官。“区”是齐国的官方量器之一，《左传》昭公三年载：“齐旧四量，豆、区、釜、钟。四升为豆，各自其四，以登于釜。”③1区相当于4豆，折合16升。“亳区”之“亳”，高明先生读为“敷”，取布施、颁布之意。④ 其说可从。该陶器“区”虽然是在丘齐乡左里由民间作坊制造，但是有专门官员“左里敀”在陶器上加盖印记，表示它是官方督造并发布的、容积精确的量器。齐国的量器应该有统一的官方标准，虽然也可由民间制造，但要得到官方承认，仍需由官方加盖官印以示合格。

在王卒左衢城圆中，有部分制陶者名字显示出的信息比较特别。陶文中有相当多“城圆楚”“城圆众”“城圆弗”字样的例子，其中的“楚”“众”“弗”是

① 曾宪通：《说繇》，《古文字研究》第十辑，中华书局1983年版。

② 高明：《从临淄陶文看乡里制陶业》，《古文字研究》第十九辑，中华书局1992年版。

③ 阮元校刻：《十三经注疏·春秋左传正义》卷42，上海古籍出版社1997年版，第2031页。

④ 高明：《从临淄陶文看乡里制陶业》，《古文字研究》第十九辑，中华书局1992年版。

制陶者的人名。孙敬明先生通过对陶文及其所印器物的仔细观察、统计，发现印文的内容、器物种类前后保持一致，但是陶器的外形显示出年代前后的变化，而且这种演变经历的时间已经超出普通人的寿命，因此，“楚”“众”“弗”应该是以某个著名陶工名字命名的品牌。① 它们也许最初只是陶工的人名，但后来逐渐因品质、销量而获得口碑，故在其过世之后仍被陶坊拿来作为有着历史传承与社会认可度的商业标志使用。先秦时代的手工业往往是父子相传、家族经营并且同业聚居，那么这种现象的出现也就不难理解了。《管子·小匡》记载说：

> 今夫工群萃而州处，相良材，审其四时，辨其功苦，权节其用，论比计制，断器尚完利。相语以事，相示以功，相陈以巧，相高以知事。旦昔从事于此，以教其子弟。少而习焉，其心安焉，不见异物而迁焉。是故其父兄之教不肃而成，其子弟之学不劳而能。夫是故工之子常为工。②

《管子·小匡》认为士农工商等四民应该各居其所，子承父业而不应改行。因为手工业对技艺的高要求，陶工子弟更易于接受相关培训，从小就耳濡目染，不易见异思迁，在父兄的教授下，比常人更容易获得优秀的技能，形成家族世代相传的手艺与工坊。所以长期沿用“楚”“众”“弗”标志的制陶工场，也很有可能是创始陶工的子弟后代。至于王卒左衢，区区一乡就集中了三个制陶业标志，可见该地确实是制陶业发达之乡。

第二节 从“里君”之里到“里典”之里

《尚书·酒诰》《逸周书·商誓》等篇提及“里居”“里居君子”，西周金文

---

① 孙敬明：《从陶文看战国时期齐都近郊之制陶手工业》，《古文字研究》第二十一辑，中华书局2001年版。

② 黎翔凤撰，梁运华整理：《管子校注》，中华书局2004年版，第401~402页。

中也常见里与“里君”的记载，所以作为乡里组织的里起源于西周应该是比较可信的说法。里在西周时期已经成为地缘性组织，虽然内部仍存在一定血缘宗族关系。里经历长期的发展，在战国时期成为各国普遍存在的乡里组织。

一、里之起源

谈到里的起源，首先还是要对里字的含义做一番讨论。关于先秦时期的里字，通常大致有两种不同的含义，一种是长度单位，另一种是基层的居民组织。

以里作为长度单位的用法在历史上出现得很早，西周时期的青铜器铭文中已经能见到。

> 唯十又二月初吉丁卯，䵣（召）启进事，旋走事皇辟君，休王自敎事（使）赏毕土方五十里。䵣（召）弗敢忘王休翼，用作𣪕宫旅彝。召圜器铭文，《殷周金文集成》10360①

铭文中的“方五十里”字迹清晰，表示其封地为方圆五十里。这种以五十里方圆而分封的做法，与《史记·孔子世家》记载“楚之祖封于周，号为子男五十里”非常类似。召圜器是西周早期的铜器，其时代也与楚先祖熊绎受封时接近。所以召圜器铭文中的“里”字显然是一种表示长度与距离的单位。

除了铜器铭文外，传世文献中也有相当多类似的例子。

> 噫嘻成王，既昭假尔。率时农夫，播厥百谷。骏发尔私，终三十里。亦服尔耕，十千维耦。（《诗·周颂·噫嘻》）②

---

① 中国社会科学院考古研究所编：《殷周金文集成释文》第6卷，香港中文大学出版社2001年版，第199页。

② 阮元校刻：《十三经注疏·毛诗正义》卷19，上海古籍出版社1997年版，第591～592页。

郑玄注："使民疾耕，发其私田，竟三十里者，一部一吏主之，于是民大事耕其私田，万耦同时举也。……计此万夫之地，方三十三里少半里也。"按照郑玄的看法，文中的"三十里"乃是"方三十里"的简写。

> 维此六月，既成我服。我服既成，于三十里。(《诗·小雅·六月》)①

郑玄注："师行三十里。笺云：王既成我戎服，将遣之，戒之曰：'日行三十里，可以舍息。'"《六月》篇中的三十里表示军队出征行军的距离，行军三十里地则可以止息。

> 庚辰，天子大朝于宗周之庙，乃里西土之数。曰：自宗周瀍水以西北至于河宗之邦阳纡之山，三千有四百里。自阳纡西至于西夏氏，二千又五百里。自西夏至于珠余氏及河首，千又五百里。(《穆天子传》卷四)②
>
> 穆王西征，还里天下，亿有九万里。(《古本竹书纪年·周纪》)③

《穆天子传》记载从某地至于某地若干里，显然里是距离单位。《古本竹书纪年》中的"亿有九万里"是表示周穆王西征所丈量的"天下"为十九万里的长度。

先秦时期的"里"字除了表示长度单位之外，还有另一种常见含义：一种基层的居民组织。它最早也出现于西周金文之中。

---

① 阮元校刻：《十三经注疏·毛诗正义》卷10，上海古籍出版社1997年版，第424页。

② 王贻梁、陈建敏：《穆天子传汇校集释》，华东师范大学出版社1994年版，第236页。

③ 方诗铭、王修龄：《古本竹书纪年辑证(修订本)》，上海古籍出版社2005年版，第55页。

乃舍裘卫林𦊹里……履付裘卫林𦊹里，则乃成封四封，颜小子具惟封。九年卫鼎铭文，《殷周金文集成》2831①

王呼吴师召大，赐趞睽里，王令膳夫豖曰趞睽曰，余既赐大乃里，睽宾豖璋、束帛，睽令豖曰天子：余弗敢吝，豖以睽导大赐里。大簋铭文，《殷周金文集成》4298②

九年卫鼎是西周中期的铜器，铭文中记载的“林𦊹里”被交付给裘卫，而且这个里有着“四封”，与土地的“四至”类似，显然是有着整片地域的含义，是一个二维的概念，并非是表示一维的长度与距离。大簋是西周晚期铜器，铭文记载周王赐给大“趞睽里”，后面又称呼其为“乃里”，同样也是二维的地域而非指长度。

在传世文献中，有更多关于里的记载。

越在外服，侯甸男卫邦伯；越在内服，百僚庶尹惟亚惟服宗工，越百姓里居，罔敢湎于酒。(《尚书·酒诰》)③

王若曰：“告尔伊旧何父。□□□□几耿肃执，乃殷之旧官人序文□□□□，及太史比、小史昔，及百官里居献民……予既殛纣，承天命，予亦来休命，尔百姓里居君子，其周即命。(《逸周书·商誓》)④

《尚书·酒诰》所谓“百姓里居”，孔安国传曰：“百官族姓及卿大夫致

① 中国社会科学院考古研究所编：《殷周金文集成释文》第2卷，香港中文大学出版社2001年版，第400页。

② 中国社会科学院考古研究所编：《殷周金文集成释文》第3卷，香港中文大学出版社2001年版，第424页。

③ 阮元校刻：《十三经注疏·尚书正义》卷14，上海古籍出版社1997年版，第207页。

④ 黄怀信、张懋镕、田旭东：《逸周书汇校集释》，上海古籍出版社1995年版，第477~485页。

仕居田里者。"《尚书·酒诰》《逸周书·商誓》都提到了"里居"，前者与"百姓"连言，后者与"百姓""百官"并列，故而注家认为此处百姓即百官之类。此处的"里居"的"里"显然也不是长度单位，而是一种地域性区划与组织。

有部分学者认为，早期"里"字的含义在西周金文中仅仅指一片土地而言，甚至是一块较大面积的土地，并非基层地域组织，没有包含生活在土地上的人民与组织在内。① 但这种观点并未得到学界的广泛认可。

那么作为乡里组织的"里"最早是何时出现的呢？目前大致也有三种说法。

第一种是殷商说。杜正胜先生推测或许当原始氏族制的后期，统治者与被统治者逐渐分离时，"里"便形成。② 他虽然没有说具体的时代，但隐约透露出应该在西周之前，至少从商代就已出现。林沄先生据《逸周书·商誓》《尚书·酒诰》提及的"百姓里居(君)"认为成周建邑之前的商人已经以里君担任地域性组织"里"的首脑，另外殷墟西区墓地的分区下葬的情形显示当时同一墓区有不同族徽出现，墓区可能是按照"里"来安排，所以商代已经出现了里。③ 林森先生分析了陕西长安张家坡西周墓地中的墓葬族属，认为该墓地不是单纯的家族墓地，而是反映了基层地域组织"里"的聚葬之地，即一种地缘性墓地，并进而认为"里"在晚商时期已经出现。④

第二种是西周初年说。李宗侗先生据史颂簋铭文"里君百姓"与《尚书·酒诰》"里居君子"的文字，认为地域组织的"里"至少始于周初。⑤ 朱凤瀚先

① 史建群：《〈周礼〉乡遂组织探源》，《郑州大学学报》1986年第2期；沈长云、李秀亮：《西周时期"里"的性质》，《历史研究》2011年第4期。

② 杜正胜：《周代城邦》，台湾联经出版事业公司1979年版，第37页。

③ 林沄：《"百姓"古义新解——兼论中国早期国家的社会基础》，《吉林大学社会科学学报》2005年第4期。

④ 林森：《从张家坡墓地看西周社会基层地域组织》，《中国国家博物馆馆刊》2014年第7期。

⑤ 李宗侗：《中国古代社会新研》，开明书店1949年版，第205页。

生进一步分析了西周以前的情况，根据殷墟甲骨卜辞与商代金文中都未曾见到“里”字，认为仅仅依据后人所写《尚书·酒诰》不能认定商代就有“里”的地域组织；周人克商之后分赐殷遗民以宗族系统为单位进行，考古材料也显示商代盛行族葬制，并未脱离氏族组织；而根据西周铜器令彝铭文的“里君”记载，作为地域组织的“里”大致出现于西周初年，主要用于安置殷遗民。①陈絜先生也认为地缘性组织“里”大致起源于周初，即姬周入主中原之后，而商代的相应地缘性组织多称为“邑”。②

第三种是春秋说。沈长云等先生把西周金文中记载的“里”多理解为一片土地，因此进一步得出结论：真正的基层居民组织“里”直到春秋时期才正式出现。③

在这三种学说中，春秋说受到的关注最少，原因在于春秋说立论的基础是把九年卫鼎、大簋等西周金文中的“里”解释为土地而非基层地域组织，春秋说因此并未受到广泛认同。九年卫鼎铭文中的“林舀里”、大簋铭文中的“𧽊睽里”，被转让或赏赐给贵族时，虽提及“四封”等边界，但没有见到生活其中的民人等的记载。这就为部分学者将“里”字释读为土地留下了空间，因为一般来说涉及土地才会有“四封”“四至”的问题。但是这些只是怀疑的线索，并不构成绝对的证据。假如以上的“里”是基层地域组织，包含了人口等，就必然涉及这群人生活的土地。青铜铭文虽未曾记载民众人口，但并不能否认其存在。金文中“百姓里君”的记载，显示了里的内部是有组织存在的。另外商周金文中原本有不少关于“田”的记载，其含义就是土地。周人为何要另外使用“里”字来表示土地，与“田”的区别又在何处，这些问题没有得到解答之前，更改传统对于“里”字的解释恐怕得不到太多支持。除此之

① 朱凤瀚：《先秦时代的“里”——关于先秦基层地域组织之发展》，收入唐嘉弘主编：《先秦史研究》，云南民族出版社 1987 年版。

② 陈絜：《血族组织地缘化和地缘组织血族化——关于周代基层组织与基层社会的几点看法》，《社会科学战线》2009 年第 1 期。

③ 沈长云、李秀亮：《西周时期“里”的性质》，《历史研究》2011 年第 4 期。

外，林森先生曾对沈文的论证进行了辩驳，[1] 其说可从。

主张殷周说的学者多引用殷墟西区墓地商代墓葬与张家坡西周墓地中的殷遗民墓葬的资料，同一墓地之中混杂有不同家族甚至来自远方的异族人士墓葬，由这种共葬的模式，推论出相互之间并非血缘关系而是出于地缘关系，并认为这种墓区可能是按照“里”来进行安排的，因而“里”至少在商代晚期已出现。根据以上的墓葬资料，异族混杂葬于同一墓区，虽然可以得出当时已经存在超越血缘关系的地方性组织存在的结论，但并不能确认这种组织就是后世西周的“里”。或者可以换种说法，当时超越血缘关系的组织也许并不止“里”这一种，比如陈絜先生提到的“邑”也存在可能。关键在于商代卜辞与金文并未记载有“里”字，后世追述的商代文献文字的可靠性又无法得到保证，我们无法将其与殷墟墓区反映出的超血缘组织直接联系起来。因此目前还不能把“里”的产生追溯至商代。

总而言之，作为乡里组织的“里”起源于西周，目前看来是比较可信的说法。西周以前的殷商是否已有“里”，目前的材料尚不足以证明。

既然作为乡里组织的里已经在西周出现，接下来必然要探寻一些基本问题：这个组织的内部结构是何种样貌，特别是里的行政领导者又是何许人也。

按照传世文献的记载，西周时期“里”的行政首长或许应是《尚书·酒诰》《逸周书·商誓》中的“里居”“里居君子”。《尚书》伪孔安国传将“里居”解释为“卿大夫致仕居田里者”。为何“里居君子”会是卿大夫致仕之后居于田里才能担任？与“里居”并列的“百姓”被认为是地位相当高的“百官”，“里居”为何就成为退休赋闲的身份？伪孔传这种解释似乎是望文生义，将其生活时代(约秦汉魏晋时期)里中小官吏的地位现实套用到了周初的职官上。但因为没有更多材料，此说法长期以来也无法证伪。

自从近代以来史颂鼎等青铜器铭文受到注意之后，“里居”的身份之谜才

---

① 林森：《从张家坡墓地看西周社会基层地域组织》，《中国国家博物馆馆刊》2014年第7期。

得到新的审视，其中有两则西周金文材料尤其受到重视：

王在宗周，令史颂省穌，灃(濡)友里君百姓，帅(率)隅盩于成周。史颂鼎铭文，《殷周金文集成》2787①

令罘卿事寮、罘诸尹、罘里君、罘百工、罘诸侯 矢令方尊铭文，《殷周金文集成》6016②

罗振玉在释读史颂鼎铭文时首次指出《尚书·酒诰》中的“里居”即“里君”之伪传，③ 这一观点后来得到学界的普遍赞同。但他仍然信从《尚书·酒诰》伪孔传，把“里君”解释为“卿大夫致仕居田里者”，用看待后世里典、里正等小官吏的眼光来看待几百年前西周职官。王国维在《古史新证》中也认为“里居”即“里君”。郭沫若一方面同意罗、王之说，一方面又否定所谓“致仕居田里”的说法，他怀疑里君是“都家公邑之长”。④ 刘雨、张亚初先生认为里君就是《周礼·地官·司徒》中的里宰，是邑里之长，𣪕簋又称之为“里人”。⑤ 目前学界一般认为西周时期“里”的行政首长就是“里君”。

自从西周金文中的乡里组织“里”出现后，另一个问题引起学界关注，即西周时期的里究竟是传统的血缘组织还是已经发展成为地域组织。学界围绕这个问题有过不少的讨论。

有学者认为“里”仍旧保留血缘组织的形式。杜正胜先生把“里”中的“里人”等同于“国人”，认为有着血缘传承的氏族贵族才得以左右周代政局，里

① 中国社会科学院考古研究所编：《殷周金文集成释文》第2卷，香港中文大学出版社2001年版，第360页。

② 中国社会科学院考古研究所编：《殷周金文集成释文》第4卷，香港中文大学出版社2001年版，第277页。

③ 罗振玉：《贞松堂集古遗文》，北京图书馆出版社2003年版，第257~258页。

④ 郭沫若：《金文丛考·周官质疑》，人民出版社1954年版，第77页。

⑤ 刘雨、张亚初：《西周金文官制研究》，中华书局2004年版，第50页。

中是一小共同体，靠氏族血缘联系。①

多数学者认为“里”在西周已经属于地域组织，而不是血缘组织。李宗侗先生在《中国古代社会新研》中认为西周金文记载的“里”是地域性组织，里是按照乡里之分类组织，里各有君即里君。② 徐中舒先生认为《尚书·酒诰》中“里君”是按照地域编制的里长，与“百姓”以血缘编制的氏族长身份正好相对。③ 郭豫才先生认为“里”是地域的基层行政单位，形成以庶众为中心的农村公社。④ 裘锡圭先生根据《左传》等书认为乡里是统治种族居住城邑内及其近郊的地域组织，所以他不认为里君所管辖的“里”是被征服者居住于鄙野的组织。⑤ 朱凤瀚先生首先肯定西周的“里”是地域组织，但周人将殷遗民百姓编制在“里”之中，使得地域组织内又保存着血缘组织。⑥ 李峰先生认为西周的“里”虽然是地方行政单位，但主要存在于乡村地区。⑦ 王进锋先生认为西周的里内居民来自多个族姓，“里”被设置于族姓混居的地区。⑧

也有学者跳出了血缘抑或地缘的“非此即彼”的认知结构，认为在周代两者之间仍存在紧密联系，持两者融合之说。陈絜先生从动态角度分析周代基层组织的“里”的演变过程，认为当时存在“血缘组织地缘化”的现象，里的组织与宗族组织看似不相容，实际却发生重叠、水乳交融，一族一里，一里

① 杜正胜：《周代城邦》，台湾联经出版事业公司 1979 年版，第 38~40 页。

② 李宗侗：《中国古代社会新研 历史的剖面》，中华书局 2010 年版，第 135 页。

③ 徐中舒：《论西周是封建制社会——兼论殷代社会性质》，《历史研究》1957 年第 5 期。

④ 郭豫才：《试论西周的公社问题》，《河南师大学报》1983 年第 1 期。

⑤ 裘锡圭：《关于商代的宗族组织与贵族和平民两个阶级的初步研究》，《古代文史研究新探》，江苏古籍出版社 1992 年版，第 329 页。

⑥ 朱凤瀚：《先秦时代的“里”——关于先秦基层地域组织之发展》，唐嘉弘主编：《先秦史研究》，云南民族出版社 1987 年版，第 196 页。

⑦ 李峰：《西周的政体——中国早期的官僚制度与国家》，生活·读书·新知三联书店 2010 年版，第 181 页。

⑧ 王进锋：《西周时期里的管理形态——兼论里与邑的关系》，《社会科学》2018 年第 1 期。

一族，族即为里，里即为族。①

还有学者也注意到“里”作为地域组织内部存在的血缘联系，进而认为“里”是“超血缘的地域组织”。林沄先生认为从殷墟西区墓地就可以看到超血缘的地域组织的存在痕迹，墓区可能按照“里”来安排，西周继续将不同宗族按地域编成里。② 林森先生也持相同看法，他认为以长安张家坡西周墓地反映西周统治者使用高于血缘关系的基层组织“里”对丰邑的各族人群进行统一管辖。③

总的来说，目前学界基本上认为西周时期的“里”具备地域组织的性质，在这一定性的前提下，开始逐渐重视里中客观存在的宗族关系。

二、楚国的里

春秋时期，楚国是最早设县的诸侯国之一。县制的出现不仅标志着楚国中央政府对地方的直接掌控摆脱了分封制带来的传统影响，而且可能意味着县的长官(县尹、县公)治理下的基层居民组织“里”，伴随着春秋设县而普遍出现的大规模人口迁移，越来越向地域组织靠近，而离血缘组织越来越远。进入战国，各国皆颁行变法。楚国也经历了吴起的变法运动，虽然变法时间不长，但变法措施与吴起死后楚王的动作极大地打击了楚国的宗族势力，对于楚国产生了相当深远的影响。传世文献中并未记载楚国的里的情况，我们只能根据战国中期偏晚的包山楚简的文书档案，对战国楚里的情况作一番管窥。

据陈伟先生统计，包山楚简文书中记载的楚国里名共有 22 个(包含一处

① 陈絜：《血族组织地缘化和地缘组织血族化——关于周代基层组织与基层社会的几点看法》，《社会科学战线》2009 年第 1 期。

② 林沄：《“百姓”古义新解——兼论中国早期国家的社会基础》，《吉林大学社会科学学报》2005 年第 4 期。

③ 林森：《从张家坡墓地看西周社会基层地域组织》，《中国国家博物馆馆刊》2014 年第 7 期。

合文)，参见表 1.1。①

表 1.1　包山楚简楚国里名表

序号	里名	序号	里名
1	郢里 7	6	罗之�里 83
2	邻之榱里 23	7	繁丘之南里 90
3	鄗之己里 31	8	鄗□里 90
4	安陆之下隋里 62	9	郈(宛)陈午之里 92
5	鄵之市里 63	10	登(邓)命(令)尹之里 92
11	灉反之南阳里 96	17	下蔡荑里 121
12	坪阳之枸里 97	18	羕陵之州里 128
13	下蔡荨里 120	19	阴侯之东鄗里 132
14	下蔡山阳里 121	20	邱阳之酷里 150
15	下蔡关里 121	21	蒹陵之戤里 150
16	下蔡东邗里 121	22	夜基之里 168

鲁鑫先生将这二十多个里名分为三类：一是“某地之某里”，可能表示县级政区下的里，代表是“鄗之己里”；二是“某人之某里”，表示该里隶属于此人，或许属于此人的食税单位，如“登(邓)命(令)尹之里”；三是“某里”，应该是前两类里名的省略，例如“东邗里”是“下蔡东邗里”之省。② 这种分类是有道理的。③

对包山简里名进行分类的意义，主要在于探讨当时楚国的里隶属关系

① 陈伟：《包山楚简所见邑、里、州的初步研究》，《武汉大学学报》1995 年第 1 期。

② 鲁鑫：《包山楚简州、里问题研究缀述》，《中原文物》2008 年第 2 期。

③ 唯独简 7 之“郢里”根据上下简文无法得知其上属的区域或个人，究竟“郢里”是一个名叫“郢”的里，抑或郢都之里的泛称尚不可知，目前存疑(简文记载“王廷于蓝郢之游宫”，此“郢”或许为蓝郢)。

问题。

传世文献中对于里的上级组织机构有多种记载，彼此间有很多歧异，甚至在同一文献不同篇章中也大不相同。以《周礼》来说：

> 五家为邻，五邻为里，四里为酂，五酂为鄙，五鄙为县，五县为遂，皆有地域。(《周礼·地官·遂人》)①
>
> 令五家为比，使之相保；五比为闾，使之相受；四闾为族，使之相葬；五族为党，使之相救；五党为州，使之相赒；五州为乡，使之相宾。(《周礼·地官·大司徒》)②

《周礼·地官·遂人》中“四里为酂”，最终“皆有地域”，有着明显的地域区划的色彩。《周礼·地官·大司徒》中的“闾”大致与“里”类同，“四闾为族”，主要用于“使之相葬”，比较像是具有特定社会功能(聚族而葬)的某种人群划分方式。两篇的说法完全不同。

《管子》中有三种记载：

> 制五家为轨，轨有长；十轨为里，里有司；四里为连，连有长；十连为乡，乡有良人；三乡一帅。(《管子·小匡》)③
>
> 分国以为五乡，乡为之师。分乡以为五州，州为之长。分州以为十里，里为之尉。分里以为十游，游为之宗。十家为什，五家为伍，什伍皆有长焉。(《管子·立政》)④

---

① 阮元校刻：《十三经注疏·周礼注疏》卷15《地官司徒》，上海古籍出版社1997年版，第740页。

② 阮元校刻：《十三经注疏·周礼注疏》卷10《地官司徒》，上海古籍出版社1997年版，第707页。

③ 黎翔凤撰，梁运华整理：《管子校注》卷8《小匡》，中华书局2004年版，第400页。

④ 黎翔凤撰，梁运华整理：《管子校注》卷1《立政》，中华书局2004年版，第65页。

乃别制断之，州者谓之术，不满术者谓之里。故百家为里，里十为术，术十为州，州十为都，都十为霸国。不如霸国者，国也。(《管子·度地》)①

其中《管子·小匡》的记载与《国语·齐语》类似。

管子于是制国："五家为轨，轨为之长；十轨为里，里有司；四里为连，连为之长；十连为乡，乡有良人焉。"(《国语·齐语》)②

《管子》的三种记载各有其侧重点：《管子·小匡》与《管子·立政》两篇的记载比较偏重于居民的组织方式，比较强调每个组织的领导者，如里司、里尉之类，最终让士农工商各有所居、不得杂处；《管子·度地》篇则主要讲对土地的安排与物产，即所谓"度地形而为国者"，目的是"乃以其天材、地之所生，利养其人，以育六畜"。

另外楚人著作《鹖冠子》对于居民组织也有记载：

其制邑理都，使矔习者五家为伍，伍为之长，十伍为里，里置有司，四里为扁，扁为之长，十扁为乡，乡置师，五乡为县，县有啬夫治焉，十县为郡，有大夫守焉，命曰官属。郡大夫退修其属县，啬夫退修其乡，乡师退修其扁，扁长退修其里，里有司退修其伍，伍长退修其家。……故家里用提，扁长用旬，乡师用节，县啬夫用月，郡大夫用气分所至，柱国用六律。里五日报扁，扁十日报乡，乡十五日报县，县三十日

① 黎翔凤撰，梁运华整理：《管子校注》卷18《度地》，中华书局2004年版，第1051页。

② 徐元诰撰，王树民、沈长云点校：《国语集解》，中华书局2002年版，第224页。

报郡，郡四十五日报柱国，柱国六十日以闻天子。(《鹖冠子·王鈇》)①

在鹖冠子笔下，国家的乡里组织井然有序，里的上级为扁，扁的上级为乡，乡上为县。虽然鹖冠子具有楚人身份，但是否能够借此坐实战国时期楚里的上级机构，仍有待其他资料的佐证。

另外在银雀山汉墓竹简《田法》中也有涉及里的记载：

五十家而为里，十里而为州，十乡(州)而为州(乡)。州、乡以地次受(授)田于野。937-938②

银雀山汉墓是汉武帝初年的墓葬，《田法》篇的抄录时间在此之前，其成书的时代应当更早，且其中“家—里—州—乡”的组织结构与秦汉制度不合，反倒是与《管子·立政》的记载类似，很有可能是反映先秦制度的文献。前文记载“岁收”与亩产，后文记载“受(授)田”，这则材料的“里”的组织主要与田地和亩产有关。

各种传世与出土文献中纷繁复杂、彼此歧异的记载，让后世之研究者无所适从。细品上下文会发现，很多记载都有各自的侧重，针对的也是不同的领域，所以会产生差异。这样导致的结果是不能直接作为信史引用，也不能径取一说而不顾其他说法。

也有学者另辟蹊径，跳出这些制度的直接记载，改从其他文献中寻找到关于楚国乡里组织的线索。顾久幸先生指出包山楚简显示出里是楚国的最基层行政机构，并且引用《史记·老子韩非列传》“老子者，楚苦县厉乡曲仁里人也”的记载，认为里是乡之下的机构。③ 陈伟先生怀疑《史记·老子列传》

① 黄怀信：《鹖冠子汇校集注》，中华书局2004年版，第178~191页。

② 银雀山汉墓竹简整理小组编：《银雀山汉墓竹简(一)·守法守令等十三篇》，文物出版社1975年版，释文注释部分第146页。

③ 顾久幸：《楚国地方基层行政机构探讨》，《江汉论坛》1993年第7期。

的这条记载中的“楚”不是先秦楚国的建置，而有可能是西汉的诸侯王国，由此产生的连带效应导致“厉乡曲仁里”也可能不是先秦建制的记录。陈伟先生指出，就包山楚简所见，并没有乡的记载。在里之上仅出现了一个较高层级的政区单位，这个政区单位从司法职权、名籍管理、职官设置等方面来看就是县。① 后来颜世铉、吴良宝等先生陆续对这些高级政区单位进行过考证，也证明了它们就是楚县。② 也就是说，在战国中期楚国的县直接下辖里，两者之间并没有乡一级的存在。

陈伟先生的论述是很有道理的。通过对包山楚简所有里名的分类，确实没有发现乡的存在。各“里”之上的政区单位，已经可以确定为县，也就是说当时的“里”是由楚国的县直接管理的。这一点虽然与大量传世文献的记载相违背，也与现代人对秦汉以来乡里组织的传统印象不符，却是当时楚国的真实面貌。回过头来再看《鹖冠子・王鈇》的相关史料，虽然作者出身于战国时代的楚国，但他的著述不是或不全是实录，其中明显掺杂了许多其他的内容，或许因为他生活在赵国而混入了当地的制度，也可能是作者自己的理想制度安排，甚至可能兼而有之。至于上面所列其他传世文献的记载，情况应该也类似。

包山楚简中记载的乡里组织除了“里”之外，还有一种，即“邑”。陈伟先生指出里、邑处于同一层级，互相并不隶属，并且是确定司法当事人居地的最低级地域单位。包山楚简中关于邑的记载往往与田地相关，邑应该是乡野中的组织；“里”的记载却很少涉及田地，很可能是城中的组织。③ 其说甚是。战国时期楚国的里、邑在分布上具有明显的差异性，可能有相当长的历史渊源。至少春秋时期，类似的情形就已经出现。裘锡圭先生曾根据《左传》等书记载，指出春秋以前的“里”一般是统治种族居住的城邑内部及近郊的地

① 陈伟：《包山楚简初探》，武汉大学出版社 1996 年版，第 84~85、94~100 页。

② 参见颜世铉：《包山楚简地名研究》，台湾大学硕士学位论文，1997 年；吴良宝：《战国楚简地名辑证》第四章“楚简所见县名考”，武汉大学出版社 2010 年版。

③ 陈伟：《包山楚简初探》，武汉大学出版社 1996 年版，第 80~81、85 页。

域组织，而不是被统治种族居住的鄙野之中的地域组织。① 从传世文献记载来看，确实有着这样的规律。比如《国语·齐语》和《管子·小匡》就是在国中设里、鄙中设邑，且里与邑刚好是同一等级的组织。至于更早的西周时期，也能从金文中得到线索。陈絜先生认为西周时期最早的“里”设在通都大邑之内，主要针对城内居民，城墙外的聚落居民则不在此列。西周金文见到的城外农村聚落往往以“五邑”为单位组成一个基层行政组织。②

三、秦的里

关于秦的里，已经有不少学者进行过相关研究。早期研究多偏重以传世文献为基础，辅以睡虎地秦简的部分资料，分析秦汉时期里的起源与空间结构、里吏职责、里的社会功能等。③ 随着张家山汉简《二年律令》和更多简牍文书的出土，学者们开始将秦汉的里作为一个独立的研究对象进行系统研究。④ 因出土文献中关于乡官里吏的记载逐渐增多，有学者将里吏与乡官并列，对其管理职能作专门的讨论。⑤ 这些研究为我们认识秦汉的里奠定了基础。

秦以里作为最低一级的地方行政组织，里在秦究竟起源于何时，目前尚无法作精确考证。有学者推测乡里制度的形成应该与东周郡县制的产生相

① 裘锡圭：《关于商代的宗族组织与贵族和平民两个阶级的初步研究》，《古代文史研究新探》，江苏古籍出版社 1992 年版，第 329 页。

② 陈絜：《血族组织地缘化和地缘组织血族化——关于周代基层组织与基层社会的几点看法》，《社会科学战线》2009 年第 1 期。

③ 仝晰纲：《秦汉时期的里》，《山东师大学报》1988 年第 4 期；张力：《秦汉里论》，《四川师范学院学报》1993 年第 4 期。

④ 臧知非：《秦汉里制与基层社会结构》，《东岳论丛》2005 年第 6 期；王爱清：《秦汉里制研究》，苏州大学硕士学位论文，2005 年；王爱清：《秦汉乡里控制研究》，山东大学博士学位论文，2008 年；张信通：《秦汉里治研究》，河南大学博士学位论文，2013 年。

⑤ 张信通：《秦国乡官里吏民籍管理职能探究》，《河北师范大学学报》2017 年第 2 期；张信通：《秦国乡官里吏发展管理农业职能》，《中国农史》2017 年第 6 期。

伴，这个推断的方向大致是正确的。①《史记·秦本纪》载秦孝公十二年“并诸小乡聚，集为大县”。秦孝公时代的“乡聚”，大约是乡村聚落之类，也是后来乡里的原型。随着秦国县制的建立，将县以下的各个聚落再划分为乡与里，统一设置行政组织。到了战国时代，乡里制度已正式成形。《韩非子·外储说右下》载秦襄王因民众杀牛而处罚里正与伍、老之故事，虽然此事记载的时代(秦昭襄王时)未必准确，但既有里正等里吏设置，秦国在战国时代早已设立里制应该是没有疑问的。到了战国末年，《吕氏春秋·怀宠》载：“以里听者，禄之以里；以乡听者，禄之以乡……以国听者，禄之以国。”②虽然其他各国未必都有乡一级的组织(比如楚国)，但在秦国乡里制度大概已经成为一种看待天下的常识。虽然六国也都设立了县，或多或少划分了乡、里，并且“乡里”之辞在先秦诸子著作中屡屡出现，但秦在灭六国的过程中，对于新占领的土地，应该都会统一推行秦自己版本的县制与乡里制度。所以我们可以看到，在包山楚简记载的战国中期楚国行政组织中，有里制而未有乡制。秦人占领下的故楚之地迁陵地区，在里耶秦简中记载了不少下辖的乡里，其乡里管理制度大概已与秦关中内史相似了。

在秦简牍的律令与司法文书中，里是用于确定民众居处所在的最小地理单位。我们时常能见到官方确认某人“名事里”的记载。比如睡虎地秦简《封诊式》记载：

> 男子某有鞫，辞曰：“士五(伍)，居某里。”可定名事里，所坐论云可(何)，可(何)罪赦，6或(又)覆问毋(无)有，遣识者以律封守，当腾腾，皆为报，敢告主。7

这是对嫌疑人进行审讯问罪的基本程序，所以首先要询问其个人信息。

---

① 张信通：《我国乡里制度的起源和演变》，《太原师范学院学报》2017年第6期。

② 陈奇猷校注：《吕氏春秋新校释》卷7，上海古籍出版社2002年版，第417~418页。

所谓“名事里”，整理者认为指姓名、身份、籍贯，与《汉书·宣帝纪》“名县爵里”意思相近。在秦汉简牍文书中，一般也写作“名县爵里”。比如居延汉简简7·31：“书名县爵里”；简239·46：“鞫繫，书到，定名县爵里”。①居延新简简EPT52：155：“☐□市人等名县爵里年姓官除辞。”②《里耶秦简(壹)》简8-330亦载“☐县爵里”，简牍前部虽残断，但全文也应是“名县爵里”。“事”，《说文》云：“职也”，原本指担任的官职，后引申为职守、职权，并泛指所有职业。人们承担的职守与从事的职业，构成了对其身份的基本判定，故而可把“事”直接理解为身份之义。可资对比的是，《里耶秦简(壹)》中有两例“名吏里”的称呼。③这里的“吏”表示具体官职，正好符合“事”的本义。询问完名字、身份后，最后必然要问到的便是所居何处，即简文中“居某里”。

为何询问嫌疑人居处地信息最终要详细到里而不是乡或县？一方面，秦律规定居民傅籍是以里为单位上报政府的，睡虎地秦简与岳麓秦简中都能见到里典、老定期登记户籍信息上报乡啬夫与县尉的法律条文。里耶秦简中的南阳户籍版应该是当时户籍登录类的文书，显示以户为单位、全里集中编联而成。闾里是秦人户籍登录的基本单位，也是其生活的基本地域范围，因而在询问时查问其闾里便是自然之事。另一方面，嫌疑人口述之居地不可尽信，仍需要官方进行核验。据《岳麓书院藏秦简(肆)》收录的《尉卒律》记载，满30户可以单独设一里，置典、老，按照每户5口人估算，一里最少有150名居民。在这150人中间核验嫌疑人的身份，工作量还不算太大。而一乡下辖若干里，即使参照人口户数很少的秦迁陵县的情况，按一乡下辖三里计算，一乡人口也接近500人，数量庞大，核查起来非常不便。由此可以想见

① 谢桂华、李均明、朱国炤：《居延汉简释文合校》，文物出版社1987年版，第12、395页。

② 张德芳主编：《居延新简集释(三)》，甘肃文化出版社2016年版，第643页。

③ 《里耶秦简(壹)》简8-1090：“说，说所为除赀者名吏(事)里、它坐、赀遣”；简8-198：“弗下下，定当坐者名吏里、它坐、訾能入赀不能”。

一县上千户甚至几千户的情形。所以在询问之时，将嫌疑人居地细查至闾里一级，就显得很有必要了。

睡虎地秦简《封诊式》中，询问嫌疑人身份时，都要确定“名事里”。除了简6-7，其他还有两例。简13：“敢告某县主：男子某辞曰：‘士五(伍)，居某县某里，去亡。’可定名事里，所坐论云可(何)，可(何)辠(罪)赦。”简44：“其问如言不然？定名事里，所坐论云可(何)。”另外《秦律十八种·仓律》简25也记载：“书入禾增积者之名事邑里于廥籍。”

“爵”原本被秦汉政府用来标志身份高低，也是身份信息的一种，在这里与“事”类似，并无本质不同。真正的不同之处在于，《封诊式》仅登记里名，而简牍文书明确要求增加县名。原因何在？这或许与《封诊式》本身的性质与应用场景有关。睡虎地秦简的整理者认为，《封诊式》记录的各类案例，主要供有关官吏学习，并在处理案例时参照执行。① 陈公柔先生认为它是县级执法人员借以提高处理刑事案件及撰写涉案文书水平而汇集的示范爰书。② 其说甚确。《封诊式》的阅读对象是县级执法人员，汇集的文书也主要针对县内法律事务。或许因为违法案件大多是县内之人所犯下，故而在登记身份时一般略去县名，仅书里名即可。而如果遇到跨越县域的居民，仅书里名就不够用了。居延地区属于边塞，当地居民较少，内地派遣而来的戍卒占据多数，往来旅人可能也不少，故而在登记身份时必须加入户籍所属县域的信息。当然这也只是可能性中的一种。

四、齐、郑、韩、燕等国的里

齐陶文中的“蒦乡大匋里”是蒦乡之中制陶业非常集中的里，根据高明先

① 睡虎地秦墓竹简整理小组编：《睡虎地秦墓竹简》“释文注释”部分，文物出版社1990年版，第147页。

② 陈公柔：《先秦两汉考古学论丛》，文物出版社2005年版，第214页。

生的统计，《古陶文汇编》中一共可以见到大匋里中39位不同陶工的名字。同样集中的还有“蒦圆匋里”，总共可以见到大约51位不同的陶工名。① 两个里都以“匋”为里名，显示它们同为制陶业发达之地。我们将大匋里与蒦圆匋里进行比较后发现，两个里中陶工的名字几乎没有重复的。这是非常有意思的现象。从先秦出土简牍中官方文书如户籍版、刑狱文书等记录的普通居民名来看，重名现象是非常普遍的。比如在包山楚简中所见楚国人经常起名为“得”“贾”“午”“强”等。大匋里与蒦圆匋里加起来总共有90位陶工名，却几乎没有重名的，这不符合普通民众取名的一般规律，而似乎是有意避开重复的名字。联想到前面提到的“城圆楚”“城圆众”“城圆弗”等3个陶工名号长期保持的现象，我们可以推测，齐国陶工的名字印在陶器之上之后就形成了一种商业标识，而不再是简单的个人名字，因此陶工名有必要相互避开，以免购买者在选择陶器时产生混淆。也许重名的陶工在有资格将自己的名字印在陶器之上时，会刻意重新选择一个未曾使用的名字。这种商业默契的形成，与繇乡和整个临淄制陶业的兴盛发达是分不开的。

临淄陶文中录有两个比较特别的里：“东酷里”与“西酷里”。比如“西酷里陈何”(《古陶文汇编》3·431)、“东酷里孟喜”(《古陶文汇编》3·435)、“东酷里安”(《古陶文汇编》3·438)等。此“酷”或许原本与酿酒相关。《管子·轻重》记载：

> 桓公曰：“四郊之民贫，商贾之民富。寡人欲杀商贾之民，以益四郊之民，为之奈何?”管子对曰：“请以令决瓁、洛之水，通之杭、庄之间。”桓公曰：“诺。”行令未能一岁，而郊之民殷然益富，商贾之民廓然益贫。桓公召管子而问曰：“此其故何也?”管子对曰：“决瓁、洛之水通之杭、庄之间，则屠酤之汁肥流水，则蝨虻巨雄、翡燕小鸟皆归之，宜昏饮。此水上之乐也。贾人蓄物，而卖为雠，买为取，市未央毕，而

① 高明：《从临淄陶文看乡里制陶业》，《古文字研究》第十九辑，中华书局1992年版。

委舍其守列，投蝨虵巨雄。新冠五尺，请挟弹怀丸游水上，弹翡燕小鸟，被于暮。故贱卖而贵买。四郊之民卖贱，何为不富哉！商贾之人何为不贫乎?”桓公曰：“善。”①

东酷里与西酷里未署以乡名，大概在临淄城内。《管子》所说的引水入城，让屠宰业与酿酒业排出的废水入河使流水变为肥水。考古发现临淄故城内确实有一古河道，以南北方向贯穿全城，有学者推测东、西二酷里应该在该河道之东、西两侧。②

河南省新郑市城关附近双洎河(古代称为洧水)与黄河水交汇的地带，考古工作者在该地发现一座春秋战国时代的古城。经考证与研究，确定该城即历史上郑国与韩国先后建都的城市，即郑韩故城。1961 年起，郑韩故城被国务院列为全国第一批重点文物保护单位。此后十多年的时间，考古工作者对郑韩故城进行钻探与试掘，弄清了城墙结构与宫城、手工业作坊、墓葬区域的分布情况。到 1984 年前后，河南省文物研究所重新在郑韩故城内外进行了考古调查与发掘，新发现一批文化遗址与文物，其中包括了许多钤印或刻写有文字的陶器与陶片。蔡全法先生在《近年来新郑“郑韩故城”出土陶文简释》一文中，公布所有出土陶文并且进行全面的诠释。③ 此后王琳先生专门对郑韩故城与先秦乡遂制度有关的陶文进行过考证。④

郑韩故城陶文的字数非常简短，相比于齐国临淄陶文完整记录制陶匠人的乡里姓名或监造官员姓名等详细内容，郑韩故城陶文每件器物大多仅钤印或刻写一到两字，因此提供的信息相对有限。根据这些有限的文字，我们试图对战国时期郑韩地区的乡里社会组织作一番了解。

郑韩故城出土有“里久”字陶盆一件(图片编号 37)，泥质灰陶残片，战国时器，1982 年 11 月东城(YN)H60 出土。长方形无框阴文印，上下排列，

① 黎翔凤撰，梁运华整理：《管子校注》卷 8，中华书局 2004 年版，第 1495 页。

② 孙敬明：《齐陶新探》，《古文字研究》第十四辑，中华书局 1986 年版。

③ 蔡全法：《近年来新郑“郑韩故城”出土陶文简释》，《中原文物》1986 年第 1 期。

④ 王琳：《从郑韩故城出土陶文看先秦乡遂制度》，《考古与文物》2003 年第 4 期。

竖向钤印于盆沿之上。另外还有两件带有“里”字的陶器残片，分别是：“里□”字陶盆一件(图片编号 39)，泥质灰陶残片，战国时器，1984 年 11 月西城 T23H51 出土，长方形无框阴文印，自上而下排列，竖向钤印于盆沿上，下部残缺；“里□”字陶罐一件(图片编号 40)，泥质灰陶残片，战国时器，1983 年 4 月东城(YG)T2 一层出土，无框阴文印，竖向钤印于罐肩部，下部残缺。(参见图 1.1)

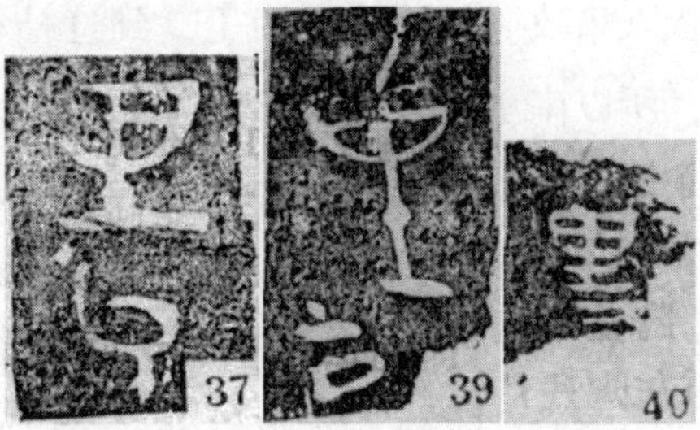

图 1.1　郑韩故城出土“里”字陶文

蔡全法先生将陶文中的“里”与基层社会组织联系起来，认为可能是“里”人以里为姓氏，“里久”“里□”“里□”都疑为陶工的私人印章。① 王琳先生直接将“里”解读为乡里组织，而“里”字之后的“久”“□”“□”等为里的名称。② 从齐国陶文的通常文例来看，里名应该在“里”字之前，比如“豆里”“南里”“匋里”等，“里”字之后紧跟的都是陶工的名字。所以王琳先生的说法似乎不能成立，蔡全法先生之说倒是相对更合理一些。郑韩故城陶文中“里”字三次出现，确实很像是陶工姓氏，“里久”“里□”“里□”或许源于同一个制陶世家，就如同郑韩故城陶文中的吕氏、齐国临淄陶文中见到的王氏与公孙氏等。

蔡全法先生认为里中之人以“里”为氏，或可备一说。不论是郑国还是韩

① 蔡全法：《近年来新郑“郑韩故城”出土陶文简释》，《中原文物》1986 年第 1 期。
② 王琳：《从郑韩故城出土陶文看先秦乡遂制度》，《考古与文物》2003 年第 4 期。

国，基层社会组织中确实存在着“里”。据传世文献记载，仅郑国都城范围内就存在着多个里。《左传》襄公二十六年：楚伐郑，“入南里，堕其城”①。此处的“城”就是郑国都城的外城，南里应该是城墙之外的里。楚人选择南里进攻都城，似乎郑都城的南里在军事防守上是一个易于攻陷之处。而在另一次战役中，晋国也曾选择郑都南里进攻。《左传》哀公二十七年载：“晋荀瑶帅师围郑，未至，郑驷弘曰：‘知伯愎而好胜，早下之，则可行也。’乃先保南里以待之。知伯入南里，门于桔秩之门。”②郑国大夫驷弘在晋人围城之时选择保卫南里，坐待晋人来攻。知伯攻入南里，到达桔秩之门。桔秩之门是郑国都城的城门之一，所以南里应该就位于该城门之外。除了南里之外，郑国都城还有其他的里见于史籍。《左传》襄公九年记载郑、楚两国“同盟于中分”。杜预：“中分，郑城中里名。”③《论语·宪问》载：“东里子产。”邢昺疏：“东里，郑城中里名。”④子产是郑国的著名贤大夫，“东里”冠于子产之名前，应该是表示他的家庭、名籍在东里之中，故以“东里子产”而为孔子所知。东里与南里相对而言，大概因地理方位而得名。战国时期，韩国灭郑，迁都于郑国都城，应该同样也设里为基层社会组织。

郑韩故城陶片中还见到多件含有“吕”字的陶文，分别是：“吕雝”字陶鬲一件(图片编号 21)，泥质红陶残片，战国时器，长方形阴文印，横向钤印于陶鬲的肩部；“吕吕”字陶盆一件(图片编号 24)，泥质灰陶残片，战国时器，阴文无框印，竖向钤印于盆沿之上；“吕佗”字陶釜、陶盆(图片编号 27)各一件，泥质，战国时器；“吕缳”字陶鬲一件(图片编号 28)，泥质红陶残片，战国时器，阴文无框印，竖向钤印于鬲肩部；“吕▨”陶盆一件(图片编号 34)，泥质灰陶残片，战国时器，阴文无框印，竖向钤印于盆沿之上。(参见图 1.2)

---

① 杨伯峻编著：《春秋左传注》，中华书局 1990 年版，第 1124 页。

② 杨伯峻编著：《春秋左传注》，中华书局 1990 年版，第 1735~1736 页。

③ 杨伯峻编著：《春秋左传注》，中华书局 1990 年版，第 971 页。

④ 阮元校刻：《十三经注疏·论语注疏》卷 14，上海古籍出版社 1997 年版，第 2510 页。

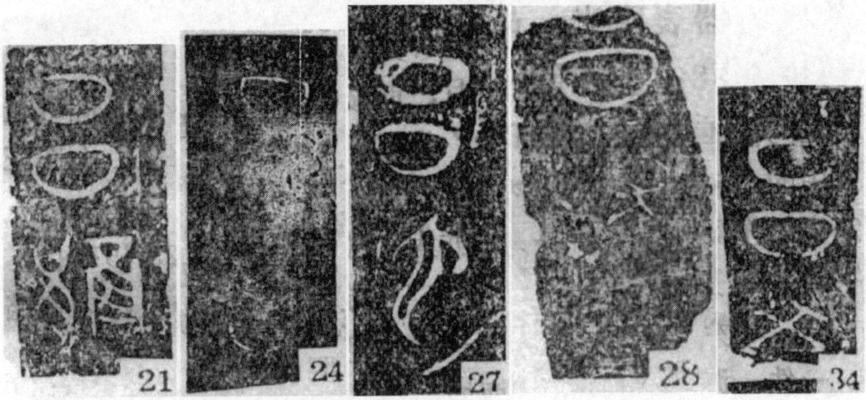

图 1.2　郑韩故城出土含“吕”字陶文

对于陶文中的“吕”字，蔡全法与王琳再次产生不同看法。蔡全法先生认为“吕”是姓氏，后面紧跟的文字是陶工私名。王琳先生则认为当地不是吕国封地，而是郑国土地，因此怀疑为何郑韩故城会出土如此多的“吕”氏陶器。于是他将“吕”读作“闾”，认为就是里门的意思，而“脽”“吕”“佗”“缳”“[illegible]”等都是闾的名称。两位学者在“吕”字解读上的分歧与“里”字非常相似。但我们发现，王琳先生的质疑是不够有力的。吕字陶文出土并不意味着当地是吕国封地，战国时代的陶器很普通、常见，当时的人们没有必要在这种廉价的物品上打上自己的族徽、姓氏或国号。所以吕字陶文作“物勒工名”制度产物理解更合理，或许可以表示当地的吕氏家族有多人或多个工坊从事陶器生产。由于陶器生产有一定技术水平要求，在家族内部子弟中间较为容易继承。同一家族生产出来的陶器都打上同一氏族名号，而以陶工私名或籍贯乡里加以区分，在临淄陶文中间并不少见。所以陶文中的“吕”理解为陶工姓氏更合理。郑、韩是否明确存在“闾”的乡里组织，仅根据目前的材料还不好下判断。

燕国也应该设有“里”。李学勤先生曾引述一钮燕国玺印，其题铭曰“易江里丞”。①易即燕国，里之名为“江里”，“里丞”应为管理该里之官吏。

第三节　乡里以外形形色色的地方组织

除了乡、里之外，战国时期东方各国还有一些比较特别的地方组织。在楚国有邑与州，在齐国有圞，在郑、韩等国有邑。它们让整个地方组织系统看起来不那么整齐划一，但这才是地方社会的真实样貌。这些形形色色的地方组织的存在应该有各自的历史原因，但是在秦统一六国后被重新整合为乡里组织，对此传世文献没有清晰可靠的记载，只在出土文献中留下了历史印记。

一、楚国的邑

“邑”是先秦时期最基层的行政组织之一，在甲骨文、金文与传世文献中都有不少记载。根据目前的出土文献资料，直到战国时代，邑仍然是楚国的基层地方组织，其中又以包山楚简的记载最为详细和系统。② 对于包山楚简中的邑，已有学者作过研究，认为邑是楚国地域政治系统中的基层单位，可以由国家配给并收回，且与田地有密切关系。③ 这些观点构成了我们对楚邑的基本认识。那么，楚邑的上级行政组织有哪些，楚国怎样对境内的邑进行管理，内部详情如何，都将是我们进一步讨论的重点。

(一)楚邑的重新分类

包山楚简中记录的楚国邑名，不仅数量繁多，而且所反映的行政关系非常复杂。此前已有学者试图对楚邑进行分类整理。

---

① 李学勤：《战国题铭概述(上)》，《文物》1959 年第 7 期。
② 湖北省荆沙铁路考古队：《包山楚简》，文物出版社 1991 年版。
③ 陈伟：《包山楚简所见邑、里、州的初步研究》，《武汉大学学报》1995 年第 1 期。

陈伟先生依据邑名之前是否缀联有其他限定性的名词，将楚邑大致分为两类："一类只记邑名本身……一类则在邑名前缀联有地名和官爵名"，"有的邑名……一时还不好断为哪一类。其中有的或可归入后一类，但在邑名与前缀成分的区分上还缺少把握。还有些本无前缀成分的邑名，依据简文，可试为添加"。① 虽然部分邑名的情形较为特殊，但仍然可以归入以上两类。黄盛璋先生在讨论包山简中的"邑"与"宦"字的区别时，根据文字使用规律将楚国的邑划分为4类："(甲)作为行政区划县下之邑……(乙)邑人……(丙)封君之邑……(丁)其他单名之邑。"②

陈伟先生的分类中，仅就第二类而言，邑名前缀联的地名与官爵名有很多种，所以有必要进一步细分。黄盛璋先生的分类，乙类的分类标准与甲、丙、丁类不同，并且甲类"行政区划县下之邑"所列举的部分例子似乎也不是县统辖之下的邑。③ 所以对于楚邑的分类方法仍有必要继续改良，进而有助于我们理清与楚邑相关的行政关系。

包山简中，邑名之前缀联的地名、机构名或人名(本书称之为"邑名前缀")，并非随意书写，而是有着较为严格的格式，用于表示该邑的上下隶属关系。我们可以依据不同的邑名前缀所反映的隶属关系，将包山简中的楚邑重新划分为以下5类：A类，直属于县的邑；B类，直属于某人的邑；C类，直属于某机构的邑；D类，直属于其他行政组织的邑；E类，未系以前缀、直呼其名的邑。下面将按此分类依次论述。

A类：直属于县的邑。

鄢之鸣狐邑95

---

① 陈伟：《包山楚简初探》，武汉大学出版社1996年版，第70页。

② 黄盛璋：《包山楚简中若干重要制度发复与争论未决诸关键字解难、决疑》，《湖南考古辑刊》第6辑，《求索》增刊，1994年。

③ 黄盛璋先生所举3例：简3"鄟路区涤邑"，简10"鄍戜之少桃邑"，简77"章戜鄗邑"，3个邑都不是在县之下，而是分别在作为行政组织的"路""戜"之下。虽然包山简中的"鄍"地，据徐少华先生考证为楚县(徐少华：《古复国复县考》，《中国历史地理论丛》，1996年第1期；《包山楚简释地六则》，《简帛研究　二〇〇一》，广西师范大学出版社2001年版)，但是简10中的"鄍戜"与鄍县应该是两种不同类型的行政组织。

中阳[illegible]盘邑 97

上面2例中，鸣狐、[illegible]盘是邑名，前缀鄢、审阳都是邑的上级行政区划名。前缀与邑名间的助词“之”字明确标示两者的领属关系。“鄢之鸣狐邑”意即鄢下属的鸣狐邑。“之”字在简文中偶尔会被省略，如同“中阳[illegible]盘邑”的例子，但不影响对领属关系的认定。① 包山简记载鄢、中阳设置有多种职官，职官设置与包山简中其他多个地区相同，说明该类地名代表的是同一层级的政区。这级政区因为与里、邑等地方组织之间有密切联系，一般认为就是楚国的县。② 从行文来看，鸣狐邑与鄢之间，[illegible]盘邑与中阳之间，没有其他行政组织存在的记录，所以应是直属的关系。县与邑之间有其他层级组织存在的案例，则归入以下各类之中。

B类：直属于某人的邑。

蕟尹之耶邑 28

司豊之夷邑 124

[喜君之]长陵邑 54

鄱阳君之菓陲邑 86

蒹陵君之陈泉邑 86

鄝㦰礨敔鄍君之泉邑 143

鄗㦰东敔卲戊之笑邑 124、125

圣(声)夫人之郬邑 179

与A类不同，此类邑的前缀不是地名而是个人称号，表示他们以个人身

① 例如包山简中有“鄓㦰之少桃邑”(简10)，同时简文中也有“章㦰鄰邑”(简77)、“邷㦰噬邑”(简151)，辞例分别与A类邑的2例相似。章㦰、邷㦰与鄓㦰都是同一层级的行政组织，它们对邑的统辖关系并不因助词“之”字的省略而变化。

② 陈伟：《包山楚简初探》，武汉大学出版社1996年版，第97~98页。

份对邑拥有一定程度的管辖权。作为前缀的个人称号，部分为封君(喜君、鄘阳君、羕陵君、郕君)，部分为中央官员(𦵂尹、司豊)，还有楚声王夫人(圣夫人)家族，表示以上楚邑应该是属于他们个人的食邑。值得注意的是，B类邑的上属关系中见不到县制的痕迹，由此反映出当时县制与分封制度的不相容，也与以往学界对楚国县制、封君的传统认识保持一致。① 关于𡩁、敔等行政组织，下文将要谈到。

C类：直属于某机构的邑。

邛阳之牢中兽竹邑150

[新大厩之啻]苴之田……其邑：笶一邑，郅一邑，并一邑，郜一邑，余为一邑，鄭一邑，凡之六邑。153

B类邑隶属于个人，C类邑则隶属于政府机构。“牢中”应是官方机构之名，“兽竹”为邑名，故兽竹邑是邛阳牢中官署所领有的邑。② “啻苴之田”，据简154“王所舍新大厩以啻苴之田”，这块土地应该是楚王赐予新大厩的食田。③ 新大厩是负责管理马匹的中央机构。④ 所以啻苴之田被赏赐给新大厩之后，笶、郅等六邑都归于新大厩治下。

D类：直属于其他行政组织(路、𡩁、敔)的邑。

---

① 何浩：《战国时期楚封君初探》，《历史研究》1984年第5期。

② 有学者引用曾侯乙墓152号简文“中兽尹”，推测“牢中兽”为中兽尹的属员，简157“牢中”为“牢中兽”之略写(刘信芳：《包山楚简解诂》，艺文印书馆2003年版，第154页)。然而细审简文内容，简157有“牢中之斨”，与“舟𦵂”“司舟”“舟斨”“车輣夅斨”并列，后者皆为鄢地方职官。“斨”，《说文》：“方銎斧也。”简文中的“舟斨”“车輣夅斨”表示这类职官大概与手工制造有关。故“牢中”作邛阳政府机构(官署)之名解释应该比较合适，而未必与“中兽尹”有直接关联。

③ 彭浩：《包山楚简反映的楚国法律与司法制度》，湖北省荆沙铁路考古队：《包山楚墓》附录二二，文物出版社1991年版，第550页。

④ 关于新大厩的具体考证见后文。

郢路区涙邑 3

阳路斨邑 88

鄎竆之少桃邑 10

章竆鄗邑 77

罗之庑竆之夆者邑 83

邛竆噬邑 151

路、竆、敔都是楚邑特有的上级行政组织。路应该是中央直属的行政单位，后文将要谈到。竆与敔，既可联合与邑构成“竆—敔—邑”三级地域行政系统，又能单独构成“竆—邑”或“敔—邑”两级系统。两种建置此前皆未曾见于其他文献，目前学界关于它们的性质虽有不少推测，但仍有待新材料的进一步证实。

E类：未系以前缀、直呼其名的邑。

上临邑 79

下临邑 79

五连之邑 155

郄邑 163

郛邑 164

湛母邑 169

鄢邃邑 169

郫邑 169

鄘邑 171

鄗邑 174、175、190

享野邑 182

某溪邑 182

钬兽郮邑 183

上郅邑188

鄢坪邑188

鄟邑193

笑邑185

E类邑与前4类迥然不同。前4类的邑，在邑名前都有明确的前缀表示该邑的上属关系，而E类邑仅有邑名，简文对该类邑在楚国地域政治系统中所处的地位、上下隶属关系毫无交代。所以陈伟与黄盛璋先生的分类中，都不约而同地将其单独分为一类。可以作为参照的是，包山简所见楚国基层地方组织不光有邑，还有里和州，但是未见上属关系、仅呼其名的里或州案例很少，远不能与E类邑相比。① 同时，E类邑在所有种类的邑中间，数量最多，所以它应该是一种性质特殊的邑。

从以上的分类来看，楚国对于邑的管理方式相当复杂：有楚县直辖的邑，有从属于个人的邑，有从属于中央或地方机构的邑，并且还有部分邑的上属关系不得而知。同时，邑在整个楚国行政系统内部如何运作，以及为何会出现某些特别的管理方式，仍有许多需要探讨的地方。接下来，我们将以楚邑的上属组织为基础作进一步的讨论。

(二)楚邑的上属组织

邑在楚国行政系统中的地位与管理方式，与邑的上属组织密切相关。弄清各种上属组织的地位与性质，对于进一步理解楚邑有重要的意义。

关于县和封君，以往学界已有不少研究。由县直辖的邑与里，一同构成楚国县制下的基层行政网络。县对于邑的管理，我们可用秦汉县制作为参照。封君制度下的邑，由封君率其家臣领其政，西周春秋的采邑制可供参

① 陈伟：《包山楚简所见邑、里、州的初步研究》，《武汉大学学报》1995年第1期；鲁鑫：《包山楚简州、里问题研究缀述》，《中原文物》2008年第2期。

考。所以县与封君下辖的邑的情形相对来说应该是比较清楚的。

同时，部分楚邑特有的上级行政组织，如䆻、敔、路等，目前的讨论还未形成一致意见。

关于“䆻”字已有两种读法。有学者读为“域”①，陈伟先生进而与银雀山汉简《田法》中记载的“百人为区，千人为或(域)”联系起来，认为是千人受田的地域范围②。藤田胜久先生的读法则不同。他根据郭店楚简《缁衣》中“国”字的写法，将䆻读为“国”。③ 此后有学者在此释读基础上将䆻解释为“国野”的国，意指以某一大邑为中心的区域。④

“敔”字的读法也有分歧。汤余惠先生认为敔通“圉”，释为牢狱。⑤ 陈伟先生认为敔下辖邑，故很难将敔看作牢狱，而应该是一种地域概念。⑥ 刘信芳先生赞同汤先生的牢狱说，将敔下之邑解释为“隐宫(官)徒刑者”的居住区。⑦ 罗运环先生则读为“虞”，认为是设立在封国或关口、负责掌管山林川泽的虞官。⑧

作为邑的上级组织，“䆻”与“敔”应该作何种解读，仅根据现有的材料还无法判断，只能暂时存疑。但是我们已经有足够多的材料对“路”进行讨论。

D类邑中有“𨛭路区涁邑”(简3)、“阳路斨邑”(简88)。“路”，在简文中写作“[illegible]”，从辵从各，可隶为“逄”。裘锡圭、李家浩先生认为，辵旁足

① 刘彬徽、彭浩、胡雅丽、刘祖信：《包山二号楚墓简牍释文与考释》，湖北省荆沙铁路考古队：《包山楚简》，文物出版社1991年版，第17页。

② 陈伟：《包山楚简初探》，武汉大学出版社1996年版，第74页。

③ 藤田胜久：《包山楚简所见战国楚的县和封邑》，《中国出土资料研究》第3号，(日本)中国出土资料学会，1999年。

④ 陈伟等：《楚地出土战国简册[十四种]》，经济科学出版社2009年版，第9页。

⑤ 汤余惠：《包山楚简读后记》，《考古与文物》1993年第2期。

⑥ 陈伟：《包山楚简初探》，武汉大学出版社1996年版，第75页。

⑦ 刘信芳：《包山楚简解诂》，艺文印书馆2003年版，第69~70页。

⑧ 罗运环：《释包山楚简䆻敔宫三字及相关制度》，《简帛研究　二〇〇二、二〇〇三》，广西师范大学出版社2005年版。

旁，古或通用，所以“迳”即为“路”的异体字。① 作为邑的上属组织的路，李零与刘信芳先生都认为应是楚国的一种行政区划。② 但是路在楚国的地域行政系统中处于何种地位，因包山楚简中关于路一级行政组织的材料很少，目前还缺少研究。除以上2条材料外，包山简中还有一些记录“路公”“路尹”的简文。以楚国官制的常例来推断，正如楚县的行政长官被称为县公或县尹，路公、路尹也应该是“路”的主要官员。如果把他们的身份辨识清楚，“路”的性质就会比较明确。这些简文对于认识路的行政地位非常重要，故列举如下：

羸路公角18、86

羕路公41

郯路公蚩81、82

郯路尹弆128、141、143、179

郝路公寿94

鄘路尹憍143

白路公慎150

目前对于路公、路尹的讨论中，有一种观点认为他们是楚县下属的官员，因为以上材料中的路名大多数与楚国县名相同。比如“白路公”，路名“白”与白县之名相同。据《国语·楚语》载：“灵王虐，白公子张骤谏。”韦昭注：“子张，楚大夫白公也。”又《左传》哀公十六年：“使处吴竟，为白公。”杜预注：“白，楚邑也。”③学界一般认为春秋时楚国已经设立白县，其长官称为白公。④ 除此之外，“羕”“郯”“郝”等也被考证为楚国的县。⑤ 大部分

① 裘锡圭、李家浩：《曾侯乙墓竹简释文与考释》，湖北省博物馆编：《曾侯乙墓》附录一，文物出版社1989年版，第520页。

② 李零：《包山楚简研究(文书类)》，《李零自选集》，广西师范大学出版社1998年版，第133页；刘信芳：《包山楚简解诂》，艺文印书馆2003年版，第11页。

③ 杜注中的“邑”，泛指人群聚居地，与包山简中的邑不同。

④ 杨宽：《春秋时代楚县的性质问题》，《中国史研究》1981年第4期。

⑤ 吴良宝：《战国楚简地名辑证》，武汉大学出版社2010年版，第158页。

路名与楚县名相同，似乎暗示“路”是楚县下属的行政区划。但是我们从相关的文书内容分析，又会很快否定该观点。路应该是中央直属的行政组织，理由有三。

第一，路公有权参与处理跨越县级地域的案件，故而不会是县以下的属官。白路公就曾经手处理一件地跨邔阳、蒹陵的案件：

> 邔阳之酷里人邵眣、[illegible]、盘己，邔阳之牢中兽竹邑人宋赑，蒹陵之戥里人石绅，贷迏(上)蕾(林)之王金不赛。迏(上)蕾(林)之客苛昀内之。白路公慎，登行。150

此文书大意是记录一起围绕借贷“王金”而发生的经济纠纷案件。邔阳人、蒹陵人向“上林”借贷“王金”未能归还，“上林”的管理人(“上林之客”)遂将其告上官府。白路公慎是此案的经手人，故而在文书末尾留有署名。“邔阳”，简文中又作“正阳”“郕阳”，因为设有莫敖、司马、少攻尹等县级政府常设职官，被认为是楚国县名。① “蒹陵”作为地名在包山简中仅此一见，虽然未能确定是否为县名，但它与邔阳并称，应该是与邔阳处于同一层级的行政机构，至少不会在邔阳县境内。负责贷出与收回“王金”贷款的“上林”，其行政级别亦应当不低于邔阳与蒹陵。此处“上林”从何琳仪先生的释读意见，具体详见后文第五章第三节相关内容。值得注意的是，案情未曾牵涉白县，但白路公有权在案卷上署名，他的身份显然不会是白县的下属官员。

第二，路公、路尹曾参与处理与楚公室、王族有关的案件。此类案件理应由中央出面，县以下官员应该无权过问。例如：

> 八月乙未之日，龚夫人之大夫番羸受旮(期)，九月戊申之日不遳(将)郘鄰以廷，阩门又(有)败。 羕路公。41

① 陈伟：《包山楚简初探》，武汉大学出版社 1996 年版，第 97 页。

据此文书记载，大夫番贏受命于九月戊申日之前，将其治下名叫郘鄴的人带到廷前受审。龚夫人即楚共王夫人，番贏是管理共王夫人封地的大夫，郘鄴则应是夫人封地内之人。另外，简 143 载案犯黄钦之言："鄗路尹憍执小人于君夫人之敀(帛)怆(仓)"。君夫人即时君楚怀王的夫人。羕路公有权过问楚王族的案件，鄗路尹能够在楚王室私人产业内执法抓人，其身份不会是地方官员，而应该是中央政府的官员。

第三，路公出现的场合，也常与中央的左尹官署有密切关联。郏路尹弆几次出现在以左尹为首的司法调查小组名单之中。简 141-144 的黄钦自伤案，简 126-128 的阳年父子案，郏路尹弆都与包括左尹在内的多位官员共同参与调查，以至于被学者认为是左尹的助手之一。① 而简 179 载"所詎于郏路尹弆"，其行文格式类似于"所詎告于正娄忶"(简 162)、"所詎于发尹利"(简 171)、"所詎于正令翌"(简 187)、"所詎于儯尹"(简 193)、"所詎于少里乔与尹羿"(简 195)、"所詎于王私司败逿"(简 196)等。以上几人都曾参与黄钦自伤案与阳年父子案的调查，所以他们应该是一个比较固定的行政团队，其首脑人物就是在小组名单中排名首位的左尹。贏路公、羕路公等多位路公在文书末尾署名，应该是他们在左尹官署中经手处理案件时所作的记录。

既然路公、路尹是中央官员，路自然应是中央直接管辖的行政组织，下辖有楚邑。至于为何多个路名恰好与县名相同，目前还没有办法得出确切结论。

(三)特殊楚邑的性质

包山简中的 E 类邑非常特殊，仅有邑名，没有常见的前缀，它们在行政系统中的地位不得而知。所以有学者猜测，E 类邑的情况存在两种可能，其一是在邑之上并未设置有普通行政组织，其二是简文的书写者贪图便捷而省

① 彭浩：《包山楚简所反映的楚国法律与司法制度》，湖北省荆沙铁路考古队：《包山楚墓》附录二二，文物出版社 1991 年版，第 554 页。

略了邑的前缀名称。① 但我们从 E 类邑的多个案例来看，后一种“邑名省略”的可能并不成立。

如果我们将 E 类邑的各案例放回到考释者对包山楚简的分组之内，在同组简的语境中与其他邑名进行比较，很难认为邑名前缀被省略。比如，“上临邑”“下临邑”(简 79)属于自题为“受期”的一组简(简 19 至简 79)，该组简另有“蠡尹之郥邑”(简 28)，并未略写为“郥邑”，前文已将其归入 B 类。②“五连之邑”(简 155)被竹简整理者列为无自署篇题的第二组。该组简被认为是一些案件的案情与审理情况的详细记录，以及送给左尹的情况汇报。③ 该组竹简共 42 支(简 120 至简 161)，记录邑名共 19 个，其中只有简 149 的 7 个邑名(新阳、需地、厉、鄟、房、佶楮、新佶)与简 153 的 6 个邑名(笑、郯、并、邰、余为、鄵)采用了省略的写法。但从上下文可以推定以上 13 个邑分别隶属于“瞍仿”与“新大厩”，显然是承前省略，上属关系较为清楚。本书已将 13 个邑分别归入 D 类与 C 类。④ 剩下 6 个邑名中只有“五连之邑”采用省略的写法。E 类邑中的后 14 种都属于竹简考释者划分的无篇题第三组，特点是简文分段的首句文字均为“所詎告于”或“所詎于”。⑤ 有学者直接将此组简命名为“所詎类”简。⑥ 该组简共 35 支(简 162

① 陈伟先生认为，寘、敔、邑构成层级依次递减的地域系统，这类只记录邑名的邑，是因为并非所有的邑上面设有寘、敔，“还是由于记叙时的省略，目前还不好确定”(陈伟:《包山楚简初探》，武汉大学出版社 1996 年版，第 74 页)。

② 简 77 有“章寘鄐邑”，也被考释者划入自题“受期”的简文组，同样也没有略写为“鄐邑”。但陈伟先生认为该支简体例不同，当从“受期”简中剔出(陈伟:《包山楚简初探》，武汉大学出版社 1996 年版，第 49 页)。其说可从。

③ 湖北省荆沙铁路考古队:《包山楚简》，文物出版社 1991 年版，第 10 页。另外，李零称此组简为“案例”类文书(李零:《包山楚简研究(文书类)》，《李零自选集》，广西师范大学出版社 1998 年版，第 141 页)；《楚地出土战国简册[十四种]》称之为“案卷”类(陈伟等:《楚地出土战国简册[十四种]》，经济科学出版社 2009 年版，第 53 页)。

④ 简 153 的邑名与简 154 相关，故结合两支简文字做出判断。

⑤ 湖北省荆沙铁路考古队:《包山楚简》，文物出版社 1991 年版，第 11 页。

⑥ 陈伟等:《楚地出土战国简册[十四种]》，经济科学出版社 2009 年版，第 78~81 页。

至简 196)，共有邑名 14 个，其中 13 个为 E 类邑。剩下最后一个邑名“圣(声)夫人之鄗邑”(简 179)，表示该组简文中邑名的前缀并未省略，已将其归入 B 类。

另外，我们还可以从其他角度继续论证“邑名省略”说的错漏。假如将 E 类邑视作地名略称，则与包山简中地名称呼的惯例相违背。包山简中的确存在以地名略称代替完整地名称呼的现象，但通常被省略的部分是较低层级的行政区划名称，而保留较高层级的名称。比如简 63 有“鄵市₌里人殷舸”。《包山楚简》释文读作“鄵市之里人殷舸”，并注云：“《春秋·襄公七年》：‘郑伯髡顽如会……卒于鄵。’杜注：‘鄵，郑地’。在今河南新郑至鲁山一带。”①刘信芳先生则认为：“《说文》：‘鄛，南阳棘阳乡。’鄵、鄛音通”，并引《水经注·淯水》杨守敬疏证棘阳在新野县附近。② 陈伟先生将简 63“殷舸”与简 184“鄵人殷舸”认定为同一人，并将“市₌”改释作“之市”。③ 由此我们可以将简 63 重新释读为“鄵之市里人殷舸”。简 63“鄵之市里人殷舸”，在简 184 中称为“鄵人殷舸”。略称只略去了殷舸所居住的里名“市”，而没有省略行政层级更高的县名“鄵”。同理，如果要对某个邑采用省称，要省略的首先应该是邑名，而不是邑的上级区划名。原因很简单：包山楚简的司法文书通行于左尹官署与地方郡县之间。邑作为基层行政组织，规模小、数量多。如果只书写邑名，就如同今天的全国文件仅书写乡镇街道名一样，在全国范围内很容易出现重名。这对于全国通行的司法文书来说是不应该出现的漏洞，很容易造成司法判决、文书传递的混乱。所以包山简中采用的地名略称往往保留较高层级的政区名。比如“阴人陈强”(简 162)、“下蔡人竞履”(简 163)、“登(邓)人远繾”(简 164)等，保留县名，县以下的区划名被省略。纵观包山简，我们可以看到地名省称现象在其中一组文书(简 162 至简 196)中

① 湖北省荆沙铁路考古队：《包山楚简》，文物出版社 1991 年版，第 21 页。

② 刘信芳：《包山楚简解诂》，艺文印书馆 2003 年版，第 65 页。

③ 陈伟：《包山楚简初探》，武汉大学出版社 1996 年版，第 78~79 页。

出现得最为频繁。①

不仅如此，包山楚简中的地名略称规律还能够得到其他简牍文书的印证。陈絜先生在探讨名籍著录问题时曾发现一个现象：里耶古城一号井出土的秦文书简与北护城壕出土的户籍简，因为只通行于秦迁陵县境内，编户民名籍居所中的县名（“迁陵”）往往省去；居延汉简中的戍卒与田卒，则因为自全国各地迁徙而来，所以他们的名籍详细记录了原居所的郡县名。② 包山楚简属于中央级别的文书，其中不少内容为中央对地方官员下达的具体指令，用于通行全国，因此在著录居所名籍时与居延汉简的情形更为接近，而不会与里耶秦简相同，所以E类邑不会是采用地名略称的结果。

E类邑既然不是地名略称，那么应该归同一上属行政组织管辖。该行政组织在邑名中虽未露面，但综合包山简的材料，它就是楚国中央政府。换句话说，E类邑由中央直接统辖。相关详情，有两条简文可供比较：

□□之日，上临邑公临旄、下临邑临得受㫷（期），己未之日不廷，阩门又（有）败。　　疋猷。79

简79简属于自署“受期”为篇题的一组简，是左尹官署向下级官吏下达

① 简162至简196频繁采用地名省称，应该与该组简的功用有关。原考释者认为这组简是各级司法官员经手审查或复查过的诉讼案件的归档登记（湖北省荆沙铁路考古队：《包山楚简》，文物出版社1991年版，第11页）；彭浩先生认为所记内容是各地向左尹的助手汇总报告的摘要登记，包括日期、人名、籍贯（湖北省荆沙铁路考古队：《包山楚墓》，文物出版社1991年版，第554页）；陈伟先生将“詎”读为“嘱”，表示左尹委派属员办理有关告诉的时间与告诉提出人的记录（陈伟：《包山楚简初探》，武汉大学出版社1996年版，第64页）。按：该组简是一个关于时间、人名的摘要记录，相关详细案卷都在左尹府另行保存，所以采用省称并不会造成对人物身份识别上的困难。这也是为何此组简多用省称，而其他各组简甚少采用省称的原因。

② 陈絜：《里耶“户籍简”与战国末期的基层社会》，《历史研究》2009年第5期。

指令的记录。① 左尹官署向邑公临尨、邑人临得下达公文，要求他们两人在己未之日到廷受审，否则将会受到某种处置（"阱门有败"）。我们再来看属于同一组简的另一条简文：

> 八月甲戌之日，𨚕尹之司败郇𠯑夷受𠭁（期），辛巳之日不逘（将）𨚕尹之郳邑公远忻、莫嚣远覞以廷，阱门又（有）败。 疋署 28

同样是要求邑公上廷受审，左尹官署发送公文的对象却是𨚕尹的私人司败（郇𠯑夷）。因为郳邑隶属于𨚕尹，即使左尹有着很高身份，也不能越过𨚕尹直接向郳邑发文。与简 28 对比，左尹官署与上临邑、下临邑之间，在文书传递上没有其他的行政组织或行政环节，这就说明，直呼其名的 E 类邑确实是被中央政府直接管辖。

E 类邑不归属任何目前已知的郡县、封君或行政机构管辖，那么它在楚国的地域政治系统中究竟该处于什么地位、如何运作？关于这个问题，在另外两条简文中可以找到线索。简文内容都是关于转让一块田地的文书。

> [啻] 苴之田，南与郚君𧿒（距）疆，东与䔖君𧿒（距）疆，北与鄝阳𧿒（距）疆，西与鄱君𧿒（距）疆。其邑：笑一邑、郯一邑、并一邑、郜一邑、余为一邑、鄭一邑，凡之六邑。153
>
> 王所舍新大厩以啻苴之田，南与郚君执疆，东与䔖君执疆，北与鄝阳执疆，西与鄱君执疆。154

文书的大意是，楚王赏赐给新大厩机构一块田地，并详细记录了该田的"四至"范围。简 153 首字原本不可辨识，但是从简 154 的内容比较来看，显

① 陈伟：《包山楚简初探》，武汉大学出版社 1996 年版，第 47~49 页；苏杰：《释包山楚简中的"阱门有败"》，《中国文字研究》第 3 辑，广西教育出版社 2002 年版，第 219 页。

然可以补完为“啻苴之田”。笶、郯、并、郜、余为、鄵等6个邑在啻苴之田范围内(以下简称“啻苴六邑”)。楚王将田赏赐给新大厩之后，啻苴六邑便如前文划分的那样属于C类邑。但在楚王赏赐田地之前，六邑并未见到上级隶属关系。关于这一点，可以与另外一条简文作对比。

> 陵让尹墙以杨虎敛关金于郙敚腴仿之新阳一邑、霝地一邑、厉一邑、鄭一邑、房一邑、俈楮一邑、新俈一邑。149

通过将简153与简149对读，我们会发现新阳等七邑隶属于“郙敚腴仿”，而啻苴六邑的上级隶属组织并未交代。所以啻苴六邑在被随田赏赐之前，应该属于E类邑。楚王将它们赏给新大厩，表示楚王拥有转让六邑的权力，且很可能楚王对所有E类邑都有此权力。

包山简中的楚王及王室有着公与私两种不同身份。大多数时候，包山简中的楚王都以国君的官方身份处理国家事务。例如简103记载：“子司马以王命命蘘陵公鼈、宜阳司马强贷越异之黄金，以贷郘郿以糴种。”楚王命令司马、蘘陵公、宜阳司马将黄金借贷给郘郿地区用以购买稻谷种子，无疑是以官方身份命令政府借贷给地方。另外楚王室成员偶尔也会以私人身份出现在简文记载中。简184、191的“王西州”，说明楚王个人拥有名为“西州”的州一级政区。简142、143记录有“君夫人之帛仓”，是时任楚怀王夫人的仓库。那么，楚王赏赐啻苴之田时又是以何种身份为之？啻苴之田中的6个邑究竟归国家公有，或是像“西州”一样属于楚王室私有？关于这一点，可以从接受六邑赏赐的“新大厩”入手讨论。

“新大厩”，意思是新设立的“大厩”。大厩在汉代是为天子提供车马服务的中央机构。《汉官旧仪》卷下载：“天子六厩，未央厩、承华厩、騊駼厩、路軨厩、骑马厩、大厩，马皆万匹。”①该机构乃是承袭秦制而来。《汉书·百官公卿表》载：“太仆，秦官，掌舆马。有两丞。属官有大厩、未央、家马三令。”大厩归太仆管辖，太仆是承袭自秦的职官，大厩也是自秦流传下

① 孙星衍等辑，周天游点校：《汉官旧仪》卷下，中华书局1990年版，第47页。

来的机构。《云梦睡虎地秦简·厩苑律》记载有"大厩、中厩、宫厩"。宫厩服务于宫廷，而中厩也是为禁中服务，至汉代成为提供皇后车马的机构。①大厩与中厩、宫厩并列，自然也是秦中央机构。包山简中的新大厩，应该与秦大厩类似，是楚国蓄养牛马、管理马政、提供车马服务的中央专门机构。

既然新大厩是楚国中央机构，楚王便没有理由把自己私人拥有的田地赏赐给一个普通的国家机构。所以合理的解释是，楚王以官方指令将国家的公有土地划拨到新大厩的名下，因此啻苴之田中的邑原本也属于中央政府直接掌控。进而我们可以知道，E 类邑也应该都是国有的身份。有一条简文可作为辅证。前引 E 类简 79"上临邑""下临邑"，假如是楚王的私人领地，左尹官署的文书通过楚王的私人臣属转交会更为恰当，而不应当直接向邑公、邑人发送公文。

E 类邑在包山简中总共有 17 个，而当时全国实际存在的总数会更多。② 随之带来一个问题：几十个甚至更多的邑，却未曾设置更高层级的行政组织分区域分级管理，在日常行政管理方面应该会造成诸多不便。实际上在传世文献中，邑之上往往有多个层级的行政组织。《周礼·地官·小司徒》中为"都—县—甸—丘—(邑)"共 4 级。③《国语·齐语》中有"属—县—乡—卒—(邑)"共 4 级。④《管子·小匡》中为"属—乡—率—(邑)"共 3 级。⑤ 在以上文献中，邑之上常有 3~4 级的地方行政组织，未曾出现中央直接管辖邑

---

① 《汉书》卷 63《武五子传》"发中厩车载射士"颜师古注："中厩，皇后车马所在也。"(班固：《汉书》，中华书局 1964 年版，第 2743 页)

② 包山简文书的年代记录仅出现了寥寥几个年份，作为陪葬品的文书简显然只是左尹官署全部文书的极少部分。

③ 《周礼·地官·小司徒》云："九夫为井，四井为邑，四邑为丘，四丘为甸，四甸为县，四县为都。"(阮元校刻：《十三经注疏·周礼注疏》卷 11，上海古籍出版社 1997 年版，第 711 页)

④ 《国语·齐语》云："制鄙，三十家为邑，邑有司；十邑为卒，卒有卒帅；十卒为乡，乡有乡帅；三乡为县，县有县帅；十县为属，属有大夫。"(徐元诰撰，王树民、沈长云点校：《国语集解》，中华书局 2002 年版，第 228 页)

⑤ 《管子·小匡》云："制五家为轨，轨有长。六轨为邑，邑有司。十邑为率，率有长。十率为乡，乡有良人。三乡为属，属有帅。"(黎翔凤撰，梁运华整理：《管子校注》卷 8《小匡》，中华书局 2004 年版，第 400 页)。

的情形。而在包山楚简中，如前文划分的 A、B、C、D 四类所显示的那样，邑往往隶属于县、封君、𡨦、敔或其他的机构。所以按照一般常理来看，中央在邑之上必须设立多级行政组织才便于管理。为何楚国中央唯独对 E 类邑采用直接管理的方式？

其实，E 类邑不设立更高层级行政机构的管理方式，与某些金文和传世文献的记载颇为相似。宜侯夨簋载："赐土：厥甽三百□，厥□百又□，厥宅邑卅又五。"①周王给夨的一次赏赐就有 35 个邑，并未见到邑上有高级行政机构存在。齐国𬭚镈载："鲍叔又成劳于齐邦，侯氏赐之邑二百又九十又九邑。"②侯氏赐给鲍叔的邑则多达 299 个，却不厌其烦地以邑为单位来计算，若邑之上设有更高层次的行政机构，断然不会是在金文中采用如此繁琐的记录方式。《左传》昭公二十六年载卫国懿氏至少有 60 个邑。《左传》昭公二十七年记载卫献公欲赐给公孙免余 60 个邑，由于公孙免余已经有 60 个邑，所以他最后只接受 30 个邑。宜侯夨簋约制作于西周早期成王、康王时代，齐国𬭚镈作于春秋晚期，佐以《左传》的记载，显示出这是一种流传久远的历史传统。关于形成的原因，杜正胜先生根据鬲比盨和大克鼎铭文材料，认为封建贵族的采邑是零碎分布的，各邑之间不一定毗邻，所以才使得类似后世的地方行政阶层系统难以设立。③ 此说法是比较合理的。楚国 E 类邑的情况也可以作此解释。楚国的邑，或者设郡县统辖，或者封赏给封君，或者由其他机构管理，最后剩下的部分邑便处于以上各方的包夹之中，难以连缀成足够地域以设立更高级别的行政机构。简 153 的啻苴六邑，处在三位封君(𨛭君、蔆君、鄱君)领地与鄝阳县土地的正中间，无法与其他 E 类邑接壤共治。前文所引《周礼・地官・小司徒》记载 64 邑设一县，《国语・齐语》则要

① 中国社会科学院考古研究所编：《殷周金文集成释文》第 3 卷 4320，香港中文大学出版社 2001 年版，第 452 页。

② 中国社会科学院考古研究所编：《殷周金文集成释文》第 1 卷 271，香港中文大学出版社 2001 年版，第 239~240 页。

③ 杜正胜：《编户齐民——传统政治社会结构之形成》，台湾联经出版事业公司 1990 年版，第 112~113 页。

求 100 邑设乡，300 邑设县。虽然传世文献记载未必精确，但啻苴之田仅有的 6 个邑显然无法达到最低要求。其他的 E 类邑大概也是如此，由于分布过于零散，无法设立更高层级机构。

E 类邑虽然由国家直接控制，但其地理分布似乎并不局限于郢都周围。部分 E 类邑距离楚郢都相当遥远。简 153 中的啻苴之田及六邑，其东、南、西、北四个方向分别与蔆君、鄝君、鄱君、鄝阳的土地接壤。如弄清邻近地区的地望，则啻苴六邑便可知在其附近。鄝君的封地，一般认为在今安徽省六安市北。鄱君的封地与鄝阳的地望，一般认为在河南省固始县境内。啻苴六邑大约位于今六安市与固始县之间，距离楚国郢都（江陵）直线距离超过 400 公里。两地中间还有汉水、大别山—桐柏山阻隔，实际距离还要超出不少。当时的人来回两地所耗时间应当很长，大致天数也可以根据简文推算出结果。

> 八月甲戌之日，鄝莫嚣之人周壬受旮（期），癸未之日不廷，阩门又（有）败。29

八月甲戌是周壬收到中央指令的日期，癸未是他到达郢都上廷的日期。所以自“鄝”地到郢都的行程需要 9 天。从地名命名的通例来看，简 29 的“鄝”地大概在“鄝阳”之北，或者有可能两者就是同一地。① 鄝阳正处啻苴之田北面，那么郢都到达啻苴六邑至少要 8 天。如果中央要处理六邑事务，往返一趟至少需要半个月以上。虽然不能证明是否所有的 E 类邑都与之类似，但至少说明该类邑中确实有距离都城相当遥远的邑存在，同时也与前文中 E 类邑分布零散的结论相印证。

楚国中央政府直接统辖 E 类邑，其最终目的有可能是控制土地资源。陈

① 徐少华：《包山楚简释地五则》，《江汉考古》1996 年第 4 期；刘信芳：《包山楚简解诂》，艺文印书馆 2003 年版，第 44、159 页。

伟先生曾指出包山楚简中的邑往往与田地有关。① 实际上，不但邑的内部可以见到田的存在，甚至邑本身就是田的一部分。简 77 载：“让命(令)人周甬受正李圂耴以𢿎田于章䧅鄱邑”，简 151 载：“左驭番戌食田于邔䧅噬邑城田”。“𢿎田”“食田”表示章䧅鄱邑、邔䧅噬邑两个邑内都有田地的存在。简 153 的啻苴六邑位于啻苴之田内，六邑的土地大概也应该属于田地。楚中央政府直接管理邑，实际上就是对其范围内的田地进行直接的控制，从而形成国有的土地资产，并且在有使用需要时，交给类似于新大厩之类的中央机构代为管理。

先秦时期中央政府直接控制土地的现象不乏其例，周代的籍田就属于此类。𢦏簋载：“王曰：‘𢦏，令汝作𤔲(司)土(徒)，官𤔲(司)耤(籍)田。’”② 周王将籍田交给司徒管理，而非将田赐予司徒，实际上保留了对该田的控制权。令鼎载：“王大耤(籍)农于諆田。”③周王在一块名“諆”的田举行籍礼，显示周王似乎拥有不止一块籍田，分布在不同地方。春秋时期晋国还设有“甸人”专职掌管籍田。《左传》成公十年杜注：“甸人，主为公田者。”《周礼·天官》中记载有“甸师”，其职责是“掌帅其属而耕耨王藉”。看来籍田在当时各国仍有设置。随着春秋中期各国土地制度的变革，籍田在文献记载中逐渐隐没无闻，但是中央政府直接管辖田土的制度应该仍然存在。

楚国中央拥有直属田邑，在战国土地制度已经出现明显私有化倾向的背景下并不显得突兀。包山楚简的部分文书简透露出当时楚国的土地买卖已经很普遍。

> 左驭番戌食田于邔䧅噬邑城田，一索畔畹。戌死，其子番壴后之。壴死无子，其弟番䵹后之。䵹死无子，左尹士命其从父之弟番𢽳后 151

① 陈伟：《包山楚简初探》，武汉大学出版社 1996 年版，第 70 页。

② 中国社会科学院考古研究所编：《殷周金文集成释文》第 3 卷 4255，香港中文大学出版社 2001 年版。

③ 中国社会科学院考古研究所编：《殷周金文集成释文》第 2 卷 2803，香港中文大学出版社 2001 年版。

之。𣪠食田，病于债，骨儥之。左驭游晨骨贾之。有五𨨏、王士之后𨛜赏间之，言谓番戌无后。右司马适命左令𢷋定之，言谓戌有后。152

楚国人番戌在䢵䆫噬邑拥有一块食田。“土地私有制的产权，原则上应该包括自由使用权(出佃或自营)、自由买卖及遗赠之权。”①这块田地先后经过三次继承、一次转卖，已经将买卖与遗赠之权表现得非常明显。关于此块田地，当初究竟是通过何种方式(授田抑或赏田)发放到番戌手中未得而知。但重要的是，在番戌死后，食田转让中表现出的私有化特点。当旁人(五𨨏、𨛜赏)对土地继承对象提出异议时，右司马对番戌后代的调查结果，在认定番戌之子继承合法的同时，也已代表政府默认了番𣪠与游晨的土地交易并不违法。土地的自由交易在包山简中虽仅见此例，但是我们从中还是可以感受到当时土地制度的总体趋向。战国时代民间土地交易已经很普遍。《史记·廉颇蔺相如列传》记载赵王任命赵括为将，其母上言：“王所赐金帛，归藏于家，而日视便利田宅可买者买之。”②可见在赵国土地买卖也是很常见的现象。民间土地私有化已经有了萌芽，楚国中央政府无法把全国土地视为己有，于是将部分田邑保留作为直接管理的国有土地，在当时确有必要。

综上所述，我们大致可以得到如下结论：第一，邑是战国时期楚国的基层行政组织，由邑名前缀的不同显示出楚国政府对邑有着多样化的管理方式。多数的楚邑都有明确的上级隶属关系，比如直属于县、封君、官僚个人或官方机构，又或者是直属于某些特别的行政组织(路、䆫、敔)。但也有相当数量的邑没有系以前缀、直呼邑名，其隶属关系较为特殊。第二，邑有着多种上级组织，“路”是其中之一。虽然“路”多与县同名，但并非地方行政单位，而是隶属于中央政府的机构。第三，直呼其名的E类邑并非地名略称，而是由中央直接管理的邑。这类邑分布零散，无法专门设立更高层级的管理机构，由中央直接管理，而成为国有土地资源。对于战国时期楚邑研

---

① 赵冈、陈钟毅：《中国土地制度史》，新星出版社2006年版，第16页。

② 司马迁：《史记》卷81《廉颇蔺相如列传》，中华书局1982年版，第2447页。

究，将有助于我们对当时基层社会组织的结构、运作方式作深入的探索。

二、楚国的州

（一）“州”字探源

州，《说文》解释为：“水中可居曰州”，原本指水中的陆地。州后来用作行政区划名，在先秦时期有两种不同的含义。

其一是用于指代较大的区域范围，比如九州之州。传说九州起源于大禹时代。《尚书·禹贡》记载：“禹别九州，随山浚川，任土作贡。”①大禹将天下总共分为九州，九州随之也成为天下的代称，文献中往往将九州与天下并称。《周礼·地官·大司徒》：“以天下土地之图，周知九州之地域广轮之数。”②《礼记·月令》：“凡在天下九州之民者，无不咸献其力。”③所以每一州的范围显然非常广阔。《礼记·王制》：“凡四海之内九州，州方千里。”④《尔雅·释地》：“两河间曰冀州，河南曰豫州，河西曰雍州，汉南曰荆州，江南曰扬州，济河间曰兖州，济东曰徐州，燕曰幽州，齐曰营州。”⑤九州之州并非是楚国的行政区划，所以不是本书讨论的范围。

其二是指一种地方行政区划。但是对于州的上下隶属关系以及州究竟有多大规模说法不一。关于州下辖多少民户，就有多种记载。《周礼·地官·

① 阮元校刻：《十三经注疏·尚书正义》卷6，上海古籍出版社1997年版，第146页。

② 阮元校刻：《十三经注疏·周礼注疏》卷10，上海古籍出版社1997年版，第702页。

③ 阮元校刻：《十三经注疏·礼记正义》卷17，上海古籍出版社1997年版，第1384页。

④ 阮元校刻：《十三经注疏·礼记正义》卷11，上海古籍出版社1997年版，第1323页。

⑤ 阮元校刻：《十三经注疏·尔雅注疏》卷7，上海古籍出版社1997年版，第2614页。

大司徒》云："五党为州"，郑玄注："州，二千五百家。"①这是《周礼》的说法。《管子·度地》："百家为里，里十为术，术十为州，州十为都，都十为霸国。"②按照《管子·度地》的算法，一州有万家。同书《立政》篇载："分乡以为五州……分州以为十里"③，若以百家为里推算，一州又变成下辖一千家。至于《尚书大传·洛诰传》的规模则更加庞大，"十都而为师，州十有二师焉"，郑玄注："州，凡四十三万二千家。此盖虞夏之数也。"④另外，银雀山汉墓竹简《田法》简 937-938 记载，"五十家而为里，十里而为州，十乡(州)而为州(乡)"，又与以上诸说不同。⑤ 上述诸说见表 1.2。

表 1.2　先秦行政系统结构表

资料出处	行政系统的结构	州所辖户数	备注
《周礼·地官·大司徒》	家—比—闾—族—党—州—乡	2500	
《管子·度地》	家—里—术—州—都	10000	
《管子·立政》	游—里—州—乡	1000	以《管子·度地》一里百户计算
《尚书大传·洛诰传》	家—邻—朋—里—邑—都—师—州	423000	
银雀山汉简《田法》	家—里—州—乡	500	

① 阮元校刻：《十三经注疏·周礼注疏》卷 10《地官司徒》，上海古籍出版社 1997 年版，第 707 页。

② 黎翔凤著，梁运华整理：《管子校注》卷 18《度地》，中华书局 2004 年版，第 1051 页。

③ 黎翔凤著，梁运华整理：《管子校注》卷 1《立政》，中华书局 2004 年版，第 65 页。

④ 朱维铮主编，陈寿祺辑校：《中国经学史基本丛书·尚书大传》，上海书店出版社 2012 年版，第 39 页。

⑤ 银雀山汉墓竹简整理小组编：《银雀山汉墓竹简(一)·守法守令等十三篇》，文物出版社 1975 年版，释文注释部分第 146 页。

在包山楚简出土之前，学界对于基层行政机构“州”的认识大部分来源于传世文献。在这些文献中，“州”的大小规模并无统一记载。包山楚简出土后，有学者将州与传世文献联系起来。例如包山楚简原考释者根据《周礼》的记载认为州在里之上。① 顾久幸先生也将州解释为“里之上、乡之下”的一级行政机构，与其他基层机构一起组建成“里、社—州—乡—县”的地域行政系统。② 这种观点主要采信了《管子·立政》、银雀山汉简《田法》的记载，对于《周礼·地官·大司徒》《管子·度地》采用变通的方式（把里与闾、乡与都视作同一层级的行政机构），得出一个较为折中的结论。但是州在里之上的结论，先不说它无法弥合文献中州所辖户数的巨大差额，更重要的是未得到包山楚简文书资料的印证。在包山楚简中完全没有“乡”级政区丝毫痕迹的情况下，我们无法相信州是乡下属的行政机构。同时简文中对于州和里的关系也是语焉不详，不能贸然得出州在里之上的结论。陈伟先生对州进行了重新考察，从四个不同角度论证了州并非里的上级单位：其一，州名从未冠于里名之前，所以两者应该没有隶属关系；其二，左尹官署可以直接向州发布指令，而从未直接向里发布命令，显示中央对州与里管理方式的不同；其三，里与州的分布范围不同，前者分布全国各地，后者则集中在郢都周围；其四，州里公是州中的官吏，不能用来证明里是州的下属单位。州的大小可能与里、邑相当。③ 陈伟先生的详细论证厘清了学界对州的认识，形成对州进行后续讨论的基础。关于州的性质，罗运环先生的研究很有启发性。他将州与《商君书·境内》记载的秦国赐税单位进行类比，说明州是楚国用来赏赐封君大臣的食税单位。州仍然归中央朝廷管辖，拥有州的封君大臣仅能对州抽取税款，而不能行使民政司法权力。④ 陈伟先生也同意州是食税单位的观点，并认为州是楚国官员的俸邑。⑤ 那么传世文献中地域范围广大

① 湖北荆沙铁路考古队：《包山楚简》，文物出版社1991年版，第42页。

② 顾久幸：《楚国地方基层行政机构探讨》，《江汉论坛》1993年第7期。

③ 陈伟：《包山楚简初探》，武汉大学出版社1996年版，第87~92页。

④ 罗运环：《论包山简中的楚国州制》，《江汉考古》1991年第3期。

⑤ 陈伟：《包山楚简初探》，武汉大学出版社1996年版，第92~93页。

的州，为何在楚国就变成了基层行政单位，并且是食税单位，有必要作一番探究。

州的原始含义与田地有密切联系。州的字形在甲骨文中作(《殷契粹编》262)，在金文中作(井侯簋)、(散氏盘)，都像河川中有沙洲之形。《说文》云："州，水中可居曰州。周绕其旁，从重川。"水中民可定居之地便是州，后来被写作"洲"。为何民众要居住在河川中央，《说文》引用了洪水传说："昔尧遭洪水，民居水中高土，或曰九州。"由于洪水泛滥，仅有高地可供躲避。州不仅仅具有水中之地的含义，更重要的是民可定居。要让民众定居，则需有可耕之田。《说文》："一曰：州，畴也。各畴其土而生之。"段玉裁注："畴，耕治之田也。"①

州不仅仅具有水中之可居之地的意思，还有被用作表示土地划分的地域概念。《尚书·禹贡》记载了大禹根据水系分布特点将全国分为九大区域(九州)的情况。划分九州之后，大禹不仅要"随山浚川"，疏导河流排走洪水，而且还要"任土作贡"，根据各州土质之优劣决定贡赋水准之高下。比如说青州与徐州，其土质分别为"白坟""赤埴坟"，田地分属上下、上中等级，土质较好、田产较高，故贡赋为中上、中中等。扬州与梁州的土质较差，"厥土惟涂泥""厥土青黎"，田地等级也较低，分属下下、下上，贡赋等级定为下上、下中。州显然不是当时的行政区划，而是一种土地划分的地域范畴。楚国的州在当时应该就是像这样表示土地区域的概念。

包山简中，有不少冠以官爵名、人名的州，例如"新埜(野)君之州"(简172-173)、"邸阳君之州"(简27、32)、"郘司马之州"(简22、24、30)、"卲无割(害)之州"(简95)等。正如前文所言，"之"字表示统属关系，所以这些封君、官员与个人应该拥有对州的某些权力。探索这种权力的关键线索，就在于弄清封君与其名下拥有的州之间是何种关系。新野君与邸阳君都是楚国封君，君是对其拥有爵位的尊称。相应地，他们被封赏的封邑应该就是新野与邸阳。那么州是否在他们的封邑境内？由此延伸出两个问题：如果

① 许慎撰，段玉裁注：《说文解字》，上海古籍出版社1981年版，第569页。

在封邑之内，州与其他的乡里组织如里、邑的关系是怎样的？如果不在封邑之内，这些封君为何在封邑之外还拥有额外的州？

其实，楚国的州从春秋时代起就并未设置于封邑之内。《左传》宣公十一年记载："楚子为陈夏氏乱故，伐陈。……因县陈……乃复封陈，乡取一人焉以归，谓之夏州。"①楚庄王先灭陈国为县，后因为申叔时的劝谏，才重新恢复陈国的社稷。但楚王并不甘心白出兵一场，所以从陈国的每一个乡抽取一人，掳回楚国作为俘虏。所有的陈国俘虏大概被集中安置在名为夏州的地方，目的是显示此次进攻陈国的收获，便于楚庄王向他人集中展示自己的战利品。所以杜预注云："州，乡属，示讨夏氏所获也。"②夏州并不仅仅是楚国的地名，而且也是州一级的行政区划。孔颖达疏曰："谓之夏州者，讨夏氏，乡取一人以归楚，而成一州，故谓之夏州。"夏州既指这批陈国人被安置的地点，也指当时名为"夏"的州级政区。楚庄王公开向申叔时夸耀："夏徵舒为不道，弑其君，寡人以诸侯讨而戮之，诸侯、县公皆庆寡人"，并且质问申叔时："女独不庆寡人，何故？"可见伐陈之役是楚庄王自鸣得意之举，所以对于陈国俘虏的安排也花了一番心思。将俘虏们集中安置在夏州，而没有分赏给楚国大夫，那么俘虏们的身份就应该不是封邑中的居民，而是国家的编户。夏州因而应该是一种民户编制，而不是封邑中的基层组织。

既然州未曾设置在封邑之内，那么包山简中封君的州应该也不在封邑之内。封君已经有了自己的封邑，为何还会拥有州？对于国家而言，已经给予封君以封地，有什么必要另外再给他们一块区域，为何不干脆合并？关于这一点，秦国的制度可以作为参考。《商君书·境内》记载："就为五大夫，则税邑三百家。故爵五大夫，（就为大庶长，故大庶长，就为左更。故四更也，

① 杨伯峻编著：《春秋左传注》，中华书局1990年版，第713~715页。

② 阮元校刻：《十三经注疏·春秋左传正义》卷22，上海古籍出版社1997年版，第1876页。按：杜预说"州，乡属"，意思是俘虏都来自陈国的各乡，并不是说楚国的州就是乡的下属行政组织。从包山楚简的记载来看，楚国在战国中晚期都没有见到乡一级行政区划。在这一点上，楚国与秦汉时期以乡里作为基层社会组织的结构大不相同。

就为大良造。)皆有赐邑三百家，有赐税三百家。”①高亨注：“赐邑与赐税不同，大概是赐邑乃把邑赏赐给臣下，作为封邑；赐税乃把地税赏赐给臣下，土地人民仍属公家。”②秦国的“赐邑三百家”即把300家民户及其土地赏赐给五大夫，五大夫拥有对邑内民众与土地的所有权与处置权，与楚国封君的封邑类似。“赐税三百家”则是仅食租税，无权管理土地与民政，民户仍然是国家管理下的编户齐民。两者性质完全不同，所以不能将两种封赏合并计算。包山简中封君名下的州应该与“赐税”的情形类似。

战国时期的官吏俸禄制度是以谷物为主，同时辅之以邑禄制。谷物俸禄的计算单位，各国因度量衡制度不同而有别。秦和燕以“石”为单位，《汉书·百官公卿表》记录秦官制，万户以上的县令秩千石，万户以下的县令秩五百石至三百石，百石以下的官员被称为“斗食”。齐与三晋则用“钟”计量。齐国陈仲子的兄长名戴，“盖禄万钟”(《孟子·滕文公下》)。齐宣王欲任用孟子，也给予“万钟”的禄(《孟子·公孙丑上》)。魏成子担任魏国之相时，“食禄千钟”(《史记·魏世家》)。楚又不同，采用“担”作为计量标准。《吕氏春秋·异宝》载，楚国通缉伍子胥时开出的悬赏是“荆国之法，得五(伍)员者，爵执圭，禄万檐(担)，金千镒”③，意即抓到伍子胥的人被许诺担任高官，享有“万担”之禄。以谷物计算的俸禄应该是战国时期俸禄制度的主流。但同时许多国家也以邑禄制作为前者的辅助和补充。例如前文提到的秦国“赐税”之制。又比如齐国，《史记·孟尝君列传》记载孟尝君田文相齐，得封万户于薛，曾对其门下食客冯驩说：“文者食客三千余人，邑入不足以奉宾客，故出息钱于薛。薛岁不入，民颇不与其息。今客食恐不给，愿先生责之。”④孟尝君因为供养了太多食客，而为他提供俸禄的邑收入不足，不得不向薛地民众放贷贴补收入。薛是孟尝君的封地，而“奉(俸)邑”与之相对，

① 高亨注译：《商君书注译》，中华书局1974年版，第414页。此处据俞樾《诸子平议》将“就为大庶长……就为大良造”一段移入。

② 高亨注译：《商君书注译》，中华书局1974年版，第418页。

③ 陈奇猷校注：《吕氏春秋新校释》卷10，上海古籍出版社2002年版，第558页。

④ 司马迁：《史记》卷75《孟尝君列传》，中华书局1982年版，第2360页。

应该就是类似于秦国“赐税”的俸邑。

所以封君的州仅仅是提供给他们俸禄收入的来源，而不是他们的封邑。封君只是一种爵位，与之相应地拥有封君爵位的人可以得到封邑。国家之所以在封邑之外向封君提供俸邑，大概因为封君还在政府中担任官职，俸邑的收入是他们履行公职所应得的俸禄。封君的州如此，其他冠以人名或官职的州也应是相同的情况。例如“让大令珊之州”(简 74)、“右司马惯之州”(简 182)就是担任让大令、右司马的官员的俸邑。

(二)楚州的分类

包山简中的州大致可以划分为 4 种类型。

A 类：封君名下的州。例如“坪陵君之州”(简 192)。

B 类：政府官员名下的州。例如“鄵令之州”(简 165、189)、“司衣之州”(简 89)、“邳〈郦〉思公之州”(简 163)。

C 类：某些特定群体名下的州。如“喜人之州”(简 163-164)、“膚人之州”(简 84)、“鄻族之州”(简 181)。

D 类：政府机构名下的州。如“游宫州”(简 190)。

A 类“封君名下的州”，前文已经讨论过。严格说来封君也具有政府官员的身份，但是他们的爵位更高，又拥有封邑，封君作为尊号并非他们的职事，相比一般官员情况更复杂，且他们名下的州数量众多，故本书将其单独列为一类。

B 类中的政府官员，有些是中央官员，有些则是地方官员。例如“右司马惯之州”(简 182)，应该是在楚中央政府担任右司马职务的官员的州。右司马在当时是一个常见的中央官职。《左传》襄公二年记载：“楚公子申为右司马，多受小国之赂，以偪子重、子辛，楚人杀之。”①《左传》昭公三十一年与《左传》哀公十八年分别记载楚国右司马稽与右司马子国帅楚国之师出征，皆为国之重臣。所以右司马之州应是名为“惯”的中央官员的俸邑。又如“邳

① 杨伯峻编著：《春秋左传注》，中华书局 1990 年版，第 923 页。

司马之州”(简 22、24、30)，徐少华先生认为“郘”是县级政区。①“郘司马”因而是楚郘县所设司马职官，其名下的州应是担任县司马的俸邑。B 类州中还有两个非常特殊的案例：

王西州里公周瀸184

王西州里公命瀸191

“王西州”意即时任楚王(怀王)名下的名为“西州”的行政单位。这是很有意思的一件事。楚王虽贵为一国之君，但仍然拥有属于自己私人的俸邑。从楚王的州名为“西”来看，楚王拥有的州应该不止一个，可能还有“东州”或其他的州。其实某些官员、封君的州也有类似的情况。简 180“鄗君新州”，说明该州大概是鄗君新近得到封赏的，在此之前鄗君应该还拥有一个“旧”州。简 68“鄗君之耆州”，《说文》：“耆，老也”，同样表示鄗君应该还有一个“新”州。鄗君与鄗君拥有的州都在 2 个以上，楚王名下有多个州也就顺理成章了。

楚王为何有必要把多个作为俸邑的州放在自己名下？这就涉及国家财政与王室财政的差别问题。当时一个国家的财政支出内容，包含了军费国防支出、王室支出、官俸支出、经济建设支出(如兴修水利、道路等)、行政外交支出、宗教祭祀支出、灾荒赈恤支出、文化建设支出等多个方面。其中王室成员特别是国君的消费占到相当大的比重，但是由于国君作为君主地位的特殊性，随个人意愿任意扩大王室支出的现象非常严重。国君多喜好修筑宫室与陵墓，秦始皇修骊山陵墓与阿房宫是尽人皆知的，楚国也未能例外。如楚灵王建章华台耗费大量民力财富，大夫伍举曾谏言说：“今君为此台也，国民罢焉，财用尽焉，年谷败焉，百官烦焉，举国留之，数年乃成。”②1933 年

① 徐少华：《包山楚简释地八则》，《中国历史地理论丛》1996 年第 4 期。

② 徐元诰撰，王树民、沈长云点校：《国语集解・楚语上》，中华书局 2002 年版，第 494 页。

被盗掘的安徽寿县李三孤堆战国大墓，大部分学者认为是战国末期楚幽王陵墓，出土重要文物数千件，在当时引起巨大轰动，可见楚王厚葬已经占用了大量的财政资源。

王室滥用开支的行为将会极大影响其他各项国家财政支出的实施，为了确保巨额军费、百官俸禄以及国家各项经费开支的需要，有必要在制度层面对国君及其宗室成员的财政特权加以一定限制。于是在国家财政之外，逐渐形成了王室财政。两种财政体系分设官职，各司其职。从文献记载来看，秦朝已经开始分治的方法。秦朝设立"内史"主管国家财政，汉初承袭秦制，后更名为"大司农"。同时秦朝设有"少府"官职专管帝室财政。《急就篇》记载："司农、少府国之渊。"颜师古注云："司农领天下钱谷，以供国之常用；少府管池泽之税及关市之资，以供天子。……司此二者，百物在焉，故以深泉为喻也。"①具体关于"少府"官职，《汉书・百官公卿表》载："少府，秦官。"《宋书・百官志》说："少府……秦官也，汉因之，掌禁钱以给私养，故曰少府。"②《册府元龟》也说："至始皇并天下……有两丞少府，掌山海池泽之税，以给其养。"③可见少府是秦设立的专门供养帝室的机构。少府手中掌握有很多山海地泽出产之物的税收，所有收入被称为"禁钱"，即专供帝室使用之意。由此看来，秦汉已经实行将国家财政与王室财政分开的办法。

日本学者加藤繁认为汉代财政分为国家财政和帝室财政两个系统，总体上有着显著区别，这种区分直到后汉才发生改变，国家财政与帝室财政逐渐混同起来。④ 增渊龙夫在此基础上进一步提出，帝室财政的形成早在战国时期已经处于萌芽状态，战国时的专制君主已经开始对山林薮泽进行家产化，

① 史游：《急就篇》卷4，岳麓书社1989年版，第298页。

② 沈约：《宋书》卷39《百官志》，中华书局1974年版，第1232页。

③ 王若钦：《册府元龟（校订本）》卷483，凤凰出版社2006年版，第5466页。

④ ［日］加藤繁：《汉代的国家财政和帝室财政的区别及帝室财政一斑》，原文1918、1919年初次公布；中译文载刘俊文主编《日本学者研究中国史论著选译》第三卷（中华书局1993年版）。

开垦出新的公田，变成君主专制的经济基础的一部分。① 朱德贵根据秦简牍材料，认为自商鞅变法后秦就已经开始实行公、私两套财政管理体制。②

那么战国时期楚国的情况又是如何呢？目前有学者认为两周时期不论是周天子治下还是地方诸侯治下，国家财政与王室财政都是被混在一起的："周代实行分封制的国家政治管理体制，与此相适应，财政上则采取周天子与地方领主分权的二级管理体制。然而，由于周天子既是国家的最高统治者，并拥有自己王畿领地内的土地、人口与相应的租税，同时又有让各封君列侯向其定期缴纳部分财政收入的权利，因此，那时的国家财政，实际上就是一种王室财政。……所以，天子及王室所需的一切开支，均随其所欲而予取予求。可见，皇室支出与国家财政支出是混在一起的。而地方君主家族成员的费用开支，也就等同于诸侯国的开支了。"③我们认为，以上论述作为一种笼统性的推测，从理论上来说应该是可以成立的。但是同时因为缺少实证材料，所以对于从西周到战国长达八百多年的历史，特别是春秋战国诸侯林立的背景下，这种论断在不同历史阶段、不同地域范围是否都能适用，仍是一个很大的疑问。秦朝仅仅维持了 15 年，后世记载的汉承秦制的许多制度，也不可能全都开创于秦朝，而是在战国时期的秦国就已经实行了。而战国时代秦国因任用客卿而兴，客卿是游走于各国之间的士人，由此带来各国治国之措施，往往流风所及、互相影响。

包山简记载的"王西州"，很可能是楚怀王私人拥有的俸邑。假如当时楚国仍未将国家财政与王室财政分离，楚王尽可从国家赋税收入中予取予求，而不必为自己专门划出俸邑。另外，简 143 记载"君夫人之敀(帛)怆(仓)"，

---

① 增渊龙夫：《先秦时代的山林薮泽及秦的公田》，原载于中国古代史研究会编《中国古代の社会と文化》[(日本)东京大学出版会，1957 年]；中译文载增渊龙夫《中国古代的社会与国家》(上海古籍出版社 2017 年版)。

② 朱德贵：《论汉代国家财政与帝室财政管理体制——与加藤繁先生商榷》，《江西师范大学学报》2006 年第 1 期。

③ 项怀诚主编，黄文模、李洪波著：《中国财政通史》第 2 卷，中国财政经济出版社 2006 年版，第 41 页。

似乎也是时任楚怀王夫人的私人产业。国君夫妇或有私人收入，或有私人产业，说明楚国的王室财政至少已经出现萌芽。至于楚国是否设立有类似秦国少府的专门机构，仅根据目前资料还不好判定。

A 类与 B 类的州都在个人名下，而 C 类的州不同，处于某种特定人群名下。冠于州前的名称，有的是某个家族，有的则是某种职业身份的人。简 181 记载有“郿族之州”，简 191 记载有“应族州”，“郿族”与“应族”应该是楚国的两个氏族，而两个州的租税收入可能分别用来供养两个氏族的族人。简 84 记载“膚人之州”，“膚”借作“廬(庐)”。《考工记 · 庐人》记载：“庐人为庐器，戈柲六尺有六寸，殳长寻有四尺，车戟常，酋矛常有四尺，夷矛三寻。”“庐人”应该就是负责制作长兵器柲的工匠群体，而“庐人之州”则是用以供养他们的俸邑。

最后一种 D 类州在政府机构名下。简 190 有“游宫州”。该“游宫”即楚王的别宫。简 7 载“王廷于蓝郢之游宫”，湖南常德夕阳坡 2 号墓楚简也记载有“王凥(处)于蕆郢之游宫”①。同时，此处的“游宫”应该不是职官名称。所以“游宫州”应该是供应游宫日常所需的税邑。

(三)楚州的地理分布

州的地理分布范围，从已知的材料来看应该在郢都的附近。包山简中自题为“受期”的一组简(简 19-79)可以给出相关的线索。前文在讨论楚邑的相关问题时，也曾经使用过类似的方法。“受期”简是左尹官署下达给地方官吏的公文。简首的日期应该是公文到达地方的时间，而简中间的日期则是地方官吏抵达郢都复命的日期。所以根据两个日期之间隔，可以推算出收到简文的地方到郢都的行程天数。陈伟先生整理了“受期”简中所有与州相关的资料，排列了如下的表格(见表 1.3)。

---

① 陈伟等:《楚地出土战国简册[十四种]》，经济科学出版社 2009 年版，第 477 页。

表 1.3　“受期”简所见州情况表①

简号	受期人所在	日期Ⅰ	日期Ⅱ	间隔(天)
22	郘司马之州	八月己巳	(八月)辛未	2
24	郘司马豫之州	八月辛未	(八月)癸酉	2
30	郘司马之州	八月戊寅	(八月)辛巳	3
27	邸阳君之州	八月癸酉	(八月)乙亥	2
32	邸阳君之州	八月戊寅	(八月)辛巳	3
35	新游宫中酴之州	八月癸未	(八月)乙酉	2
37	福阳宰尹之州	八月己丑	(八月)壬辰	2
42	霝里子之州	八月丙申	九月戊戌	2
68	鄗君之耆州	十月辛巳	(十月)丙戌	5
74	让大令珊之州	十月癸巳	(十月)乙未	2

发往郘司马之州的公文共 3 件，除了日期有异，其他内容基本相同。试以简 22 为例：

> 八月己巳之日，郘司马之州加公李瑞、里公随得受旮(期)，辛未之日不察陈宔頠之伤之故以告，阩门又(有)败。

左尹官府要求郘司马之州的地方官吏加公等人，将陈宔頠的伤情上报中央，限定的日期是 2 日之后。稍晚发出的简 24 与简 30 又重申了以上命令，只不过最后一次将限定的时间稍稍放宽到 3 日。同样，简 27 与简 32 中左尹两次指派邸阳君之州的官吏上报情况，限定日期也是 2~3 日。郘司马之州与邸阳君之州距离郢都的距离应该只有 2 日路程，只是因为第一次发送的文书

① 陈伟：《包山楚简初探》，武汉大学出版社 1996 年版，第 88 页。

未能执行才将期限放宽至3日。再加上新游宫中酴之州、福阳宰尹之州、霝里子之州、让大令珊之州，表1.3中所见绝大多数的州都距离郢都仅2日路程。

另外，陈伟先生还考证，秦大夫怡之州（简141）、登公[illegible]之州（简58）、宣王之宅州也应该距离楚国都城不远。故而陈伟先生认为："以上论列的10个州皆位于楚都一带。这10州几乎占了包山简所见全部州数的1/4，相反的例证则无一发现。因而这些州的分布可能具有代表性，也就是说当时楚国的州大概皆位于首都一带。"①论证过程非常严密，以上结论是相当让人信服的。

10个州前缀的官名或人名中，有相当部分是地方官员，只有极少部分可以确定是中央官员。例如"新游宫中酴"，表示楚王游宫的中酴官。"中酴"，周凤五、刘信芳先生都读作"中舍"，是楚王身边的舍人之官，其说可信。②陈伟先生进而认为就是古籍中的"中谢"或"中射"。③ 上海博物馆藏战国楚竹书《简大王泊旱》篇中记载楚王身边有"中舍"官员替其打点祭祀事宜，《史记·张仪列传》中记载有"中谢"官员对楚王之问，所以新游宫中酴为中央官员的身份是比较确定的。又如"霝里子"，"霝"通"灵"。《楚辞·九歌·云中君》云："灵连蜷兮既留"，王逸注："灵，巫也，楚人名巫为灵子。"④所以"霝里子"很可能是楚国的巫官。包山简中有"大司马""大莫敖""子左尹"等，未在官职前缀以地名，且从其行使职能判断，都是中央职官。遵循此例，霝里子也应当是楚中央职官。简74"让大令珊"，从简文中有"成阳让尹"（简145）、"正阳让殷获志"（简186）、"新倍让尹丹"（简16）、"邛让尹之人舒余善"（简191）来看，让应该是官府机构名，而非地名。那么让大令或许与霝里子一样，

① 陈伟：《包山楚简初探》，武汉大学出版社1996年版，第90页。

② 包山简7载"王廷于蓝郢之游宫"，湖南常德夕阳坡简1有"王凥（处）于之蔵郢之游宫"，游宫是专为楚王设立的别宫。游宫的官员中舍因而也属于中央职官。

③ 陈伟：《〈简大王泊旱〉新研》，《简帛》第2辑，上海古籍出版社2007年版，第267页。

④ 洪兴祖撰，白化文等点校：《楚辞补注》，中华书局1983年版，第58页。

都是中央官员。① 至于“秦大夫怡”(简 141),目前还不好确定其身份,也许是秦人居楚担任客卿。

拥有 10 个州俸邑的官员中,地方官员占到相当比例。比如“郘司马”,即郘地之司马。“郘”地也见于《鄂君启舟节》,一般认为可能是文献记载的郧县。② 徐少华先生认为:“郘、郧古音同义通,互相借用”,并考证楚郧县在两汉竟陵县境,而不是春秋郧国国都所在。③ 楚郧县大约在今湖北钟祥市北境的汉水东岸。④ 福阳也是楚县名,学界对于其地望有多种不同意见。⑤“邓公”即楚邓县的县公,据石泉先生考证,今襄阳市西北的邓城遗址就是楚邓县所在。⑥ 故郘司马、福阳宰尹、邓公都是确定无疑的地方官员。

剩下的邸阳君、鄗君,都拥有封君的爵位,也许他们像春申君黄歇一样在楚王身边拥有高级官职,但从目前材料来看两人在政府中担任的具体职务还不得而知,暂不讨论。

需里子、让大令等中央官员的俸邑分布在郢都周边是比较好理解的。他们在郢都任职、定居,可以方便他们照看俸邑的运作,同时俸邑的出产也可以很方便地运入城中他们的府邸内。但郘司马、福阳宰尹、邓公等地方官员的俸邑为何也集中在郢都周围?难道不应该在官员就职居住地区附近设立俸

① “让尹”与“让”作为职官名在简文中多次出现,可能就是文献中常见的“卜尹”与卜官。

② 石泉主编:《楚国历史文化辞典》(修订本),武汉大学出版社 1996 年版,第 125 页。

③ 徐少华:《包山楚简释地八则》,《中国历史地理论丛》1996 年第 4 期。

④ 徐少华:《周代南土历史地理与文化》,武汉大学出版社 1994 年版,第 280 页。

⑤ 徐少华先生认为“福阳”即西汉“扶阳”县所在,故址在今安徽省萧县西南(徐少华:《包山楚简释地五则》,《江汉考古》1996 年第 4 期);颜世铉先生读为“富阳”,认为在今湖北省境内的富水附近(颜世铉:《包山楚简地名研究》,台湾大学硕士学位论文,1997 年,第 202 页);何琳仪先生读为“复阳”,地在今河南桐柏西北(何琳仪:《战国古文字典》上册,中华书局 1998 年版,第 127 页);刘信芳先生读为“偪阳”,在今江苏徐州东北(刘信芳:《包山楚简解诂》,艺文印书馆 2003 年版,第 49 页)。

⑥ 石泉:《古邓国、邓县考》,《古代荆楚地理新探》,武汉大学出版社 1988 年版,第 109 页。

邑吗？这与后世的类似想象实在有太大不同。

前文已经论及州是楚国官员的俸邑。俸邑制度起源于周代的分田定禄(采邑)之制，其后虽经历秦汉时期土地转为私有，但历代仍然师承其意，将政府的公田授予百官，作为官员俸禄收入相当重要的一部分。这种公田，魏晋南北朝时期称作"禄田""菜田"，隋唐时称为"职田""职分田"，宋元时称为"职分田""圭田"，直到明代才被废止，公田收归国有，百官只发俸米。按一般常理来说，作为收入来源的俸邑或田地应该在官吏任职所在地附近，以有利于俸金或禄米的收取。这在历朝都不乏其例。对于在京官员，职田当然被分配在京城附近。例如唐代宝历元年制："京百司(职)田散在畿内诸县。"①《通典》也记载唐代京官职田"并去京城百里内给"②。京官职田皆在京畿地区各县之内，去都城不远。然而对于地方官员，职田则会分配在就职地附近。比如陶渊明曾任彭泽县令，循例分给他三顷禄田，"公田悉令吏种秫稻。妻子固请种杭(粳)，乃使二顷五十亩种秫，五十亩种杭(粳)"③。陶渊明与妻子会去操心禄田种哪种作物，他们的禄田距离彭泽县想来不会太远，很可能就在县内。唐代的职田散布各州县，为清点职田的数量，"州县职田、公廨田，每岁六月以白簿上尚书省覆实"④。唐代各州县都有职田，各级地方官员所分职田应该就是从州县内较为临近者中支取。元代有明文记载，职田首先从本地分配，不足者才从临近州郡补贴。"至元四年二月……比附旧例，约量定到各路府州司县官员职田顷亩，除断没地、营盘草地外，仰于本处系官并户绝地及冒占荒闲地内依数标拨。"⑤元大德七年诏：各路应得职田"如是不敷，于邻近州郡积荒地内帖拨"⑥，地方官员的职田就近分派应该是

---

① 王溥：《唐会要》卷92《内外官职田》，中华书局1955年版，第1672页。

② 杜佑：《通典》卷35《职官典十七·职田公廨田》，中华书局1988年版，第971页。

③ 《宋书》卷93《隐逸》，中华书局1974年版，第2287页。

④ 《新唐书》卷55《食货志》，中华书局1975年版，第1400页。

⑤ 《元典章》卷15《户部一·禄廪·积田》，中国书店1990年版，第253页。

⑥ 郭成伟点校：《大元通制条格》卷13《户部·禄令·俸禄职田》，法律出版社2000年版，第150页。

历代的惯例。

楚国的俸邑(州)集中分布于都城周围，有着一些与后世不同的历史背景。陈伟先生认为，楚国的州可以与《周礼》记载的周代采邑制度类比，其说可从。①《周礼·地官·载师》记载："载师掌任土之法。以物地事授地职，而待其政令。以廛里任国中之地，以场圃任园地，以宅田、士田、贾田任近郊之地，以官田、牛田、赏田、牧田任远郊之地，以公邑之田任甸地，以家邑之田任稍地，以小都之田任县地，以大都之田任畺(疆)地。"②载师负责土地分配，将田地授予官民。田地的分配方式以国都为中心，逐级向外推广。"国中"即国都之内范围，通指国都城内而言，作居民廛里之用。"园地"在城外郭内，地理位置次于"国中"，用作场圃。郊、甸、稍、县、畺(疆)，逐层向外。所以孙诒让认为："此经任土之文，由内而外，自国中至畺，皆互相备。"③家邑、小都、大都，分别是大夫、卿、公等官员的采邑，稍、县、畺(疆)是由内到外的三个紧挨的地带。这种以国都为中心逐层分布的形式，与楚国的州可能有道异风同之处。《周礼》虽不是周代制度的实录，但还是能反映当时人们的认知方式的。楚国的州围绕郢都分布，应该是受到类似思想的影响。

后世职田散布全国各地方，也与官员被授予职田的广泛程度、京畿地区的人口密度有很大关系。唐代职田的授予面是非常广的。据唐武德元年十二月制："内外官各给职分田。京官一品十二顷。二品十顷。三品九顷。四品七顷。五品六顷。六品四顷。七品三顷五十亩。八品二顷五十亩。九品二顷。雍州及外州官。二品十二顷。三品十顷。四品八顷。五品七顷。六品五顷。七品四顷。八品三顷。九品二顷五十亩。"④上自一品大员，下至九品小

---

① 陈伟：《包山楚简初探》，武汉大学出版社1996年版，第93页。

② 阮元校刻：《十三经注疏·周礼注疏》卷13，上海古籍出版社1997年版，第725页。

③ 孙诒让撰，王文锦、陈玉霞点校：《周礼正义》，中华书局1987年版，第940页。

④ 王溥：《唐会要》卷92《内外官职田》，中华书局1955年版，第1669页。

官，从京官到外官，都被授予职田。这么多田地只有从全国范围分配才能实行。唐代京畿地区人口密集，以至于不得不将官员的职田收回。① 包山楚简所处的怀王时代，哪些层级的官员有资格被授予州作为俸邑，并没有直接的材料记载。但是包山简共记录 41 个州名，其数量已是里名的两倍，仅比邑名略少。② 若照此比例推算，州的数量应该是比较庞大的。但同时我们又要注意到如下的现象：从包山简反映的司法程序来看，州的司法权由中央直接掌管，而地方上的里、邑则以县为基层治狱机构。所以很可能会造成这样的情形：所有州的案件都要上报左尹府，而同样被上报中央的里、邑的案件只有少数。如果这种猜测能够成立，州与里、邑的数量就不能以包山简记录的比例来估算，州的数量就应该很有限。不管采用何种计算方法，战国时期的人口密度远低于后世，在郢都周围还存在着大片的荒地，俸邑的分配不一定会占用民田，甚至可能促进荒地的开发。

前文所述包山简的楚邑中存在着一种特殊类型的 E 类邑，只记邑名，没有前缀的地名或人名。包山简中的州不存在类似的情况。州没有在某地名下的案例，这也与前文对州是俸邑的猜测一致。

三、齐国的圜

由临淄陶文所见，在乡、里之间，有学者认为还存在另外一种乡里组织“圜”。“蒦圜”是陶文中常见的乡里组织名称，《古陶文汇编》收录有很多：

蒦圜南里隻《古陶文汇编》3·128

① 《唐会要》卷 92 载：“其年(开元二十九年)三月敕：京畿地狭，民户殷繁，计丁给田，尚犹不足。兼充百官苗子，固难周济。其诸司官令分在都者，宜令所司，具作定额，计应受职田，并于都畿给付。其应退地，委采访使与本州长官给贫下百姓。其应给职田，亦委采访使与所由长官勘会同给，仍永为常式。”(中华书局 1955 年版，第 1670 页)

② 陈伟：《包山楚简初探》，武汉大学出版社 1996 年版，第 86 页。

蒦圆南里人《古陶文汇编》3・142

蒦圆匋里王《古陶文汇编》3・170

"蒦圆"下辖有南里、匋里等多个里，所以应该是里之上的某种行政区划。同时，另一则陶文："繇衢蒦圆南里遂"(《古陶文汇编》3・122)又透露出"蒦圆"是"繇衢"的下级区划。那么齐国在乡与里之间的乡里组织会是什么名称呢？"圆"所从之"囗"，有时作圆形，有时作方形，与"邑"字所从之"口"类似。孙敬明先生认为"圆"是"阳邑"两字的合文，"蒦圆"即"蒦阳邑"。① 六国文字中合文的文例甚多，而且"蒦圆"处于繇衢与里之间，从规模上来说释为邑是有可能的。但是我们也不得不考虑到另外一个事实：所谓的合文字"圆"出现的地域范围很有限。比如含有"蒦圆""大蒦圆"②"中蒦圆"③"东蒦圆"④"南蒦圆"⑤"西蒦圆"⑥文字的陶文之中，它们都归"繇衢"统辖。另外有"城圆"，但是也归属于"王卒左衢"⑦或"王卒左敀"⑧管辖。在其他的各衢，比如楚郭衢、丘齐衢、左南郭衢等，都未曾见到此类设置，也未曾见到相似的所谓合文现象。也就是说，"蒦圆""城圆"等目前看来似乎只设立于少数衢中，但我们仍认为圆是一种地方设置的特别地域组织。

虽然陶器生产者的籍贯大多在乡里之中，但陶器生产作坊仍有官营与私营之分。齐国陶文中常常见到"王卒"的字样。比如：

王卒左衢城圆中岳里人曰导《古陶文汇编》3・497

① 孙敬明：《齐陶新探》，《古文字研究》第十四辑，中华书局1986年版，第231页。

② 大蒦圆里匋臭(《古陶文汇编》3. 262)、大蒦圆里匋(《古陶文汇编》3. 263)。

③ 中蒦圆里贞(《古陶文汇编》3. 289)、中蒦圆里匋渐(《古陶文汇编》3. 287)。

④ 东蒦圆里步(《古陶文汇编》3. 293)、东蒦圆里(《古陶文汇编》3. 292)。

⑤ 南蒦圆逨(《古陶文汇编》3. 305)。

⑥ 西蒦圆里王孱(《古陶文汇编》3. 302)、西蒦圆里右□(《古陶文汇编》3. 304)。

⑦ 王卒左衢城圆中岳里人曰导(《古陶文汇编》3. 497)。

⑧ 王卒左敀城圆櫨里定(《古陶文汇编》3. 502)。

王卒左敀城圖櫨里土《古陶文汇编》3 · 498

“王”无疑应该指齐王。“卒”则表示制造者包括工师、陶工的身份。杨宽先生认为：“齐国陶器铭文，陶工在自己籍贯、姓氏之前有称‘王卒左敀’‘王卒右敀’的，说明这些陶工是以王卒的身份参与官营手工业的。”①其说甚确。许淑珍根据对齐故城发现的“王卒”陶文的观察，认为这些陶器制作粗糙，应该是民营产品，只是“王卒”表示陶器工匠有从军的身份。② 李零先生也认为王卒可能是一种军事性质的编制。③ 服兵役的士卒从事手工制造担任工匠，在秦国更加普遍。比如1975年内蒙古勿尔图沟以北上塔墓地出土的秦铜戈，铭文写作：“十二年上郡守寿造，漆垣工师乘，工更长(张)骑。”④其中“工更”的“更”，就是秦国服役的更卒。能够动用服役的士卒(王卒)，该陶器应该是在官方监督下生产的，生产工场也应是官营的性质。对于陶器的生产，齐国官方也有专门的职官负责管理。李学勤先生在《战国题铭概述(上)》中曾收录一方齐国玺印，曰：“齐陶正騵”，“陶正”就是主管制陶工业的官吏。⑤ 周代陶正的设置由来已久。《左传》襄公二十五年记载晋人问陈之罪，郑国子产说：“昔虞阏父为周陶正，以服事我先王。”郑玄注：“阏父，舜之后。当周之兴，阏父为武王陶正。”⑥周人从武王时代起就已经设置陶正，齐国直到战国仍继承此职官，说明齐国陶器生产的官方监管是确确实实存在的。

“王卒左敀”的“敀”，在陶文中通常写作“”或者“”，它的释读存在不

① 杨宽：《战国史》，上海人民出版社2003年版，第108页。

② 许淑珍：《临淄齐国故城新出土陶文》，《考古与文物》2003年第4期。

③ 李零：《齐、燕、邾、滕陶文的分类与题铭格式——新编全书季木藏陶介绍》，《管子学刊》1990年第1期。

④ 吴镇烽编著：《商周青铜器铭文暨图像集成》第32卷17280，上海古籍出版社2012年版，第356页。

⑤ 李学勤：《战国题铭概述(上)》，《文物》1959年第7期。

⑥ 阮元校刻：《十三经注疏 · 春秋左传正义》卷36，上海古籍出版社1997年版，第1985页。

少分歧。顾廷龙先生释为“敀”。李学勤先生隶为“敀”，根据《说文》“敀”与“伯”通而读作“伯”。陶文中所见“左敀”“右敀”之类即《管子·轻重》篇中的“左右伯”职官。① 朱德熙先生隶作“㲉”，借作“廄”，即蓄养牲口的厩舍。② 曹锦炎先生释为“𢾅”，认为它就是《周礼·考工记》中的“㮚氏”，是专门职司量器制造的机构与职官名。③ 孙敬明先生赞同朱德熙先生的隶定，但读为“轨”，认为就是“五家为轨”的轨。④ 高明先生亦读为“伯”，并据《说文》引《周书》“常敀常任”在今本《尚书·立政》中作“常伯常任”为例，说明“敀”乃是主事之官的泛称。⑤

关于“敀”字的释读尚有不少疑问。比如读作“廄”，作为牛马厩舍解读，应该表示该器物是厩舍专用。但厩舍仅仅是官方机构之一，专门为其烧造陶器是否有此必要？况且目前见到的绝大多数陶文都用于标明陶器制造者的籍贯姓氏等信息，所谓“物勒工名，以考其诚”，用来作为烧造者为陶器负责的直接根据。用陶文直接表示器物的归属或使用单位，目前的临淄陶文中还未见到其他的例子。假如该批陶器专为厩舍烧造，为何陶文中没有见到为其他机构专门制作的陶器？另外，从出土文献的使用惯例来看，曾侯乙墓出土竹简和秦王兵马坑所出陶文中的“廄”，没有省为“㲉”的。更重要的是，临淄故城出土的大批西汉封泥中的“廄”，也没有省为“㲉”的例子。所以将该字读为“廄”有太多疑问存在。另外，孙敬明先生将其读为“轨”，也有不少疑问。《国语·齐语》《管子·小匡》《管子·中匡》都曾记载管子制国“五家为轨”，轨的规模非常小，与秦国的伍差不多。但在临淄陶文当中，“王卒左敀”与“王卒左衢”是经常出现的。“王卒左衢”下辖有城圆中岳里、城圆北里、

① 李学勤：《战国题铭概述(上)》，《文物》1959年第7期。

② 朱德熙：《战国文字资料里所见的廄》，《出土文献研究(一)》，文物出版社1985年版。

③ 曹锦炎：《释战国陶文中的𢾅》，《考古》1984年第1期。

④ 孙敬明：《齐陶新探》，《古文字研究》第十四辑，中华书局1986年版。

⑤ 高明：《从临淄陶文看乡里制陶业》，《古文字研究》第十九辑，中华书局1992年版。

城圚里等，“王卒左敀”下辖有城圚檯里与昌里。轨的规模有限，所以很难相信“王卒左敀”管辖着若干个跟里一样大的区域的陶器生产。相比之下，将“敀”训读为某种职官，不论是“敀”或是“伯”，其专门职责是管理陶器生产，是更加可信的说法。所以属于“王卒左衜”的城圚中岳里、城圚北里、城圚里等，与“王卒左敀”管辖下的城圚檯里与昌里，在管理方式上可能有所差别。后者是归专门的职官管理，前者应该是按照地域进行管理。

繇乡之中的“蒦圚”是出现频率非常高的一个地名，与之相关的里名有南里、匋里、鱼里、杨里、中里等。另外还有大蒦圚、中蒦圚、东蒦圚、西蒦圚、南蒦圚，应该也是围绕在蒦圚周围的地名。大量陶器都在蒦圚生产，表示在同一个乡(繇乡)之内，陶器的生产仍有着相对集中的地区。算下来，繇乡的 18 个里都有制陶业，蒦圚地区就占了 10 个。所以当时的陶器生产应该已经超出了里的范围，开始表现出跨区域集中发展的趋势。

四、郑、韩等国的邑

郑韩故城出土有“芋邑”字陶瓮一件(图片编号 22)，为泥质灰陶，战国时器，1984 年西城 T22 井 9 出土。“芋邑”为钤印后再经过加工的阴文，文字横向印于瓮肩上，上下排列，没有外框(见图 1.3)。

图 1.3　郑韩故城出土含“邑”字陶文

“芋”字在战国文字中属于常见字，高明先生等主编《古文字类编》收录有战国金文、陶文、简牍文字、玺印文字共5例。①《说文》云：“芋，大叶实根，骇人，故谓之亏也。”段玉裁注：“《口部》曰：‘吁，惊也。’《毛传》曰：‘訏，大也。’凡于声字多训大。芋之为物，叶大根实，二者皆堪骇人，故谓之芋。”②蔡全法先生认为，这里的“芋”与植物无关，应当是以“芋”为姓，又以姓命邑，所以是芋姓之邑。③ 王琳先生将“芋”读为“豫”，认为表示战国九州之豫州的邑。④ 我们对“芋邑”的解读应该从陶器文字的用途说起。两位学者都承认“芋邑”是地名而非其他含义，分歧在于对“芋”字的理解。从内容更加丰富的齐国临淄陶文内容来看，战国时代陶器上钤印的文字，多记载制陶人的乡里籍贯及姓名，而陶器上的姓名籍贯既具有“物勒工名”的责任追究用途，同时也带有商业标识的含义在里面。在齐国陶文中，记录的地名多为乡、里等乡里组织名称，因为临淄的陶业制品多销往周边，普通民众以乡里姓名即可区分不同制陶工坊的产品。相比之下，如果“芋邑”解读为“豫州之邑”，豫州地域范围太大，其中一个邑位于何处无从查找。如此一来，陶文既非物勒工名，又无从区分产品生产地，实在没有钤印的必要。所以“芋邑”还是作具体地名理解为好。至于“芋”是否为姓氏，也不是重点，或许该邑原本以产芋闻名或者由一片芋田演变而来亦未可知。重要的是，“芋邑”应该是生产该陶瓮的产地名，如同齐国临淄陶文中记录乡里之例，而且该地应该地域范围很小，小到与乡、里接近，这样标注产地才有必要性。

另外，陶文中的“邑”应该不是泛称，而是战国时代郑、韩等国的基层社会组织专用名称。邑在传世文献中的含义非常宽泛。古代的国可以称为邑，比如《说文》云：“邑，国也。”段玉裁注：“《左传》凡称人曰大国，凡自称曰

① 高明、涂白奎主编：《古文字类编》，上海古籍出版社2008年版，第919页。
② 许慎撰，段玉裁注：《说文解字注》，上海古籍出版社1981年版，第24页。
③ 蔡全法：《近年来新郑“郑韩故城”出土陶文简释》，《中原文物》1986年第1期。
④ 王琳：《从郑韩故城出土陶文看先秦乡遂制度》，《考古与文物》2003年第4期。

敝邑。古国邑通称。”①朱骏声《说文通训定声》说：“《书》‘西邑夏’、‘天邑商’、‘大邑周’，皆谓国。”②早期的所谓国乃是以某一聚居点（都城）为中心的政权，而非后世的领土国家概念，故而用人口聚居的都城可以指代整个国家。《左传》桓公十一年：“郧人军其郊，必不诫，且日虞四邑之至也。”杜预注：“虞，度也。四邑，随、绞、州、蓼也。邑，亦国也。”③此例中的“邑”应该就是以四国都城指代四个国家。所以邑也可以专指国都京城。《尔雅·释地》：“邑外谓之郊。”郭璞注：“邑，国都也。”④随着都城的概念逐渐明确，邑也可指古代无先君宗庙的城，以与有先君宗庙的都城相区分。《左传》庄公二十八年：“凡邑，有宗庙先君之主曰都，无曰邑。”孔颖达疏曰：“小邑有宗庙，则虽小曰都，无乃为邑。邑则曰筑，都则曰城。”⑤同时，邑也可泛指人聚居的地方。《释名·释州国》云：“邑，犹俋也，邑人聚会之称也。”⑥《公羊传》桓公元年：“邑者何？田多邑少称田，邑多田少称邑。”徐彦疏：“言邑多田少称邑者，谓邑内家数多，而邑外之田顷亩少。”⑦郑国定都新郑，别都为栎。韩国灭掉郑之后也徙都新郑。陶文中的“芓邑”二字，如果说用来指代国家或是郑、韩都城都不适合；同时，如果用来泛指人群聚居之所，印在陶器上也没有任何意义。所以“芓邑”应该是陶器生产者和作坊所在具体的行政区划名，可以帮助买家根据区划名区分生产者、追溯陶器生产地。《周礼·地官·小司徒》载：“九夫为井，四井为邑，四邑为丘，四丘为

① 许慎撰，段玉裁注：《说文解字注》，上海古籍出版社 1981 年版，第 283 页。

② 朱骏声：《说文通训定声》，武汉市古籍书店 1983 年版，第 115 页。

③ 阮元校刻：《十三经注疏·春秋左传正义》卷 7，上海古籍出版社 1997 年版，第 1755 页。

④ 阮元校刻：《十三经注疏·尔雅注疏》卷 7，上海古籍出版社 1997 年版，第 2616 页。

⑤ 阮元校刻：《十三经注疏·春秋左传正义》卷 10，上海古籍出版社 1997 年版，第 1782 页。

⑥ 刘熙撰，毕沅疏证，王先谦补：《释名疏证补》，中华书局 2008 年版，第 58 页。

⑦ 阮元校刻：《十三经注疏·春秋公羊传注疏》卷 4，上海古籍出版社 1997 年版，第 2213 页。

甸，四甸为县，四县为都。”①《尔雅·释言》曰：“里，邑也。”虽然《周礼》的记载不一定能反映郑、韩两国乡里组织的真实面貌，但把邑理解为基层地方组织与行政区划专名应该是可以说得过去的。前文第一章曾经对楚国的邑进行过讨论。楚国的邑属于一种专门的基层地方组织，与里处于同一行政层级，并且很可能主要分布在城外。现在郑韩故城“芋邑”陶文的出土，可以至少说明邑并不是楚国所独有的，而可能是一种在其他诸侯国也存在的行政区划。楚简文书中的邑一般会标明隶属于哪个县或贵族个人，但也存在一种仅书写邑名、不交代其隶属关系的邑，前文推测其属于国家直接控制的邑。而此处“芋邑”陶文在郑韩故城出土，芋邑可能隶属于都城新郑，也可能由国家直接管辖。

小　结

商周金文中极少见到作为行政组织的乡出现，由此引发学者们对商代西周是否有乡制的争论。《周礼》中虽有大量“六乡”与乡遂制度的记载，但其内部形成的绵密结构，仍让人怀疑西周时代是否有可能产生如此复杂的层级。《周礼》乡遂制度如果视作对西周的记载则很可能带有相当部分的想象成分而非完全实录。《左传》《国语》记载了春秋时代齐、宋、鲁、郑等国的乡遂制度，是否由西周乡制发展而来仍不可知，但乡遂在当时存在大概也是事实。战国时代虽有部分诸子著作记载当时的乡制的具体构造，然而细审传世文献之内容，不少材料可信度并不高。不过“乡里”一词已出现，应该反映了战国时期已普遍出现乡的设置。战国时代秦国施行的“县—乡—里”的行政建制得到相当多简牍材料的印证，成为当时秦国秦朝地方行政建制的缩影。齐国陶文记录了大量的齐国乡名，有多个乡专业从事制陶。从早期的乡遂之乡

① 阮元校刻：《十三经注疏·周礼正义》卷 11，上海古籍出版社 1997 年版，第 711 页。

发展到战国时代乡里之乡，显示从血缘性组织发展为地缘性组织的历史趋势。

里作为基层居民组织何时开始出现，学界有殷商说、西周初年说与春秋说，其中西周起源说是目前比较可信的说法。典籍中的“里居君子”即西周金文中的“里君”，一般认为是“里”的行政首长。西周的里已经具备地域组织的性质，但同时也存在宗族关系。战国时期里的上属组织有多种记载，但是都与简牍中楚国的里的情况不符。楚国里的上属机构乃是楚县。秦国的里制形成过程与县制产生相伴左右。从秦孝公时代的乡聚，到秦国县制建立后划分乡、里，战国时代的乡里制度已经正式成形。秦灭六国过程中，秦在新占地区推行本国版本的乡里制度，确立以里典为里之首长。在秦律与司法文书中，里成为确定居民居处之地与身份的最小地理单元，因而文书中常常出现官方要求确认嫌疑人“名事里”的记载。这与傅籍制度以里为单位上报户籍信息有关。齐、郑、韩等国的陶文与燕国玺印文字中都记载了各国的里，显示里是当时各国普遍存在的地方组织。西周时的“里君百姓”明显带有血缘组织的色彩，到战国时代的里典等职，里已经完成了向地缘性组织的过渡。

除了乡与里之外，东方各国还有不少形形色色的地方组织。楚国有邑与州，齐国有圌，郑、韩等国也有邑。邑是楚国最基层的行政组织之一，与里同级，不仅数量繁多，而且隶属关系非常复杂。通过对所有楚邑资料的整理，可以将其划分为直属于县、直属于某人、直属于某机构以及直属于其他行政组织等 4 个类别。除此之外，还有一种未系以前缀、直呼其名的特殊楚邑。这类特殊楚邑皆归同一上属行政组织管辖，即由楚国中央政府直接管辖。楚国政府直接管理特殊楚邑而不借助中间机构，目的在于直接控制土地资源，形成国有的土地资产。战国楚简中的州，其大小与邑、里相若，是楚国用于赏赐封君大臣的食税单位和俸邑。州的原始含义与土地密切相关，在楚国也是一种土地划分的地域范畴。与邑类似，州的管理方式也相当复杂，有封君名下的州、政府官员名下之州、政府机构名下之州，还有某些特定人群名下之州。就连楚王也有属于自己名下的州，可能专门用于承担王室财政支出。楚国的州的地理分布大多在郢都附近，但又并非全部记在中央官员的名下。有不少地方官员也在郢都附近拥有自己的州，这种安排可能是受到周代采邑制度的影响。齐国陶文中的圚应该是里之上的某种行政区划。郑、韩陶文中的“邑”也是基层地方组织。秦灭六国之后，对新占领地区的基层地方组织进行了统一的整合，乡里之外的基层地方组织随之消失，“县—乡—里”的地方社会组织结构被固定下来。

第二章　战国秦代的乡里职官

乡里组织虽然在规模上比郡县小很多，但日常承担的事务并不简单。即使中央与郡县有再多的政令与法规，到最后都要由乡里组织来具体执行。正因为如此，战国秦代的乡官里吏的职能就显得相当重要。虽然《周礼》等文献有较多相关的记载，但可信度仍有很大疑问。由出土文献所见，楚、秦两国分别在里中设有里公与典、老等，秦、齐两国在乡中都设有乡官，并能见到大量执行公务的实例，可以对乡里职官作深入探讨。

第一节　里　　吏

"里"作为只有几十户的小型组织，麻雀虽小五脏俱全，仍旧有着管理全里的人员，学者多称之为"里吏"。他们日常直接面对里中民众，管理里中所有大小事务。"里"有哪些行政职官？传世文献中有不同的说法。比如《逸周书·尝麦》称"里君"，《周礼·地官》称"里宰""闾胥"，《礼记·杂记》称"里尹"，《墨子·尚同》称"里长"，《韩非子·外储说右下》称"里正"，《管子》的《度地》《立政》篇称"里有司""里尉""闾有司"。不论称呼为里君、里尹，还是里宰、里长，含义非常接近，皆为一里之长官。比如《逸周书·尝麦》中的"里君"，孙诒让认为"君"乃"尹"之借字，"里君"即"里尹"。同时，"里君"与"闾率"并称，而《周礼·地官》中称为"里宰"，在郑玄注中是与"闾胥"并称的。①

① 《周礼·秋官·脩闾氏》郑玄注："闾内之闾胥、里宰之属。"（阮元校刻：《十三经注疏·周礼注疏》卷37，上海古籍出版社1997年版，第888页）

《礼记·杂记》中的“里尹”，郑玄也认为是“闾胥、里宰之属”。至于“有司”，则是相关官员的笼统泛称。故而以上里中职官称呼虽有不同，含义却大致相似。而在出土楚、秦简牍中，里吏的名称较为固定，即里公与里典、老等。

一、楚国的里公

传世文献中不同称呼的职官，很少并存于一里之中。未见有哪个“里”，同时设有里宰、里君之职，里尹、里长亦然。《周礼·地官》云：“里宰，每里下士一人”①，与《礼记·杂记》郑玄注引《王度记》“百户为里，里为尹”②，不约而同地造成了这样一种认识：“里”中的职官仅有一人，只是各种记载中称呼不同。《管子·立政》记载，里中同时设“里尉”与“闾有司”，大概前者统辖后者。③ 从包山简的材料来看，楚国里中似乎有多种职官，名目更加复杂。

包山楚简简 120-123 是记录郙𠈣杀人案的卷宗。下蔡山阳里人郙𠈣在官府供认自己杀人，并且还供出有三个同谋嫌犯，分别是关里人雇女返、东邗里人场贾、荑里人竞不割(害)。下蔡官府于是传文书到涉案四人所居之里，要求里中官吏协助羁押嫌犯及其家人。里中官吏纷纷回书，表示嫌犯与家属已经逃亡，无法羁押。由此简文所见里名、嫌犯、官吏之对应关系，可见表 2.1。

---

① 阮元校刻：《十三经注疏·周礼注疏》卷 9，上海古籍出版社 1997 年版，第 699 页。

② 阮元校刻：《十三经注疏·礼记正义》卷 43，上海古籍出版社 1997 年版，第 1566 页。

③ 《管子·立政》：“审闾闬，慎筦键，筦藏于里尉。置闾有司，以时开闭。闾有司观出入者，以复于里尉。”

表 2.1　下蔡之里中嫌犯、官吏

里名	欲羁押之人	里中官吏
下蔡关里	雇女返	加公臧申、里公利臤
(下蔡)东邗里	场贾	里公郏[illegible]、士尹紬缜
(下蔡)蕢里	竞不割(害)	里公吴拘、亚大夫①[illegible](宛)乘
下蔡山阳里	郏倦之伎(孥)	加公范戌、里公舍(余)□

由表 2.1 我们可以得知，楚国的“里”，不论是职官的种类，还是官吏的数量，都超过了传世文献的记载。“里”中的职官，目前看来至少有四种：加公、里公、士尹与亚大夫。陈伟先生认为，根据简文行文的顺序，加公地位最高，里公次之，士尹、亚大夫又次之。② 这是很有道理的。除此之外，里中职官还有两个特点。其一，一个“里”之内，最少有两位官吏。关里、山阳里，都设置加公、里公。东邗里与蕢里，除设里公一职外，还分别设有士尹、亚大夫。仅从数量上来说，与《管子·立政》中记载里中设有“里尉”与“闾有司”两职有相似之处。其二，虽然里中设加公、士尹与亚大夫的规律还未可知，但里中必然设有里公。由此可以推测，里公应是“里”的核心职官。这与传世文献中记载“里尹”“里长”之类担任里中长官的内容较为相似。加公地位比里公更高，但似乎并非每里皆有设置，有可能楚国仅在较重要的里才设加公之职，或者几个里合设一个加公。士尹与亚大夫大概是里公的下属，其关系类似于《管子·立政》中“闾有司”与“里尉”。至于楚国是否在每个里都设置有士尹与亚大夫，目前无法判断。

里公，从字面上理解，与传世文献中的里君、里尹、里宰、里长非常接近，乃一里之长。里的规模，最多百户，少则二十五户，在“里”中设一里长

---

① 亚大夫之“大夫”，包山楚简原释读者缺释，《楚地出土战国简册[十四种]》整理者根据红外影像释出“大夫”二字合文。

② 陈伟：《包山楚简初探》，武汉大学出版社 1996 年版，第 82 页。

足矣，为何在里长之上还要设置加公？①

加公与里公，未见记载于传统楚国官制之中。包山简中常见有“州加公”“州里公”，或并称为“州加公、里公”，是楚国在另一种基层行政组织——州——中设立的职官。但是，“州”与“里”都是楚国的地方行政组织，职官名称相同，职司应该也大致相同。举例来说，楚国中央设置有司马、司败、令尹，在地方郡县也仿照中央设置此三种职官，职司的性质仍然相近。② 所以，在里中加公、里公记载甚少的情况下，我们可以用记载相对丰富的州加公、州里公来作出推测。关于它们的情况，可以看以下6则材料。

(1)八月癸酉之日，邸阳君之州里公邓婴受𣅀(期)，乙亥之日不以死于其州者之察告，阩门又(有)败。　正邸塙。27

(2)八月戊寅之日，邸阳君之州里公邓缨受𣅀(期)，辛巳之日不以所死于其州者之居处名族致命，阩门又(有)败。　旦塙戠之。32

(3)八月己巳之日，邚司马之州加公李瑞、里公随得受𣅀(期)，辛未之日不察陈宔頟之伤之故以告，阩门又(有)败。　罗恎。22

(4)八月辛未之日，邚司马豫之州加公李逗、里公随得受𣅀(期)，癸酉之日不察陈鮏之伤，阩门又(有)败。　正罗恎。24

(5)八月戊寅之日，邚司马之州加公李偳、里公随得受𣅀(期)，辛巳之日不察陈頟之伤以告，阩门又(有)败。30

(6)八月丙申之日，霝里子之州加公文壬、里公苛譀受𣅀(期)，九月戊戌之日不察公孙𩋿之佢之死，阩门又(有)败。42

---

① 《管子·度地》：“百家为里。”(黎翔凤撰，梁运华整理：《管子校注》卷18，中华书局2004年版，第1051页)《周礼·地官·遂人》：“五家为邻，五邻为里。”(阮元校刻：《十三经注疏·周礼注疏》卷15《地官司徒》，上海古籍出版社1997年版，第740页)

② 例如包山简记录有“莣阳司马”(简109)、“郖阳司马”(简119)、“蓍陵司败”(简40)、“中阳司败”(简71)、“登(邓)命(令)尹”(简92)，都是地方官府设司马、司败、令尹之例。楚国的封君也模仿此种制度设“射叴君之司马”“射叴君之司败”(简38)、“喜君之司败”(简56)。

6支简都属于自题为“受期”的文书，即上级长官（左尹官署）要求下级（州加公、州里公）在限期内完成某项工作的命令公文。简27与简32都是限期要求邸阳君之州里公邓婴（又作“邓缨”）将死于其州之人的情况上报。简22、24、30，公文要求郘司马之州加公李瑞（又作“李偳”“李逗”）、里公随得，查勘陈雒（又作“陈頟”“陈宝頟”）受伤的原因并上报。简42要求需里子之州加公文壬、里公苛譈查勘公孙執之奴仆（佢）死亡的详情。

从材料（1）（2）可知，邓婴上报的详情，主要是死者的“居处名族”，也就是居住地、姓名、家族等信息，目的是确认死者的身份。当时楚国已经建立名籍制度，州里公邓婴需要走访州人、翻查名籍档案，即可完成此项工作。所以，由州里公独立承担的事务，可能与居民有密切接触，与确认身份名籍有关。由材料（3）（4）（5）（6）可知，州加公李瑞与里公随得、州加公文壬与里公苛譈，他们两两搭配共同承担事务，重点则在“陈頟之伤”与“佢之死”，很可能涉及验伤、验尸等刑名方面的专业技术操作与判定。这种情况下，很可能必须由州加公主持，州里公只是作为辅助而不能独立承担。类似处理里中刑名方面的事务，《睡虎地秦墓竹简》中有一案例可供参照。

> 爰书：某里典甲曰：“里人士五（伍）丙经死其宅，不智（知）□故，来告。”即令令史某往诊。令史某爰书：与牢隶臣某即甲、丙妻、女诊丙。丙死（尸）悬其室东内中北廦权，南乡（向），以枲索大如大指，旋通系颈，旋终在项。索上终权，再周结索，余末袤二尺。头上去权二尺，足不傅地二寸，头北（背）傅廦，舌出齐唇吻，下遗矢弱（溺），污两卻（脚）。解索，其口鼻气出渭（喟）然。索迹椒（椒）郁，不周项二寸。它度毋（无）兵刃木索迹。权大一围，袤三尺，西去堪二尺，堪上可道终索。地坚，不可智（知）人迹。63-67

里典，即为秦里的长官，与楚简中的里公类似。里人伍丙自缢而死，里典不能独自处理，必须报告上级。于是上级政府派遣令史前去诊视。这个“诊”字很有讲究。史游《急就篇》载：“亭长游徼共杂诊”，颜师古注云：“诊，验视也。有被杀伤者，则令亭长与游徼相参而诊验之，知其轻重曲直也。”①诊与刑事验伤有密切关系。令史在勘查后的报告中，详细记录了房内布局、绳索长度与缠绕方式、死者尸体外部特征等内容，表现出了刑名方面的专业素养。这类场景，整日管理里中大小事务的里典恐怕很少碰到，也无法做出权威、专业的判定。包山简中查勘陈雒之伤势、公孙虩之仆死因的州加公、里公，其职能大概就与此例中之令史、里典相似。

以上材料只能反映州加公、里公职责分工的某一方面，直属于楚国中央的州也与上属于郡县的里有很多不同。我们仅仅只能推测里中的加公与里公至少有以下不同之处：里公与里中民众直接打交道，应该有更加紧密的联系，其职责包括了验明身份名籍。加公则拥有更多的技术手段与更高的权限，可以领衔承担与刑名相关的事务，故而其地位在里公之上。

士尹作为职官，以往较少在文献中出现。《吕氏春秋》中记载有“士尹池”，曾经作为楚国使者出访宋国。②《新序·刺奢》亦记录此事。③ 对此，以往学者曾产生过怀疑。毕沅指出，“士尹池”，《太平御览》卷419引作“工尹他”。松皋圆注据此认为“士”乃“工”之讹。④ 这种说法值得怀疑。“工尹”一职在文献中很常见，为楚国中央重要官职，执掌百工。⑤ 从传世文献与出土文献综合来看，工尹确实与手工制造有不解之缘：楚灵王曾命工尹破圭玉

---

① 史游：《急就篇》卷4，岳麓书社1989年版，第302页。

② 《吕氏春秋·召类》：“士尹池为荆使于宋，司城子罕觞之。”（陈奇猷校注：《吕氏春秋新校释》卷20，上海古籍出版社2002年版，第1370页）

③ 《新序·刺奢》：“工尹池为荆使于宋，司城子罕止而觞之。”石光瑛注：“‘工’各本俱作‘士’。”（刘向编著，石光瑛校释：《新序校释》卷6，中华书局2001年版，第821页）

④ 陈奇猷校注：《吕氏春秋新校释》，上海古籍出版社2002年版，第1375页。

⑤ 《左传》文公十年：“王使为工尹”，杜注：“掌百工之官。”（阮元校刻：《十三经注疏·春秋左传注疏》卷19，上海古籍出版社1997年版，第1848页）

以装饰斧柄①，工尹也曾为鄂君启铸造金节②。同时，工尹又可帅军上阵③，或陪楚王出征④。包山楚简中，工尹又多负责经济、手工制造方面之事务。例如简157载：“鄢攻(工)尹屈惕命解舟䉷、舟敓、司舟、舟斨、车輣条斨、牢中之斨、古斨、䆷竽驲倌、竽倌之舊贷解。”“斨”，《说文》：“方銎斧也。”以之为名的“州斨”“牢中之斨”等显然是与手工制作有关的部门机构或官员。“贷”表示该工尹负责资金借贷方面的事务。另外简106至简117又记载有“郍陵攻尹产”“(郍陵)少攻尹惑”“(鄗)攻尹賹”“(正阳)少攻尹哀”“羕陵攻尹怠”“羕陵攻尹快”，直接负责接收中央借贷给当地的“越异之金”事宜。目前未见有工尹出使他国之记载，难以肯定工尹担负外交之职责。故《吕氏春秋》《新序》中的“士尹”不可依松皋圆之说径改为“工尹”。包山简“士尹”的出现，为这一争论增添了新的佐证。包山简中的士尹，只是里中的小官，显然不能代表楚国出访他国。但若是考虑到楚国地方官制中的职官很多都是仿照中央设置，楚中央职官中也很可能设置有士尹。

湖南常德德山夕阳坡2号楚墓出土简册中就有“士尹”的记载：

> 王凥(处)于蔵郢之游宫，士尹□□ 1 之，上与(举)恖(悼)哲王之威，俈让尹郘逯以王命赐舒方御岁愲。 2 ⑤

---

① 《左传》昭公十二年载：“工尹路请曰：‘君王命剥圭以为鏚柲，敢请命。’”(阮元校刻：《十三经注疏·春秋左传注疏》卷45，上海古籍出版社1997年版，第2064页)

② 鄂君启舟节铭文曰：“大攻(工)尹脽台以王命命集尹……为鄂君启之府賸铸金节。”车节铭文亦同。

③ 《左传》昭公二十七年：“工尹麇帅师救潜”，“工尹寿帅师至于潜”；《左传》宣公十二年：“工尹齐将右拒卒以逐下军”(阮元校刻：《十三经注疏·春秋左传注疏》卷52、53，上海古籍出版社1997年版，第2116、1881页)。

④ 《左传》成公十六年载晋楚鄢陵之战中，“楚子使工尹襄问之以弓”(阮元校刻：《十三经注疏·春秋左传注疏》卷28，上海古籍出版社1997年版，第1918页)。《国语·晋语六》记载类同。

⑤ 陈伟等：《楚地出土战国简册[十四种]》，经济科学出版社2009年版，第477页。

夕阳坡2号楚墓的下葬年代大致在战国中晚期。简文内容又提到了“上举悼哲王之威”，楚悼王应该已经去世，时任楚王为悼王之子孙。① 所以此简文的时代与怀王时代的包山简较为接近。这里的士尹，可以陪伴于楚王左右，属于楚王之近侍大臣，当为楚中央职官，因此与《吕氏春秋》《新序》中出使宋国的士尹职官身份相符。此外，简185记载“五帀(师)士尹宜咎”，《古玺汇编》有“士尹之玺”②，更加显示士尹是一个常见的职官。

对于士尹的职能，文炳淳先生认为与《周礼·夏官》的“司士”类似。③ 其说当是。具体对于楚国来说，士尹应该与“国士”“王士”相关事务有关。春秋战国时代，各国都有“国士”的称呼。例如《左传》成公十六年载，楚臣伯州犁与晋臣苗贲皇皆曰：“国士在，且厚，不可当也。”④包山简简155记载楚国有“王士”，下葬时有专门的“王士之宅”。简152有一位“王士之后”名为“鄁”。可见“国士”“王士”在楚国至少是一种固定的身份。士尹可能就是专门管理“国士”“王士”的职官。《礼记·杂记下》“里尹”，郑玄注：“里，或为士”⑤，意即“里尹”或写为“士尹”。如果郑玄的注释正确的话，那么士尹为里中职官可以说在文献中也并非毫无出处，只是表现形式非常隐晦。

“亚大夫”在传世文献中仅见于《左传》昭公七年。当时郑国大夫罕朔奔晋，晋人向到访的郑国大夫子产咨询，子产说：“朔于敝邑，亚大夫也。其官，马师也。”⑥罕朔出奔前，在郑国的官职是马师，亚大夫应当是他的爵

① 陈松长先生认为，悼哲王是楚悼王的两字谥号，其说甚是(陈伟等：《楚地出土战国简册[十四种]》，经济科学出版社2009年版，第478页)。

② 故宫博物院编：《古玺汇编》0146，文物出版社1981年版，第25页。

③ 文炳淳：《包山楚简所见楚官制研究》，台湾大学硕士学位论文，1998年，第113~114页。

④ 阮元校刻：《十三经注疏·春秋左传正义》卷28，上海古籍出版社1997年版，第1918页。

⑤ 阮元校刻：《十三经注疏·礼记正义》卷43，上海古籍出版社1997年版，第1566页。

⑥ 阮元校刻：《十三经注疏·春秋左传正义》卷44，上海古籍出版社1997年版，第2050页。

位。楚国也有类似的爵位。《史记·楚世家》："齐桓公七子皆奔楚，楚尽以为上大夫。"①《战国策·楚策一》："楚杜赫说楚王以取赵，王且予之五大夫。"②《吕氏春秋·长见》："荆文王曰：'苋譆数犯我以义，违我以礼，与处则不安，旷之而不谷得焉。不以吾身爵之，后世有圣人，将以非不谷。'于是爵之五大夫。"③可见楚国有上大夫、五大夫的爵位。里中的亚大夫可能属于此类。

加公、里公、士尹、亚大夫的职能，根据包山楚简简120-123，至少包括接受上级郡县官署指令、羁押嫌犯、掌管名籍。其具体的分工，目前还难以得出确切的结论。但是若要对里中职官的大致职能作出推测，传世文献中的里长、里宰、里尹等的记载可以作为参考。

《墨子·尚同》云：

> 是故里长顺天子政，而一同其里之义。里长既同其里之义，率其里之万民，以尚同乎乡长，曰："凡里之万民，皆尚同乎乡长，而不敢下比。乡长之所是，必亦是之。乡长之所非，必亦非之。去而不善言，学乡长之善言。去而不善行，学乡长之善行。"④

《墨子》对里长职责的认定比较抽象：顺天子之政，同一里之义，以上级乡长之是为是，以乡长之非为非。如此，则乡得以大治。这种观点带有理想主义色彩。实际上，《墨子·尚同》可以算作当时社会底层人民对于如何建设理想的天下的纸上蓝图，虽然采纳了当时现行的职官制度，但是为了特意突出其"尚同"的思想，对里长"同其里之义"的一面进行了夸大。如果抽离掉理想主义的部分，"同其里之义"至少是里长的职责之一。

---

① 司马迁：《史记》卷10《楚世家》，中华书局1982年版，第1698页。
② 缪文远：《战国策新校注》卷14《楚策一》，巴蜀书社1985年版，第491页。
③ 陈奇猷校注：《吕氏春秋新校释》卷11，上海古籍出版社2002年版，第611页。
④ 吴毓江撰，孙启治点校：《墨子校注》卷3，中华书局1993年版，第117页。

《周礼·地官》云：

> 里宰，掌比其邑之众寡与其六畜、兵器，治其政令。以岁时合耦于耡，以治稼穑，趋其耕耨，行其秩叙，以待有司之政令，而征敛其财赋。①

郑玄注曰："邑，犹里也。"可见《周礼》虽然描述的是里宰之职，却将里与邑合为一处。但我们可以见到包山简中"里"与"邑"是两个不同的组织。简文中的"邑"不是聚落之泛称，而是楚国的一种基层行政区划的专称。它与"里"的不同表现在两方面：首先，在简文中间两种名称未曾混用，从未见"甲地之乙里"写作同名的"甲地之乙邑"的现象。其次，里与邑的地域分布也不相同，里多在城中，邑在乡野之中。② 所以《周礼》中记载的"合耦""稼穑""耕耨"等与农事相关的内容，其实应该是邑中生活的写照。把邑的材料抽离出来后，剩下的才是里中长官的职责内容：治里中之政令，待有司之政令而征敛财赋，掌管里中之兵器。

《礼记·杂记》云：

> 姑、姊妹，其夫死，而夫党无兄弟，使夫之族人主丧。妻之党，虽亲弗主。夫若无族矣，则前后家、东西家。无有，则里尹主之。③

寡居而无子嗣的女性去世后，必须由夫党之兄弟、族人主丧。如果夫党

① 阮元校刻：《十三经注疏·周礼注疏》卷15《地官司徒》，上海古籍出版社1997年版，第743页。

② 朱凤瀚：《先秦时代的里——关于先秦地域组织之发展》，唐嘉弘主编：《先秦史研究》，云南民族出版社1987年版；陈伟：《包山楚简所见邑、里、州的初步研究》，《武汉大学学报》1995年第1期。

③ 阮元校刻：《十三经注疏·礼记正义》卷43，上海古籍出版社1997年版，第1566页。

无兄弟、族人，妻党虽关系亲近也不得为之主丧，转而由里尹代为主持。郑玄注："诸侯吊于异国之臣，则其君为主。里尹主之，亦斯义也。"里尹在某些情况下还要以行政长官身份主持里人之丧礼。

《管子·立政》云：

> 筑障塞匿，一道路，博出入，审闾闬，慎筦键，筦藏于里尉。置闾有司，以时开闭。闾有司观出入者，以复于里尉。凡出入不时，衣服不中，圈属群徒，不顺于常者，闾有司见之，复无时。①

《管子》记录的应该是齐国的情况：里中设里尉，掌管里门之钥匙。又设闾有司为副，掌里门之按时开闭，监视里人按时出入，遇有异常则向里尉报告。

《韩非子·外储说右下》云：

> 秦襄王病，百姓为之祷；病愈，杀牛塞祷。……王因使人问之，何里为之，訾其里正与伍老屯二甲。②

《韩非子》记载的是秦国的事例，里正因为未能制止里人擅自杀牛赛祷而被责罚，看来里正负有禁止居民举行淫祀、保护正常生产的职能。

综合以上各类文献里长、里宰、里尹、里尉、里正等的资料，应该可以对楚国里中官吏职能起到参照作用。

另外，如前文所引，《鹖冠子·王鈇》中记载十伍为里，里中设有司，里有司每五日向上级扁长报告公务。前文已指出《鹖冠子》记载的楚国地方社会组织很可能也是一种诸子的理想状态而非实录。里中的官吏称为"有司"，与简牍文献中的称呼不同。

---

① 黎翔凤撰，梁运华整理：《管子校注》卷1，中华书局2004年版，第65页。

② 王先慎撰，钟哲点校：《韩非子集解》卷14，中华书局1998年版，第336页。

二、秦里的典、老

睡虎地秦简记录秦地方社会中有一类名为“里典”的小吏，比如睡虎地简《封诊式》记载：“某里典甲诣里人”(简52)、“某里典甲曰”(简63)。“里典”与里人的关系密切，显然是里中的小吏。“典”在此应释为主持、掌管之意。《广雅·释诂三》：“典，主也。”《尚书·舜典》：“帝曰：咨四岳，有能典朕三礼?”孔颖达疏：“掌天神、人鬼、地祇之礼。”①所以从字面上理解，里典就是主管里中事务的人。睡虎地秦简《法律答问》载：“可(何)谓‘率敖’?‘率敖’当里典谓殹(也)。”里典在官方文件中又可以被称为“率敖”。考释者认为“率”通“帅”，“敖”读为“豪”，并且在古书中豪帅可以同义连用。②据《公羊传》宣公十五年注：“一里八十户……选其耆老有高德者名曰父老，其有辩护伉健者为里正。”③当时选择里中豪强有力者担任里正是一种常见现象。所以秦简中的里典实际上与其他文献中的里正、里长、里公类似。秦国似乎也有里中小吏称“里正”。《韩非子·外储说右下》记载，秦襄王生病痊愈，百姓为之杀牛赛祷，秦襄王处罚里正与伍老屯二甲。据韩非子说，百姓杀牛为王祈祷并最终受罚的故事也可能发生在秦昭王时期。假如韩非子所说无误，那么在秦昭王时代(前295—前251年)，最晚到秦庄襄王时代(前249—前247年)，秦国仍保留了“里正”的称呼。睡虎地简的书写年代大约在秦王政时期，其墓主人很可能下葬于秦始皇三十年(前217年)，去昭王、庄襄王之时代未远，已经普遍使用“里典”之称。那么里正与里典有何关系，是否为同一事物的两种不同称呼?关于里正与里典之别，下文将作进一步

① 阮元校刻：《十三经注疏·尚书正义》卷3，上海古籍出版社1997年版，第131页。

② 睡虎地秦墓竹简整理小组编：《睡虎地秦墓竹简》“释文注释”部分，文物出版社1990年版，第141页。

③ 阮元校刻：《十三经注疏·春秋公羊传注疏》卷16，上海古籍出版社1997年版，第2287页。

论述。

里典在睡虎地简中被简称为“典”，作为与里中居民(里人)打交道最多的基层小吏，他们承担着异常繁杂的工作，其职责包括了很多方面。

在进行里人傅籍等活动时，里典要提供真实情况的报告。据睡虎地秦简《秦律杂抄》中的“傅律”简 32-33 载：“匿敖童，及占㾌(癃)不审，典、老赎耐。百姓不当老，至老时不用请，敢为酢(诈)伪者，赀二甲；典、老弗告，赀各一甲；伍人，户一盾，皆䙴(迁)之。”“傅律”是关于傅籍的法律，规定地方如果隐匿“敖童”(即成童，男子十五岁以上未冠者)而不上报，以及申报废疾不确实，则里典、父老判处赎耐刑罚；如果百姓不应当“免老”却被“免老”，或者已经到了“免老”年龄或条件却未曾上报申请，敢于弄虚作假的，罚二甲；里典、父老没有告发，各罚一甲；同伍之人，每户罚一盾，都加以流放。虽然从傅律的条文看，傅籍的主要登记者并非里典一人，应该包含乡以上层级的政府机构，但是里典因为身处里中、了解里中情况，故而有纠正傅籍失误的职责。由此我们可以想象，里典在配合上级进行各种官方活动时，应该都有提供准确信息的责任，并随之承担因申报信息不准确而导致的责罚。

同时，维护里中的社会治安也是里典的主要职责。睡虎地秦简《法律答问》简 98 记载：“贼入甲室，贼伤甲，甲号寇，其四邻、典、老皆出不存，不闻号寇，问当论不当？审不存，不当论；典、老虽不存，当论。”有盗贼闯入里人甲的家中，杀伤了甲，甲大声呼喊有贼，但是他的四邻，里中里典、父老都外出不在家，没有听到呼救，问他们是否应当论处？四邻如果确属不在家，则不论处；里典、父老即使不在家，也应论处。里典与父老负责维护里中的治安，时刻保持警惕，假如发生贼盗，应该第一时间赶到现场缉拿贼盗。当甲遭遇盗贼而无人救援时，里典与父老无论是否外出都要受到论处。另外，当里中发生死亡、盗窃案件时，里典需要立即上报县府，而且协助现场勘验。睡虎地秦简《封诊式》“经死”文书记载：“爰书：某里典甲曰：‘里人士五(伍)丙经死其室，不智(知)□故，来告。’即令令史某往诊。”某里中有里人丙吊死在其屋内，里典不知其具体死因，上报县府之后，县府派出令史前往勘查。里典不具备刑事勘验的资格，只能由县府派专门官员接手。但是在令史勘验过程中，里典需要从旁协助。《封诊式》记载有另一个“穴盗”的例子：

> 爰书：某里士五(伍)乙告曰：“自宵臧(藏)乙复絬衣一乙房内中，闭其户，乙独与妻丙晦卧堂上。今旦起启户取 73 衣，人已穴房内，彻(彻)内中，絬衣不得，不智(知)穴盗者可(何)人、人数，毋(无)它亡殹(也)，来告。”即令令史某往诊，求其盗。令 74 史某爰书：与乡□□隶臣某即乙、典丁诊乙房内。75 ……讯丁、乙伍人士五(伍)□，82 曰：“见乙有絬复衣，缪缘及殿(纯)，新殹(也)。不智(知)其里□可(何)物及亡状。”以此直(值)衣贾(价)。83

某里的里人乙与其妻在家中睡觉时，被窃贼挖洞进屋偷走一件棉裾衣。报案后，县里的令史前来勘查现场，里典丁一并陪同在乙屋内。令史曾讯问里典丁关于里人乙是否拥有据称被窃的棉裾衣及其估价多少。

里典还要负责协助上级县乡机构查封嫌犯的财产。比如《封诊式·封守》载：“乡某爰书：以某县丞某书，封有鞫者某里士五(伍)甲家室、妻、子、臣妾、衣器、畜产。……几讯典某某、甲伍公士某某：‘甲党(倘)有当封守而某等脱弗占书，且有罪。’某等皆言曰：‘甲封具此，毋(无)它当封者。’即以甲封付某等，与里人更守之，侍令。”某乡的负责人爰书，根据某县县丞的文书，查封被审讯人某里人甲的房屋、妻儿、奴婢、财产等。经过清点之后，还特意询问里典某某、同伍之人某某是否还有其他脱漏的东西。确定无疑之后，将查封的人与物交给里典等人，派人轮番看守。

在里中出现传染疾病时，里典要上报县府并请求相关援助。《封诊式·疠》载：“爰书：某里典甲诣里人士五(伍)丙，告曰：‘疑痽(疠)，来诣。’讯丙，辞曰：‘以三岁时病疕，麋(眉)突，不可智(知)其可(何)病，毋(无)

它坐。’令医丁诊之，丁言曰：‘……厲(疠)殹(也)。’”某里里典甲送来里人丙并报告说，怀疑他有麻风病。上级讯问丙，供称三岁时患有疮疖，眉毛脱落，自己不知道是什么病。令医生丁为之诊病，丁报告说确实是麻风病。由于麻风病患者外貌多恶形恶状，又是一种慢性传染病，容易在里中传播并引起居民恐慌，所以里典直接将怀疑患病者送到县乡确诊。虽然简文没有说到下一步会如何，但肯定会将该病人隔离，其中事务应该仍会由里典来操办。

从上面的材料来看，里典的工作涉及里中的大小事务，可以想象非常繁重。同时，里典经手里中几乎所有事务，任何一方面出了问题都会追究其行政责任，所以经常出现其管辖里中民众犯法而追究里典责任的情况。比如前文《法律答问》所列盗贼闯入民居而里典不在家中的情形，里典也会被追究，这种法令条文会让里典始终惴惴不安。又如《法律答问》简 20：“律曰‘与盗同法’，有(又)曰‘与同罪’，此二物其同居、典、伍当坐之。云‘与同罪’，云‘反其罪’者，弗当坐。”当法律条文中说到“与盗同法”，或者说到“与同罪”，两种犯罪者的同居、里典和同伍的人都应该连坐。只有当律文说“与同罪”，同时又说“反其罪”时，犯罪者的同居、里典与同伍的人才不连坐。《法律答问》简 183：“甲诬乙通一钱黥城旦罪，问甲同居、典、老当论不当？不当。”如果甲诬陷乙行贿一钱而导致判处黥城旦的罪名，还要问里典等人是否同罪，最终结论是不同罪。睡虎地简中未记录多少里典应该“与同罪”的条文，并且里人诬告也不构成里典判处同罪，但秦律中此类里典同罪的条文应当更多。同时《法律答问》简 183 中询问里典是否同罪，从口气来看应该已经是一种形成惯例的程序，显示里典同罪的情形非常之多，以致普通官吏都记不全，需要专门进行法律答问。

有学者曾认为睡虎地简中的里典不是里正之类总管里的小吏，而是什伍制度中的“什典”，掌管一什(十户人家)。其根据是，简文中记载若里人高呼有贼而里典未曾救援则有罪(《法律答问》简 98)，只有同什之人才能听到呼救，百家之里长则不一定听得到。此说不确。其一，睡虎地简中已经明确记录有“里典”(《法律答问》简 198)，却未曾见到“什典”的记录，所以简文中的“典”应是“里典”的简称，而不是“什典”。其二，随着里耶秦简 8-157 号简文的公布，里典作为管辖整个里之职官的身份应该说已经确定无疑了。秦的里规模大小不是如传世文献记载的百户，成里总共只有 27 户，所以居住其中的里长肯定能听到里人的呼救。假如典的身份是“什典”，27 户相当于两什还多 7 户，理应设立两至三位所谓“什典”，县丞就没有理由拒绝对里人成的任命。总之，从各方面材料来看，里典就是一里之长官，涉及乡里组织时简称其为“典”。

里典在睡虎地秦简中被简称为“典”，往往与“老”并称，比如“典、老赎耐……典、老弗告”(《秦律杂抄·傅律》简 33)、“典、老皆出不存……典、老虽不存”(《法律答问》简 98)、“典、老当论不当”(《法律答问》简 183)。释读者认为“老”就是“伍老”，与里典一起类似于后世的保甲长。① 释读者似乎把“伍老”理解为传世文献中的伍长。睡虎地简中同时出现有“典”和“里典”的记载，并且前者是后者的简称已经确定无疑。与之完全不同的是，睡虎地秦简通篇没有出现过“伍老”的字样，释读者也未曾解释为何将“老”读为“伍老”。如果非要找出凭证的话，《韩非子·外储说右下》记载：“(秦襄)王因使人问之，何里为之，訾其里正与伍老屯二甲。”由此看来秦国的里中似乎设置有伍老，并且与里正并称，正如同睡虎地秦简中“典”“老”并称。但是韩非子记载的这个“伍老”，究竟是伍长的别称，还是伍中德高望重老人的专称呢?

我们把眼光放到别处，秦制下里中还有一种被称为“父老”的人物。《史记·陈丞相世家》载：“里中社，平为宰，分肉食甚均。父老曰：‘善，陈孺子之为宰!’平曰：‘嗟乎，使平得宰天下，亦如是肉矣!’”②陈平所在里中的父老并非后世所泛指的“父老乡亲”的父老，而是被选出的领导人物。《公羊传》宣公十五年何休注：“一里八十户……选其耆老有高德者名

① 睡虎地秦墓竹简整理小组编：《睡虎地秦墓竹简》，文物出版社 1990 年版，第 87 页。

② 司马迁：《史记》卷 56《陈丞相世家》，中华书局 1982 年版，第 2052 页。

为父老……”①看来不仅县乡之中有三老，里中也有年高德劭的父老。里中父老并非秦国所独有。《史记·滑稽列传》：“魏文侯时，西门豹为邺令。……至其时，西门豹往会之河上。三老、官属、豪长者、里父老皆会，以人民往观之者三二千人。”②可见魏文侯时，魏国邺县有三老，而里中亦有父老。汉承秦制，以致里中也有父老。《侍延里僤买田约束石券》载：“僤中其有赀次当给为里父老者。”③

让我们再回到《韩非子》的材料，“訾其里正与伍老屯二甲”，其中“訾……二甲”意即罚某人二甲，在秦简牍中常见“赀二甲”的处罚，与此完全相同。“伍老”后面的“屯”又该如何解释？从各方面材料来看，“屯”应该就是屯长之简称。《史记·陈涉世家》：“发闾左适戍渔阳，九百人屯大泽乡。陈胜、吴广皆次当行，为屯长。”④《汉书·陈胜传》颜师古注：“人所聚曰屯，为其长帅也。”⑤睡虎地秦简中也有“敦(屯)长”之职，比如“徒食，敦(屯)长、仆射弗告，赀戍一岁……同车食，敦(屯)长、仆射弗告，戍一岁”(《秦律杂抄》简12-13)。陈胜、吴广两人担任屯长，管理900人的队伍，平均每屯450人。而文献中的里多则百户，少则25户，以每户5口人计算，里正管理人数亦可与屯长相比。所以韩非子所说的“屯”就是与里正级别相当的军中队长。如果“屯”是屯长的简称，“伍老”似乎就不太像是一种专称，而应该是伍长与父老的简称。《韩非子》的正确标点应该是“訾其里正与伍、老、屯二甲”。

所以，将睡虎地秦简中的“老”理解为伍老并不正确，它的真正含义是里中父老的简称。实际上，在简文中已经有伍长的记载。《秦律十八种·金布律》：“贾市居列者及官府之吏，毋敢择行钱、布；择行钱、布者，列伍长弗

---

① 阮元校刻：《十三经注疏·春秋公羊传注疏》卷16，上海古籍出版社1997年版，第2287页。

② 司马迁：《史记》卷126《滑稽列传》，中华书局1982年版，第3211~3212页。

③ 黄士斌：《河南偃师县发现汉代买田约束券》，《文物》1982年第12期。

④ 司马迁：《史记》卷48《陈涉世家》，中华书局1982年版，第1950页。

⑤ 班固：《汉书》卷31，中华书局1962年版，第1786页。

告，吏循之不谨，皆有罪。”该法令规定市场中的商贾与官方库府的官吏，不得对钱、布两种货币有所选择，有敢选择者，列伍长不告发，吏检举不严，都有罪。其中有“列伍长”，因前文记载“贾市居列者”，所以其名称就是伍长。湖南里耶古城北护城壕 K11 号凹坑出土的户籍简牍记录有“伍长”“五(伍)长”。① 可见秦简中已经有“伍长”的称呼，应该没有必要在官方文书中再采用另外一种没有关系的简称(“老”)。

里中父老的职责与里典紧密相关，至少在相当多的场合下，里人如果犯罪，里典、父老不得不同时受罚。前文曾提及，如果里人的傅籍出现问题，隐匿敖童或免老出错，两人同处赎耐或赀一甲之惩罚(《秦律杂抄·傅律》)。如果里中发生盗贼入户抢劫而两人不在家，两人也要论处(《法律答问》简98)。里中的父老身为“耆老有高德者”，大概会参与对里人的教化，辅助里典处理里中事务，因此才与里典共同担责。

里耶秦简 J1⑯2 记载“卅年三月己未平邑乡泾下佐昌”②，平邑为乡名，泾下为其下辖区域，所以有学者据此认为泾下里中设有“里佐”一职③。然而里佐在秦简中甚少出现，泾下目前还未能肯定为里名，且该简中还出现“平邑故乡……佐涅”，乡中亦有“佐”，不能确知“佐”所指何意，故而不能肯定里中是否设有里佐。

里典、父老之下，秦的里中还设有伍长。伍长是秦实行什伍连坐制度的产物，其地位甚低，不能算是官方的小吏。比如里耶秦户籍简牍中，4 位伍长中有 3 位都是荆不更之爵，在等爵制度中为第 4 等，地位并不算高。④ 但考虑到第 5 级大夫以上都为较高等的爵位，在传食、编伍方面都享受比普通

① 文字见于简 K27、K50、K46、K36(湖南省文物考古研究所编著：《里耶发掘报告》，岳麓书社 2007 年版，第 203~206 页)。

② 湖南省文物考古研究所编著：《里耶发掘报告》，岳麓书社 2007 年版，第 192 页。

③ 黄海烈：《里耶秦简与秦地方官制》，《北方论丛》2005 年第 6 期。

④ 湖南省文物考古研究所编著：《里耶发掘报告》，岳麓书社 2007 年版，第 203~207 页。其中简 K36 上部残断，无从得知伍长之爵位与姓名。

民众更高之待遇，不更已经算是普通百姓之最高爵位了。睡虎地秦简《法律答问》简 156 载："大夫寡，当伍及人不当？不当。"这里虽然说的是大夫爵的寡妇，但仍能反映大夫爵以上者都不编入伍中，因而也不会有大夫以上爵位担任伍长。所以不更已经是担任伍长的最高爵位，而选拔伍长时或许也倾向于让高爵者担任。

三、秦里的里正、监门等职

随着里耶秦简、岳麓书院藏秦简的公布，关于秦乡里组织的更多材料也逐渐涌现，原来某些对于里中吏员设置的传统看法，或许有必要重新审视。下面将根据新出秦简牍资料，对秦里之中设置的"里正""里监门"进行考辨。

提及秦人在里中设立的吏员，学界普遍认为存在"里正"一职，或者秦简牍中的"里典"是对"里正"另一种称呼。张力先生认为里正为一里之长，负责里中之教化、治安、赋税、徭役等事项，在睡虎地秦简中称"里典"，《汉书》中称"里正"或"里胥"。① 仝晰纲先生也认为秦称"里典"，汉称"里正"，《后汉书》称"里魁"，主要掌里内教化、治安等，兼有官、民二重身份，主要辅佐乡官行事。② 王彦辉、王爱清等先生也认为秦汉时期里正或称里典。③ 卜宪群先生认为秦里典即里正，因避秦始皇讳而改称。④ 唯有张金光先生认为秦简牍中的"里典"系本称，并非因为避秦王政讳而由"里正"改称，"典"即"主"之意，非训"正"。⑤

结合前引睡虎地秦简《秦律杂抄》简 32-33、《法律答问》简 198 的律文所提及的"里典"与《韩非子・外储说右下》关于"里正"的记载来看，"里

① 张力：《秦汉里论》，《四川师范学院学报》1993 年第 4 期。

② 仝晰纲：《秦汉乡官里吏考》，《山东师大学报》1995 年第 6 期。

③ 王彦辉、徐杰令：《论东周秦汉时代的乡官》，《史学集刊》2001 年第 3 期；王爱清：《秦汉基层小吏的选用及其功能变迁》，《绵阳师范学院学报》2012 年第 12 期。

④ 卜宪群：《秦汉之际乡里吏员杂考》，《南都学坛》2006 年第 1 期。

⑤ 张金光：《秦乡官制度及乡、亭、里关系》，《历史研究》1997 年第 6 期。

典”与“里正”确实有很多相似之处：同样是因里中居民犯法，而导致里之吏员受罚；受罚皆以“甲”为单位计算；受罚者至少有两位，秦律中常见“(里)典”“老”同时受罚，《韩非子》中则是里正与伍老。大概是出于以上的理由，人们会趋向于认为“(里)典”与里正、“老”与伍老之间有着对应关系。这也是为何学者们多数认为“里典”是里正的另外一种称呼的原因。回顾这段学术史，似乎问题得到完满的解答：秦人原本设有里正，因为某些原因(很可能是避秦始皇讳)而改称里典，所以秦简中只见到里典或典，完全不见里正的记载。

《岳麓书院藏秦简(肆)》公布后，其中一段简文提供了一个重要信息，其简文如下：

> 廿年二月辛酉内史言：里人及少吏有治里中，数昼闭门不出入。请：自今以来敢有□来□□□▨297昼闭里门，擅赀伪□□□□□□□□□者，县以律论之。乡啬吏智(知)而弗言，县廷亦论。乡298啬夫吏令典、老告里长，皆勿敢为。敢擅昼闭里门，不出入□□，赀乡啬夫吏，智(知)弗言，县廷赀▨299

以上材料出自《岳麓书院藏秦简(肆)》第三组简文，属于与内史有关的秦令。在内史发布的令文中，谈到在治理里中之时，存在一种“昼闭里门”的违规现象，于是要求各县以律论处，让乡啬夫吏通令典、老告知里长，切勿敢为之，否则便要处罚云云。其中最为重要的部分，便是同时出现了“典”与“里长”。因乡啬夫吏“令典、老告里长”，显然“里长”是独立于典、老之外的职务，否则乡啬夫直接通知典、老即可。

从字义上来看，里长即一里之长。长，表示首领、长官。《广雅·释诂一》：“长，君也。”《孟子·梁惠王下》：“君行仁政，斯民亲其上，死其长矣。”①里长应是一里之首领。前文我们曾说到“里正”。正，官长、君长也。

① 阮元校刻：《十三经注疏·孟子注疏》卷2，上海古籍出版社1997年版，第2681页。

《尔雅·释诂下》："正、伯，长也。"郭璞注："正、伯皆官长。"①《国语·楚语上》："天子之贵也，唯其以公侯为官正。"韦昭注："正，长也。"②里正是一里之官长。至少从表面上看，里长与里正并无太大区别。但是这种看法会引发新的问题。以往观点认为里典即里正，而《岳麓书院藏秦简(肆)》简文中里典显然与里长不是同一职务。那么我们应该如何解释新出现的"里长"呢？换言之，既然里中已有里典，为何还要另设里长之职呢？

我们再来看简文，其主要内容是秦内史颁布法令试图杜绝"昼闭里门"现象，并要求乡啬夫吏举报此种现象，还要通过典、老告知里长不可为之。乡啬夫因"知而弗告"而受罚，显然不是昼闭里门之人。另外乡啬夫为乡一级吏员，下辖多个里，也不太可能直接介入里门的管理。这条政令的传递路径是"内史—县廷—乡啬夫吏—典、老—里长"。里长是此条政令传达的最末端，这意味着里长才有可能是"昼闭里门"的人，即里长负有开闭里门之实际操作职权。

谈到开闭里门，秦里之中的另一种职务"里监门"与之非常相似。顾名思义，里监门即监管里门的专职人员，开闭里门自然是其基本职责，因此秦简中的里长应该与之有密切关系。

从传世文献来看，战国中晚期已经产生类似里监门的职务。《战国策·齐策四》"齐宣王见颜斶"章载："稍稍诛灭，灭亡无族之时，欲为监门闾里，安可得而有乎哉？"③从齐宣王左右与颜斶的对话可得知，齐宣王的时代已经有"监门闾里"的职务，职能应与里监门类似。只是战国游说风气兴盛，士人流动性大，不能确定监门闾里之职是否仅局限于齐国境内。到了秦末，里监门的记载便多了起来，史书记载有数位知名人物都曾担任里监门。《史记·张耳陈馀列传》："张耳、陈馀乃变名姓，俱之陈，为里监门以自食。……秦诏书购求两人，两人亦反用门者以令里中。"《史记集解》引张晏曰："监门，

① 阮元校刻：《十三经注疏·尔雅注疏》卷2，上海古籍出版社1997年版，第2576页。

② 徐元诰撰，王树民、沈长云点校：《国语集解》，中华书局2002年版，第495页。

③ 缪文远：《战国策新校注》卷11《齐策四》，巴蜀书社1985年版，第397页。

里正卫也。"《史记索隐》:"门者即馀、耳也。自以其名而号令里中,诈更别求也。"①张耳、陈馀被通缉之后,不得不变更名姓,逃到异地担任里监门为业。他们甚至还利用职务之便,将传达到里中通缉自己的秦诏书动过手脚。《史记·郦生陆贾列传》:"郦生食其者,陈留高阳人也……为里监门吏。"②《汉书·高帝纪》也记载:"沛公西过高阳,郦食其为里监门。"颜师古注:"苏林曰:'监门,门卒也。'"③郦食其因家贫无以为业,遇到汉高祖刘邦之前,一直在老家高阳县任里监门。由张耳、陈馀、郦食其的例子可以想见,秦末很可能已经普遍设置里监门之职。

在战国时代,监门已然成为一种相当常见的职务。除了有里监门之外,县城与都城的城门也设有监门,这个特殊群体中涌现出不少著名人物。比如据《史记·魏公子列传》载,为信陵君谋划窃符救赵的门客侯嬴,其身份便是魏国"大梁夷门监者"。而据《战国策·楚策一》载,秦国名相甘茂的老师史举,"上蔡之监门也"。还有为秦国出使四国阻止合纵立下大功、被秦王封为上卿的姚贾,《战国策·秦策五》载韩非子揭露其身份为"梁监门子",其父祖都是做魏都大梁监门者。这么多历史人物都曾担任监门,也难怪陈直先生曾感慨:"战国至西汉时,监门多隐君子。"④

监门的整体地位在当时是非常卑贱的。张耳、陈馀在秦末曾任里监门,《汉书·张耳陈馀传》颜师古注曰:"监门,卒之贱者"⑤,这种状况应该是由来已久的。《战国策·齐策四》:"下者鄙野监门闾里,士之贱也亦甚矣。"⑥齐宣王之左右直言监门是贱职。《周礼·地官·司门》:"祭祀之牛牲系焉,监门养之。"郑玄注:"监门,门徒。"⑦《史记·魏公子列传》记载信陵君邀请

---

① 司马迁:《史记》卷89《张耳陈馀列传》,中华书局1982年版,第2572页。

② 司马迁:《史记》卷97《郦生陆贾列传》,中华书局1982年版,第2691页。

③ 班固:《汉书》卷1,中华书局1962年版,第18页。

④ 陈直:《史记新证》,中华书局2006年版,第133页。

⑤ 班固:《汉书》卷32,中华书局1962年版,第1830页。

⑥ 缪文远:《战国策新校注》卷11《齐策四》,巴蜀书社1985年版,第397页。

⑦ 阮元校刻:《十三经注疏·周礼注疏》卷15《地官司徒》,上海古籍出版社1997年版,第739页。

侯嬴为门客的整段故事，其核心便是以监门侯嬴与信陵君的巨大地位差距，体现出信陵君礼贤下士之诚意。《战国策·秦策五》中韩非子也以姚贾出身卑微的“监门子”试图论证其人品不可靠。

当时人之所以认为监门地位卑贱，或许源于其经济困窘、收入低下的现实。《史记·魏公子列传》载侯嬴曰：“臣修身洁行数十年，终不以监门困故而受公子财”①，侯嬴大方直接地承认自己任监门而处于困境之中。《韩非子·八说》：“万金之家必不用其富厚，而与监门同资。”②以万金之家与监门作对比，显示出监门大多为贫寒之家的经济状况。《史记·秦始皇本纪》载秦二世引用韩非之言曰：“尧舜采椽不刮，茅茨不翦，饭土熘，啜土形，虽监门之养，不觳于此。”《史记索引》注：“言……虽监守门之人，供养亦不尽此之疏陋也。”③正因为监门之供养在当时被认为是很低的，所以才被拿来与尧舜作比突出其生活简朴。实际上，监门的收入与家境应该有很强的相关性：因为监门收入低，所以富人乃至普通家境者都不屑为之，只有家境贫寒者为“自食”养活自己才会担任。监门的总体状况如此，可以推断，里监门应该也是地位卑微、收入很低的职位。

值得注意的是，以上关于监门的史料，有很多都提到以监门供给衣食的情况。比如郦食其“无以为衣食业，为里监门吏”④，张耳、陈馀“为里监门以自食”⑤，“虽监门之服养，不亏于此矣”⑥。“口食监门之养，手持臣虏之作哉？”⑦这些微薄的衣食供养，对于原本家境贫寒的监门之人来说非常重要。一面是较为固定、持续的监门供养收入，一面是衣食无着的监门人家庭，这种结合让监门职务带上了隐约的受人雇佣的色彩。至少到汉初之时，

① 司马迁：《史记》卷77《魏公子列传》，中华书局1982年版，第2378页。
② 王先慎撰，钟哲点校：《韩非子集解》卷18，中华书局1998年版，第429页。
③ 司马迁：《史记》卷6《秦始皇本纪》，中华书局1982年版，第271~272页。
④ 司马迁：《史记》卷97《郦生陆贾列传》，中华书局1982年版，第2691页。
⑤ 司马迁：《史记》卷89《张耳陈馀列传》，中华书局1982年版，第2572页。
⑥ 王先慎撰，钟哲点校：《韩非子集解》卷19，中华书局1998年版，第443页。
⑦ 司马迁：《史记》卷87《李斯列传》，中华书局1982年版，第2553页。

县邑城门都是由招募而来的人守门。《二年律令·户律》简308载："募民欲守县邑门者，令以时开闭门，及止畜产放出者，令民共(供)食之，月二户。"守门者负责按时开闭城门，仅仅只享有"供食之"的待遇而已，这与传世文献记载战国秦末的情况相去不远。"募民"供食的性质也决定了守门者不会是政府在编的吏员。

里监门的核心职责是监管里门进出，开闭里门只是其中之一，最终目的是让所有人员进出都受到监管。臧知非先生注意到秦简记载里与里之间、户与户之间设墙垣相隔，里中人民的生活被限制在固定的空间范围之内。①《岳麓书院藏秦简(肆)》简295-296关于里的分拆与里门的记载，也显示秦政府只有在拥有独立里垣与里门的前提下才会承认一个独立的里，即使其中居民户数已经达到基本的30户，也不是可以承认的充分条件。秦政府强调这两种建筑实体的核心要义在于区隔里的内外，里的内部居民必须与外部人员分隔开来。② 严格管理里门进出的做法，在战国时代可能比较常见。《墨子·号令》载：

> 诸城门若亭，谨候视往来行者符。符传疑若无符，皆诣县廷言请，问其所使。其有符传者，善舍官府。其有知识、兄弟欲见之，为召，勿令入里巷中。三老、守闾令厉缮夫、为荅。若他以事者微者，不得入里中。……吏、卒、民无符节而擅入里巷，官府吏、三老、守闾者失苛止，皆断。③

《墨子》所记载虽然并非里监门，但"守闾者"严查外来无符节者的做法，与里监门几乎相同。《二年律令·户律》也有极为相似的记载，简305："自五大夫以下，比地为伍，以辨□为信，居处相察，出入相司。有为盗贼及亡

① 臧知非：《秦汉里制与基层社会结构》，《东岳论丛》2005年第6期。

② 王准、王谷：《〈岳麓书院藏秦简(四)〉中有关"里门"问题的研究(一)》，《楚文化研究论集》第13集，上海古籍出版社2018年版。

③ 吴毓江撰，孙启治点校：《墨子校注》卷15，中华书局1993年版，第920页。

者，辄谒吏。"以伍为单位，居处相察，出入相司，此事必然发生在闾里之中。伍人所检查的"辨"，一般认为也与符传类似。

为什么秦简中常见典、老的记载，却极少见到里长？从《岳麓书院藏秦简(肆)》中收录的《尉卒律》与里耶秦简的记载来看，典、老等小吏是由秦县级政府正式任命的。《尉卒律》简 142-145："尉卒律曰：里自卅户以上置典、老各一人……丁者为典、老，赀尉、尉史、士吏主者各一甲，丞、令、令史各一盾。"里典的任命如果出现问题，比如以丁者担任里典，县尉与下属的尉史等都要受到较重的处罚(一甲)，而县丞、令等人也要受行政连带处分(一盾)。另外，典、老的任命条文被归入"尉卒律"，显示县尉对典、老任命负有直接责任。《里耶秦简(壹)》简 8-157 记录："启陵乡夫敢言之：成里典……缺。除士五成里……成为典……谒令尉以从事。敢言之。"此简背面载："迁陵丞昌却之启陵：廿七户已有一典，今有(又)除成为典，何律令应？尉已除成、匄为启陵邮人，其以律令。"启陵乡的乡啬夫提名成里人名叫"成"的担任里典，向县尉请示，但是最后被迁陵县丞驳回，理由是成里已有一位里典。以上两则简文可见典、老等是由县级政府任命，而且过程非常郑重，有严格的限制条件和行政手续。里长之名从未见于秦律，仅仅只是见于秦内史发布的政令之中，或许因为里长并非秦律法所认定的政府职务。结合监门的相关史料，我们推测负责开闭里门的里长有可能只是一种非正式的差使，故而不适合出现在正式的秦律之中。如此一来，里长之"长"便不太像是首领之意。考虑到秦里之中最常见的"典、老"都只能由年长者担任，里长之"长"或许表示年老、年长。① 当然这只是可能性中的一种。年长者任监门不会占用劳动力，不会影响到赋税徭役的征发，对贫困老者又可增加收入、提供保障，这是较为合理的安排。因此里长与里中的"典、老"之"老"并不相同。

综合以上史料，我们可以得知，传世文献中的秦国"里正"(《韩非子·外储说右下》)对应的是秦简中的里典。《韩非子》将里中的主责小吏称为"里

① 《岳麓书院藏秦简(肆)》收录《尉卒律》简 143-144："置典、老，必里相谁(推)，以其里公卒、士五(伍)年长而毋(无)害者为典、老，毋(无)长者，令它里年长者为它里典、老。"

正”，恰好与汉代的情况相同(详情见后)，有可能是该文献在流传过程中受到了汉代称呼的影响。秦简中的“里长”职责与传世文献中的里监门类似，而与《韩非子》所载的秦“里正”、秦简中的里典完全不同。里典由乡啬夫提名、县尉正式任命，是秦地方政府中在编的小吏。里长很可能是为糊口自食而应征的贫困民众，或不在政府编制之中。两者职能有分工，地位有高下，在一里之中并存而不悖。

秦里之中里典等诸职并立的制度，很可能在汉初也得到延续。《二年律令》中有两则材料提及“正典”，以往多认为即指里正或里典。比如《户律》：

> 恒以八月令乡部啬夫、吏、令史相杂案户籍，副臧(藏)其廷。有移徙者，辄移户及年籍爵细徙所，并封。留弗移，移不并封，及实不徙数盈十日，皆罚金四两；数在所正、典弗告，与同罪。328-329

整理者认为此处应分开读为“正、典”，指里正与田典二职。邢义田先生认为应连读，“正典”指一职。① 还有《钱律》：

> 盗铸钱及佐者，弃市。同居不告，赎耐。正、典、田典、伍人不告罚金四两。202

整理者连读为“正典”，认为指里典。有学者认为应分读为“正、典”。②

笔者赞同分读为“正、典”，分别表示里正与里典。学者们基本上都认同《二年律令》中的“典”应该是与里相关的小吏，因为睡虎地秦简中有里典与田典的记载，《二年律令》中也有田典的记载，所以在解读时自然会倾向于与这两种小吏对应起来。但从汉律继承秦朝制度的角度来看，“正”或许是独立于里典、田典之外的另一种吏员。《二年律令·置后律》的一条律文可以给出

① 邢义田：《张家山汉简〈二年律令〉读记》，《燕京学报》新一五期，2003年。

② 参见彭浩、陈伟、工藤元男主编：《二年律令与奏谳书：张家山二四七号汉墓出土法律文献释读》，上海古籍出版社2007年版，第170页注释①②。

关键性线索，其文曰：

尝有罪耐以上，不得为人爵后。诸当拜爵后者，令典若正、伍、里人毋下五人任占。390

池田雄一先生注意到了《置后律》的这条材料，认为由此可知典与正应当是不同的吏名。正典当属里吏，只是不能限定为里典与里正。① 但在我们看来，此处的“正”应当是里正。

当有人要继承爵位时，需要“典若正”、同伍之人、同里之人共不下五人担保登记证明身份。这里的“若”作连词，表示或、或者，类似例子在秦简中有很多。②《史记·高祖本纪》亦载：“诸将以万人若以一群降者，封万户。”③《置后律》简文意思是，只要里典或者里正之中的任意一人，再加其他四人担保作证即可。“若”字正好说明“典”与“正”不是同一职务：假如是同一职务，直接以“正典”行文即可，似乎此处无须画蛇添足。只不过，汉初里正与里典的地位与职能分工或许有所区别。从《钱律》与《置后律》两处行文顺序的不同之处（“正、典”“典若正”）来看，似乎汉初的里正职责偏重治安，里典职责偏重户籍登记。

汉初以后，史书中只见到里正的记载，里典逐渐消失不见。《汉书·韩延寿传》：“又置正、五长，相率以孝弟，不得舍奸人。闾里仟佰有非常，吏辄闻知，奸人莫敢入界。”颜师古注：“正若今之乡正、里正也。”④文中“正、五长”连言，紧接着又说到闾里，此处的“正”当为里正。韩延寿的主要活动在西汉中期的汉宣帝时期。《汉书·尹赏传》：“永始、元延间……与乡吏、

① 池田雄一著，郑威译：《中国古代的聚落与地方行政》2002年4月“追记”，复旦大学出版社2017年版，第642页。

② 睡虎地秦简《司空律》简140：“百姓有赀赎责（债）而有一臣若一妾，有一马若一牛，而欲居者，许。”表示百姓有奴婢（男性的臣或者女性的妾）、牲畜（牛或者马）都可以居赀赎债。睡虎地秦简中多见“县啬夫若丞”，表示县令、守或县丞，执行公务有一人即可。

③ 司马迁：《史记》卷8《高祖本纪》，中华书局1982年版，第369页。

④ 班固：《汉书》卷76，中华书局1962年版，第3211页。

亭长、里正、父老、伍人，杂举长安中轻薄少年恶子。”①尹赏活动于永始、元延年间，正处于西汉晚期的汉成帝时期。由此看来，西汉中晚期都能见到里正的记载。

同时，汉简史料也能印证里正的存在。尹湾汉简记载西汉末年东海郡的里数与吏员：“里二千五百卅四，正二千五百卅二人。”②其中的“正”当指里正，人数基本与里的数量相当。尹湾汉简 1 号简还记录了该郡其他吏员人数，是相当正规的郡级登记簿书，记录了里正的人数，表示里正应该是官方认可的在编吏员。但其中见不到里典的记载，表示里典或许已经裁撤或合并到其他职务之中，其职能很可能由里正接手。另外《居延新简·破城子探方五一》简 21A 也记载：“甲渠第十四燧请顿卿言之，户关椎各二，不事用房，肩水令里正伏地执。”③其中也提到里正。张信通根据前后简文的纪年年号推断时代大约在西汉后期，其说可从。④

根据以上材料，我们可以说，汉初已经设置里正，里正、里典并行；大约到西汉中后期，里正、里典已经完全合二为一，只保留了里正的制度。到东汉时，又变更为“里魁”。《后汉书·百官志》：“里有里魁，民有什伍，善恶以告。本注曰：里魁掌一里百家。”⑤从里魁掌一里百户的规模来看，基本与西汉里正相当。

第二节　乡　　官

先秦秦汉时期乡一级组织的官吏在学界被统称为“乡官”。《里耶秦简(壹)》简 8-198+8-213+8-2013 记载有“迁陵丞昌下乡官曰：……军吏及乡官

① 班固：《汉书》卷 90，中华书局 1962 年版，第 3673 页。

② 连云港市博物馆等编：《尹湾汉墓简牍》，中华书局 1997 年版，第 77 页。

③ 甘肃省文物考古研究所等编：《居延新简——甲渠候官与第四燧》，文物出版社 1990 年版，第 172 页。

④ 张信通：《秦汉里治研究》，河南大学博士学位论文，2013 年，第 130 页。

⑤ 范晔：《后汉书》，中华书局 1965 年版，第 3625 页。

弗当听”。乡官与军吏并列，可见秦人已经有此称呼。目前出土文献中明确有乡官记录的主要是秦。齐国玺印中能见到乡的记载，反映齐国也有乡官。下面将就秦、齐的乡官进行讨论。

一、秦乡官

乡中的官吏，目前在秦简中可以见到的有“乡啬夫”“乡主”“乡守”“乡司空”等称呼。《汉书·百官公卿表》云：“乡有……啬夫……啬夫职听讼，收赋税。”①乡啬夫就是乡中的主要职官，参与听讼并且收取赋税。《后汉书·百官志》也记载：“其乡小者，县置啬夫一人。皆主知民善恶，为役先后，知民贫富，为赋多少，平其差品。”②乡啬夫与民众非常接近，他了解乡中民情，知道民众品性之善恶、服役年份之先后、家庭财富多少、上交赋税多寡等方面。《汉书·百官公卿表》说汉代的县、乡、亭“皆秦制也”，秦代设有乡啬夫没有疑问，在秦简牍中得到很多证据。《里耶秦简(壹)》简 8-770、8-1254、9-379 皆记载有“启陵乡啬夫”，简 9-477 背、9-984、9-1584 有“都乡啬夫”，秦乡长官称乡啬夫由此可得印证。

里耶秦简 8-157 记载有“启陵乡夫”，整理者认为“乡夫”就是“乡啬夫”之省称。③ 于振波先生对此简文做过专门研究，他认为简文中的“启陵乡夫”即迁陵县启陵乡的乡啬夫。④ 杨宗兵、王焕林认为“夫”是人名。⑤ 刘乐贤认为根据秦汉时期职官省称的惯例，“启陵乡夫”应看作“启陵乡啬大夫”之省略更合适，启陵乡乡啬夫名叫“夫”。⑥ 凡国栋注意到里耶秦简简 8-1445 记

---

① 班固：《汉书》卷 19，中华书局 1962 年版，第 742 页。

② 范晔：《后汉书》，中华书局 1965 年版，第 3624 页。

③ 湖南省文物考古研究所编著：《里耶发掘报告》，岳麓书社 2007 年版，第 184 页。

④ 于振波：《里耶秦简中的“除邮人”简》，《湖南大学学报》2003 年第 3 期。

⑤ 杨宗兵：《里耶秦简释义商榷》，《中国历史文物》2005 年第 2 期；王焕林：《里耶秦简校诂》，中国文联出版社 2007 年版，第 52 页。

⑥ 刘乐贤：《里耶秦简和孔家坡汉简中的职官省称》，《文物》2007 年第 9 期。

载有"卅二年启陵乡守夫当坐上造居梓潼武昌，今徙为临沅司空啬夫，时毋吏"。"启陵乡守夫"与简 8-157 中的"启陵乡夫"应该是同一人，故而"启陵乡夫"应是"启陵乡守夫"的省称。①

综合来看，里耶秦简 8-157"启陵乡夫"的"夫"应该是人名，"乡夫"应是"乡守夫"的简称，而非"乡啬夫"的简称，在里耶秦简中除了见到启陵乡守外，还可见到其他乡守，如简 J1⑯9 载"都乡守嘉"向启陵乡询问新入籍的 17 户百姓的年籍资料，而启陵乡没有，所以迁陵守丞下公文由"都乡主"按照律令行事。乡守可能是指乡中的守官，而非真正的官职，如同"迁陵守丞"之例。"迁陵守丞"即担任守官的迁陵丞，其身份就是县丞。那么乡守或许可以理解为代替乡啬夫的临时守官。

《秦封泥集》收录了 51 种秦乡封泥，大多出自关东地区。② 这些封泥印文因为是由玺印钤盖而成，所以统一格式多为两字或四字，未见有三字者。两字封泥印文者，如"南乡""良乡""軹乡"等。四字封泥印文，如"安乡之印""休乡之印""安国乡印""宜春乡印"等。张朝阳注意到这些乡一级封泥印文都不包含官职，不同于县郡甚至亭的封泥印文都包含官职的情况。他认为这是因为乡中啬夫与乡守呈双头模式治理，乡印为两职官共享，故不加官职名称。③ 其实我们如果从文书行政的角度来理解，乡一级基本是秦政府中能够以文书行政向上呈递的最底端。它的官长人数很少，人员非常确定，不像县廷各曹人员众多，所以只要盖上乡印即可知盖印者为何人，而不必添加官职。同样是县以下的层级，亭一级的封泥印文也有不书官职的"邳亭"，理由也大致相同，亭的官长就一二人而已。《秦封泥集》收录的"咸阳亭丞"印泥当属例外，原因可能是咸阳作为都城，亭的官员人数众多，故而需要写上官名以作区别。王伟注意到部分乡印之名与县或县丞印之名相同的案例。比如

① 凡国栋：《里耶秦简所见秦基层地方行政体系》，《湖南考古辑刊》第 11 辑，科学出版社 2015 年版，第 318 页。

② 周晓陆、路东之：《秦封泥集》，三秦出版社 2000 年版，第 332~363 页。

③ 张朝阳：《也从里耶简谈秦代乡啬夫与乡守：论基层管理的双头模式》，《史林》2013 年第 1 期。

封泥中有“安阳乡印”与“安阳丞印”，还有“軹乡”与“軹丞之印”等。他认为这可能反映了当地从“乡”的建制后来发展到“县”的过程，也不排除县乡同名的可能。他还认为秦封泥中“某部”类印文，据秦汉简牍中有“乡部”资料，应是乡部职官机构用印。① 然而县廷任命的出部者并不只有乡部，还有田部、亭部。仅凭“某部”之名，实难断定就是乡部所用之印。

里耶简中可以见到名为“乡司空”的小吏，比如简J1⑯5背面记载：“迁陵丞欧敢告尉，告乡司空……尉别都乡司空。”迁陵县“乡司空”应该是所有乡司空的总称，因为其下属的都乡设有都乡司空，另外简J1⑯6背面也记载有“贰春乡司空”，大概迁陵县在每一乡都设有乡司空。司空原是常见官名。西周时与司马等并称五官，在两周金文中多称为“司工”或“司攻”。据传《周礼》已经失去“冬官司空”部分，仅存《考工记》一篇，所以司空的职掌向来不太明晰。郑玄《周礼目录》云：“冬闭藏万物，天子立司空，使掌邦事，亦所以富立家，使民无空者也。”②此说法太过笼统。《白虎通·封公侯篇》云：“司空主土。不言土言空者，空尚主之，何况于实，以微见著。”③《汉书·陈咸传》颜注：“司空主行役之官。”④《后汉书·百官志》载：“司空，公一人。本注曰：掌水土事。凡营城起邑、浚沟洫、修坟防之事，则议其利，建其功。凡四方水土功课，岁尽则奏其殿最而行赏罚。凡郊祀之事，掌扫除、乐器，大丧则掌将校复土。”⑤虽然《后汉书》记载的是汉代中央的公卿高官，但有一点是与《白虎通》一致的，即司空之职掌应该与土木工程建设有关。因为主管工程建设，涉及徭役与刑役的管理，所以又与《汉书》颜注的说法相合。睡虎地简《秦律十八种·徭律》简116-117云：“兴徒以为邑中之红(功)者，

① 王伟：《秦玺印封泥职官地理研究》，中国社会科学出版社2014年版，第299~305页。

② 阮元校刻：《十三经注疏·周礼注疏》卷39，上海古籍出版社1997年版，第905页。

③ 陈立撰，吴则虞点校：《白虎通疏证》卷4，中华书局1994年版，第133页。

④ 班固：《汉书》卷66，中华书局1962年版，第2901页。

⑤ 范晔：《后汉书》，中华书局1965年版，第3561~3562页。

令結(嫴)堵卒岁。未卒堵坏，司空将红(功)及君子主堵者有罪，令其徒复垣之，勿计为䌛(徭)。”此处的司空为县司空，“堵”即县的墙垣。县司空负责率领人修理墙垣，并且要保证一年不会垮塌。《秦律杂抄》简 40-41 记载更为清楚：“戍者城及补城，令姑(嫴)堵一岁，所城有坏者，县司空署君子将者，赀各一甲；县司空佐主将者，赀一盾。”县司空率服边戍者修筑、修补城墙，如果城墙有损坏，司空将会受罚。睡虎地简记载的县司空的职责看来也主要与县城城墙的土木修建有关。但是乡不像县，大多没有城墙，乡司空的职责又是什么？让我们回到里耶简 J1⑯5 与 J1⑯6，两支简牍的正面内容几乎一致，现举 J1⑯5 为例。①

廿七年二月丙子朔庚寅，洞庭守礼谓县啬夫卒史嘉、叚(假)卒史谷、属尉：令曰“传送委输，必先悉行城旦舂、隶臣妾、居赀、赎责(债)，急事不可留，乃兴䌛(徭)”。今洞庭兵输内史及巴、南郡、苍梧，输甲兵当传者多节传之。必先悉行乘城卒、隶臣妾、城旦舂、鬼薪、白粲、居赀、赎责(债)、司寇、隐官、践更县者。田时殹(也)不欲兴黔首，嘉、谷、尉各谨案所部县卒、徒隶、居赀、赎责(债)、司寇、隐官、践更县者簿，有可令传甲兵，县弗令传之而兴黔首，[兴黔首]可省小弗省小而多兴者，辄劾移县，[县]亟以律令具论，当坐者言名史泰守府。嘉、谷、尉在所县上书，嘉、谷、尉令人日夜端行。它如律令。

简 J1⑯5 背面为：

三月丙辰迁陵县丞欧敢告尉，告乡司空、仓主，前书已下，重听书

① 两支简的释文参见湖南省文物考古研究所编著：《里耶发掘报告》，岳麓书社 2007 年版，第 192~194 页。

从事。尉别都乡司空，[司空]传仓；都乡别启陵、贰春，皆勿留脱。它如律令。釦手。　　丙辰水下四刻隶臣尚行。

以上简文正面是洞庭郡郡守对治下迁陵县的发送的一封公文，背面记录迁陵县丞将其抄送给县尉、各乡司空的指示，显示该公文传递的顺序依次是县尉—都乡司空、仓主—启陵乡、贰春乡。该公文最终到达乡一级机构，可见乡司空等乡官是负责执行该公文的最基层官吏。公文的内容是要求地方在传送委输之时慎用徭役，而必须优先派遣城旦舂、隶臣妾、居赀、赎债等刑徒，只有在任务紧急而又人力不够的情况下才可以兴徭役。公文进一步谈到具体执行实例，就是在洞庭郡向京师内史及巴、南郡、苍梧等郡转输兵器甲衣时，也要贯彻该原则，尤其在耕作时节不要向百姓派徭役。如果有违反的现象，则应移送县府以相关律令治罪。由简文背面该公文最终传递到各乡来看，"传送委输"甲兵的任务主要应该由各乡来完成。① 简背迁陵县丞指明文告发给乡司空，看来公文要求必须优先派遣的各种刑徒应该由乡司空率领，人力不够时对普通百姓的徭役派遣也主要由他来分派。值得注意的是，司空率领的民众很多都是刑徒，比如隶臣妾、城旦舂、鬼薪、白粲、居赀、赎债，在服力役人士中占到多数。② 直到汉代，各县(道)仍设有狱司空一职，《后汉书·百官志》应劭注引《汉旧仪》云："绥和元年，罢御史大夫官，法周制，初置司空。议者以县道官狱司空，故复加'大'，为大司空。"③可见司空管辖的事务与刑狱有一定关联。大概因为工程中大量使用刑徒，司空遂成为主管刑徒的官名。另外，在里耶秦简中，有一类所谓"追讨戍卒赀钱"文书。现选择其中有代表性的一支简作说明。

---

① 当然各"仓主"与县尉也是公文的接收人，他们也参与委输的工作。但县尉仅设在县城，活动范围较窄。"仓主"主管仓，可能与委输过程中粮食发放有关，职责范围也较小。主要的承担人应该是乡中小吏。

② 其他的人士，比如司寇、隐官，并非刑徒身份。

③ 范晔：《后汉书》，中华书局1965年版，第3562页。

卅三年四月辛丑朔丙午，司空腾敢言之：阳陵宜居士五(伍)毋死有赀余钱八千六十四。毋死戍洞庭郡，不智(知)何县署。今为钱校券一上，谒言洞庭尉，令毋死署所县责，以受阳陵司空——司空不名计。问何县官计，年为报。已訾其家，家贫弗能入，乃移戍所。报署主责发。敢言之。四月己酉，阳陵守丞厨敢言之：写上，谒报，报署金布发。敢言之。儋手。9-1

阳陵县居民毋死被判小罚而以钱财赎罪，仍欠八千余钱因家贫无法支付，于是被判到洞庭郡当戍卒。原有债务就上报到阳陵司空，告知毋死在洞庭郡哪个县服刑，并将其移送到戍所。居民毋死因为有赀无力赎刑而被强制当戍卒的过程中，县司空是主管执行的重要官员，司空对刑徒的管理由此可见一斑。那么迁陵县的各个乡司空能够指挥隶臣妾、城旦舂、鬼薪、白粲、居赀、赎债等一大堆刑徒从事传送委输也就可以理解了。

除了乡啬夫、乡守、乡司空之外，里耶秦简中还可以见到“乡主”。整理者认为，乡主、乡守等可能是同一职位的多种称呼，也可能是秦时乡邑的吏员设置比文献记载的复杂得多。① 其实“乡主”应该是笼统指乡的主管官吏，如同简J1⑯6中“仓主”之例。秦简中的“主”，通常为主管某方面事务的意思。“同官而各有主殹(也)，各坐其所主。”在同一官府任职而所掌管方面不同，分别承担所管方面的罪责，主即为主管之意。比如睡虎地秦简《厩苑律》简14：“其以牛田，牛减絜，治(笞)主者寸十。”主管耕牛的人并未有专门名称，或者并非固定职务，所以用“主者”代替。类似的例子还有睡虎地秦简《仓律》简57：“城旦为安事而益其食，以犯令律论吏主者。”主管城旦等刑徒的应该是司空等人，但此处以“吏主者”笼统而指代之。从另外一个角度来说，假如“乡守”与“乡主”都是秦的具体职官名，那么乡一级机构已经有了总管乡中事务的乡啬夫，还有管理工程建设的乡司空，如果再多两种不知其

① 湖南省文物考古研究所编著：《里耶发掘报告》，岳麓书社2007年版，第194页。

职掌内容的“乡守”“乡主”，其行政机构似乎就像叠床架屋，太过复杂，可能性不高。总的说来，秦乡的主官是乡啬夫，其助手为乡佐。代理乡啬夫的守官为乡守。这些人都可以泛称为乡主。另外乡中可能还有乡史，比如《里耶秦简(壹)》简 8-269“为乡史九岁一日”、简 8-343“今贰春乡史”。据传世文献记载,① 汉代的乡设置有三老。秦以前也有三老，如《汉书・百官公卿表》载：“乡有三老、有秩啬夫、游徼。三老掌教化。……皆秦制也。”②然而在更早的文献中载有三老，但并未明言是乡三老。《史记・陈涉世家》记载：“号令召三老、豪杰与皆来会计事。”③《史记・滑稽列传》记载有魏国“邺三老”。再如《管子・度地》：“三老、里有司、伍长者，所以为率也。”④

另外，秦人非常重视粮食的储积与管理，把仓政作为其经济体系中的重要组成，并制定了一系列严密的仓政管理法令。这些仓的种类有很多，有设在中央的太仓，也有设在郡治的郡仓，还有一大批广泛分布全国的县仓。太仓与郡仓的规模很大，“栎阳二万石一积，咸阳十万一积”。而县仓的规模就小得多，“万石一积而比黎之为户”⑤。这些县仓，应该有相当部分是分散在各乡之中。睡虎地秦简《仓律》简 21-22 云：“入禾仓，万石一积而比黎之为户。县啬夫若丞及仓、乡相杂以印之，而遗仓啬夫及离邑仓佐主禀者各一户以气(饩)，自封印，皆辄出，余之索而更为发户。”入禾仓的粮食每一万石为一积，以篱笆隔离并设置仓门，并且让县啬夫或丞以及仓、乡主管共同封缄。如果禾仓全设在县城内并由县府直接管理的话，就不需要乡主管前来共同封缄。设立的禾仓还要给“离邑”(即乡)主管廪给的仓佐留一扇门，显示秦人的仓不仅设在乡中，而且在地方粮食供给方面起到基础作用。

---

① 《汉书》卷 1《高帝纪》：“举民年五十以上，有修行，能帅众为善，置以为三老，乡一人。择乡三老一人为县三老，与县令、丞、尉以事相教，复勿徭戍。以十月赐酒肉。”(中华书局 1962 年版，第 33~34 页)

② 班固：《汉书》卷 19，中华书局 1962 年版，第 742 页。

③ 司马迁：《史记》卷 48《陈涉世家》，中华书局 1982 年版，第 1952 页。

④ 黎翔凤撰，梁运华整理：《管子校注》卷 18，中华书局 2004 年版，第 1064 页。

⑤ 睡虎地秦墓竹简整理小组编：《睡虎地秦墓竹简》，文物出版社 1990 年版，第 25 页。

二、齐国乡官

目前所见山东六国有关乡一级官吏的史料可以说得上是凤毛麟角。前文论述“楚国的里”部分已经提及，就包山楚简所见，战国中期的楚国并未有乡的政区设置，自然见不到乡官的记载。魏、赵、韩、燕等国则无论在传世文献或出土资料中都难以见到乡的痕迹。唯有齐国留下少量玺印，其文字中包含乡字，可以从侧面印证齐国乡官的存在。

《古玺汇编》中收录了一件玺印“右攷轄衢”(见图 2.1)。① 其中的“轄”，地名。“攷”，在齐国陶文中常见“右攷”“左攷”等文字，比如“王卒左攷”(《古陶文汇编》3·509)。齐玺印中也能见到不少例子，比如“攷鉨”(《古玺汇编》0345)、“左司马攷”(《古玺汇编》0038)。“衢”字，前文已经论及，即为“鄉(乡)”，其文字写法为齐陶文中所特有，如“繇衢大匋里癸”(《古陶文汇编》3·63)。所以这件玺印出自齐国应该没有疑问。

图 2.1　齐乡玺印文字(《古玺汇编》0196)

虽然陶文中也有“衢”“右攷”的文字，但是与这枚玺印的意义稍有不同。陶文中在“衢”“右攷”之后往往紧跟着陶工的名字，“衢”代表陶工所处的地

① 故宫博物院编:《古玺汇编》，文物出版社 1981 年版，第 33 页。

域，“攸”代表陶工所属的上级职官，陶文本身是用来“物勒工名”的印记，甚至可以说发展为类似商品标识的存在。这件玺印显示出“衞”一级组织本身独立的权威，因而是一件官印，不是私人印章，更不是用于陶器商品的戳记工具。掌握有这件玺印的主人，应该就是“右攸輤衞”的行政长官。这应该可以构成齐国乡官存在的证据。

但可惜的是，我们无法从文字中得知齐国的“衞”的管理者的官职名称是什么。虽然《管子·立政》有载：“分国以为五乡，乡为之师。”按《管子》之说，齐国在国中设置有乡，乡的长官称为乡师。《管子》被认为是战国至汉初的作品，它的记载究竟是否会忠实于战国时齐国的制度，我们只能说仍不得而知。可以类比的是，《鹖冠子》被认为是战国时楚人的作品，其《王鈇》篇关于乡里组织的不少记载特别是“乡”“扁”组织也得不到包山楚简的证实。所以关于齐国乡官的具体信息，仍有待进一步的考古发现。

另外，东周齐国文字中有一个从“辵”从“兇”的字，李家浩先生将其读为“遂”字。他认为金文中的“厥遂”之“遂”表示赦免之义，而在齐玺印文字中的“遂”应该是指乡遂制度中的“遂”。比如《古玺汇编》0155（见图2.2），李家浩先生释为“□阳遂师玺”。“□阳”是地名。遂，按照《周礼》乡遂制度的记载，是设立在“野”中的区域，与设立在“国”中的乡并立。① 假如此说成立，“遂师”可能是管理齐国基层组织“遂”的官员，类似于乡官之职。

图2.2　齐遂玺印文字（《古玺汇编》0155）

① 李家浩：《齐国文字中的“遂”》，《湖北大学学报》1992年第3期。

小　结

楚国的里中小吏大致包括里公、加公、士尹等。里公是里的官长，与里民有密切联系，职责包含验证名籍身份、协助上级执行逮捕。加公有更多刑名技术与权限，士尹可能是管理"国士"之类的小吏。楚国里吏的种类较多，但分工相当明确。

秦的里吏主要是里典，它并非是什伍制度下的"什典"，而是乡里制度下的"里典"。里典负责如实报告里人的户籍等信息，维护治安，勘验犯罪现场，协助查封疑犯家产，报告公共卫生状况，都是里典的职责。秦里中还有简称为"老"的父老，它也并非什伍制度下的"伍老"，而是地方上具有民望的长老人物，主要负责协助里典工作，可能还负责对里人的教化。里中还有独立的里长负责开闭里门，职责与里监门相似，或许只是一种非正式的差使。里典等诸小吏并立格局持续到汉初，后来只剩里正(长)作为里中正式官长。

秦的主要乡官包括乡啬夫与乡司空。乡啬夫负责整理与收藏全乡各里之户籍，还能向县廷提名空缺里吏的人选。乡司空执掌工程建设，主持刑徒管理与徭役分派。地方在承担委输传送任务之时，由乡司空优先派遣刑徒，人力不足才可兴发黔首徭役。因储存粮草的仓分布在各乡，乡官也要参与仓的日常管理。乡守为乡的守官，乡主笼统指乡的主管官吏。秦政府的乡官里吏上下层级非常明确，从制度上更多地体现出由上至下的主导色彩。

齐国玺印文字中可见到少量"衢(乡)"字，从侧面证明齐国乡官的存在。

第三章　战国秦代的县与乡里行政

战国秦代乡里吏员虽然在县廷以外工作，一方面与地方民众有密切联系，另一方面又时时受到上级县政府的正式管理与考核。中央与郡县的政令通过文书传达到乡里，文书行政已经成为常态。上级会有徭役通过县派给乡里，而乡里租赋都要上缴给县。乡里组织本身很小，不可能配备多少吏员，所以担任乡官里吏的人选就变得特别重要，而选任乡里吏员的职权一般由县政府来行使。同时乡官里吏都要定期受到上级考核，这也是由县来完成的。所以，县与乡里行政的关系非常紧密，因而本章从县的视角讨论战国秦代乡里组织中的吏员及具体行政等。

第一节　楚县与里公

里中的吏员在楚国官制中处于最底层，所以他们常常受到上级的差遣。直接向他们下达指令的上级，其身份多是楚国的县级官员。① 例如在包山楚简中，简 120-123 下蔡郏傪杀人案中，加公、里公等里中官吏收到命令，要求逮捕里人雇女返、场贾、竞不割(害)以及郏傪的家属。对里中官吏下达指令的上级官员，就是受理杀人控告并参与审理郏傪的“阳城公瞿罼”。阳城公瞿罼在此案中的身份不是阳城县的县公，而是“下蔡咎执事人”，即下蔡地区专司罪案的执法人，故有权处理下蔡发生的杀人案。下蔡官员与里中官吏之

---

① 本节研究对象是属于楚县管辖的里。楚国另有一种从属于贵族个人的里，例如包山楚简中“郘(宛)陈午之里”(简 92)、“登(邓)命(令)尹之里”(简 92)、“阴侯之东鄒之里”(简 132)，其里中官吏与上级的关系，因缺少材料，目前尚不清楚。

间，有非常密切的直接联系，并且多使用“丆”作为联络工具。“丆”在简文中又常写作“笁”，大概是一种写在竹简上的官方文书。例如下蔡官员命令里中官吏逮捕嫌犯里人场贾，简文称为“丆执场贾”；里公、士尹回复该公文，称为“返丆”；在下蔡的公文到达之前，场贾已经出逃，称为“丆弗及”。

如果弄清下蔡的行政层级，里中官吏的上级官员身份就自然明了。陈伟先生曾经从司法职权、名籍管理、职官设置三个方面论证里之上存在的一种层级较高的政区就是楚县，而下蔡就是其中之一。① 其说甚确。

下蔡，原为州来国，被楚所灭，又被吴所取。② 蔡昭侯自新蔡徙都于州来，故改称为下蔡。③ 楚国自春秋时代始，在边境灭国后多设县作为对外扩张的基地。蔡国在迁都州来之前，曾灭于楚国，原国都上蔡被设置为楚国的蔡县，楚灵王还任命公子弃疾为蔡公。④ 直到楚平王即位后，蔡国才得以复国。所以蔡国已经有过被改为楚县的先例。就州来而言，还在蔡国搬迁到该地改名下蔡之前，它就因为与钟离、巢两地，夹处吴、楚之间，战略地位重要，曾经多次易手。楚人对这三个城邑非常重视，《左传》昭公四年记载，为防御吴国入侵，“咸尹宜咎城钟离，薳启强城巢，然丹城州来”⑤，在三地同时筑城。徐少华先生曾考证，钟离(今安徽六安市北)与巢(今安徽凤台县西

① 陈伟:《包山楚简初探》，武汉大学出版社1996年版，第94~98页。

② 《左传》成公七年：“吴始伐楚……马陵之会，吴入州来。”(阮元校刻:《十三经注疏·春秋左传正义》卷26，上海古籍出版社1997年版，第1903页)《汉书·地理志》沛郡“下蔡”县颜师古注：“故州来国，为楚所灭，后吴取之，至夫差迁昭侯于此。后四世侯齐竟为楚所灭。”(班固:《汉书》卷28，中华书局1962年版，第1572页)据《史记·楚世家》，楚惠王十一年时，“楚灭蔡”，下蔡归楚所有。

③ 《左传》隐公四年孔颖达疏引《蔡国侯爵谱》云：“平侯徙新蔡，昭侯徙九江下蔡。”(阮元校刻:《十三经注疏·春秋左传正义》卷3，上海古籍出版社1997年版，第1725页)安徽寿县出土有蔡昭侯墓，距凤台县不远。

④ 《左传》昭公十一年：“冬十一月，楚子灭蔡，用隐大子于冈山。……楚子城陈、蔡、不羹。使弃疾为蔡公。”(阮元校刻:《十三经注疏·春秋左传正义》卷45，上海古籍出版社1997年版，第2060~2061页)

⑤ 阮元校刻:《十三经注疏·春秋左传正义》卷42，上海古籍出版社1997年版，第2036页。

北)皆为楚县,① 其说甚是。州来与之并列，亦当为楚县。此后，州来被吴国夺走，蔡昭侯避楚就吴，徙于州来。安徽寿县西门内蔡侯墓，学界多认为是迁徙州来的蔡昭侯申之墓。② 楚惠王四十二年，楚再次灭蔡，下蔡(原州来)应该重新设为楚县。

因此我们可以说，楚国里中官吏的直接上级是县中官员，后者常常以名为“孓”的公文对前者做出指令。另外，我们还可以从包山楚简中观察到，中央官署并不直接与里中官吏打交道。

> 鄗司败蔡丙受旮(期)，已丑之日不将鄗之已里人青辛以廷，阩门又(有)败。31
>
> 邻少司败臧未受旮(期)，九月癸丑之日不将邻大司败以盟邻之櫰里之担无有李竞思，阩门又(有)败。23

虽然里中官吏与里人的接触更多，但是在简 31 中，左尹官署命令带“鄗之已里人青辛”出庭受审，接受指令的不是已里的里公，而是其上级政区的官员“鄗司败”。简 23 记载左尹官署要求证明“邻之櫰里”没有名叫李竞思的人，证明人不是櫰里的里公，而是其上属政区邻地的司败。显然，左尹官署只与里的上级政区接触并发布指令，而不是直接差遣里中官吏。基层的里中官吏也无缘与中央官署发生直接公务往来。两者被中间层级的地方政府(县级政府)隔开。这应该是楚国中央政府对地方进行管理的通常模式。

第二节　秦县与典、老

典、老作为里中的小吏，他们是如何提名、如何任命的，又是如何受到

---

① 徐少华:《周代南土历史地理与文化》，武汉大学出版社 1994 年版，第 281~282 页。

② 陈梦家:《寿县蔡侯墓铜器》,《考古学报》1956 年第 2 期；殷涤非:《寿县蔡侯墓铜器的再研究》,《考古与文物》1984 年第 4 期。

上级的管理，确实是事关地方社会秩序构建的重要问题。以往在传世文献中，关于此类问题的记载非常稀少。但随着新的秦简特别是岳麓秦简、里耶秦简的公布，很多细节开始变得清晰。我们将使用新简牍资料，对典、老的任命、管理作初步讨论。

一、秦县对典、老的任命

《韩非子·外储说右下》记载了秦国里正与伍、老因里人杀牛而被罚二甲的故事，其中的里正、老相当于秦简牍记载的典、老，分别是里典与里父老的简称。这里的记载是关于秦国里中小吏的极少数记载之一，但并未涉及里正、老等是如何被任命的问题。

前文提及睡虎地秦简《法律答问》简198"'率敖'当里典谓也"，可知当时选择里中豪强有力之人担任里典。

传世文献中，汉代文献中开始出现一些相关的记载。比如《公羊传》宣公十五年何休注：

> (1)一里八十户，八家共一巷。中里为校室，选其耆老有高德者名曰父老，其有辩护伉健者为里正，皆受倍田，得乘马。父老比三老孝弟官属，里正比庶人在官吏。①

何休是东汉经学家，他大概参考了汉代基层里正与父老的情形，认为父老由"耆老有高德者"选出，而里正也是由"辩护伉健者"选出。"辩护"，阮元校作"辨护"，并认为："'辨'即今人所用之'办'字，'辨护'，谓能干办护卫也"。②

① 阮元校刻：《十三经注疏·春秋公羊传注疏》卷16，上海古籍出版社1997年版，第2287页。

② 阮元校刻：《十三经注疏·春秋公羊传注疏》卷16，上海古籍出版社1997年版，第2289页。

“伉健”为汉代习用语，表示身体强健。① 父老必须为“耆老”，则有年龄限制，应在一定年龄之上，是年龄偏大之人，这是一个相对客观的标准。至于“高德”“辩护伉健”就是相对主观的标准了。何休注中里的长官任命标准与睡虎地秦简记载略有差异，但选人的范围较为一致，里正与父老都由本里居民中选出。但究竟由谁来挑选仍是悬疑：是由居民们自发选择呢，还是由上级部门比如乡或者县政府的官吏来选呢？文中并未透露相关信息。另外，何休作为东汉人，他的描述能够在多大程度上反映秦朝以前的真实状况，仍是一个未知数。

《里耶秦简(壹)》公布后，其中有一支“除邮人”简引起学界很大关注，学者们大多借此讨论秦文书传递系统。此外，这支简还记录和反映了秦里典的任命程序，所以值得进一步研究。全文如下：

(2)卅二年正月戊寅朔甲午，启陵乡夫敢言之：成里典、启陵邮人缺。除士五成里匄、成，成为典，匄为邮人，谒令尉以从事。敢言之。8-157 正

正月戊寅朔丁酉，迁陵丞昌却之启陵：廿七户已有一典，今有(又)除成为典，何律令应？尉已除成、匄为启陵邮人，其以律令。气手正月戊戌日中，守府快行。正月丁酉旦食时，隶妾冉以来。欣发。壬手。8-157 背

这支简正面是启陵乡的官吏“夫”向迁陵县廷请求任命里典与邮人的公文，背面是迁陵县丞对此人事任命的意见与决定。启陵乡守“夫”向上级呈交公文，启陵乡成里的里典与乡邮人空缺，故而申请任命成里之人匄、成，分别担任这两个职位。公文送到县廷，当天迁陵县丞答复说，(成里)共27户

① 《汉书》卷8《宣帝纪》：“伉健习骑射者皆从军。”(班固：《汉书》卷8，中华书局1962年版，第243页)

已经有一位里典，再任命一位里典不符合律令。县尉于是改为将两人都任命为邮人，这才合乎律令。看来，在一里之中已经有一位里典的情况下，不允许再任命新的里典。也就是说秦律令要求一里只能有一位里典。另外，这则任命公文是由启陵乡代理乡啬夫的守官乡守呈报给县尉与县令丞的，于振波先生认为"乡啬夫有权任命本乡范围内的里典和邮人，但必须报请县令和县尉批准"，那么可以理解为里典、邮人由乡啬夫（乡守）呈报给县，再由县批准任命。

《岳麓书院藏秦简（肆）》公布之后，其中的"尉卒律"记载有典、老任命的专门律条，使得相关研究迎来新的突破。

> （3）尉卒律曰：里自卅户以上置典、老各一人，不盈卅户以下，便利，令与其旁里共典、老，其不便者，予之典142而勿予老。公大夫以上擅启门者附其旁里，旁里典、老坐之。置典、老，必里相谁（推），以其里公卒、士五（伍）年长而毋（无）害143者为典、老，毋（无）长者，令它里年长者为它里典、老。毋以公士，及毋敢以丁者。丁者为典、老，赀尉、尉史、士吏主144者各一甲，丞、令、令史各一盾。毋（无）爵者不足，以公士。县毋（无）命为典、老者，以不更以下，先以下爵。其或复未当事，145戍[或]不复而不能自给者，令不更以下无复不复，更为典、老。146

尉卒律对典、老的任命程序作出了非常详细的规定：第一，只有满30户以上的里才设置典、老。第二，不满30户的里不单独设置，而是与邻近的里共用典、老，且只有在不便共用时单独设置典而不设"老"。我们看到材料（2）除邮人简中，启陵乡成里仅27户就属于这种情况，县丞说该里已经设有一典，要么是与旁里共用，要么是单独设置，但成里应该没有专属的"老"。第三，典、老必须由里中进行推选，必须选择本里之中的年长而公平无害的公卒、什伍来担任。陈伟先生对此条律文进行了改读。整理者原读为“毋(无)长者令它里年长者。为它里典、老”。陈伟先生改读为“毋(无)长者，令它里年长者为它里典、老”①。其说甚是，且此处改读非常重要。

假如遵循整理小组原来的读法，“置典、老……毋(无)长者令它里年长者。为它里典、老，毋以公士及毋敢以丁者”。即只有年长者在担任其他里典、老之时，不得由公士与丁者担任。那么假如里中有长者且担任典、老时，又有什么规定呢？简文并无交代。本里长者出任典、老应该是当时的常态，没有附加规定；本里无长者当时应属于非常态，所以律文才会放到后面补充说明，却又加上公士与“丁者”不得担任的规定。这确实显得很奇怪。

经过陈伟先生的改读之后，语义更加连贯，而且“毋以公士，及毋敢以丁者”成为对典、老任命的通用规则，不论是否他里之人担任，都要遵守这一规定。这种做法更加符合秦政府对于编户齐民的统一要求，也让法令的执行更加公平、顺畅。

材料(3)规定的第四条是，不得以“丁者”担任典、老。所谓“丁者”，指处于服劳役年龄的人。《隋书·食货志》：“男女三岁已下为黄，十岁已下为小，十七已下为中，十八已上为丁。”当时成年人都要承担各种劳役，而担任典、老的人绝大多数时间都要待在里中，不可擅离职守。所以在立法者看来，让丁者任典、老可能会让政府损失劳役人手，从而形成逃避劳役的不当渠道，或者典、老因外出服役而耽误其职务工作，故而严厉禁止此种做法，不仅尉、尉史、士吏主者要处罚一甲，连县丞、令、令史也要连带处罚一盾。

材料(3)第五条，优先任命无爵者，其次公士，再次不更以下其他低爵者。如果没有无爵者，谁爵位低则由谁来担任，但仅限于不更以下的爵位。

公士是秦等爵制度中的最低一级的爵位，而不更为第四等爵。《商君书·境内》：“行间之吏也，故爵公士也，就为上造也。故爵上造，就为簪

① 陈伟：《岳麓秦简“尉卒律”校读(一)》，简帛网(http://www.bsm.org.cn/show_article.php? id=2489)，2016年3月21日。

枭，就为不更。”①公士是最低一等，其上依次是上造、簪袅、不更等。《汉书·百官公卿表》载：“爵：一级曰公士，二上造，三簪袅，四不更……皆秦制，以赏功劳。”②《汉书·百官公卿表》记载的等爵制虽与《商君书》稍有不同，但公士为最低一等、不更为第四等爵位仍无变化。

“县毋命为典、老者”，整理者认为根据前后文意，“毋”为衍文。③ 陈伟先生认为应读为“无”，其说当是。意思是假如里中连合适的公士爵位者都没有，县政府缺少任命为典、老的人选，则依次再从上造、簪袅、不更爵位者中挑选，优先选择爵位较低下的人。

材料(3)第六条，假如符合以上条件的人选存在着经济或其他方面的困难，则由不更以下符合条件者轮流更替担任典、老。

“复未当事”，陈伟先生认为，“复，复除。事，差役。《汉书·高帝纪》‘皆复其身及户勿事’注引如淳曰：‘事谓役使也’”④。其说甚是。事当指职事。睡虎地秦简《封诊式》简6-7载：“敢告某县主：男子某有鞫，辞曰：‘士五(伍)，居某里。’可定名事里，所坐论云可(何)，可(何)罪赦，或(又)覆问毋(无)有，遣识者以律封守，当腾腾，皆为报，敢告主。”当进行讯问时，按照流程都要核实被询问者的“名事里”，名与里都好理解，事与两者并举，指职事之类。

所谓“复”，即免除徭役或赋税。《墨子·号令》：“男女老小先(无)分守者，人赐钱千，复之三岁。”⑤《荀子·议兵》：“中试，则复其户，利其田宅。”杨倞注：“复其户，不徭役也。”⑥《汉书·刑法志》注：“复，谓免其

---

① 高亨注释：《商君书注译》，中华书局1974年版，第413~414页。

② 班固：《汉书》卷19，中华书局1962年版，第739~740页。

③ 陈松长主编：《岳麓书院藏秦简(肆)》，上海辞书出版社2016年版，第166页。

④ 陈伟：《岳麓秦简“尉卒律”校读(一)》，简帛网(http://www.bsm.org.cn/show_article.php? id=2489)，2016年3月21日。

⑤ 吴毓江撰，孙启治点校：《墨子校注》卷15，中华书局1993年版，第917页。

⑥ 王先谦撰，沈啸寰、王星贤点校：《荀子集解》卷10，中华书局1988年版，第272~273页。

赋税也。"①《汉书·高帝纪上》："蜀、汉民给军事劳苦，复勿租税二岁。"颜师古注："复者，除其赋役也。"②"未当事"之说法在以往较为少见，"当"，或许表示担任、充当之意。

"复未当事"，指已经复除且没有承担其他差使，这是一种情况。另一种情况"不复而不能自给"，仍然要承担徭役赋税且生活不能自给，养活自己尚且困难，显然难以完成典、老的职责。然而不论哪种情况，不更以下符合条件者都要轮流担任典、老。

这条简文除了规定典、老的任命程序之外，其实包含了很多有价值的信息。比如典与老的差别就有所反映。当里中民户不足 30 户又不便与旁里共典、老时，"予之典而勿予老"说明在政府看来里典是不可或缺的，而相比之下"老"的重要性要稍低一些，在户数不够时可以削减。或者说一个规模较小的里仅仅设置里典仍是可以勉强维持运行的。这也意味着即使将典、老设置齐全的情况下，更多的、更核心的里中事务也许仍由里典来执行，父老处于辅助的地位。里典作为里中吏员的核心地位，以往虽能从"典、老"并称之时总是将典放在靠前位置的事实加以推测，但凭借此条律文终于得以坐实。

材料(3)还有一个很有意思的现象：律文的立法用意是优先让无爵者、其次是低爵者(下爵)担任典、老，但没有直接阐述这种规则，而是采用了列举法："毋以公士"—"毋(无)爵者不足，以公士"—"县毋(无)命为典、老者，以不更以下，先以下爵"这让整条律文读起来不像是一个整体，不像是在同一时间制定通过的法律，反而像是先公布了初稿，而后再进行渐进式增补的结果：立法者最初希望典、老由无爵者出任，所以要求"毋以公士"。后来在执行过程中发现存在找不到符合条件的无爵者的情况，不得不加入"毋(无)爵者不足，以公士"的内容。最后有的里连公士也找不出了，于是再加入"县毋(无)命为典、老者，以不更以下，先以下爵"条款。当人选条件放

① 班固：《汉书》卷 23，中华书局 1962 年版，第 1088 页。
② 班固：《汉书》卷 1，中华书局 1962 年版，第 33~34 页。

宽到不更以下时，终于能够满足任命典、老的基本需求，此条法律也最终稳定下来，不再添加新条款。也许在实际运行中效果还不错，立法者再没有回头将所有条款整合为一个简约的规则，于是这则法律就如此保存下来。当然这一问题也许还存在另外一种解释：因为典、老是直接面对民众个体的底层吏员，且数量规模甚为庞大，所以关于其任命程序必须有可操作性非常强的条文用来遵照执行，从而产生了如此详细的规定。

律文中为何特别强调和突出了公士、不更两个爵位？律文中只说令“不更以下”轮流担任典、老，却没有提及大夫以上爵位者来担任，这又为何？这都关乎秦等爵制度方面的历史背景。

《商君书》虽然记录了十几个等级的爵称，但其中又可以区分为几个大的等级。高敏先生认为公士与不更是秦等爵制度中两个大等级的分水岭，类似功能的爵称还有上造、大夫、五大夫、大庶长。①

公士虽然只是最低等的爵位，但是仍有着特殊意义。《商君书·境内》云：“自一级已下至小夫，命曰校徒操出。公爵，自二级已上至不更，命曰卒。”②看来在公士以下还有一些爵称，它们被归为一类，即“一级已下”。公士虽然爵位甚低，但是与校、徒、操等应该都是秦国军事的基础性力量。尉卒律规定“毋以公士”，可能是不希望因公士担任典、老而影响国家军事行动能力。

上造、簪袅、不更则被归为“二级已上”，“卒”是他们共同的职务称号。这种以公士为分水岭的等级划分，在简牍秦律中也常常能看到。比如睡虎地秦简《秦律杂抄》记载的“游士律”曰：“有为故秦人出，削籍，上造以上为鬼薪，公士以下刑为城旦。”同样是帮助秦人越境叛国的罪名，上造以上爵位者罚为鬼薪，公士以下就罚为城旦。朱绍侯先生认为此处将上造以上与公士以下划分出一个界限，作为不同判罚的依据，与《商君书·境内》所说“自一级

① 高敏：《从云梦秦简看秦的赐爵制度》，《云梦秦简初探》(增订本)，中州书画社1982年版，第166页。

② 高亨注译：《商君书注译》，中华书局1974年版，第406页。

已下”和“自二级已上”的精神一致。① 看来公士以下确实与上造以上有着较大身份差距，尉卒律要求优先选用公士，其次以不更以下之低爵者，大概是出于对上造至不更爵位者的优待。

不更再往上，就是第五级的大夫，其身份又要跨越一个大的等级。按照《商君书·境内》的说法，大夫已经可以担任县尉之职(“就为大夫，爵吏而为县尉”)，甚至有资格参与国家治理(“爵大夫而为国治”)。高敏先生认为，大夫爵以上可以“为国治”，可能就是高爵的起点，也是高、低爵划分的界限。② 杜正胜也认为，大夫可以任县尉，在秦国来说算是高爵了。③ 另外据睡虎地秦简《传食律》规定，将大夫以上与不更以下爵位者的传食标准区分开来。“自官士大夫以上，爵食之”，大夫以上可以根据爵位享有相应的饮食。“不更以下到谋人”仅有“粺米一斗，酱半升，采(菜)羹”，饮食仅比大夫之随从者稍好一点。正因为大夫以上者为高爵，有着与县尉平起平坐之资格，县尉便不好命令他们去担任里中小吏，故而材料(3)中完全没有提及大夫爵，只说让“不更以下”轮流担任而已。

对比岳麓“尉卒律”与里耶“除邮人简”两则材料，前者是法律条文，后者是法律实际运行的文书。将两者结合起来，可以对典、老任命的程序描绘出一个轮廓。首先在符合户数规定的前提下，由里中居民互相推选提名合适人选，经乡啬夫(乡守)上报给县尉，县尉批准之后，还要由县令丞进行复核。如果县令丞发现其中有不符合律令的情况，可以要求县尉重新提交，最后由县尉正式任命。其基本流程，见图 3. 1。

在任命程序中，最核心的是里人推选与县尉任命两个环节。这里存在着两种权限：里人有提名权，县尉有任命权。以往认为里的上一级乡原本或许应起到重要作用，但我们在尉卒律中见不到乡的踪影。虽然表面看来与乡部

---

① 朱绍侯：《商鞅变法与秦国早期军功爵制》，《军功爵制考论》，商务印书馆 2008 年版，第 31 页。

② 高敏：《秦的赐爵制度试探》，《秦汉史论集》，中州书画社 1982 年版，第 21 页。

③ 杜正胜：《编户齐民：传统政治社会结构之形成》，台湾联经出版事业公司 1990 年版，第 361 页。

图 3.1　里典任命流程图

无关，但里人推选过程中，对里人作法令的普及，对典、老人选的资格条件进行审查，很可能还是由乡啬夫及其属吏来执行的，最后由乡啬夫上报给县尉。乡啬夫虽无任命典、老之权，但仍应该起到不可或缺的作用。

二、秦县对典、老的考核与赏罚

典、老的工作直接面对里中居民，也是政府行政力量最基础的部分，因而显得十分重要。所有的徭役赋税都要从他们手中征发收取，日常的社会治安也要由他们来辅助维持，里中民众各种重要事务要由他们进行公证，里民风俗也要由他们来匡正。但因为他们同时也处于政府权力的末梢，若典、老罔顾律法，政府也难以及时纠正。故秦律法中对于典、老有着不少专门规定，对他们的日常职务行为加以限定，对渎职枉法之行为作严厉处罚。

里中居民的户籍是由典、老负责登记的，称为“傅籍”。与户籍相关的信息，比如年龄长幼、是否残疾等，直接影响到徭役的征发，因而也与里人利益密切相关。在利益驱动下，回避或违背法律规定进行傅籍，可能是常见之现象。睡虎地秦简《法律杂抄》简 32-33 载：“匿敖童，及占瘩(癃)不审，典、老赎耐。百姓不当老，至老时不用请，敢为酢(诈)伪者……典、老弗告，赀各一甲……”里中有敖童却隐匿不傅籍，申报登记身体残疾的信息不实，还有里人在免老时作假而未曾告发，典、老要被处以赎耐、赀一甲的处罚。

秦政府对于通缉犯和放弃户籍的普通逃亡者进行非常严密的追捕。这些人只有两条出路。一是躲入荒无人烟的深山老林，但显然缺乏必要生活物资而难以自持；另一便是远离住所隐姓埋名混入其他的人群之中，类似秦末张耳、陈馀被秦政府以千金购求通缉时，"乃变名姓，俱之陈，为里监门以自食"(《史记·张耳陈馀列传》)。正如张耳、陈馀等最终还是要混入里中，逃亡之人大多选择这条路，政府官僚也很清楚这一点，所以最基层的里成为监控外来逃亡之人的前哨，里典等人也被赋予了相应的职责。如果治下的里混入了逃亡者而没有告发，里典等人就要受到严厉处罚。《岳麓书院藏秦简(肆)》记载：

> 主匿亡收、隶臣妾，耐为隶臣妾，其室人存而年十八岁者，各与其疑同法，其奴婢弗坐，典、田 3 典、伍不告，赀一盾。其匿□□归里中，赀典、田典一甲，伍一盾。匿罪人虽弗敝(蔽)貍(埋)，智(知)其请(情)，舍其室， 4 □□□吏遣，及典、伍弗告，赀二甲。 5

这里的"主"可能指户主，与后文"室人"相对。这里讲到了三种情形：第一种，户主帮助隐匿收留逃亡者与被通缉者(未藏匿于里内部)，除了户主被处以耐刑，该里的典、相关的田典、同伍伍长若没有告发，则都要处罚一盾。第二种，假如户主把人带回里中藏匿，那么对典、田典的处罚上升至一甲。"其匿□□归里中"，朱锦程先生认为应是"其匿罪人归里中"，其说可从。① 第三种，若户主知道对方有罪在身且将人藏匿在自己家中，对里典与伍长的处罚则上升到二甲。三种情形的处罚逐渐加重，也表示在政府看来罪行是逐次加深的。

有意思的是三种情形下，处罚的对象与处罚的程度发生了变化，其中内容颇值得深究(见表 3.1)。

---

① 朱锦程：《读〈岳麓书院藏秦简〉(肆)札记(二)》，简帛网(http://www.bsm.org.cn/show_article.php? id=2546)，2016 年 5 月 8 日。

表 3.1　里典、田典、伍长受罚与职责空间对应表

	发生地点	处罚对象及标准	处罚的变化
第一种情形	里之外	里典、田典、伍长各一盾	
第二种情形	里之内，室之外	典、田典一甲，伍一盾	典、田典处罚加重
第三种情形	室之内	典、伍各二甲	典、伍处罚加重且程度相同，田典不受处罚

第一种情形，户主隐匿罪人应该发生在里之外，里典、田典、伍长都有责任掌握情况并告发，否则都罚一盾，处罚相对较轻。第二种情形，事情发生在里之内、家门之外，典与田典的处罚上升到一甲。第三种情形，隐匿发生在室内，典、伍的处罚上升到二甲，田典不受处罚。

我们会发现里典、田典、伍长在涉及举报逃亡者事务时，其行使职责有着空间范围的明确划分。这种空间如果以图形来表示，大致如下(见图 3.2~图 3.4)：

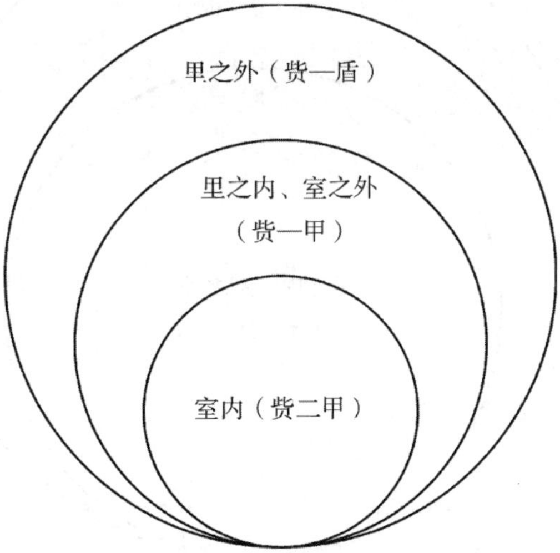

图 3.2　里典职责的空间划分

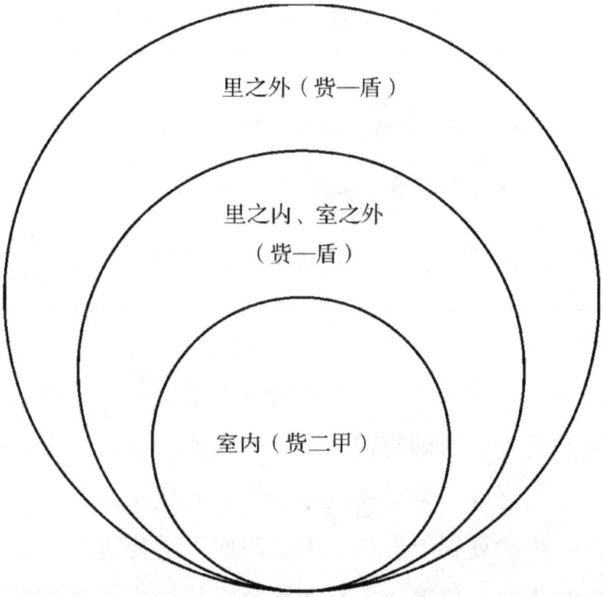

图 3.3　伍长职责的空间划分

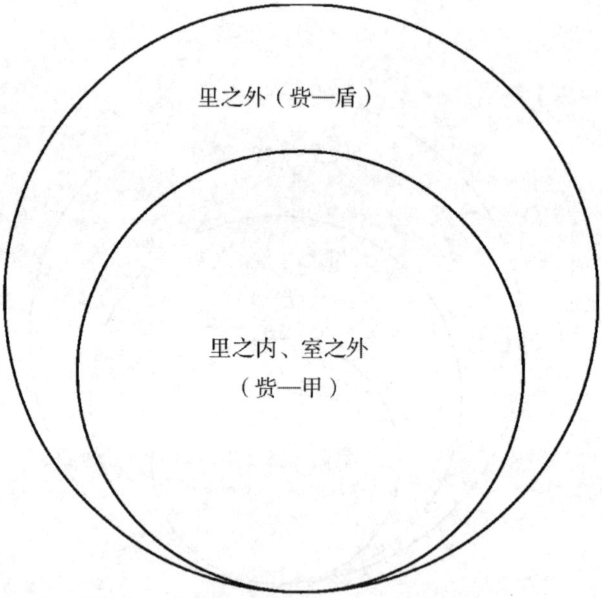

图 3.4　田典职责的空间划分

虽然这条律文是关于举报隐匿逃亡者的规定，但我们可以将其视为里典等人在执行职务时的区域划分。里典等受罚之轻重，可以标识出在行政司法体系中，其职责空间的重点区域与一般区域。基于此，便可以逐一解释律文中的相关现象。

首先值得注意的是，里典在三种情形下都要受罚，这意味着政府认为里典应对本里居民的隐匿行为负有全面的举报职责，不论是在里之内外，或室之内外。里典应完全监控和掌握里人的相关活动，但同时其职责又有着空间上的层次区分。

第一层次是里之外。里典要处理里中居民的各种事务，因而可能在里的内部活动较多，而外出机会较少，所以如果隐匿事件发生在里之外，其负有的责任相应较低。其处罚是最轻的(一盾)，比较接近因行政连带责任而作处罚的平均水平，显示里之外不是里典的主要职责区域，但其仍要承担连带责任。①

第二层次是里之内、室之外。这是里典执行公务的主要范围，如果出现外来人藏匿而里典不知情，则被视作里典失职，故而处罚也是官吏主者失职的平均水准(一甲)。

第三层次是民户室内。里典对于居民的监控不受民户宅门院墙的限制，即使室内也要掌控其人员往来。室内等隐蔽之处有罪人被隐匿，由此带来长期隐姓埋名、逃脱追捕之风险，类似张耳、陈馀之流。里典若不举报，则要处以更严厉的制裁，罚以二甲。

为了说明里典的状况，我们还可以对伍长、田典的情况作对比，看看三者的职责在空间方面有何种不同。

伍长的职责空间基本可以划分为两重：隐匿罪人只要是发生在室外，伍长都只罚一盾，这个处罚较轻，表示他因同伍之人犯法而受到连带之处罚。隐匿若发生在室内，伍长则要受到重罚，罚二甲。自商鞅设立什伍连坐制度

① 当然里之外的范围也不可能无限大，因民众多在县内活动，超出县外需要得到县尉批准，所以很可能这个范围最大止步于县境。

以来，同伍之人犯法，伍长都要连坐，但以上的材料显示出，即使连坐也是有着层次区分的。“室人存而年十八岁者，各与其疑同法”，同室之人要承担与户主相同的处罚。但假如犯法地点在其居所之外，伍长的处罚就轻多了，似乎表示居所之外并非伍长的主要责任区域。居所之内的违法隐匿对伍长处罚甚重，看来伍长仍以同伍之人的房屋居所作为行使职责的核心区域。

所谓田典，邹水杰先生认为：“田典是设于里中的田吏，协助管理与百姓田地、田作相关的事务，而不插手里典的行政事务。”①其说甚是。田典的主要工作与田地农作相关，因而其与里中民众有密切接触。也正因为如此，田典的职责并不深入民户居所之内，其职权止步于里人宅门之外，故而隐匿事件发生在室内之时，田典无须受罚。所以我们看到田典的职责空间也仅有两重。

里典与父老在维护里中治安方面也承担了相当广泛的责任。睡虎地秦简《法律答问》简 98 载：“贼入甲室，贼伤甲，甲号寇，其四邻、典、老皆出不存，不闻号寇，问当论不当？审不存，不当论；典、老虽不存，当论。”有贼寇闯入里中居民之室，并对居民造成了伤害。当里中居民大喊有贼寇时，如果同伍的邻居、里典、父老都外出不在，未听到呼救，经过审查发现情况属实，则同伍的四邻可以免罪，里典、父老即使不在现场附近也要论罪。看来典、老必须时刻注意里内的动静，因而轻易不得外出。若外出期间所辖之里发生盗贼案件，典、老不能及时介入，将被视作失职而受到处罚。

第三节　秦县与乡官

秦人所设置的乡官日常负责乡里事务，实际经手负责征派徭役、户籍登记等事务。在民众眼中，他们才是真正每日要与之打交道的官方代表，是沟通县廷与民众的重要枢纽。乡官多活动于县廷之外的乡里基层单位，县级政府要通过他们管理居民。为防止欺上瞒下、滥用职权，同时加强对民众的控

① 邹水杰：《再论秦简中的田啬夫及其属吏》，《中南大学学报》2014 年第 5 期。

制与管理，乡官也受到县级政府的严格监督。

一、秦县对乡官的监督

乡官最重要的职责之一是督促里典、父老等里吏登记户籍，并且将傅籍的结果上报县廷。《岳麓书院藏秦简(肆)》“尉卒律”载：

> 尉卒律曰：为计，乡啬夫及典、老月辟其乡里之入縠(谷)、徙除及死亡者，谒于尉，尉月牒部之，到十月乃140比其牒，里相就殹(也)以会计。141

典、老每月都要登记里中人口徙除、死亡等变动信息，上报给乡官。乡啬夫统计好全乡的人口信息，与各里数据一起呈报县尉，而每年十月进行一次年度核算。这相当于每月进行一次乡里之人口户籍的清理，从而让县廷能够实时掌控户籍信息。然而如果负责登记的典、老不按法规执行，导致户籍出现异常，即使乡官不直接经手傅籍事务，也要负连带的责任。比如《岳麓书院藏秦简(肆)》载：

> ☐□，乡部吏赀一甲，占者赎耐，莫占吏数者，赎耐。典、老占数小男子年未盈十八岁及11 女子。县、道啬夫谇，乡部吏赀一盾，占者赀二甲，莫占吏数者，赀二甲。12

简文后半部分记载的是，里典与父老将未满十八岁的小男子与女子进行占数登记，则不仅负责占数的小吏罚赀二甲，乡部吏也罚一盾。简11前半部分残断，但“占者赎耐，莫占吏数者，赎耐”的结果与下文类似，显示应该与占数直接相关，乡部吏虽然并非亲自占数者，仍旧被罚一甲。

另外，还有部分地区人口被禁止外迁，私自迁徙、逃亡的人口常常躲到其他县道之中。乡官所辖闾里如果容留这类人口，不仅里典、父老要受罚，还要根据全乡范围容留人数多少，对乡部啬夫予以不同等级的处罚，比如5人以下予以训斥，6人至20人罚一盾，30人以上罚一甲。① 本质上这也是乡官身负户籍管理职能的一种延伸。

乡官另一个主要职能是管理徭役事务。县内征发徭役的大致程序是，先由乡官根据手头掌握的户籍情况，平均进行摊派，而后在里典、父老陪同下，逐户通知并征发。徭役征发是否规范均等，哪些民户需要征发，哪些可以免除，乡官在此中是关键性人物，因此成为上级政府监管的重点。《岳麓书院藏秦简(肆)》载：

> 繇(徭)律曰：兴繇(徭)及车牛及兴繇(徭)而不当者，及擅傳(使)人属弟子、人复复子、小敖童、弩，乡啬夫吏主者，赀 147 各二甲，148……不先悉县官车牛徒，而兴黔首及其车牛以发 149 繇(徭)，力足以均而弗均，论之。150

秦存在允许以车牛代替本人服役的情况。② 擅自以车牛代替本人服徭役，兴徭而不当，还有擅自指使人属子弟、人复复子、小敖童、弩等人士服役，主事的乡啬夫等都要判罚二甲。从事县邑内部或传送委输物资等的徭事，不优先派遣本县官方的车牛与刑徒，反而擅自征发百姓与车牛，或者原本可以安排较为均衡的摊派却故意分配不均，都要论罪。从上下文来看，处

① 《岳麓书院藏秦简(肆)》简53-57："郡及襄武、上雒、商、函谷关外人及䙴(迁)郡、襄武、上雒、商、函谷关外男女去，阑亡、将阳，来入之中县、道，无少长，舍人室，室主舍者，智(知)其请(情)，以律䙴(迁)之。典伍不告，赀典一甲，伍一盾。不智(知)其请(情)，主舍，赀二甲，典、伍不告，赀一盾。舍之过旬乃论之，舍，其乡部课之，卒岁，乡部吏弗能得，它人捕之，男女无少长，伍(五)人，谇乡部啬夫；廿人，赀乡部啬夫一盾；卅人以上，赀乡部啬夫一甲，令丞谇，乡部吏主者，与乡部啬夫同罪。"

② 参见周海峰：《秦律令研究》，湖南大学博士学位论文，2016年，第96页。该文引用未刊《岳麓书院藏秦简》107号"兴不更以下车牛各比爵繇(徭)员，榱以二尺牒，牒书不更以下当使者车牛一牒上"。

罚的对象仍然是乡啬夫等乡官。至于里典、父老等，都没有在处罚名单中出现。由此也清晰地显示出，只有乡官才是兴徭的责任官员，典、老等只是起到配合作用，因而在出现兴徭不均、擅自兴徭等违法情况时，只处罚乡官。

既然兴徭不均、擅自兴徭被发现后都要受罚，乡啬夫等人可能会倾向于采用不容易被发现的手段，其中包括隐瞒征发徭役的实际数量，所以秦徭律中有专门条文对兴徭券书作出详细规定。《岳麓书院藏秦简(肆)》载：

> 繇(徭)律曰：发繇(徭)，自不更以下繇(徭)戍，自一日以上尽券书，及署于牒……不从令及繇(徭)不当券书，券书之，赀乡啬夫、吏主者各一甲……发吏力足以均繇(徭)日，尽岁弗均，乡啬夫、吏及令史、尉史主者赀各二甲，左瞏(迁)。253-255

凡是一天以上的徭戍，都要登录于券书与牒。如果违反，就要对乡啬夫、吏主者处罚一甲。这样一来，乡啬夫就无法避过上级政府的监管任意役使百姓居民。同时，没有服足徭役又被写入券书，即“繇(徭)不当券书，券书之”，本质上让部分人逃避了徭役，而让其他人承担了更多，这种行为显然违法，经手的乡啬夫等也要受到处罚。确保合法登录券书，最终目的是达到徭役均摊，保证公平，而未能达到全年均摊的乡啬夫等，都要被重罚二甲，并且职务降级(左迁)。《里耶秦简(壹)》就有不少由乡守登录的“作徒簿”，便是乡守记录治下徒隶从事徭役的工作量的簿册。同时一并受罚二甲的还有令史与尉史主者，他们在徭役事务方面应该都是乡啬夫的上级。有处罚条文悬在头上，他们也不得不严格监督乡啬夫等乡官的均摊徭役行为。

当时徭役的内容之一便是修筑城墙。修筑城墙的工作，大多由戍卒、徒隶等承担。例如睡虎地秦简《秦律杂抄》简 40-41：“戍者城及补城，令姑(嫴)堵一岁……令戍者勉补缮城，署勿令为它事……”这是令戍卒修补城墙的戍律律文。睡虎地秦简《秦律十八种・徭律》简 116-117：“兴徒以为邑中之红(功)者，令結(嫴)堵卒岁。未卒堵坏……令其徒复垣之，勿计为䌛(徭)。”县邑之中的城墙由徒隶负责修补建造，若未到期已崩坏，则由徒隶重新修补。但是当徒隶等劳力不足之时，则由普通居民兴徭修筑，分配徭役的工作便由乡啬夫等人来做。《岳麓书院藏秦简(肆)》：

> 戍律曰：城塞陛鄣多陕(决)坏不修，徒隶少不足治，以闲时岁一兴，大夫以下至弟子、复子无复不复，各旬以缮之。……离城乡啬夫坐城不治，如城尉。188-191

城塞的修补工作假如因徒隶人少难以完成，就要每年于农闲时节征发大夫以下的居民共同修缮。假如城塞未能修复，对乡啬夫的处罚参照城尉标准处理(罚二甲)。看来都乡所在的县城，由城尉负责组织修缮事务，而都乡以外的城塞就归“离城乡啬夫”负责了。

另外，乡啬夫活动于乡里之间，与典、老等里中小吏打交道比较多，所以也被赋予监督和举发典、老的职责。如果乡啬夫发现典、老的不法违规行为而知情不报，也要受到相应处罚。《岳麓书院藏秦简(肆)》简 297-298：“廿年二月辛酉内史言：里人及少吏有治里中，数昼闭门不出入。请：自今以来敢有□……县以律论之。乡啬吏智(知)而弗言，县廷亦论。”这则秦令论及里门管理问题。地方乡里发生了昼闭里门的情况。里门原本由里长开闭，并非乡官职责。但乡啬夫若“知而弗言”，县廷也会对其进行论处。里门开闭问题只是乡啬夫监督闾里的职责中很小的一段插曲，但由此可以想见，凡与闾里相关之事务，乡啬夫都有责任进行监督与处理，否则自己将会成为县廷的处罚对象。

二、秦县对乡官的考课

从战国时代开始，各国已经形成了较为完整的对官吏的考核制度。考核一般在年终进行，《荀子·王霸》记载由国相“度其功劳，论其庆赏，岁终奉其成功以效于君。当则可，不当则废”①，秦的各个部门、各种官吏同样要接受来自上级的考核，据睡虎地秦简记载，当时称之为“课”，年终考核称为“大课”。例如，睡虎地秦简《秦律十八种·厩苑律》简13-14记载，公家养的牛要在一年之中评比四次，“卒岁，以正月大课之，最，赐田啬夫壶酉(酒)束脯，为旱(皂)者除一更，赐牛长日三旬；殿者，谇田啬夫，罚冗皂者二月”。正月进行的就是“大课”，根据评定结果直接对官吏施行赏罚，头名有赏赐，殿者受申斥。那么乡官是否也有类似的考课制度呢?《里耶秦简(壹)》保留了一支“乡课志”简，是研究乡官考课的好材料。

乡课志：AI

□□□；AI

☐□食□□课；AIII

黔首曆课；BI

寡子课子课；BII

凡四课。BIII 8-483

这支简的前后还有其他机构的“课志”或“计录”，可供比对。② 所以这里的“乡”，当指乡级机构及吏员。

所谓“课”，《说文·言部》解释为“试也”，原是检验、试用之意。《管子·七法》：“成器不课不用，不试不臧。”尹知章注：“兵器虽成，未经课试，则不用不藏。”③制成之兵器，不经检验则不能使用、收藏。后来“课”字

① 王先谦撰，沈啸寰、王星贤点校：《荀子集解》卷7，中华书局1988年版，第224页。

② 比如“田官课志”(简8-479)、“[尉]课志”(简8-482)、“司空课志”(简8-486)、“畜官课志”(简8-490+8-501)、“仓课志”(简8-495)；“仓曹计录”(简8-481)、“户曹计录”(简8-488)、“金布计录”(简8-493)。

③ 黎翔凤撰，梁运华整理：《管子校注》卷2，中华书局2004年版，第117页。

引申出考核、考察的意思。如《管子·明法》："故明主以法案其言而求其实，以官任身而课其功。"①"课其功"即考核官员的功绩。又因为考核的结果常常会分出等次，"课"又产生了评判等次的意思。《楚辞·招魂》："与王趋梦兮课后先。"王逸注："课第群臣先至后至也。"②这种评判等次的活动正与《厩苑律》中年终"大课"评出田啬夫之"最"与"殿者"是一致的。

简文内容有残缺，第一栏第二行完全无法识别，第三行也有缺文，但加上第二栏的第一、二行，都以"课"字结尾，可以推测共有 4 项考课内容，正好符合简末提到的"凡四课"。

第一栏第三行"☑□食□□课"，简上部残缺，中间又有 3 字不可识别，已经无法判断此考课内容为何。但是我们对《里耶秦简(壹)》中涉及"乡"的文书经过梳理之后，发现有不少数量的文书与乡官从事稟食公务有关，记载了乡守为徒隶等人领取口粮。③ 另外还有吏员因出差行程受阻而"食尽"，所过县乡仓守为其"续食"的记载。④ 虽然领取粮食由仓守主管，但乡守或许也会参与见证。所以此处缺文很可能是稟食之类的记录。

"黔首厤课"之"厤"，原整理者作"醫"，《里耶秦简牍校释(第一卷)》改作"厤"，训为"数"。其说当是。乡啬夫最重要的职责是管理户籍，其中人口数量是户籍之基础数据，一定会时常考核。《岳麓书院藏秦简(肆)》收录"尉卒律"有两条史料可供参考。简 140-141 载："为计，乡啬夫及典、老月辟其乡里之入穀(谷)、徙除及死亡者，谒于尉，尉月牒部之，到十月乃比其牒，里相就殹(也)以会计。"这则律文虽然说的不是"课"而是"计"，但是我们由此可知乡啬夫每个月都要向县尉报告本乡之人口变动数字，到十月再把所有月份数字合计，结合上一年的合计人口，就可以得到当年的黔首人数，所以乡官、县尉对于黔首人数可以实现每月动态掌握。另外还有逃亡的情

① 黎翔凤撰，梁运华整理：《管子校注》卷 21，中华书局 2004 年版，第 1219 页。

② 洪兴祖撰，白化文等点校：《楚辞补注》，中华书局 1983 年版，第 214 页。

③ 例如简 8-925、8-1238、8-1241、8-1550、8-1557、8-1576、8-1595、8-1839、8-2247等，多有乡官为某人稟食若干斗若干升的记载。

④ 例如简 5-1、8-50、8-1517 等。

况，也有实时汇报的制度。“尉卒律”简 135-138 载，乡官对逃亡的黔首要制作“奔书”，上报县廷，逃亡满 3 个月则由县廷辟问乡官，削其爵。这虽然并非一种定期考课，但至少反映县廷与乡官对于人口数据的更新速度，显示出秦政府对于人口数据的重视。

里耶秦简简 8-483 中的“子课”应该是对民户生育子女情况的统计，这个没有太大疑问。第二栏第二行“寡子”后一字，原释文作“计”，《里耶秦简牍校释(第一卷)》释作“课”。“寡”在此处可能有两种解释：第一种是“众寡”之寡，表示人少。比如《管子·版法》：“外之有徒，祸乃始牙。众之所忿，寡不能图。”①“寡子课”指对少子的民户数进行统计。第二种是“鳏寡”之寡，指丧失配偶。不论男女，丧偶皆可称寡。比如《孟子·梁惠王下》：“老而无夫曰寡”，指寡妇。又如《左传》襄公二十七年：“齐崔杼生成及彊而寡。”杜预注：“偏丧曰寡。寡，特也。”②崔杼是齐国大夫，可见男子丧偶也称为“寡”。此处“寡子课”盖指丧偶民户数的统计。这两种解释当以何者为是，目前还无法判断。但此项考课之目的，我们还是可以作大致猜测：不论是民户少子还是丧偶，都会影响到未来人口增殖之趋势，主掌户籍的乡官当然有必要随时掌握这些情况。这有点人口调查的意味在里面。

“寡子课子课”，应该是合并为一项的考课，再加上前面的“黔首曆课”“▨□食□□课”，还有第一栏缺失的第二行考课内容，合计“凡四课”。虽然内容有残缺，但大部分还是可以解读。廪食的数量事关地方粮仓是否充盈，黔首人数是征收赋税的直接依据，“寡子课子课”反映未来人口发展趋势，这些内容都要对乡官进行考核，乡官的基本职责得到全面检验。

目前秦简牍中关于乡官的资料逐渐增多，但简牍之记载相比起乡官日常处理的诸多繁杂事务来说仍只是浮光掠影而已。虽然目前简牍所见乡啬夫的工作主要与户籍、徭役等有关，但实际上所辖乡中所有的居民与事务都与乡啬夫息息相关。事务繁杂，但凡有差池，乡啬夫都要面临处分，严重者还会

---

① 黎翔凤撰，梁运华整理：《管子校注》卷 21，中华书局 2004 年版，第 1198 页。

② 阮元校刻：《十三经注疏·春秋左传正义》卷 38，上海古籍出版社 1997 年版，第 1997 页。

降职。然后县廷等上级政府还会定期举行考课，依照名次等级进行赏罚。在此氛围之下，所有乡啬夫不得不战战兢兢、恪尽其职。

小　结

楚国里吏在职官制度中处于底层，常常受到县级官员的差遣。后者常常以名为“孓”的公文对前者做出指令。中央官署并不直接与里吏打交道，而是通过中间层级的县廷进行管理，这也是楚国中央对基层地方社会组织管理的通行模式，也显示了里作为基层地方社会组织的特点。

秦律明令秦里典由县尉任命，简牍文书中记载有相关实例：里人推选提名，乡啬夫上报新里典人选，县尉任命，最后县令、丞复核人事任命。里典任命的核心是里人的提名权与县尉的任命权，乡啬夫在此程序中仍起到重要作用。一里只能任命一位里典，且不得由“丁者”担任，优先选无爵者担任。当里中民户不足 30 户时，不需要选任父老。县廷对典、老的工作进行考核与赏罚，渎职枉法行为都要受到严惩。里典、田典、伍长虽然都活动于里中，但其职责有着空间上的划分：里典虽然对里人活动负有完全责任，但主要负责范围是里之内；伍长主要职责范围是伍人的室之内；田典则主要负责里之内、室之外的区域。在主要职责空间内，里典、田典、伍长渎职将受到重罚。若超出其主要职责空间范围，则轻罚或免予处罚。

秦乡官经手负责征派徭役、户籍登记等事务，是地方社会管理的重要一环，因而受到县廷的严格监督。若户籍登记出现异常，或是乡里容留非法迁徙之人口，乡官都要受罚。兴徭是否合法、徭役征派是否平均，也是乡官受监管的重点。秦政府对乡官定期进行考课，内容可能包括廪食、人口数量、生育等方面的情况。

第四章　战国秦代的地方社会秩序

前文讨论了乡里组织的机构与职官设置，但地方社会并不只有管理机构与官员，占据人口大多数的是生活其中的民众。他们在吏员管理下的行为构成了地方社会的基本秩序：傅籍、承担各种赋役，遵从社会治安的规定，以及在无法承担责任之后逃亡，每一种都构成乡里社会秩序的一个侧面。乡里的秩序在高层级官僚眼中又是什么样子，也是本章将要讨论的话题。

第一节　乡民的基本义务之一：傅籍

战国秦代民众的基本义务之一便是登录户籍。当然，这种登录工作一般是由乡官里吏来完成的，但配合吏员如实上报自己与家庭的信息仍是民众的义务。

户籍的前身，应该是名籍。所谓名籍，是登记人名等相关信息而形成的簿籍。《说文》曰："籍，簿书也。"籍本身是一种登记簿册。东汉刘熙《释名·释书契》解释为："所以籍疏人名、户口也。"①专门登记人名、户口的簿册可称籍。《史记·汲郑列传》载："高祖令诸故项籍臣名籍，郑君独不奉诏。诏尽拜名籍者为大夫，而逐郑君。"②此"名籍"表示把自己的名字写在簿籍上，这是刘邦专用于统计项羽故臣的簿籍，只是用来封赏赐爵的名单，与

① 刘熙撰，毕沅疏证，王先谦补：《释名疏证补》，中华书局 2008 年版，第 203 页。

② 司马迁：《史记》卷 120《汲郑列传》，中华书局 1982 年版，第 3112 页。

一般的户籍完全不同。《周礼·天官·宫正》："宫正掌王宫之戒令、纠禁，以时比宫中之官府次舍之众寡，为之版以待。"《周礼·天官·宫伯》："宫伯掌王宫之士庶子，凡在版者，掌其政令，行其秩叙，作其徒役之事。"①宫正与宫伯掌握的"版"，郑玄认为都是人的名籍。当时的名籍可以有多种用途，并不局限于后来户籍的行政管理、征发赋役、执行法律的作用。名籍登记的对象只是个人而且主要是男丁。辛田先生认为，名籍制度产生于春秋中晚期之前，当时以宗族进行控制，故而户籍并未产生；随着宗法政治转为郡县地缘政治，"以户定籍"，户籍制度才于春秋以后逐步确立。② 战国秦代正是名籍、户籍相关制度的转变时期，因而值得作专门讨论。

一、传世文献中的傅籍

谈到周代的户籍制度，学者多会引述《周礼》《管子》等的相关记载，以为可以反映西周、东周的情况。③ 比如《周礼·秋官·司民》曰：

> 司民掌登万民之数，自生齿以上皆书于版，辨其国中与其都鄙及其郊野，异其男女，岁登下其死生。及三年大比，以万民之数诏司寇。司寇及孟冬祀司民之日献其数于王，王拜受之，登于天府。

郑玄注："版，今户籍也。下犹去也。每岁更著生去死。"④按照《周礼》的记载，周官司民从未满周岁的幼儿时起就将信息登录于户籍版上，其中内

① 阮元校刻：《十三经注疏·周礼注疏》卷3，上海古籍出版社1997年版，第657、659页。

② 辛田：《名籍、户籍、编户齐民——试论春秋战国时期户籍制度的起源》，《人口与经济》2007年第3期。

③ 宋春：《先秦时期的户籍制度考略》，《农业考古》2010年第4期。

④ 阮元校刻：《十三经注疏·周礼注疏》卷35，上海古籍出版社1997年版，第878页。

容包括居住区域(国鄙郊野)、男女性别，而且每年更新出生、死亡者的信息，每三年作一次全国统计。

除此之外，《周礼·地官·大司徒》也有记载：“大司徒之职，掌建邦之土地之图与其人民之数，以佐王安扰邦国。”①大司徒主管公共事务，也同时掌握人口之数，主要与手中的土地舆图配套使用。《周礼·夏官·大司马》又载：“大司马之职……简稽乡民，以用邦国。”郑玄注：“简，谓比数之。稽，犹计也。”②大司马掌管军事，军队最注重兵源，为了掌握稳定的兵源，必然需要对适合兵役的民众进行统计。

大司徒掌握“人民之数”，在大司徒之下，小司徒掌握的户籍信息就要详细完整多了。《周礼·地官·小司徒》载：

> 小司徒之职，掌建邦之教法，以稽国中及四郊都鄙之夫家九比之数，以辨其贵贱、老幼、废疾……乃颁比法于六乡之大夫，使各登其乡之众寡、六畜、车辇，辨其物，以岁时入其数，以施政教，行征令。③

小司徒在国中及四郊统计人口，其中还要分辨贵贱、老幼、废疾；在六乡统计人口的同时，另外登记六畜、车辇等家庭财产。表面看来似乎小司徒在不同的区域登记的内容各不相同，但实际上这可能是文学中的“互文”修辞手法，以上所有项目都要登记，即国中及四郊也要登记财产，六乡也要登记身份、年纪、健康状况。

《周礼》记载中的西周似乎呈现出相当完整的户籍登记制度：司民将户籍信息登录于户版呈递给中央，大司徒掌握总体人口数与土地舆图用以规划全

---

① 阮元校刻：《十三经注疏·周礼注疏》卷10，上海古籍出版社1997年版，第702页。

② 阮元校刻：《十三经注疏·周礼注疏》卷29，上海古籍出版社1997年版，第834页。

③ 阮元校刻：《十三经注疏·周礼注疏》卷29，上海古籍出版社1997年版，第710页。

国经济，小司徒登记详细人口与财产信息以助施政，大司马手握可服兵役人数以稳定提供兵源。各方都做了人口民户的统计，但不重复，而是各有分工。但问题在于，《周礼》的记载是否可信，又能够在多大程度上反映周代的户籍制度？《周礼》并非西周文献，其成书时代晚至战国以后，这已是学界共识。葛剑雄先生指出，如果仅仅依据以上记载就认为西周实行了这么完善的的人口调查体系与制度，就上了《周礼》的大当了，真正可靠的史料应该出自《国语》。①

《国语·周语》载周宣王丧失南国之师后，“料民于大原”。所谓“料民”，即对人口逐个计数、登记。周大夫仲山父劝谏宣王“民不可料也!”原因在于“夫古者不料民而知其少多，司民协终孤，司商协民姓，司徒协旅，司寇协奸，牧协职，工协革，场协入，廪协出，是则少多、死生、出入、往来者皆可知也”②。此前西周政府已经通过不同的官员分别统计了不同的人群：司民登记死者与孤儿，司商登记拥有族姓的人口，司徒登记军旅的人数，司寇掌握罪犯人数。同时还有官员统计资产：牧人与百工掌握牲畜、皮革原料的数量，场人与廪人登记场圃与粮仓的出入。仲山父认为，有了这些官员的统计，加上在春、秋、冬三时举行田猎，周王就可以直接掌握民之人数，根本不需要专门“料民”。但周宣王不听，坚持在地区进行逐人登记。由此看来，西周早期就已经有了经常性的人口与财产调查，可以算是后来户籍制度的雏形。周宣王“料民”的做法，已经是户籍登录每位居民信息的前身。

进入春秋战国以后，从早期的诸侯争霸到后期的惨烈征伐，各国为了满足战争的迫切需要，急于加强对民户人口的掌控，户口的调查与登记制度逐渐变得更加完备，户籍制度正式出现。前文曾引用《国语·齐语》管仲与齐桓公对话，齐国为了争取霸权，在国、鄙之中采用不同的编制：国中五家为轨、十轨为里，设轨长、里司等；鄙中三十家为邑，十邑为卒，设邑司、卒

① 葛剑雄：《中国人口发展史》，福建人民出版社 1991 年版，第 26 页。

② 徐元诰撰，王树民、沈长云点校：《国语集解》，中华书局 2002 年版，第 24~25 页。

帅等。这种户口编制方式显示当时户籍制度应该已经初步建立，才能形成相对严密的军事编伍支持齐桓公争霸活动。《管子·度地》记载管子建议“常以秋岁末之时，阅其民，案家人比地，定什伍口数，别男女大小。其不为用者辄免之，有锢病不可作者疾之，可省作者半事之。并行以定甲士当被兵之数，上其都”①。《度地》篇“阅其民”的做法已经相当类似户籍登记，包括记录家庭成员人口数、性别、年龄、健康状况、可否劳作、可服兵役人数等。但是我们在前文也说过，《管子》的成书时间很晚，不可当作信史，故而当时齐国户籍制度之详情仍不可知。

二、楚国的傅籍制度

战国时期的楚国民众应该都要登录名籍，这一点我们通过包山楚简可以看到一些例证。包山楚简的整理者之一彭浩先生点明名籍制度的存在②，此后陈伟、杨晓华、李艳琴等先生先后对楚国的户籍（名籍）制度作了进一步的梳理与讨论③。

包山楚简《集箸》《集箸言》两组简文中常见“典”字，彭浩先生指出它是登记名籍的簿册，其说甚确。在简文中，我们确实看到楚国居民之信息登录在“典”的记载。比如“以阩（登）尖人所幼未阩（登）尖之玉府之典”（简 1-2），“鄵贼上连嚣之还集廖族衍一夫，凥（处）于鄵䜌之少桃邑，在陈豫之典”（简 10-11），尖人要登录于玉府之典，廖族名衍的人则要登录于陈豫之典。登录在“典”应该是政府强制性的规定，因为简文中有明确记载，楚王指定官员对隐匿人口行为进行过调查。

① 黎翔凤撰，梁运华整理：《管子校注》卷 18，中华书局 2004 年版，第 1059 页。

② 彭浩：《包山楚简反映的楚国法律与司法制度》，湖北省荆沙铁路考古队：《包山楚墓》附录二，文物出版社 1991 年版，第 548~550 页。

③ 陈伟：《包山楚简初探》第四章“名籍与身份”，武汉大学出版社 1996 年版，第 108~131 页；杨晓华：《楚国户籍制度简论》，《黑龙江教育学院学报》2010 年第 12 期；李艳琴：《包山楚简名籍问题初探》，《宁夏大学学报》2012 年第 2 期。

王廷于蓝郢之游宫，焉命大莫嚣屈阳为命邦人纳其溺典。臧王之墨以纳其臣之溺典：喜之子庚一夫，尻(处)郢里，7 司马徒箸之；庚之子昭一夫、昭之子疕一夫，未在典。8

臧王之墨之人臣庚在官方记录中“尻(处)郢里”，推测庚原在名籍“典”之中。但是庚的儿子(昭)、孙子(疕)并不在“典”中，时人把这种隐匿人口的行为称为“溺典”。楚王特别命令大莫嚣(敖)调查“溺典”之事，可见对此事的重视。

子左尹命漾陵宫大夫察郜室人某瘽之典之在漾陵之参鉩。漾陵大宫痎、大驲尹师、郙公丁、士师墨、士 12 师鄢庆吉启漾陵之参鉩而在之，某瘽在漾陵之参鉩间，御之典匮。大宫痎纳是志。13

左尹命令漾陵宫大夫调查名为“某瘽”之人的名籍，发现他的“典”在漾陵的三合玺文件中有载。事后证明“某瘽”的名字确实登录其上，但为了开封三合玺文件，需要有漾陵大宫、大驲尹、郙公、士师等 5 名官员在场才得以执行。如此郑重其事的查验程序，显示了楚国政府对名籍“典”的高度重视，也从侧面说明当时所有人口都要登录名籍，不可缺漏。

彭浩先生指出，当时的名籍登记是按照地域进行的，按照居民的固定居所编制。① 这一点在包山简中是比较清楚的。在清查“溺典”时文书特别详细地注明该人的居处地，比如“尻(处)郢里”(简 7)、“尻(处)于鄝夁之少桃邑”(简 10)等。而且在各种诉讼档案中，首先就要写明原告、被告的居处地，比如“中阳[illegible]盘邑人沈繁以讼坪阳之枸里人文适”(简 97)，沈繁与文适分别居于中阳县[illegible]盘邑、坪阳县之枸里。

① 彭浩：《包山楚简反映的楚国法律与司法制度》，湖北省荆沙铁路考古队：《包山楚墓》附录二，文物出版社 1991 年版，第 549 页。

我们还应该看到，包山简文书中有大量楚人的名籍信息并不是按照地域居处进行登录的。陈伟先生早已注意到此现象，将其概括为某地“人”与某人之“人”的问题进行了讨论。据他统计，简文中记录的某人之“人”总共约50例，数量相当庞大。某地“人”表示地域上的领辖关系，某人之“人”表示人际之间的隶属关系。处于主导地位的“某人”绝大多数是官员与贵族，处于被动地位的人或许是宾客、眷属子弟、徒役之类。① 那么，登记在某人名下、呈现为某人之“人”的名籍信息，是否与彭浩先生所说的名籍按照行政区域、居所进行编制的原则有冲突呢？仔细审读简文，我们会发现并没有太大冲突。处于主导地位的人如果是官员，他的居处名籍都会在政府有明确记录，挂在他名下的人的名籍信息也随之可以推断。比如“鄝莫嚣之人周壬”（简29），虽未记录周壬的居处区域，但他是鄝县莫嚣（敖）官员的人，他的名籍在官方看来就一清二楚了。处于主导地位的人如果是贵族，比如封君之类，他们的封地宅邸大致应该就是名籍地域之所在了。

从上面的情况来看，楚国的名籍登记方式应该已经基本进入地缘政治社会的阶段，血缘关系已经不再是官方认可的主要社会联系，但是仍旧能够看到一些血缘家族制度的残留。包山简中有一组《受期》简，其中有一条材料就很值得关注，简32：“邸阳君之州里公邓缨受旮（期）……不以所死于其州者之居处名族致命，阩门有败。”邸阳君之州的州里公受令，把死于邸阳君之州的人的“居处名族”信息上报。居处，即该死者的居住之地。名，指姓名。两者加起来就是目前看到的名籍登记的基本内容。但是最后还有一个“族”字，指的应该是宗族之类。看来宗族信息应该跟居处地、名字一样重要。关于楚国的宗族，包山楚简中还有零星的记载：

> 剁瞂之少僮盬族郞一夫 3
>
> 鄭瞂上连嚣之还集瘳族衍一夫 10
>
> 楚斨族伥动 163

① 陈伟：《包山楚简初探》，武汉大学出版社1996年版，第109~112页。

鄺族之州人孙之181

应族州里公黄固191

这5例无疑都是名籍信息。根据《包山楚简文字编》统计，“族”字在简文中总共就只有以上5例及“居处名族”，共6例。① 所以总体上来说，名籍中记录家族信息的相对稀少。但是看这些族的名称，有一些似乎与手工技艺有着密切的关系。釿，《说文》曰：“方銎斧也”，也就是方孔的斧子。盬，乃是一种粗盐。《周礼·天官·盐人》：“凡齐事，鬻盬以待戒令。”郑玄注：“鬻盐，湅治之。”②又《史记·货殖列传》：“猗顿用盬盐起。”《史记索隐》：“盬，谓出盐直用不炼也。”③应，一种乐器。《尔雅·释乐》：“大鼓谓之鼖，小者谓之应。”④《诗经·周颂·有瞽》：“应田县鼓，鞉磬柷圉。”郑玄注：“应，小鞞也。田，大鼓也。”⑤这样依次看来，盬族或与食盐生产有关，楚釿族或与木工修造有关，应族或与乐器演奏或制造有关。还有“瘳族”，《说文》：“瘳，疾愈也”，这一族似乎与治疗疾病的医学有关。剩下鄺族不知得名的具体含义，也有可能与雁之类禽鸟的饲养或羽饰加工有关。简145记载“东周之客”“秦客”“魏客”“越客”等多位外交使臣“叙雁”，似乎雁在外交上有特殊用途。这些手工技艺非常讲究家族内部的世代传承，技艺的服务对象也很可能是王室或贵族，所以才有必要把他们的家族单列出来，与居处、姓名并列一起，作为重要信息向政府呈报。但要注意的是，这些家族的成员，大部分已经编入地域名籍系统中了，比如“剈殹之少僮盬族郙一夫”，接下来简文记录其“凥(处)于鄩路区涂邑”。再比如“郍殹上连嚣之还集瘳族衍一

① 张守中：《包山楚简文字编》，文物出版社1996年版，第115页。

② 阮元校刻：《十三经注疏·周礼注疏》卷6，上海古籍出版社1997年版，第675页。

③ 司马迁：《史记》卷129《货殖列传》，中华书局1982年版，第3259页。

④ 阮元校刻：《十三经注疏·尔雅注疏》卷5，上海古籍出版社1997年版，第2601页。

⑤ 阮元校刻：《十三经注疏·毛诗正义》卷19，上海古籍出版社1997年版，第594页。

夫”，简文记载他“凥(处)于鄝䣺之少桃邑”，且明确指明他的名籍在“陈豫之典”。还有一些家族的成员，比如鄗族之州人孙之、应族州里公黄固，也被编入家族拥有的州中间了。唯有“楚斨族伥动”，怎么看也不像是编入地域系统的样子，笔者猜测“伥动”或许是该族的族长之类或是拥有相当尊贵的其他身份，以至于可以不用书写其居处地域。

李艳琴先生注意到包山简的名籍登记是以“一夫”为单位，显示当时以登记“男丁”为基础。① 这确实是一个值得关注的问题。辛田先生认为人口登记的早期阶段呈现“以丁为户”的特点，只统计成丁人口，后期才出现“以户定籍”的户口登记办法。甲骨卜辞与西周金文中关于人口的记载多以“夫”为单位，直到《周礼》中才出现“夫家”，显示从个人到家户的人口登记过程。② 包山楚简《集箸》中确实有几处“一夫”的记载：

> 少僮盬族郙一夫、瘽一夫……凡君子二夫。3-4
>
> 喜之子庚一夫……庚之子昭一夫、昭之子疕一夫，未在典。7-8
>
> 还集瘳族衍一夫……在陈豫之典。10

以上材料显示出共同的特点：“一夫”紧跟在名字之后。通过与其他简文比对，我们可以推断出一些结论。首先，“一夫”应该带有计数的性质，简 3-4 中的“君子二夫”显然是把“郙一夫”“瘽一夫”进行累加的结果。其次，“一夫”应该是楚国名籍簿册“典”的登录信息要素，如简 7-8、简 10 材料所见。

如果当时楚国名籍制度只登记成年的男丁，其他人的名籍信息又如何处理呢？我们可以从简文中女性的记载寻找到一些线索。包山楚简中记载的女性非常稀少。其中一些还是地位很高的女性贵族，比如“龚夫人”(简 41、

① 李艳琴：《包山楚简名籍问题初探》，《宁夏大学学报》2012 年第 2 期。

② 辛田：《名籍、户籍、编户齐民——试论春秋战国时期户籍制度的起源》，《人口与经济》2007 年第 3 期。

48）、“圣夫人”（简 84、179）、“君夫人”（简 142、185），学者多认为是楚王的夫人。讨论她们的名籍问题似乎没有什么代表性。

> 罗之壦里人湘痼讼罗之庑寇之𡈼者邑人邓女，谓杀噬阳公会伤之妾叴与。83
>
> 远乙讼司衣之州人苛䌨，谓取其妾嬷。89
>
> 佶大㲃六令周霰之人周雁讼付举之关人周瑶、周敚，谓葬于其土。瑶、敚与雁成，唯周𢞊之妻葬焉。91
>
> 中阳盘邑人沈𦒥以讼坪阳之枸里人文适，以其夺妻。97

前两例都涉及妾，即女性奴仆，她们因为与主人有着明显的人身依附关系，所以名籍信息也附于主人名下。简 83“噬阳公会伤之妾叴与”就构成了比较完整的名籍信息，简 89 则可以依照此例补完为“远乙之妾嬷”。

后两例都涉及妻，妻子的名籍应该是依附于丈夫的名下，简文并没有单独给出名籍信息。所以简 91“周𢞊之妻”不仅仅是陈述诉讼的事实与人物关系，也是该妻子的名籍信息。简 97 妻子的完整名籍应该是“中阳盘邑人沈𦒥之妻”。以上四例的文辞结构，正如同前面提及的“某人之‘人’”的身份类型。

既然臣妾与妻子的名籍都依附在该户的男丁名下，同理也可推知，未成年的男性或许也是如此处理。包山简文中几乎见不到有关未成年人的记载，唯有一个疑似案例。简 93 载：“宛人范绅讼范驳，以其夺其后。”这是一件宛县人范绅起诉他人夺走后嗣的案件。范绅的后嗣可能因年纪太小，官方名籍并未登记其姓名，仅以“其后”来指代，但他的身份名籍原本应该是依附在范绅那里。

前面我们谈到“居处名族”是楚国政府上报的名籍信息的主要内容。其中“居处”包含了两种不同的意思。“处”字在简文中原作“凥”，《说文》：“凥，处也。”《集箸》中所有登录于“典”的地址，都用“凥（处）”字，比如“凥（处）于鄢路区涢邑”（简 3）、“凥（处）郢里”（简 7）、“凥（处）于鄝䢵之少桃邑”（简 10），说明“处”是长期居住、非常稳定的地址。但战国时期楚国经济活动相当活跃，居民离开本地去他乡已经很常见，后文将要谈到楚国居民频繁的人员流动。这样一来，居民当时实际所在的地址与官方登记便容易产生不一致。为了解决这个问题，楚国政府便用“居”来指代居民迁居或临时居住的地址。比如简90中，繁丘少司败查证繁丘县南里确实有居民叫龚酉，且直到他自从“甘匿之岁”后迁居鄗县“□里”。简126-127记录漾陵宫大夫查证了漾陵州里人阳鏞迁居郢都，与其叔父住在一起。所以楚国居民的迁居应当经过当地官府批准，可能记录在案，必要时官府能提供迁居者的详细信息。①

三、秦的傅籍制度

与楚国的名籍制度相比，秦的户籍制度要严密且复杂得多，不仅传世文献中有明确记载，目前出土的秦简更是提供了相当多的相关资料。云梦睡虎地秦简出土后，就有学者专门研究过秦户籍制度。② 随着里耶秦简“南阳户籍简”公布，秦户籍问题一时之间变成了学界热门讨论的话题。③

秦的户籍制度，据文献记载，最早可以上溯到秦献公时。《史记·秦始皇本纪》载：“（献公）十年，为户籍相伍。”④“为”，《尔雅·释言》：“作、

① 陈伟：《包山楚简初探》，武汉大学出版社1996年版，第129页。

② 高敏：《秦汉的户籍制度》，《求索》1987年第1期；杨际平：《秦汉户籍管理制度研究》，《中华文史论丛》第85辑，上海古籍出版社2007年版。

③ 邢义田：《龙山里耶秦迁陵县城遗址出土某乡南阳里户籍简试探》，简帛网，2007年11月3日；刘欣宁：《里耶户籍简牍与“小上造”再探》，简帛网，2007年11月20日；张荣强：《湖南里耶所出“秦代迁陵县南阳里户版”研究》，《北京师范大学学报》2008年第4期；刘敏：《关于里耶秦“户籍”档案简的几点臆测》，《历史档案》2008年第4期；张春龙：《里耶秦简所见的户籍和人口管理》，《里耶古城·秦简与秦文化研究》，科学出版社2009年版；黎石生：《里耶秦简中的两个小问题》，《里耶古城·秦简与秦文化研究》，科学出版社2009年版；田旭东：《里耶秦简所见的秦代户籍格式和相关问题》，《四川文物》2009年第1期；黎明钊：《里耶秦简：户籍档案探讨》，《中国史研究》2009年第2期；陈絜：《里耶“户籍简”与战国末期的基层社会》，《历史研究》2009年第5期；王子今：《试说里耶户籍简所见“小上造”、“小女子”》，《出土文献》第一辑，中西书局2010年版。

④ 司马迁：《史记》卷6《秦始皇本纪》，中华书局1982年版，第289页。

造，为也。”①《周礼·春官·典同》：“典同掌六律六同之和，以辨天地四方阴阳之声，以为乐器。”郑玄注：“为，作也。”②所谓“为户籍”，即编制户籍。秦献公十年即公元前375年，当时秦国政府开始编制户籍，当时以五户（“伍”）为基本单位，可能形成了文献中记载的类似“什伍”的组织。《史记·商君列传》载秦孝公任用商鞅为左庶长进行变法，“卒定变法之令。令民为什伍，而相牧司连坐”。《史记索引》云：“五家为保，十保相连。”③但建立什伍的重点还是编制户籍，户内所有人口登记在户之名下，再将秦国所有民户都登记在县乡簿册，最终实现把所有人口都置于政府的掌控之中。

虽然传世文献记载有户籍，学者们讨论户籍制度也相当热烈，但在出土文献的秦简中却极少见到直接写作“户籍”的文字，更多的是各种不同的“籍”。

秦简中有不少地方记载了“籍”字，但需要注意的是，很多情况下与户籍毫无关系。因为“籍”字的本义是簿册，只要是用来登记的册子都可以称为“籍”。户籍只是秦政府统计登录的簿籍之一，主要用于登记户内人口情况，而当时除户籍之外还有很多种簿籍。比如有一部分簿籍同样也登记人名，但是有着特别的专门用途。睡虎地秦简中有相当多的例子。比如《秦律十八种·仓律》简37：“县上食者籍及它费大仓，与计偕。都官以计时雠食者籍。”律文中“食者籍”应该是从仓中领取粮食的专门簿籍。《秦律杂抄》“游士律”简5载：“有为故秦人出，削籍，上造以上为鬼薪，公士以下刑为城旦。”律中削去的“籍”应该是“游士籍”，是专门登录游士的簿籍。战国时代多有往来各国、纵横捭阖之游士，游士之籍自然不同于普通编户的户籍，游士们也应该享有比普通吏民更大的自由。再比如《秦律十八种·均工》简111-112载：“新工初工事……二岁而成……盈期不成学者，籍书而上内史。”新的工

① 阮元校刻：《十三经注疏·尔雅注疏》卷3，上海古籍出版社1997年版，第2581页。

② 阮元校刻：《十三经注疏·周礼注疏》卷23，上海古籍出版社1997年版，第797页。

③ 司马迁：《史记》卷68《商君列传》，中华书局1982年版，第2230页。

人经过培训要求两年培养完成，逾期学而不成的工人，就要把名字书写在“籍”上，交给内史发落。这是官府工场中培训新工人失败的簿册，或可称为“新工不成学者之籍”。《岳麓书院藏秦简(肆)》收录“尉卒律”简141云：“黔[首]之阑亡者，卒岁而不归，結其计，籍书其初亡之年月于結。”这种籍书专门记载黔首逃亡时间。

在另外一些场景下，簿籍是用于登记器物的名录。比如睡虎地秦简《秦律十八种·仓律》简28载：“入禾稼、刍稿，辄为廥籍，上内史。”专门登记收进来的粮食、草料称为“廥籍”。《秦律十八种·尉杂》简200云：“……法律程籍，勿敢行，行者有罪。”法律程籍大概是登记法律程式的簿册。《秦律十八种·田律》简11：“乘马服牛禀……禀大田而毋(无)恒籍者。”这里的“恒籍”应是一种登记牛马的簿籍。另外《里耶秦简(贰)》简9-651+9-2470：“卅一年十月己酉朔癸酉，迁陵将计叚(假)丞枯敢言之：仆马一匹，以卅一年死。今为椯一牒上，谒除籍。敢言之。”迁陵吏员的马死掉之后为之除籍，此籍显然也是与前例类似的牛马簿籍。即使是登记物品的簿籍，也具有法律效力，当实际的物品情况与簿籍登记有异时，主管人都要受罚。例如睡虎地秦简《效律》简43载：“器职(识)耳不当籍者，大者赀官啬夫一盾，小者除。”这里的籍虽只是一种登记公家器物的簿册，但当公器上刻印的标识与登记簿对不上时，就要处罚官啬夫一盾。

目前见到的秦简中，明确写有“户籍”字样的大概只有《岳麓书院藏秦简(叁)》的“识劫㛲案”。

> 沛未死，弗欲以肆、室鼠(予)识。不告㛲，不智(知)户118籍不为妻、为免妾故。它如前。119……卿(乡)唐、佐更曰：沛免㛲为庶人，即书户籍曰：免妾。沛后妻㛲，不告唐、更。今籍为免妾。不智(知)它。126……沛免㛲为庶人，以131为妻，有(又)产必、若，籍为免妾。132

这是一件涉及胁迫、威逼侵夺财产的案件。大夫沛是家庭的户主，他把自己的妾婏放免为庶人，并且载“户籍”上写明其身份：免妾。大夫沛后来娶婏为妻，娶妻之事为邻居亲友所周知，但是这一关系并没有在户籍上进行变更，所以案件文书中两次提及“籍为免妾”，两处的“籍”显然是户籍的简称。试图胁迫婏交出财产的人，名叫“识”，原本是大夫沛的隶臣。婏的身份在户籍上登记原本是妾，后改为免妾，同理可知，识的隶臣身份同样也应在此户籍上。

从以上“识劫婏案”简文可以得知，秦的户籍制度是确实存在的，所使用的也正是“户籍”的称呼。户籍登记的内容，从这个案子的卷宗来看，至少应该包括户主（大夫沛）、户主之妻（大夫沛未将婏登记为妻）、户主的子女名字（婏为大夫沛所生4个子女）、臣妾奴婢等人（隶臣识、放免之前的妾婏），以及其他家庭成员等（放免之后的免妾婏）。户籍上的家庭成员都会记录名字、爵位、身份等信息。户籍在秦律令文书中有时会简称“籍”。《岳麓书院藏秦简（肆）》也有一个类似的例子，简136-137云：“爵而傅及公士以上子皆籍以为士五。”

除却户中人口的名字、身份之外，官府还会在簿册登记些什么内容呢？睡虎地秦简《封诊式》有如下记载：

> 乡某爰书：以某县丞某书，封有鞫者某里士五（伍）甲家室、妻、子、臣妾、衣器、畜产。甲室、人：一 8 宇二内，各有户，内室皆瓦盖，大木具，门桑十木。妻曰某，亡，不会封。子大女子某，未有夫 9 子小男子某，高六尺五寸。臣某，妾小妇子某。牡犬一。几讯典某某、甲伍公士某某：“甲党（倘）有 10 当封守而某等脱弗占书，且有罪。”某等皆言曰：“甲封具此，毋（无）它当封者。”即以甲封付某 11 等，与里人更守之，侍令。12

以上是“封守”爰书，即查封被审讯者的产业与看守其家属的文书记录。

文书详细记录了查封的项目包括家室、妻、子女、臣妾、衣服器用、畜产等，而家室甚至还注明了房屋的构造与门前的树木，还有其子的身高也记录在册。高敏先生推测这封爰书虽不等于户口册，但查封犯人的家庭财产时必以户口册为依据。所以秦的户籍登记还应该包括财产项，也可能有身高记录。① 但封守爰书并未提及户籍，所以不能肯定秦户籍是否包含财产登记项。

2002 年里耶古城护城壕出土了 28 枚简牍，公布在《里耶发掘报告》中，其中缀合整简 10 枚，残简 14 枚，无字及无法辨认的简 4 枚。② 因内容与户籍登记有关，故而学界多称其为“户籍简”。围绕这批户籍简，学术界开始热烈讨论秦代户籍与家庭的相关问题。这批简很有特点，其中有字简牍皆分栏书写，内容见表 4.1：

表 4.1　里耶户籍简分栏表③

简号	第一栏	第二栏	第三栏	第四栏	第五栏
K27	南阳户人荆不更蛮强	妻曰嗛	子上造□	子小女子驼	臣曰聚 伍长
K1/25/50	南阳户人荆不更黄得	妻曰嗛	子小上造台 子小上造 子小上造定	子小女虖 子小女移 子小女平	伍长
K43	南阳户人荆不更大□ 弟不更庆	妻曰嬛 庆妻规	子小上造视 子小造□		

① 高敏：《秦汉的户籍制度》，《求索》1987 年第 1 期。

② 湖南省文物考古研究所编著：《里耶发掘报告》，岳麓书社 2007 年版，第 203～208 页。

③ 表 4.1 中“……”表示有文字迹象而无法释读。

续表

简号	第一栏	第二栏	第三栏	第四栏	第五栏
K28/29	南阳户人荆 不更黄□	妻曰负刍	子小上造□	子小女子祠 毋室	
K17	南阳户人荆 不更黄□ 子不更昌	妻曰不实	子小上造悍 子小上造	子小女规 子小女移	
K8/9/11/47	南阳户人荆 不更五亻□□	妻曰缯	……	……	……
K42/46	南阳户人荆 不更□□	妻曰义	……	母睢	伍长
K30/45	南阳户人不 更彭奄 弟不更说	母曰错 妾曰□	子小上造状	……	（残断）
K4	南阳户人荆 不更䜌喜 子不更衍	妻大女子媐 隶大女子华	子小上造章 子小上造	子小女子赵 子小女子见	（残断）
K2/23	南阳户人荆 不更宋午 弟不更熊 弟不更卫	熊妻曰□□ 卫妻曰□	子小上造传 子小上造逐 □子小上造□ 熊子小上造	卫子小女子□	臣曰褠
K13/48	南阳户人荆 不更□□	妻曰有	子小上造绰	母	（残断）
K36	（残断）	（残断）	（残断）	……	伍长
K3	（残断）	（残断）	子小上造□ 子小上造夫	……	（残断）

续表

简号	第一栏	第二栏	第三栏	第四栏	第五栏
K5	□献	妻曰缚 □妻曰□ 下妻曰婺	……	（残断）	（残断）
K38/39	南阳户人荆 不更□	（残断）	（残断）	（残断）	（残断）
K15	（残断）	□妻曰差	（残断）	（残断）	（残断）
K18	南阳户人荆 大夫	（残断）	（残断）	（残断）	（残断）
K6	（残断）	妻曰□□	……	（残断）	（残断）
K7	……更□	……	……	……	……
K26	（残断）	……	……	子小女子□ □小女子□	（残断）
K31/37	南阳户人荆 不更李獾	妻曰耱	子小上造□ 子小上造□	……	……
K33	南阳户人荆 不更□疾	疾妻曰姽			
K35	（残断）	（残断）	（残断）	……	……
K51		（残断）□ （残断）			
K14	（残断）	（残断）	（残断）	……	……

"南阳"，简牍刚公布时曾有学者认为是指南阳郡，后来陈絜等先生论证其并非郡名而是里名，① 其说甚是。"户人"即该户的户主，其他家庭成员与户人的关系都在简文中特别注明，显示他是整个家庭的核心。"荆"表示这些人应该是来自被秦人占领的楚地，他们是原楚国遗民，与关中土生土长的秦国人有所区别，后者在史籍中被称为"故秦民"。《史记·樊郦滕灌列传》："汉王欲拜之，(李)必、(骆)甲曰：'臣故秦民，恐军不信臣。'"②《商君书·徕民》载："令故秦[民事]兵，新民给刍食。"③这里就是把"故秦民"与"新民"区分开，南阳里的"荆"人便属于"新民"的一种。"不更""上造"是爵位名，在秦二十等爵制中分别属于排在第四级和第二级的民爵。比较特别的地方是，户主与其兄弟都为"不更"爵，他们的儿子都为"上造"或"小上造"爵，非常整齐划一。但是我们在睡虎地秦简中看到的就与此不同，里面记载的民众爵位参差不齐，且大量是公士等低等爵。里耶户籍简的这种爵位现象，有可能是作为某种优待措施统一授予这些楚遗民，而不太可能是通过战功等途径获得的。"小上造""小女子"的"小"，与汉简常见"小男""小女"类似，指未成年之意。同时"小上造"也是一种未成年人领有的爵位。

里耶户籍简分栏书写，看上去一目了然：第一栏登记的人物包括户主、户主成年的儿子、户主成年的弟弟，书写了他们的姓名与爵位。第二栏登记户主与其兄弟的妻子("妻")、成年的女儿("大女子")，极少数情况下登记了母亲与妾(简 K30/45)。第三栏登记未成年的儿子("子小上造")。第四栏登记未成年的女儿("子小女子")、老年妇女("母")。第五栏登记家庭的奴婢("臣")与户主是否担任伍长的情况。

关于秦政府对户籍简分栏的出发点或者说是标准，学者们有两种不同的看法。简牍的整理者和田旭东、黎明钊等先生认为是以"户主"为中心、以血缘关系来划分不同栏位，即先书户主，而后依次是妻妾、儿、

① 陈絜：《里耶"户籍简"与战国末期的基层社会》，《历史研究》2009 年第 5 期。
② 司马迁：《史记》卷 95《樊郦滕灌列传》，中华书局 1982 年版，第 2668 页。
③ 高亨注译：《商君书注译》，中华书局 1974 年版，第 323 页。

女、臣仆等。① 刘欣宁、张荣强等先生则认为，户籍简分类的架构并非亲属关系，而是男女、丁壮、老弱等赋役身份或课役身份的不同，书写顺序依次是壮男、壮女、小男、小女、老女等。②

笔者认为两种说法都有道理，户籍简很可能混用了两种分类方式，这从简文内容可以看出一些线索。首先，这种分栏书写无疑照顾到了课役身份问题，户主与成年的儿子登录在同一栏的现象（简 K17、K4）可以看得比较明显。假如只采用血缘关系分类，户主的儿子即使已成年也要跟那些“小上造”的儿子归于一栏，不可能与父亲在同一栏。其次，简文分栏也肯定关照到了血缘亲属关系。除了户主之外，户内的每一个人，在记录中都会把他（她）与户主的亲属关系放在最开头——比如“妻曰嗛”（简 K27）、“子不更昌”（简 K17）、“子小女子赵”（简 K4）等——然后才书写他们的爵位、名字，这反映出亲属关系的重要性甚至排在爵位之上。假如简文只根据纯粹的课役身份来登记，就不用记录户内人口的相互关系。比如第一栏，完全只用记录壮男的名字爵位，不用写明父子、兄弟关系；第二栏只写壮女的名字，不用分辨是妻或女儿；依此类推第三、四、五栏。因为在课役之时，只考虑男女、老弱，并不考虑亲属关系。写清楚亲属关系是一件相当麻烦的事情，又在课役时用不上。如果说这户籍简是纯粹课役用途，确实有画蛇添足之嫌疑。所以说目前所见户籍简的记录、分栏方式，考虑到了至少包含血缘关系与课役身份两个方面。记录男女、老弱的身份，很明显代表不同课役标准，用途是征收赋役之时区别对待。记录亲属关系，用途就很广泛了，它使得这些简看上去更像是今天仍沿用的户口簿。为什么要特意强调亲属关系呢？或许因为当时民众的身份很大程度上是由其所处的家庭来定义的。在官府或社会看来，他们并不是孤立的个体，通常情况下会以“某人的儿子”“某人的妻子”“某人

① 田旭东：《里耶秦简所见的秦代户籍格式和相关问题》，《四川文物》2009 年第 1 期；黎明钊：《里耶秦简：户籍档案探讨》，《中国史研究》2009 年第 2 期。

② 刘欣宁：《里耶户籍简牍与“小上造”再探》，简帛网，2007 年 11 月 20 日；张荣强：《湖南里耶所出“秦代迁陵县南阳里户版”研究》，《北京师范大学学报》2008 年第 4 期。

的女儿”等身份被社会所认知。特别是每支简开头都会记录“户人”，他不仅仅是法律与经济意义上的户主，是赋役征收时主要的被追责人，也是确立家庭内各成员身份的基点。另外，如前文所引用《封诊式》“封守”爰书所记录的那样，一旦有家庭成员犯罪，整个家庭所有成员都会被查封，这种户籍简便成为按图索骥抓人的簿册，记录亲属关系更有利于核对人员身份。

关于里耶户籍简的性质，学者们大致有两种看法：一种观点认为，里耶户籍简是秦代户籍簿册(户版)的实物，张荣强、田旭东、黎明钊、陈絜等先生持此说。① 另一种观点则认为，里耶户籍简只是临时性的簿籍，或者至少不是户籍簿籍的全部，它只是官府正式簿籍中的一部分而已，此说以邢义田、刘欣宁、王彦辉等先生为代表。② 两者分歧的焦点，并不是里耶户籍简作为秦政府户籍登记簿的真实性，而是完整性，也就是说在里耶户籍简之外是否还有其他簿籍也属于户籍的范围。学者们都关注到，里耶户籍简并没有记录家庭成员的年龄，同时奴婢以外的家庭财产也没有登记。以往被认为是户籍登记的基本要素(如年龄、物资财产)都不见踪影，就难免让人怀疑这批户籍简并不完整。

《里耶秦简(贰)》公布后，其中第9层简牍有数支简因记录家庭成员信息而值得注意。

(1) 东成户人大夫寡晏。☑ I
子小女子女巳。☑ II
子小女子不唯。☑ III 9-567

① 张荣强：《湖南里耶所出“秦代迁陵县南阳里户版”研究》，《北京师范大学学报》2008年第4期；田旭东：《里耶秦简所见的秦代户籍格式和相关问题》，《四川文物》2009年第1期；黎明钊：《里耶秦简：户籍档案探讨》，《中国史研究》2009年第2期；陈絜：《里耶“户籍简”与战国末期的基层社会》，《历史研究》2009年第5期。

② 邢义田：《龙山里耶秦迁陵县城遗址出土某乡南阳里户籍简试探》，简帛网，2007年11月3日；刘欣宁：《里耶户籍简牍与“小上造”再探》，简帛网，2007年11月20日；王彦辉：《秦汉户籍管理与赋役制度研究》第二章第一节“秦汉时期的户籍类别与登录内容的演变”，中华书局2016年版。

(2)东成户人士五(伍)夫。☐AI

妻大女子沙。☐AII

子小女子泽若。☐AIII

子小女子仿。AIV

子小男子嘉。☐BI

夫下妻曰泥。☐BII 9-2037+9-2059

(3)高里户人小上造匿☐AI

弟小女子检。☐AII

下妻曰婴 B 9-2045+9-2237

(4)阳里户人□□☐I

妻☐II 9-3362

(5)南里户人官大夫布。☐I

口数六人。☐II

大男子一人。☐III

大女子一人。☐IV

小男子三人。☐V 9-2295

材料(1)至材料(4)都是记录一户家庭中成员的基本信息，包含户人、亲属关系、爵位、名字、课役状态等。材料(5)稍有不同，仅记录户人、课役状态，增加了家庭总人口统计，而缺少了户人以外其他成员的名字、亲属关系的记载。材料(1)至材料(5)与里耶护城壕出土的户籍简在书写形式上有明显不同：护城壕出土户籍简所有家庭成员都按照课役状态，上下分栏书写，大、小男子与大、小大女子包括免老复除者分栏。而材料(1)至材料(5)几乎都采用同栏并行的书写形式，将夫妻子女不论大小都尽量写在一栏，只是可能在同栏写不完的情形下，另起一栏书写。材料(2)与材料(3)都将"下妻"放在最后，而并未与户人及其妻并排书写，也未遵循大男、大女、小男、小女的顺序，似乎别有用意。《里耶秦简(贰)》第9层的5则材料应该也是一种户籍登记簿册，只是形式上与护城壕出土的南阳里户籍简有所不同，或许当时政府并不止一种登记户籍的簿册，前者更像是为某些行政工作需要临时使用而抄录的副本。

《史记·秦始皇本纪》载，秦王政十六年(前231年)，“初令男子书年”。学者们一般解读为从此年开始在户籍中增加男子年龄的登记项目。岳麓书院藏秦简简552记载：“爽初书年十三，尽廿六年年廿三岁。”①此处的名叫“爽”的人“书年”情况应该与《史记·秦始皇本纪》类似。另外，云梦睡虎地秦墓的墓主人喜，据《编年记》②记载：“十六年，七月丁巳，公终。(喜)自占年。”占，即据实而报之意。自占年，即亲自实报年龄登记。书年、自占年登记所用的簿册，学者们一般认为是户籍。于是，是否登录年龄信息成为判定户籍文书完整与否的标准。

但是根据里耶秦简的其他简文记载，居民的年龄是登录在一种专门的“年籍”之上的。里耶秦简有这么一条材料：

(第1行)廿六年五月辛巳朔庚子，启陵乡□敢言之：都乡守嘉言：渚里□☒

(第2行)劾等十七户徙都乡，皆不移年籍。令曰移言，今问之劾等徙☒

(第3行)书告都乡，曰：启陵乡未有枼(牒)，毋以智(知)劾等初产至今年数☒

(第4行)□□谒令都乡具问劾等年数。敢言之。J1⑯9正③

① 陈松长：《岳麓书院所藏秦简综述》，《文物》2009年第3期。

② 整理者命名为《编年记》，后来有学者根据印台汉简、松柏汉简的内容将《编年记》改称《叶书》。

③ 湖南省文物考古研究所、湘西土家族苗族自治州文物处、龙山县文物管理所：《湖南龙山里耶战国—秦代古城一号井发掘简报》，《文物》2003年第1期；湖南省文物考古研究所、湘西土家族苗族自治州文物处：《湘西里耶秦代简牍选释》，《中国历史文物》2003年第1期。

迁陵县启陵乡下属的渚里有 17 户居民迁徙到都乡，但是都乡官员在接收时发现他们没有携带“年籍”，于是询问启陵乡是否有这些文件(“牒”)。启陵乡回复没有，请求都乡自行查问这 17 户人口的年数。这个“年籍”记录的是“初产至今年数”。何谓“初产”？《里耶秦简(贰)》中有“☐自占，昭王卌二年产。☐”(简 9-947)既有“自占”，又涉及“产”，还记录了时间点，看来与“初产”之“产”意思应该相同，都是表示某个时间点。“产”究竟是什么呢？睡虎地秦简《编年记》简 45：“卌五年……十二月甲午鸡鸣时，喜产。”整理者注：“产，诞生。”《岳麓书院藏秦简(肆)》简 160-161：“傅律曰：隶臣以庶人为妻，若群司寇，隶臣妻怀子，其夫免若冗以免，已拜免，子乃产，皆如其已免吏(事)之子。”看来“初产”应该也指诞生之时。“初产至今年数”即该居民的年龄，又被简称为“年数”。因而“年籍”是专门记录居民年龄的簿籍，而且看来这种“年籍”是保存在乡一级机构中的。

既然当时政府已有专门登记年龄的年籍，那么户籍简不登录年龄信息似乎也就可以理解的了。除了年龄之外，还有一个资产登记的问题。如前文所引，睡虎地秦简《封诊式》“封守”爰书记载了当时对嫌疑犯家庭进行查封的情形，其中就包含了详细的家庭资产的登记。高敏先生认为这条史料反映了秦人户籍中包含资产的登记。① 而我们在其他秦简中也确实看到了居民的资产在政府是有登记的。比如前文所引《岳麓书院藏秦简(叁)》“识劫㛐案”中记载：

> 十八年八月丙戌，大女子㛐自告曰：七月为子小走马羛(义)占家訾(赀)。羛(义)当□大夫建、公卒108昌、士伍積、喜、遗钱六万八千三百，有券，㛐匿不占吏为訾(赀)。㛐有市布肆一、舍客室一。公士109识劫㛐曰：以肆、室鼠(予)识。不鼠(予)识，识且告㛐匿訾(赀)。㛐恐，即以肆、室鼠(予)识，为建等折弃110券，弗责。先自告，告识劫。㛐111

① 高敏：《秦汉的户籍制度》，《求索》1987 年第 1 期。

这是一个自首隐匿资产、同时告发他人胁迫的案子。案子的苦主也是告发人嫕在为儿子“占家赀”的过程中，隐匿了一大笔待收欠款(现金)，还有一间铺子和一间居室(不动产)。她家曾经的奴仆“识”得知此事后，以告发相威胁，让嫕把铺子与屋子转让给他。嫕感到害怕，便把两件不动产给了识。后来嫕自首，并且告发识胁迫勒索。简文把嫕藏匿资产的行为描述为“匿不占吏为赀”，或简称“匿赀”。这个案子透露了几点信息：按照正常程序，家庭成员的所有资产都要在地方吏员处登记(“占吏为赀”)，否则便是“匿”的行为。嫕一开始为何会害怕，原因在于隐匿资产很可能是要受到法律处罚的，所以才会受到识的要挟。家庭申报的财产登记在官方簿册上，这一点可以与《封诊式》“封守”爰书相对应，只是这登记的簿册是不是属于秦代政府认定的户籍的范围，目前尚不能确定。

我们还可以参考西汉初年的张家山汉简的记载。《二年律令·户律》简331载：“民宅园户籍、年细籍、田比地籍、田合籍、田租籍，谨副上县廷。”《二年律令》是汉初吕后二年的律令，时间上与秦代非常接近。《户律》又是专门处理与民户家庭相关的法律，所以里面提到的簿籍应该都与户籍有千丝万缕的联系。这里提到了5种簿籍，都要提交副本给县廷，正本应该保存在乡一级。“年细籍”比较好理解，应该与前面提到的里耶秦简中的“年籍”类似，用于登记居民年龄。“田比地籍”“田合籍”“田租籍”应该都是与每户所授田地相关的簿籍。龙岗秦简简151：“田及为詐(诈)伪写田籍皆坐臧(赃)，与盗□☒”①，秦代田籍或许与汉初这三种类似。“宅园户籍”，因为《二年律令·户律》简314-316记载不同爵位者授予“宅”之大小，所以应该是登记每户宅地庭园大小的簿册。至于简文没有提到的家庭财物，《二年律令·户律》简337载：“民大父母、父母、子、孙、同产、同产子，欲相分予奴婢、马牛羊、它财物者，皆许之，辄为定籍。”奴婢与马牛羊等财

① 中国文物研究所、湖北省文物考古研究所编：《龙岗秦简》，中华书局2001年版，第123页。

产都是要登记在簿籍的。至于登记的"籍"是哪一种，《二年律令·户律》还有另外一条材料，简334-335："民欲先令相分田宅、奴婢、财物，乡部啬夫身听其令，皆参辨券书之，辄上如户籍。"分家的财物都要像户籍一样登记上报，这也意味着通常未分家前的家庭财物都是登录于户籍的，大概就在"宅园户籍"之上。

每种籍所登记内容大致清楚了，关键是这5种籍与户籍的关系是什么。杨振红先生认为，以上5种籍共同构成汉初的户籍，每一种都是"子簿籍"。① 王彦辉先生同意此说，认为户籍有广义、狭义之分，广义户籍是包含5种籍在内的。② 张荣强先生则认为应该分为户籍与田籍两大类，如同《管子·禁藏》所载"户籍田结"之例，其中广义的户籍包含宅园户籍与年细籍，田籍包含后3种籍。③笔者认为，以上几位学者的观点都有其合理性，但最重要的是厘清秦汉人与今人对于户籍的观念的不同。《岳麓书院藏秦简(叁)》的"识劫婉案"反映的是秦代观念，里面记载的户籍显然只记录了家庭成员的名字、身份，应该没有记录财产。④ 张家山汉简《二年律令·户律》反映的是汉初吕后时期的观念，"宅院户籍"就是当时政府认定的户籍，包含有奴婢、马牛羊等财物登记信息。而几位研究者认为的户籍，是结合了汉代以后特别是三国魏晋、隋唐以来的户籍文书档案，回过头看秦代汉初哪些簿籍应该归入后世户籍的范畴。前两种是当时之观念，后一种是倒看历史的眼光，并非孰对孰错，只是角度不同而已。

所以里耶户籍简的内容，其实已经相当符合《岳麓书院藏秦简(叁)》"识劫婉案"对户籍的描述了。以秦政府的标准，可以认为里耶户籍简就是秦户

---

① 杨振红：《龙岗秦简诸"田"、"租"简释义补正——结合张家山汉简看名田宅制的土地管理和田租征收》，《简帛研究　二〇〇四》，广西师范大学出版社2006年版，第85页。

② 王彦辉：《秦汉户籍管理与赋役制度研究》，中华书局2016年版，第80~83页。

③ 张荣强：《〈前秦建元籍〉与汉唐间籍帐制度的变化》，《历史研究》2009年第3期。

④ 假如此案的户籍记录了财产，似乎就不会存在婉为儿子"匿不占吏为赀"的事件了。"占吏为赀"应该是户籍之外单独进行的登记。

籍的完整实物，并非只是户籍文件的一部分。至于年籍、财物登记的簿籍，应该都不在秦政府认定的户籍范围内。前文也论证，秦政府当时编制了各种不同名目的簿籍，年籍与财物占赀簿籍都只是大量簿籍中的两种而已，办理民户事务之时把涉及的几种簿籍都拿出来查对即可。比如“封守”之时，就把户籍、年籍、占赀簿籍的相关部分抽取出来核对。当时可能并不存在今人“广义户籍”的概念。

民户娶妇嫁女等家庭人口变动之时，官府在信息登记方面有特别规定。《岳麓书院藏秦简(伍)》简188：“十三年三月辛丑以来，取(娶)妇嫁女必叁辨券。不券而讼，乃勿听，如廷律。”“叁辨券”即三瓣券，是一种一式三份的券书，验证的时候合在一起严丝合缝才算过关，平时保存在三处，都可以用以证实身份，也可用以防止作伪。因为不论娶妇或嫁女，都关系到一个新家庭的形成，在政府看来是一户新编户的出现，所以法律文件需要特别慎重处理，采用了不轻易使用的三瓣券。其中至少有一份应该保存在里典或乡啬夫等吏员手中，另外两份可能分别在新娘的娘家与夫家手中。但“叁辨券”似乎并不是秦政府户籍簿册，户籍上应该会另作信息更动。《岳麓书院藏秦简(叁)》“识劫婏案”中，户主大夫建娶自己家的妾婏为妻，免其为庶人，“即书户籍曰：免妾”(简126)。免妾之事告知了乡啬夫唐与佐更等人，大夫建还让同里之宗族把婏列入宗谱，但娶妻之事并未告知唐与更。唐与更因而才说“今籍为免妾，不智(知)它”(简126)。看来大夫建娶妻之时并未执行“叁辨券”的登记，故而两人的夫妻关系并未得到法律承认，仅仅在户籍上将婏的身份改为免妾而已。

以上讨论的是秦代户籍登录的内容问题。实际上，当时的秦政府已经形成了一整套申报户籍、迁移户籍与削去户籍的管理制度。《商君书·境内》云：“四境之内，丈夫女子皆有名于上，生者著，死者削。”①《商君书·去强》亦载：“举民众口数，生者著，死者削。”②按照《商君书》的说法，所有

① 高亨注译：《商君书注译》，中华书局1974年版，第404页。
② 高亨注译：《商君书注译》，中华书局1974年版，第109页。

人口都要在官府户籍上登记，而且从出生时就开始，即使他们没有成年，这就是所谓“生者著”。在里耶户籍简中，第三栏与第四栏登记的“子小上造”“子小女子”都是属于这种未成年的人口，故而标注为“小”。待他们成年之时，按照法律便要进行“傅籍”的程序。据睡虎地秦简《编年记》记载：“卌五年……十二月甲午鸡鸣时，喜产。……今元年，喜傅。”所谓“傅”，《汉书·高帝纪》颜师古注曰：“傅，著也。言著名籍，给公家徭役也。”①墓主喜生于秦昭襄王四十五年(前262年)，秦王政元年(前246年)傅籍，时年按照今天计岁标准在16岁左右。关于秦人傅籍的标准，目前学界还有不同意见。一种认为秦人采用年龄标准，到一定年龄必须傅籍。具体年龄是多少岁，学者们也产生不少分歧，有说17岁②，有说16岁③，还有说15岁④。另一种则主张按身高标准，长到一定身高必须傅籍，但具体多高也有不同意见，有主张六尺五寸⑤，有主张六尺六寸⑥。还有学者认为秦国早期采用身高标准，秦王政十六年“初令男子书年”之后改用年龄标准，两种标准

---

① 班固：《汉书》卷1，中华书局1962年版，第38页。

② 孝感地区第二期亦工亦农文物考古训练班：《湖北云梦睡虎地十一号秦墓发掘简报》，《文物》1976年第6期；黄盛璋：《云梦秦简〈编年记〉初步研究》，《考古学报》1977年第1期；舒之梅：《珍贵的云梦秦简》，《云梦秦简研究》，中华书局1981年版；马雍：《读云梦秦简〈编年记〉书后》，《云梦秦简研究》，中华书局1981年版；吴树平：《云梦秦简所反映的秦代社会阶级状况》，《云梦秦简研究》，中华书局1981年版；于豪亮、李均明：《秦简所反映的军事制度》，《云梦秦简研究》，中华书局1981年版；张金光：《秦自商鞅变法后的租赋徭役制度》，《文史哲》1983年第1期；陈明光：《秦朝傅籍标准蠡测》，《中国社会经济史研究》1987年第1期。

③ 陈直：《略论云梦秦简》，《西北大学学报》1977年第1期；马非白：《云梦秦简中所见的历史新证举例》，《郑州大学学报》1978年第2期；曹旅宁：《张家山汉律研究》，中华书局2005年版，第208页。

④ 高敏：《关于秦时服役者的年龄问题探讨——读〈云梦秦简〉札记》，《郑州大学学报》1978年第2期；黄今言：《秦代租赋徭役制度研究》，《江西师院学报》1979年第3期；杨宽、吴浩坤：《战国会要》，上海古籍出版社2005年版，第1141页。

⑤ 高恒：《秦律中的徭、戍问题——读云梦秦简札记》，《考古》1980年第6期；栗劲：《〈睡虎地秦墓竹简〉译注斠补》，《吉林大学社会科学学报》1984年第5期。

⑥ 张金光：《秦自商鞅变法后的租赋徭役制度》，《文史哲》1983年第1期。

之间可以折算。①不论如何，当时秦人成年应该是有着明确的标准，到达此标准则要傅籍也是有着相当严格的规定。睡虎地秦简《秦律杂抄·傅律》简32："匿敖童，及占瘩(癃)不审，典、老赎耐。"隐匿"敖童"，同里的典、老都要受罚，因为其负有督促傅籍、举报隐匿的职责。《岳麓书院藏秦简(肆)》的记载更加详细，简78-79："匿敖童弗傅，匿者及所匿，皆赎耐。逋傅，赀一甲。其有物故，不得会傅，为匿之。"隐匿敖童，敖童本人与经手隐匿的人都要判处赎耐的刑罚。若是拖延了时间，即使最后完成傅籍，也要罚一甲。如果因为某些变故，没能在集中傅籍的时间完成手续，也被判定为隐匿敖童。这条律文几乎把所有可能的情况都考虑进去了，民众几乎找不到理由逃避或推迟傅籍。这则材料提到的"会傅"，应该是指官方在每年的固定某个时间进行傅籍，故而称为"会"，取会和、聚合之意。这在其他简文中似乎可以看到一点迹象。睡虎地秦简《秦律十八种·仓律》简53载："小隶臣妾以八月傅为大隶臣妾，以十月益食。"未成年的"小隶臣妾"即将傅籍为成年的"大隶臣妾"，时间只能在每年的八月，看起来似乎八月左右甚至持续到九月是每年固定进行傅籍的时间，十月就被正式认定为成年"大隶臣妾"，可以增加口粮，而其他月份并不受理傅籍之事，错过时间，就只能等下一年了。这就意味着违法"逋傅"、受罚一甲或被判定为隐匿敖童。

当居民迁移到其他地方，户籍等簿籍也要办理迁移手续。《法律答问》简147："甲徙居，徙数谒吏，吏环，弗为更籍，今甲有耐、赀罪，问吏可(何)论？耐以上，当赀二甲。"这里的"数"即指"名数"，在史籍中常见，通常用来指户籍、名籍等。例如《史记·万石张叔列传》："元封四年中，关东流民二百万口，无名数者四十万。"②脱离户籍则为无名数者。所以秦居民迁徙之时都携带有户籍文书，到了迁徙地则要交由当地官员办理手续("更籍")，如果官员不给办理，造成居民被量刑，官员就要受罚。居民迁徙时一并迁移

① 马怡：《秦人傅籍标准试探》，《中国史研究》1996年第4期；凌文超：《秦代傅籍标准新考——兼论自占年与年龄计算》，《文史》2019年第3辑。

② 司马迁：《史记》卷103《万石张叔列传》，中华书局1982年版，第2768页。

的还有年籍等簿籍，前文引里耶秦简中的简 J1⑯9 记载劾等十七户从启陵乡迁徙至都乡，都乡守就曾询问年籍的情况。当时还有一种特殊情况，秦新占领地区的原有人口和从六国投靠过来的人口，也需要重新登记户籍。《岳麓书院藏秦简(陆)》简 147 记载有"新黔首来书名数者"，这就是秦新近占领地区的民众在秦政府登记户籍的记载。

包山楚简的司法文书简，在确定居民身份时，曾用到"居处名族"的说法，用以表示名籍。秦文书简中也有类似的对应词汇，那就是"名事里"。比如睡虎地秦简《封诊式》简 6 载："男子某有鞫，辞曰：'士五(伍)，居某里。'可定名事里……"这里的"名事里"，其中的"名"与"里"分别指姓名、所居之县乡里，基本上是户籍登记内容。"事"，整理者认为指职事身份。

秦、楚两国以外各国的户籍制度，目前在出土文献中极少能见到。唯一例外的可能只有魏国，因睡虎地秦简《为吏之道》末尾抄录了一条"魏户律"的材料，才让我们得以管中窥豹。

> 廿五年闰再十二月丙午朔辛亥，告16 伍相邦：民或弃邑居野，入人孤寡，徼17 伍人妇女，非邦之故也。自今以来，叚(假)门逆18 伍吕(旅)，赘壻后父，勿令为户，勿鼠(予)田宇。19 伍三桀(世)之後，欲士士之，乃署其籍曰：故20 伍某虑赘壻某叟之乃(仍)孙。𩲸(魏)户律21 伍

这条材料文末写明是"魏户律"，文中的"籍"应该就是魏国的户籍。"弃邑居野"即脱籍流亡，"入人孤寡"即依附于其他民户。从这条律文中我们可以知道，当时魏国也普遍实现了户籍登记制度，以至于有部分民众抛弃户籍逃入荒野的逃亡现象被魏王视作"非邦之故也"，即不是国家的传统。同时抛弃自己的户籍而依附于他人的人群，如"假门逆旅""赘壻后父"之类，都被打入另册，不得享受正常民户的权利：不能单独立户、不可授予田宅。这种

歧视一直延续到三代之后才中止，但仍要在其户籍上注明是某位赘壻的孙辈。由魏户律对脱籍流民的严厉打击政策可以反向推知，当时魏国的户籍制度应该是推行得非常普遍且相当严格的。

第二节　乡民的基本义务之二：赋役

民众傅籍之后，一方面便于官方确定其身份，另一方面在授田制的背景下被国家授予田宅，相对应地就要承担起缴纳赋役的责任。赋役包含赋税与徭役。赋税又称“租税”“租赋”，《汉书·刑法志》云：“畿方千里，有税有赋。税以足食，赋以足兵。”①《说文》：“税，租也。”赋多指军赋而言，税则指缴纳的田租等。《汉书·食货志》：“有赋有税。税谓公田什一及工、商、衡虞之入也。赋共(供)车马、甲兵、士徒之役。”②这些都是登录在籍的民众需要上交的实物或货币收入。徭役在文献中多作“繇役”。《说文》：“繇，随从也。”“役，戍边也。”徭役包含了征发的力役与兵役。赋役征收的轻重，对民众的生活造成直接的影响。《墨子·辞过》载：“役，修其城郭，则民劳而不伤；以其常正(征)，收其租税，则民费而不病。民所苦者，非此也，苦于厚作敛于百姓。”③战国时代的赋役，理想状态，在墨子看来，本应该是一种“费而不病”的“常征”。但倘若君主横征暴敛(“厚作敛”)，赋役常常变成民众的疾苦之事。

一、楚国的赋役

关于楚国征收的赋役，目前传世文献见到的最典型的史料出自《左传》襄

① 班固：《汉书》卷23，中华书局1962年版，第1081页。
② 班固：《汉书》卷24，中华书局1962年版，第1120页。
③ 孙诒让：《墨子间诂》卷一“辞过”，中华书局2001年版，第31页。

公二十五年。① 这反映的大约是春秋中期的情况，战国时代情形如何在史籍中很少见到。在战国楚简中，楚国居民承担的赋役情况也没有多少直接反映，包山楚简的文书档案中，几乎见不到“租”“赋”“役”等字的记载。但是我们或许可以从一类特殊人群身上看到一些痕迹，这就是楚简中多次出现的“倌(官)”。包山楚简中有以下几条材料：

蔡遗受铸剑之官宋强，宋强法(废)其官事，命受正以出之。18

八月辛巳之日，鄦阳大主尹宋歖讼范庆、屈貉、阳疆、阳军、陈杲，以受鄦阳之櫏官阳逿逿逃之古(故)。87

八月壬午之日，楚斨司败攸须讼阳路斨邑御阝军、御阝[illegible]，以其反官。88

負(爨)月辛酉之日，邛阳之佶笶笶公[illegible]、教令苞讼其官人番厦、番向、番期，以其反官自敀于新大厩之故。99

简文中的“官”又被写作“倌”，又可称为“官人”。简 124 记载的“泥阳之酷官黄齐”在简 125 中又写作“邔阳之酷倌黄齐”，可见“官”与“倌”相通。陈伟先生最早对“倌人”进行了讨论，他引用孙诒让的论述，认为“倌(官)”即指庶人之在官者。② 其说甚确。值得注意的是，秦简牍中的“官”，如睡虎地秦简中的“县官”“都官”“官府”“官啬夫”等，多指官方机构，具有官方权威，地位明显比一般民众要更高，且“官”字并不通“倌”。但包山楚简中的“倌(官)”，他们做的事情要么是“反官”(简 88、简 99)，要么是“逃”官(简 87)，似乎对“倌(官)”避之唯恐不及，显然不是秦简中的那种官吏之称，而

① 《左传》襄公二十五年：“楚蒍掩为司马，子木使庀赋，数甲兵。甲午，蒍掩书土田，度山林，鸠薮泽，辨京陵，表淳卤，数疆潦，规偃猪，町原防，牧隰皋，井衍沃，量入修赋。赋车籍马，赋车兵、徒卒、甲楯之数。”(阮元校刻：《十三经注疏·春秋左传正义》卷 36，上海古籍出版社 1997 年版，第 1985～1986 页)

② 陈伟：《包山楚简初探》，武汉大学出版社 1996 年版，第 115～120 页。

更像是一种人人想要逃脱的苦差使。“反”有归还之意，陈伟先生认为“反官”是放弃、摆脱倌人身份。① 从简87“以受鄦阳之櫾官”的记载看，倌(官)人应该是由正式官吏在某个时刻、某种场景下授予的身份。这些倌人原本应该是庶人，自从被授予倌人身份后，就带有强制性，不得不在相应机构中从事劳役。简18载铸剑之官人宋强“废其官事”，显示倌人有着专门的劳作称为“官事”。这种身份与劳役引发了倌(官)人的反抗，故而发生大规模的逃官、反官活动，管理倌人的楚国地方官吏因而将他们告上法庭。倌人原本在政府是有专门的名籍登记的，据包山楚简记载：

> 仆五帀(师)宵倌之司败若敢告视日：卲行之大夫盘岈今执仆之倌登虓、登期、登仆、登臧而无古(故)。……命为仆至(致)典。既皆至(致)典，仆又(有)典，卲行无典。15-16

卲行之大夫抓了几名倌人，引来五师宵倌之司败的抗议。宵倌之司败手中的“典”便是记录众多倌人的名籍簿册，以此作为他具有对这几名倌人拥有管理权的法律证据。由此可推知，其他倌人也应该都登记于各地机构的名籍之上。但是部分倌人逃官、反官，相当于拒绝服劳役，甚至抛弃自己的名籍(脱籍)。这种行为模式非常类似秦律令文书中民众逃避徭役、逃亡的情形。所以我们怀疑楚简中的“倌(官)”与楚国的赋役制度有关。②

二、秦的赋役

关于秦的赋役制度，因秦汉典籍与简牍的记载相对来说多一点，目前人们对其的了解也比较深入一些。

① 陈伟：《包山楚简初探》，武汉大学出版社1996年版，第117页。

② 简87“阳遏”“遏逃”或许分别与秦简中关于徭役、逃亡的专门用语“将阳”“阑亡”有关联。

秦的田租税率在传世文献中并没有多少记载。《商君书·垦令》："訾粟而税，则上壹而民平。上壹则信，信则臣不敢为邪。"①秦的田租应该是有较为稳定的税率的，按照一定估产与比率统一规定固定数额，此为"上壹"，而不是随意制定，以此取"信"于民。张金光先生认为秦施行定额租制。②《孟子》："夏后氏五十而贡，殷人七十而助，周人百亩而彻，其实皆什一也。……请野九一而助，国中什一使自赋。"③孟子主张遵从古制，在当时实行"什一"之税。《汉书·食货志》引李悝之言："今一夫挟五口，治田百晦(亩)，岁收晦(亩)一石半，为粟百五十石，除十一之税十五石，余百三十五石。"④李悝所说大约是当时战国时代常见的田租税率"什一之税"。故而学者根据这些传世文献推断，秦田租大致是"什一之税"。⑤

里耶秦简与岳麓秦简公布后，秦田租的记载也变得更丰富。《里耶秦简(壹)》载：

> 迁陵卅五年貇(垦)田舆五十二顷九十五亩，税田四顷□□ Ⅰ
> 户百五十二，租六百七十七石。衛(率)之，亩一石五；Ⅱ
> 户婴四石四斗五升，奇不衛(率)六斗。Ⅲ8-1519

迁陵县在秦始皇三十五年的"垦田"大约是新开垦的田亩。总共收取田租677石，每亩田租1.5石，可知收取田租的土地是451.3亩(四顷五十一亩)，可以与第一栏文字残缺的"税田四顷□□"对应。周海峰先生因而认为新垦土地的田租税率是"亩一石五"。⑥ 朱德贵先生则认为秦朝的田租并非简单的固

① 高亨注译：《商君书注译》，中华书局1974年版，第21页。

② 张金光：《秦自商鞅变法后的租赋徭役制度》，《文史哲》1983年第1期。

③ 阮元校刻：《十三经注疏·孟子注疏》卷5，上海古籍出版社1997年版，第2702页。

④ 班固：《汉书》卷24，中华书局1962年版，第1125页。

⑤ 黄今言：《秦汉赋役制度》，江西教育出版社1988年版，第56~57页。

⑥ 周海峰：《岳麓书院藏秦简〈田律〉研究》，《简帛》第11辑，上海古籍出版社2015年版，第110页。

定税率，而是先确定田亩的实际面积，而后根据“什一”之率确定税田的面积，再由税田产量征收田租，以上计算田税的办法被称为“取禾程”。① 税田的亩数只有垦田的8.5%左右，如果这里对垦田与税田关系的理解无误的话，似乎秦的田租接近于“什一”之税，并且计算过程会受到某些土地因素的影响。

民众除了上交粮食之外，还有缴纳刍、稿作为田租的义务。睡虎地秦简《秦律十八种·田律》简8-9规定：“入顷刍稿，以其受田之数，无垦不垦，顷入刍三石、稿二石。……入刍稿，相输度，可也。”所谓刍，《玉篇》：“刍，茭草”，是牲口食用的可用作干饲料的草。稿，指谷物的茎秆。《广韵》：“稿，禾秆。”刍与稿都可以用作饲料，故而也成为官方田租征收的范围。直到汉代人们仍然记得秦朝缴纳刍稿的典故，如《淮南子·氾论》：“秦之时……入刍稿，头会箕赋，输于少府。”高诱注曰：“入刍稿之税以供国用也。”②刍稿的上交数量由居民受田的数量决定，每顷缴纳刍三石、稿二石。不论是否新垦田，都要上交同样定量的刍稿，没有特别的减免，或许是因为这两样东西在田地中更加常见，没有粮食那么珍贵。这也暗示新垦的田地在上交粮食时或许会有减免措施，前文中引用迁陵县秦始皇三十五年税田占垦田的比值低于“什一”(8.5%)也能得到解释。

既然上交田租是义务，那么没能完成的民众必会受罚，甚至会牵连到他人。《岳麓书院藏秦简(肆)》收录的“田律”有明确的规定：

> 田律曰：租禾稼、顷刍稿，尽一岁不觱(毕)入及诸贷它县官者，书到其县官，盈卅日弗入及有逋不106入者，赀其人及官啬夫、吏主者各一甲，丞、令、令史各一盾。逋其入而死、亡有辠毋(无)后不可得者，有(又)令官啬107夫、吏代偿。108

① 朱德贵：《岳麓秦简所见田税问题探讨》，《税务研究》2017年第5期。

② 何宁：《淮南子集释》卷13，中华书局1998年版，第942页。

如果超过30天还未交齐田租(包括禾稼、刍稿)或者有拖欠不交的情况，不仅拖欠者要被罚一甲，连主管的官啬夫、吏主者也要同等受罚，且上级的县丞、令、令史等多人也要罚一盾。拖欠者如果死亡或逃亡，找不到责任人，还要由官啬夫、吏代为交纳，补上窟窿。可以看出秦政府为收取田租采取了非常强硬的处理方式，把各级官吏与农户绑在一起，目的是保证禾稼、刍稿等按时足额征收。面临连带处罚威胁的县乡各级官吏，也必然会用尽一切手段确保田租征收顺利完成。

除了田租之外，民众还要承担户赋，即以户为单位征收的赋税。秦汉户赋在传世文献中的记载，最早见于《汉书》。《汉书·萧望之传》载京兆尹张敞上书言："今有西边之役，民失作业，虽户赋口敛，以赡其困乏，古之通义，百姓莫以为非。"①这条材料反映的是西汉时的情况，然而秦以前是否存在户赋，仅凭传世文献并不可知。睡虎地秦简等出土后，秦户赋才露出其庐山真面目。《法律答问》简165："可(何)谓'匿户'及'敖童弗赋'？……弗令出户赋之谓殹(也)。"此处明言"户赋"，看来登录户籍者皆要缴纳户赋，所以匿"敖童"就会被认定为违法。《岳麓书院藏秦简(肆)》所收"金布律"的规定更加详细：

> 出户赋者，自泰庶长以下，十月户出刍一石十五斤；五月户出十六钱，其欲出布者，许118之。十月户赋，以十二月朔日入之，五月户赋，以六月望日入之，岁输泰守。十月户赋不入刍而入钱119者，入十六钱。吏先为？印，敛，毋令典、老挟户赋钱。120

以上简文可以读出很多信息：第一，户赋包含户刍与户钱两种形式，既有实物，又有货币，两者缴纳的时间也不相同。第二，户赋最终是交给太守，也就是说户赋的去向并不是县乡，而是郡。因为赋原本起源于军赋，户赋最后收归郡守，也符合当初设郡的军事属性。第三，户赋征收的内容可以

① 班固：《汉书》卷78，中华书局1962年版，第3276页。

用钱或布匹折算，显示出一定灵活性。第四，户赋的征收存在等级区别，爵位在泰(太)庶长以下才按此规定征收，意味着泰(太)庶长以上或许有其他规定。所以秦虽有“编户”，但当时在某些方面可能并未达到“齐民”。第五，从“毋令典、老挟户赋钱”来看，户赋钱可能最开始由民户交给本里的典、老，但不允许典、老收藏，而是很快就转交到乡、县官吏手中，所以典、老才是直接面对民户收取户赋的人。另外，户刍属于户赋的一种，应该跟田租缴纳的“顷刍稿”不同。户刍以户为单位征收，自太庶长以下都是每户一石十五斤，每户等额征收。“顷刍稿”是按照田亩数量征收的，每顷刍三石，每户受田数量不同则上交的数量不同。这样算来，民众在交田租与户赋时要交纳两次刍草。这种交纳方式一直持续到西汉。江陵凤凰山十号墓出土木牍记载：“平里户刍廿七石，田刍四石三斗七升，凡仨一石三斗七升”①，可见西汉时已经明确将两种刍区分为田刍与户刍，只是计量方式改为计算容积(“四石三斗七升”)，而不是《岳麓书院藏秦简(肆)》中所见的计算重量(“一石十五斤”)。另外户赋征收物除了刍之外，还可能会根据当地物产而采用一些其他物品，比如《里耶秦简(壹)》简 8-518 载：“卅四年启陵乡见户当出户赋者志：见户廿八户，当出茧十斤八两。”迁陵县启陵乡在秦始皇三十四年缴纳的户赋是蚕茧，而不是刍与钱。蚕茧是丝织业的重要原料，其价值比刍草更高。

谈过了租赋，接下来谈谈居民的另一项义务：徭役。徭，原本在秦简中都写作“䌛”或者“繇”。许慎《说文》：“䌛，随从也。”段玉裁注：“䌛之讹体作繇，亦用为徭役字。徭役者，随从而为之者也。”䌛由随从之义发展出力役的意思。役，《说文》云：“戍边也”。役字早期只与戍边有关，比如《诗·王风·君子于役》：“君子于役，不知其期”，又比如《国语·晋语一》：“弃政而役，非其任也。”韦昭注：“役，服戎役也。”②所以在许慎的

① 裘锡圭：《湖北江陵凤凰山十号汉墓出土简牍考释》，《文物》1974 年第 7 期。

② 徐元诰撰，王树民、沈长云点校：《国语集解》，中华书局 2002 年版，第 259 页。

观念中，徭与役其实分别代表了事劳与戍边。事实上在秦简中确实可以时常见到“徭戍”的文字，即概括了普通劳役(“徭”)与戍边(“戍”)两个方面。“徭戍”在《史记》中又作“戍徭”，比如“又作阿房之宫，治直道、驰道，赋敛愈重，戍傜无已”①。秦中央与地方进行的大量工程建设，通常都会强制征发普通民众作为人力参与。小的项目比如为县乡修筑垣墙道路，大的项目比如修建阿房宫与骊山陵墓，都是由政府采用征派“徭戍”的方式进行。

县政府征发徭役时，通常会将相应通知张贴于各乡的市门之上。《岳麓书院藏秦简(陆)》简 201 载：“县道曰令史、乡部啬夫发征黔首，布大书市门、离乡市门辟(壁)，今黔首智(知)，毋巨(歫)罪。”市场是乡里民众日常必去的地点，市场大门张贴布告因而能引人注目。征发黔首徭役的布告张贴此处，就是要让所有乡里黔首周知此事，按公告服役，避免获罪。黔首在服徭役时，还要手持券书。《岳麓书院藏秦简(陆)》简 265-266 载：“留弗行，征□论之，吏与徒偕，有所䌛(徭)使上事，令徒操券书而亡之，吏与徒同论。杂律甲”券书上书写服役的相关事项，如果丢失，黔首与带队的将吏都要受罚，这意味着服徭的券书在徭役结束后可能会归档。

睡虎地秦简与《岳麓书院藏秦简(肆)》直接收录有“徭律”“戍律”，此外“行书律”“兴律”等也多少涉及了徭戍的内容，里耶秦简的文书档案为我们理解秦人的徭役提供了实例。

从现有的秦简记载来看，秦代徭役的主要服役内容大多是官府的土木工程，都是高强度的体力活动。兴徭的土木工程最常见的就是在当地县内建造与维修垣墙。睡虎地秦简《秦律十八种·徭律》简 116-118 载：“兴徒以为邑中之红(功)者，令結(嫴)堵卒岁。未卒堵坏，司空将红(功)及君子主堵者有罪，令其徒复垣之，勿计为䌛(徭)。……县葆禁苑、公马牛苑，兴徒以斩(堑)垣离(篱)散及补缮之，辄以效苑吏，苑吏循之。未卒岁或坏决，令县复兴徒为之，而勿计为䌛(徭)。”修造好的垣墙有较为严格的质量要求，须保证一年内不会倒塌，否则这些工程量都不得计入徭役的簿册。不仅垣墙由徭

① 司马迁：《史记》卷 87《李斯列传》，中华书局 1982 年版，第 2553 页。

徒修建，就连县里的禁苑土山、官府公舍，也要征发徭徒建造或维护。《秦律十八种·徭律》简119-120："县所葆禁苑之傅山、远山，其土恶不能雨，夏有坏者，勿稍补缮，至秋毋(无)雨时而以繇(徭)为之。"禁苑的土山在夏季多雨时会有崩坏，也要以县中徭徒去修治。"县毋敢擅坏更公舍官府及廷，其有欲坏更也，必谳之。"(《秦律十八种·徭律》简121-122)虽然当时翻修公舍官府与县廷相对受到限制，但只要经过上级批准，官府仍是可以征发徭役无偿劳动的。另外，被认定为地方公共建设的一些工程，官府在兴徭发动民众参与方面会更加积极。《岳麓书院藏秦简(肆)》简151-152："繇(徭)律曰：补缮邑院、除田道桥、穿汲[波(陂)]池、渐(堑)奴苑，皆县黔首利殹(也)，自不更以下及都官及诸除有为殹(也)，及八更，其皖老而皆不直(值)更者，皆为之。"这条律文显示徭役的工作范围远比之前更大了，包含维修县乡的垣墙、道路桥梁，开挖陂池、苑囿等。但与"坏更公舍官府"相比，这些工程被认为"皆县黔首利也"，故而不仅普通值更的徭徒参与，连被授予"除有为"与"皖老"的优待者也要参加。

"徭戍"的"戍"是戍边、屯戍之义，这一点并无疑问。但一提到戍边，人们就会联想到兵役，似乎只有士兵才会戍守边地。孙言诚先生对秦汉的徭役与兵役进行了对比，指出徭与戍其实是性质相近的劳役，戍边与从军是完全不同的两回事。① 他的看法很有道理。睡虎地秦简与《岳麓书院藏秦简(肆)》都收录了"戍律"，可以从中看到端倪。

睡虎地秦墓竹简《秦律杂抄》"戍律"曰：

> 同居毋并行，县啬夫、尉及士吏行戍不以律，赀二甲。39 戍者城及补城，令姑(嫴)堵一岁，所城有坏者，县司空署君子将者，赀各一甲；县司空 40 佐主将者，赀一盾。令戍者勉补缮城，署勿令为它事；已补，乃令增塞埤塞。县 41 尉时循视其攻(功)及所为，敢令为它事，使者赀二甲。42

① 孙言诚：《秦汉的徭役和兵役》，《中国史研究》1987年第3期。

《岳麓书院藏秦简(肆)》"戍律"曰：

城塞陛鄣多决(决)坏不修，徒隶少不足治，以闲时岁一兴，大夫以下至弟子、复子无复不复，各旬188以缮之。尽旬不足以索(索)缮之，言不足用积徒数属所尉，毋敢令公士、公卒、士五为它事，必与缮城塞。189

以上两则材料中的戍者最重要的职责便是修治城墙，而且都特别强调"勿令为它事""毋敢令……为它事"，并没有提及军事行伍相关的内容。修缮城墙的工作量看来非常大：一方面，"城塞陛鄣多决坏不修"，有大量的决口坏垣要修补；另一方面即使修补完成，戍者还要"增塞埤塞"，把墙垣进一步加高加厚。这些应该就是戍者的主要工作了。我们再回头看秦简中的"徭律"，同样是修补垣墙(睡虎地秦简《秦律十八种·徭律》)，同样是工程建造(《岳麓书院藏秦简(肆)》"徭律")，徭与戍两者的性质相近，都是一种劳役而已。这也是为什么秦简中多处将其并称为"徭戍"的原因。①

第三节　乡里治安与黔首逃亡

地方社会的治安状况历来是政府与民众共同关注的话题。对于官府而言，地方治安是否良好，直接关系社会与政权稳定与否。对民众来说，它是每日生活须臾不可缺的基本保障。总体而论，战国秦代地方社会的治安主要依赖于官方制度的设计与基层吏员的执法活动。在战国秦代的地方社会，登记名籍与户籍已普遍推行，政府借由簿籍对民众进行管理，以法律纠正其日

① 例如，睡虎地秦简《秦律十八种·司空》"毋除繇(徭)戍"(简137)；《秦律杂抄》"赏(偿)四岁繇(徭)戍"(简4)；《岳麓书院藏秦简(肆)》："自不更以下繇(徭)戍"(简253)、"令繇(徭)戍，繇(徭)戍已"(简251)。

常行为，以国家机器的强制力保证律令政策的执行，这已经构成一种常态。但是也有部分人群，因为种种原因不愿受此种约束，宁愿放弃官方授予的田宅，脱籍而逃，变成那个时代的逃亡者。

一、楚国的治安与逃亡

包山楚简的法律文书记录了许多发生在地方的案件，可以借此一窥楚国地方社会的治安状况。这些案卷中有相当部分是涉及民事纠纷的案子，比如财务争端、田(墓)地纠纷，或者是涉及家庭伦理，如夺妻、夺子、取他人之妾。排除这些案子之后，剩下的就是杀人与伤人的案子，属于治安的范围。治安案件的比例在所有卷宗中并不算太高，这或许显示战国中期楚怀王时楚国地方社会的治安尚属良好，在此时看不到社会动乱、治安失控的迹象。这种成绩的取得，与地方社会在管理上的努力密不可分。包山楚简简 141-144 记录了一个比较有意思的案子：一个叫黄钦的人被官府鄗路尹憍抓捕后，自己解开桎梏逃出看押地，逃至秦大夫怡之州的巷子，被追捕者“州人”围住，于是以刀自残拒捕，于是引发了官方的一场严肃调查。黄钦第二次被捕是秦大夫怡之“州人”在州巷之中抓住的，显示楚国的基层组织州很可能有着比较严密的治安管理体系，才能将逃入巷子中的逃犯一举擒获。简 120-123 则记录了一起杀人案，有人报案下蔡人舍(余)睪被杀，官府逮捕了疑犯山阳里人邦倖。据邦倖招供，下蔡县的关里、东邗里、荑里各有一人参与杀人。于是官府派出里公去以上 3 个里抓人，结果回报疑犯全都提前逃走，连邦倖的家室也早已逃跑。3 个参与杀人的嫌犯或许在邦倖被捕后就听到风声而赶在官府到来前逃亡。邦倖的妻孥并未在他被官府逮捕时一并收押，显示了楚国的司法对于收押嫌犯家人仍有着一定的程序与制度。

包山楚简的司法文书记录有几个案例，很可能是当时的楚人逃亡的实录。

䀇(荆)层之月辛巳之日，鍾缶公德讼宋𤬪、宋庚、差令愆……沈敢，以其受鍾缶人而逃。85

八月辛巳之日，鄦阳大主尹宋𢿢讼范庆、屈貉、阳疆、阳军、陈杲，以受鄦阳之櫏官阳遢遢逃之古(故)。87

仆军造言之：视日以䢃(阴)人舒庆之告詎仆，命速为之断。……庆逃。137 背

简 85 记录了鍾缶公起诉宋𤬪等 24 人，原因是他们被授予"鍾缶人"的身份，却发生了逃亡的情况。"鍾缶人"可能与前文讨论过的"倌(官)人"的情况类似，或许是从事制作和使用鍾缶等陶器或相关工作的某种身份，本质上仍属于劳役，所以才会导致大规模逃亡。他们逃走后，管理者鍾缶公将所有人告上法庭，以追究其责任。简 87 记录的正是"倌(官)人"逃亡的案例。值得注意的是，在包山简的司法文书中，被授予"倌(官)人"身份的民众会做出两种被认为是违法的反抗举动，一种是"反官"，另一种是这里提到的"遢逃"。显然这两种是有区别的，前者只是拒绝"倌(官)人"身份、拒绝相应的劳役事务，后者则是彻底的逃亡，不仅主管官员见不到他们，甚至可能是脱籍逃亡了。简 137 记录了一起杀人案，其中杀人嫌犯舒庆在被官方审问后就逃亡了。与之类似的简 120-123 记录的下蔡人舍(余)睪被杀案，嫌疑人雇女返、场贾、竞不割(害)在官府前去抓捕时全部"既走于前"，这也是典型逃亡的行为。不过他们在惟一的证人郏㑀死后"皆既盟"，应该是经历短暂逃亡后又回来进行了盟诅活动。简 85、87 与简 120-123 分别代表了当时民众逃亡的两种原因：一种为了逃脱劳役，另一种则是为躲避官非。

二、秦的治安与逃亡

秦乡里之中的治安有着非常绵密且严厉的一系列法律制度作为背景。传世典籍中，不论是"为户籍相伍"(《史记·秦始皇本纪》)，还是"令民为什

伍，而相牧司连坐。不告奸者腰斩，告奸者与斩敌首同赏，匿奸者与降敌同罚”(《史记·商君列传》)，都展示出一幅居民互相监视、互相告发的画面。事实证明这些描述并非后世史家夸大，有相当多的秦简牍材料可以作为支撑，并显示更多细节。

按照秦律，夫妻之间要检举犯罪，否则便是同罪。睡虎地秦简《法律答问》有多条材料都规定了这种揭发行为。“‘盗及者(诸)它罪，同居所当坐。’可(何)谓同居？户为同居……”(简22)这则问答是对连坐的明确解释。一户之中为“同居”，其中有人犯罪，所有成员都要连坐。连坐还只是在家庭成员不知情的情况下的处罚，处罚比犯罪者本人来得更轻。但如果家人知情，处罚就上升为“同罪”。比如，“夫盗千钱，妻所匿三百，可(何)以论妻？妻智(知)夫盗而匿之，当以三百论为盗；不智(知)，为收”(简14)。丈夫盗窃，妻子收了赃款，妻子若知情便是同罪，若不知情则连坐“收孥”变成官奴婢。“削(宵)盗，臧(赃)直百一十，其妻、子智(知)，与食肉，当同罪。”(简17)如果妻子与儿子知情，哪怕没有拿钱，只是用赃款一同饮食，也要担当同罪的处罚。这种类似的条文在《法律答问》中还有不少。立法者可能想从根源上阻止民众犯法，把家庭成员间的连坐之法施展得无处不在，毫不顾忌由此带来的对家庭亲情伦理破坏的影响。这种连坐法对于普通民众有很大的震慑力。

在家庭之外，最接近的便是四邻，共同构成被称为“伍”的组织。《法律答问》：“可(何)谓四邻？四邻即伍人谓也。”(简99)五家为伍，也是在空间距离上的四邻。伍人之间也和“同居”一样，当其中有人犯罪时，其他人都要连坐。“律曰‘与盗同法’，有(又)曰：‘与同罪’，此二物其同居、典、伍当坐之。”(简20)这种一损俱损的连坐风险同样会促进四邻之间的互相监视、举报，在官方看来同样是遏制犯罪的有效手段。但这样必然会出现伍人为求避罪而抢先告发，而匆忙告发又会带来罪名不实或诬告，无论是对被告发者或官府都会带来麻烦。秦政府的解决方案很有法家风格：将不实告发者入罪。它试图用一种罪名来消除另一种罪名的不良后果。“伍人相告，且以辟罪，不审，以所辟罪罪之。”(简96)如果告发与事实不符，告发者就会发现，原本要躲避的连坐之罪被套在自己身上。这样的做法使得负有告发义务的伍人在“因罪连坐”与“不审被罚”之间形成一种恐怖平衡，选择谨慎举报，遏制无端检举。

里中的吏员典、老负有维持全里治安的职责，对于里中所有居民的活动都必须时刻关注，及时制止不法。前文曾提及，里中居民犯下的罪行在秦律中规定“与盗同法”或“与同罪”时，里典也要连坐。典、老的职责对于制止盗、贼尤其偏重。《法律答问》简98云：“贼入甲室，贼伤甲，甲号寇，其四邻、典、老皆出不存，不闻号寇，问当论不当？审不存，不当论；典、老虽不存，当论。”当里人遇到入室之贼而求救时，典、老必须立即前去救援，不能畏惧不前，否则就要处罚。即使本人不在家，也要被论处。这种规定的核心是让典、老二人背负起组织全里居民抵抗贼人的责任，并且不得以任何借口推脱，连“不在家”这种常见的理由都考虑进去了。《岳麓书院藏秦简(肆)》收录了一条秦律，简204-205：“舍室为里人盗卖马、牛、人，典、老见其盗及虽弗见或告盗，为占质，黥为城旦，弗见及莫告盗，赎耐。”当时进行马、牛、人等大宗交易时，都要请典、老等人占质登记，内容可能包括：交易时间、卖方与买方为谁、物品清单等。里人售卖的物品如果是偷盗来的，典、老就不能为交易进行占质，否则占质之后这些盗窃的赃物就洗白变成了合法财物。这条律文的关键是，不论典、老是否知道这些财物是否偷盗而来，只要做了占质便是违法，要重罚为黥城旦。那么典、老又是如何知道交易物品是否赃物呢？这就不得不又提到《岳麓书院藏秦简(叁)》的“识劫㛞案”，这个案子清晰显示当时里人的财产都是要在地方小吏(很可能就是典、老)那里登记的，否则就是“匿占”的违法行为，要受到法律制裁。所以典、老对于本里各户居民的财产都是经手登记过的，哪一户有哪些主要财产他们都登记在簿册。盗来的牛、马、人，其身上的烙印标记不可能与簿册对应得上，它们是不是突然冒出来的、来路不明的财产，典、老对此是一清二楚的。这条律文的意义在于，没有典、老的占质，赃物不能合法交易，从而约束了上游的偷盗行为。

秦政府通过大量的律令条文，将最底层的同居、伍人、典、老都拉进一个巨大而交错的社会网络之中，稍有逾矩就会受重罚，同时牵一发而动全身导致连坐，互相之间监视、告发，从而试图在地方社会维持一种人人唯恐犯禁的治安状态。但是这种状态可以维持多久，使用重典是否会降低犯罪率，仍是值得怀疑的事情。从睡虎地秦简《法律答问》《封诊式》、岳麓秦简记录的大量案例与官方令文来看，当时的民众即使冒着被重判的风险，仍然有大量的违法行为，并且已经出现从法网密布的司法条文中寻找漏洞的倾向。这些行为必将促使立法者将法律之网编织得更细，而违法之人数量更甚。《史记·李斯列传》“刑者相半于道，而死人日成积于市”的记载或许并没有夸大。这样的治安究竟是好是坏，官府与底层民众或许会有不同的看法。

战国晚期直至秦朝，因为秦的法律严苛，当时社会出现了大量的脱籍逃亡者。传世文献中已经有相当多的记载，比如秦灭魏之后，原魏国名士张耳、陈馀，“乃变名姓，俱之陈，为里监门以自食”(《史记·张耳陈馀列传》)。项梁曾因杀人，与项羽避仇于吴中(《史记·项羽本纪》)。张良在博浪沙狙击秦始皇误中副车之后，“良乃更名姓，亡匿下邳”(《史记·留侯世家》)。此外汉初的大批将相诸侯都曾经在秦末因为犯罪而逃亡，比如张苍、英布等。他们大多是历史知名人物，因在反秦活动与楚汉战争中的表现而名满天下。但地方乡里社会普通秦人黔首的逃亡又是什么情况，在传世文献中记载甚少。睡虎地秦简、张家山汉简《奏谳书》、里耶秦简与《岳麓书院藏秦简(肆)》中第一组简“亡律”公布后，已经有一批学者就秦逃亡问题进行研究与讨论，取得了相当多的成果。①

研究者对秦人逃亡的类型进行了划分，因为依据之材料与研究之侧重不

① 曹旅宁：《秦汉亡律考》，《秦律新探》，中国社会科学出版社2002年版；张功：《秦朝逃亡犯罪探析》，《首都师范大学学报》2002年第6期；施伟青：《论秦自商鞅变法后的逃亡现象》，《中国社会经济史研究》2004年第2期；张功：《秦汉逃亡犯罪研究》，湖北人民出版社2006年版；邹水杰：《论秦及汉初简牍中有关逃亡的法律》，《湖南师范大学社会科学学报》2019年第1期。

同而产生了多种分类。张功先生结合传世与出土文献，认为秦人逃亡可以分为4种类型：六国旧贵族与豪侠不愿与秦王朝合作而逃亡；不满秦的文化专制而逃亡；不堪赋敛而逃亡；因逃避徭役（“逋事”“乏徭”）而逃亡。① 万荣先生认为秦简中的逃亡分为2种：一种是一般逃亡，脱离本该居住或劳作之处；另一种为戴罪逃亡，因犯罪事发而逃亡。② 邹水杰先生注意到逃亡现象在秦简中多次出现“去亡”的专门表述，并将其分类为有罪去亡、逋欠官府钱财去亡、逃避某种身份与戍役去亡三大类型。③ 这些划分都各有其道理。如果从地方社会角度出发，秦人的逃亡大致可以分为黔首逃亡与犯罪者逃亡两种，与万荣先生的划分方式相近。

秦自商鞅变法后施行奖励耕战的政策，把百姓牢牢束缚于土地之上，“使民无得擅徙”（《商君书·垦令》）。但民众仍会发生逃亡，这在当时已成为普遍的社会现象。当时的普通民众不会无缘无故逃亡，毕竟耕种的土地是由国家授予，一旦逃亡也就意味着失去谋生之本，家人会被官府收押，自己也成为罪犯。但有两种常见原因导致平民频频发生逃亡：一为服徭役，二为触犯法律。

先来看涉及徭役的逃亡。睡虎地秦简《法律答问》简164：“可（何）谓‘逋事’及‘乏繇（徭）’？律所谓者，当繇（徭），吏、典已令之，即亡弗会，为‘逋事’；已阅及敦（屯）车食若行到繇（徭）所乃亡，皆为‘乏繇（徭）’。”秦律中将因徭役而逃亡的罪名设有专名，细分为“逋事”与“乏繇（徭）”。前者是通知服徭后、官府校阅前逃亡，后者则是校阅结束后、抵达徭所开始劳役前逃亡，区分的意义或许跟刑罚的轻重有关。但不论哪一种，都是为逃避徭役而发生的逃亡，可以显示这两种方式的逃亡在当时已经成为常态。这种逃亡连同“逋事”“乏繇（徭）”的内容，都会写入专门的徭戍簿册之中。《封诊式·

① 张功：《秦朝逃亡犯罪探析》，《首都师范大学学报》2002年第6期。

② 万荣：《秦汉简牍“自告”、“自出”再辨析——兼论“自诣”、“自首”》，《江汉论坛》2013年第8期。

③ 邹水杰：《论秦及汉初简牍中有关逃亡的法律》，《湖南师范大学社会科学学报》2019年第1期。

亡自出》就记载了一个因徭戍逃亡的案例：

> 乡某爰书：男子甲自诣，辞曰："士五(伍)，居某里，以乃二月不识日去亡，毋(无)它坐，今来自出。"问之 96 □名事定，以二月丙子将阳亡，三月中逋筑宫廿日，四年三月丁未籍一亡五月十日，毋(无)它坐，莫 97 覆问。以甲献典乙相诊，今令乙将之诣论，敢言之。98

男子甲原本应于三月中服徭役二十日，但他在二月就已"去亡"，于是被认定为"逋事"，"事"的内容即"筑宫廿日"，连同他逃亡的总时长(五月十日)，都登录在簿籍之上。男子甲逃亡的时间恰好在"筑宫"之前月，他应该已经收到徭役的通知。从"无它坐"来看，这五个月零十日之内，男子甲只有以上"筑宫"的徭役，也没有其他罪行，所以他应该是为避徭役而逃亡。

当时也有地位较高者因从事官府劳役而沦落至逃亡的例子。《法律答问》简 127-128："大夫甲坚鬼薪，鬼薪亡，问甲可(何)论？当从事官府，须亡者得。今甲从事，有(又)去亡，一月得，可(何)论？当赀一盾，复从事。从事有(又)亡，卒岁得，可(何)论？当耐。"大夫甲原本是管理鬼薪的领导者，在鬼薪逃亡后他不得不在官府从事劳役作为处罚。但大夫甲受不了劳役而逃亡，一月后被抓，判处仍旧从事劳役，另外加罚一盾。倒霉的大夫甲再次逃亡，一年后被抓，处罚加重为耐刑。这个例子也显示随着逃亡次数增加、处罚逐渐加重的法律原则。这种原则在身份较低的奴婢身上体现得更加明显。《岳麓书院藏秦简(肆)》：

> 奴婢毄(系)城旦舂而去亡者，毄(系)六岁者，黥其𩕄(颜)頯；毄(系)八岁者，斩左止(趾)，毄(系)十岁、十二岁 37 者，城旦黥之，皆畀其主，其老小不当刑者，毄(系)六岁者，毄(系)八岁；毄(系)八岁者，毄(系)十岁；毄(系)十岁者，毄(系)十二岁。皆 38 毋备其前毄(系)日。39

奴婢去亡者，根据其原本刑期长短，再加以不同轻重的肉刑，或是增加其刑期。两则材料相对比会发现，大夫甲逃亡的量刑考虑到了逃亡时间的长短(一月、卒岁)，对奴婢系城旦舂者逃亡的量刑则不再考虑这些因素。

涉及犯罪的逃亡在秦律令中相当常见。普通黔首在犯下盗、贼等重罪之后，为逃避官府处罚，通常会选择逃亡。如《封诊式·群盗》简28-29载："某里士五(伍)己、庚、辛，强攻群盗某里公士某室，盗钱万，去亡。己等已前得。丁与戊去亡，流行毋(无)所主舍。"士伍丁、戊等多人伙同盗取万钱，构成群盗之罪，随即逃亡，直至被官府抓获。民众因犯罪被判处赀赎等处罚后，无力缴纳赀罚，又不愿承担居赀赎债的沉重劳役，也常常发生逃亡。这种情形与逃避徭戍有相似之处，但在处罚上更重。《岳麓书院藏秦简(肆)》："赀赎未入，去亡及不会赀赎而得，如居赀赎去亡之法"(简23)；"十四年七月辛丑以来，诸居赀赎责(债)未备而去亡者，坐其未备钱数，与盗同法"(简66)。居赀赎债未交满钱而逃亡的，所欠之钱按照偷盗进行处罚，这已是非常重的判罚了。被判处迁刑者不愿迁徙发生逃亡，被抓捕后都会加重刑罚(耐为隶臣妾)，如《岳麓书院藏秦简(肆)》简71-72："诸䙴(迁)者、䙴(迁)者所包去䙴(迁)所，亡□□得，䙴(迁)处所，去亡而得者，皆耐以为隶臣妾；不得者，论令出会之，复付䙴(迁)所县。"迁刑原本是相对较轻的刑罚，耐为隶臣妾则彻底失去自由。

逃亡者去亡之后，面对的最大问题是如何躲过官府的追捕并生存下来。虽然有部分逃亡者逃入山林，如同《封诊式·群盗》里记载的丁、戊两人"流行毋(无)所主舍"，但毕竟难以自给谋生，所以相当部分逃亡者考虑的是混入乡里民户中，即所谓"匿"的做法。官府为了防止逃亡者隐匿在普通编户之中，设立多条法令严厉禁止民户隐匿逃亡者。《岳麓书院藏秦简(肆)》载：

匿罪人当赀二甲以上到赎死。室人存而年十八岁以上者，赀各一甲，其奴婢弗坐。1

主匿亡收、隶臣妾，耐为隶臣妾，其室人存而年十八岁者，各与其疑同法，其奴婢弗坐，典、田 3 典、伍不告，赀一盾。其匿□□归里中，赀典、田典一甲，伍一盾。匿罪人虽弗敝(蔽)貍(埋)，智(知)其请(情)，舍其室，4 □□□吏遣，及典、伍弗告，赀二甲。5

父母、子、同产、夫妻或有罪而舍匿之其室及敝(蔽)匿之于外，皆以舍匿罪人律论之。6

秦律对于隐匿逃亡的罪犯与隶臣妾等行为的处罚非常严厉，不仅户主要被重罚，连家庭成员十八岁以上者都要连带受罚，仅家中奴婢可免于同坐。里典、田典与伍人若不主动告发，也要处以赀罚。如果因家人犯罪而将其隐藏在家中或户外，也不会念其亲情血缘而以“舍匿罪人”论处。除了主动隐匿罪人之外，即使提供房屋居舍给罪人，也被当做“舍匿罪人”处理。再如《岳麓书院秦简(肆)》：

盗贼旞(遂)者及诸亡坐所去亡与盗同法者当黥城旦舂以上及命者、亡城旦舂、鬼薪白粲舍人60室、人舍、官舍，主舍者不智(知)其亡，赎耐。其室人、舍人存而年十八岁者及典、田典不告，赀一甲。伍61不告，赀一盾。当完为城旦舂以下到耐罪及亡收、司寇、隶臣妾、奴婢阑亡者舍62人室、人舍、官舍，主舍者不智(知)其亡，赀二甲。其室人、舍人存而年十八岁以上者及典、田典、伍不告63赀一盾。64

以上律令与简3-5很类似，主舍者受重罚，室人、典、田典、伍人都要连坐，仅仅只是因为给“盗贼遂者”等逃亡罪人提供了屋舍。这意味着为陌生人提供屋舍是一件非常有风险的事情，民户只能尽量拒绝外来人投宿或出借屋舍。当初商鞅作法自毙的遭遇显示变法之后已经有类似政策，① 我们在秦简见到的只是更加详细的律令原文而已。另外，逃亡者不能隐匿于自己家

① 《史记·商君列传》：“商君亡至关下，欲舍客舍。客人不知其是商君也，曰：‘商君之法，舍人无验者坐之。’商君喟然叹曰：‘嗟乎，为法之敝一至此哉！’”(司马迁：《史记》卷68《商君列传》，中华书局1982年版，第2236~2237页)

中，不能居住于其他民户的居舍，甚至连为他人做工帮佣也被禁止，彻底将逃亡者与编户民隔离开来。为了阻断雇佣的道路，秦律对雇佣者也处以重罚。《岳麓书院藏秦简(肆)》简75："取罪人、群亡人以为庸，智(知)其请(情)，为匿之。不智(知)其请(情)，取过五日以上，以舍罪人律论之。"即使雇佣行为已经结束，这种判罚也能追溯至更早时候。《岳麓书院藏秦简(肆)》简76："廿年后九月戊戌以来，取罪人、群亡人以为庸，虽前死及去而后遝者，论之如律。"不能匿于民居，又不能帮佣取酬，逃亡者在秦律治下已无立足之地，只能啸聚山林，或者向官府自首。

为了解决不断增加的民众逃亡问题，秦政府也发布了逃亡者用自首来减轻刑罚的律令，逃亡相关的自首行为在秦律中称为"自出"。睡虎地秦简《法律答问》简132："隶臣妾系城旦舂，去亡，已奔，未论而自出，当治(笞)五十，备系日。"隶臣妾系城旦舂逃亡，原本按律是要判处黥、斩左趾等肉刑的，因为在其罪论处之前"自出"，只被判处鞭笞五十的刑罚，已经减轻了很多。秦律中还有一种"得及自出"的固定表述，意思是逃亡者因为其他原因被抓后马上主动坦白自己的逃亡罪行，也可以在逃亡罪方面获得轻判。但如果逃亡者的案子已经进入起诉论罪阶段，此时再向官府"自出"也不会获得轻判。比如《岳麓书院藏秦简(肆)》简15："有罪去亡，弗会，已狱及已劾未论而自出者，为会，鞫，罪不得减。"

第四节　官吏视角下的地方秩序

云梦睡虎地秦简《语书》自从公布以来，有很多学者进行过专门研究，相关研究已经汇集形成了两个很好的集释文本，① 方便学界在其基础上继续推

① 陈伟主编：《秦简牍合集[壹]·睡虎地秦墓简牍》"语书"，武汉大学出版社2014年版。中国政法大学中国法制史基础史料研读会：《睡虎地法律文书集释(一)：〈语书〉(上)》，《中国古代法律文献研究》第六辑，社会科学文献出版社2012年版；中国政法大学中国法制史基础史料研读会：《睡虎地法律文书集释(一)：〈语书〉(下)》，《中国古代法律文献研究》第七辑，社会科学文献出版社2013年版。

进。《语书》中记载的“乡俗”问题，曾引起学者们的兴趣，也有不少专门研究成果。① 随着里耶秦简、岳麓秦简的逐步公布，其中的部分内容或许能为讨论提供新的材料，所以笔者将“乡俗”问题重新进行考察。

一、“乡俗”为何

《语书》中的文字多处涉及“乡俗”：

> (1)廿年四月丙戌朔丁亥，南郡守腾谓县、道啬夫：古者，民各有乡俗，其所利及好恶不同，或不便于民，害于邦。是以圣王 1 作为法度，以矫端民心，去其邪僻，除其恶俗。2
>
> (2)凡法律令者，以教导 2 民，去其淫僻，除其恶俗，而使之之于为善也。今法律令已具矣，而吏民莫用，乡俗淫泆之民不止，是即废主之 3 明法也，而长邪僻淫泆之民，甚害于邦，不便于民。4
>
> (3)今法律令已布闻，吏[民]犯法为间私者不止，私好、乡俗之心不变。② 自从令、丞以 5 下，知而弗举论，是即明避主之明法也，而养匿邪僻之民。如此，则为人臣亦不忠矣。6

---

① 集中研究《语书》“乡俗”的论文，主要有池田知久的《睡虎地秦简〈语书〉与墨家思想》(《秦汉史论丛》第九辑，三秦出版社 2004 年版) 与《睡虎地〈语书〉与〈淮南子 · 齐俗〉篇——围绕着“风俗”的中央集权和地方分权》(《湖南大学学报》2013 年第 6 期)。郭成磊《睡虎地秦简〈语书〉拾遗》(《江汉考古》2016 年第 2 期) 对“乡俗”有所涉及。另外臧知非《周秦风俗的认同与冲突——秦始皇“匡饬异俗”探论》(《秦文化论丛》第 10 辑，三秦出版社 2003 年版)，臧知非、宋仁桃《秦始皇〈会稽刻石〉与吴地社会新论——林剑鸣先生秦始皇会稽刻石辨析》(《秦文化论丛》第 11 辑，三秦出版社 2004 年版)，陈宁《秦刻石新论》(《黑龙江史志》2009 年第 5 期) 等在讨论秦始皇刻石记载“匡饬异俗”问题中也涉及《语书》相关内容。

② 《睡虎地秦墓竹简》释文作“私好、乡俗之心不变”。夏利亚读为“私好乡俗之心不变”，其说当是(夏利亚：《睡虎地秦简〈语书〉篇释文商榷一则》，《江汉考古》2016 年第 3 期)。

学者们对于“乡俗”的解释各有不同。整理者认为是地方风俗。① 詹越先生认为是当地(南郡)传统的风俗习惯，跟楚人笃信巫鬼风俗有关。② 黄盛璋先生引用秦始皇会稽石刻内容，认为《语书》中“淫佚”与乡俗并举，主要指地方男女风俗习惯，也包括民众敢于违犯法律的行为。③ 刘海年先生则认为乡俗当指制度而言，而《语书》中的乡俗与恶俗不同，恶俗即法律禁止、危害统治阶级的风俗。官方所说的恶俗与“淫泆”相关，而“淫泆”指三个方面，一指嗜欲过度、游手好闲，二指曾有爵禄的旧贵族，三指男女不以义交。④ 汤浅邦弘、渡边信一郎等日本学者多认为乡俗指地方社会形成的地方秩序或习俗。⑤ 池田知久先生从“乡”字的地域范围特性出发，考察了6种不同行政级别单位的风俗，包含“国俗”“郡俗”“县俗”“乡俗”“里俗”“家俗”，最后认为《语书》的乡俗应该与“县、乡、里”的风俗同一或相类似。⑥ 综合以上学者的观点，基本认同乡俗是地方性的风俗与秩序。但是在具体包含哪些风俗的问题上，各方产生了一些分歧，其中提及最多的是楚地崇巫信鬼的习俗与男女关系。至于为何会产生分歧，主要还是因为《语书》中对乡俗，以及与之相关的“恶俗”“淫泆”“邪僻”等相关词汇从字面理解过于抽象，《语书》的作者南郡守腾没有作出任何具体说明，现今仅仅依靠传世文献与现有出土简牍材料，人们无法确定其确切含义。

值得注意的是，“乡俗”的定义在《语书》全篇中未必是固定不变的，而是流动性的。在短短几百字的《语书》篇中，作者南郡守腾对于“乡俗”一词

① 睡虎地秦墓竹简整理小组编：《睡虎地秦墓竹简》“释文注释”部分，文物出版社1990年版，第13页。

② 詹越：《斥“四人帮”在秦代史上的反动谬论》，《考古》1978年第3期。

③ 黄盛璋：《云梦秦简辨正》，《考古学报》1979年第1期。

④ 刘海年：《云梦秦简〈语书〉探析——秦始皇时期颁布的一个地方性法规》，《学习与探索》1984年第6期。

⑤ 转引自中国政法大学中国法制史基础史料研读会：《睡虎地法律文书集释(一)：〈语书〉(上)》，《中国古代法律文献研究》第六辑，社会科学文献出版社2012年版。

⑥ 池田知久：《睡虎地〈语书〉与〈淮南子·齐俗〉篇——围绕着“风俗”的中央集权和地方分权》，《湖南大学学报》2013年第6期。

有着情感变化，从而造成其定义也随之变化。这也是造成对“乡俗”定义困难的原因之一。

材料(1)是说自古以来民间有不同的乡俗，因为利益所在与好恶不同，其中部分乡俗不利于民且有害于邦，意即乡俗有好有坏。此处郡守腾对乡俗持中立态度。材料(2)中，乡俗被与表示贬义的“淫泆之民”连用，虽然“淫泆”之恶俗确实是乡俗之一部分，但接下来通过“是即废主之明法也，而长邪僻淫泆之民”明显加强了对乡俗的谴责性语气。材料(3)中“私好、乡俗之心不变”与“犯法为间私者不止”对举，乡俗明显是贬义，所指为前文所说的“恶俗”。为何不用“恶俗”而采用“乡俗”字眼，似乎将“淫泆”“邪僻”的嫌恶之情感倾泻于乡俗之上的味道。

所以如果要问《语书》中的乡俗是什么，我们只能分开回答，不能概而论之。材料(1)中的乡俗应是地方风俗之类，是包含良俗、恶俗的集合。材料(2)中的风俗与材料(1)接近，但已经作为被谴责的对象。材料(3)的风俗专指恶俗。从《语书》通篇来看，南郡守腾要求各县、道的令、丞举发论处的都是乡俗中被认为比较败坏的部分，他要谈论的主要是材料(3)中的这类恶俗。虽然有不同的含义，但为行文方便，本节接下来提到的“乡俗”一词也将主要采用材料(3)中接近恶俗的定义。

假如要对材料(3)的乡俗作出进一步的精准定义，目前可能有两条思路。第一条，借助与“乡俗”意思相近的“恶俗”“淫泆”“邪僻”等词汇的含义进行类比定义。但上文已说到，此路难通。第二条，借助与“乡俗”意思相反的概念进行反向定义，似乎还有可能性。材料(1)说到“民各有乡俗”“或不便于民，害于邦”，紧接下来，“是圣王作为法度，以矫端民心，去其邪僻，除其恶俗”。在这里我们可以看到，“法度”是作为有害的“乡俗”的对立面出现的。“法”与“俗”构成了一种二元对立的概念。“法度”在文中具体可指政府的法律令之类，那么意味着乡俗有违背法律与政令的性质，再加上乡俗原有的地方风俗属性，综合起来就是指违背法律令的地方风俗。从这个结论来看，刘海年先生的乡俗定义似乎是最为恰当的表述。

为何《语书》中的“乡俗”词义会随着作者南郡守腾情感发生变化？或者说《语书》为什么没有保持用语的一致性？这或许与《语书》的体裁有关。在该篇的最末一支简（简14）背面写有篇题“语书”。所谓“语”，是古代专门用于品德教育的一种教材。《国语·楚语上》载：“教之《语》，使明其德，而知先王之务用明德于民也。”韦昭注：“《语》，治国之善语。”《国语·鲁语下》：“主亦有以语肥也？”韦昭注：“语，教诫也。”可见“语”原本就是用于教育用途。《语书》中前8支简大量批评“恶俗”“淫泆”“邪僻”的文句，以及后6支简中对良吏、恶吏行为的描述，都有浓烈的道德训诫色彩。既然是道德训诫的文字，作者因占据道德优势训斥下级而偶有情感的流露（或者说情感烈度的升级）便是可以理解的了，毕竟因为《语书》不是法律政令之类的文书。

二、从“举论乡俗”到“匡饬异俗”

南郡守腾在《语书》中列举了乡俗的种种恶劣之处，最后还严令各县、道之令、丞，假如“知而弗举论”，则是“为人臣亦不忠矣”，是不胜任、不智之举；假如“知而弗敢论”，则是为吏“不廉”。以上两种都是大罪。举，检举揭发。《史记·秦始皇本纪》：“吏见知不举者，与同罪。”论，处罪、定罪。《史记·孝文本纪》：“今犯法已论。”《后汉书·鲁丕列传》：“坐事下狱司寇论。”李贤注：“决罪曰论，言奏而论决之。”①所谓“举论”，便是将不良乡俗当作有罪进行检举揭发与论罪。由此看来，郡守紧接着将会在南郡所有县、道进行“举论”乡俗的活动。

说到移风易俗，研究者往往会联想到秦始皇琅琊刻石与会稽刻石上的两篇文献，其中有关风俗之文字录入如下：

(4)维二十八年，皇帝作始。端平法度，万物之纪。……皇帝之功，

① 范晔：《后汉书》，中华书局1965年版，第883页。

勤劳本事。上农除末，黔首是富。普天之下，抟心揖志。器械一量，同书文字。……匡饬异俗，陵水经地。……皇帝之明，临察四方。尊卑贵贱，不逾次行。奸邪不容，皆务贞良。细大尽力，莫敢怠荒。远迩辟隐，专务肃庄。端直敦忠，事业有常。皇帝之德，存定四极。……莫不受德，各安其宇。(《史记·秦始皇本纪》收录琅琊刻石)①

(5)皇帝休烈，平一宇内，德惠修长。三十有七年，亲巡天下，周览远方。遂登会稽，宣省习俗，黔首斋庄。群臣诵功，本原事迹，追首高明。秦圣临国，始定刑名，显陈旧章。初平法式，审别职任，以立恒常。……皇帝并宇，兼听万事，远近毕清。……饰省宣义，有子而嫁，倍死不贞。防隔内外，禁止淫泆，男女絜诚。夫为寄豭，杀之无罪，男秉义程。妻为逃嫁，子不得母，咸化廉清。大治濯俗，天下承风，蒙被休经。皆遵度轨，和安敦勉，莫不顺令。黔首修絜，人乐同则，嘉保太平。后敬奉法，常治无极，舆舟不倾。从臣诵烈，请刻此石，光垂休铭。(《史记·秦始皇本纪》收录会稽刻石)②

会稽石刻记录"防隔内外，禁止淫泆，男女絜诚"等内容，以往被理解为秦始皇在会稽当地查禁男女淫泆风俗之后，针对当地的落后风俗而作。比如顾炎武《日知录》中认为，秦始皇的泰山刻石与碣石刻石对于男女问题都是一带而过，仅有会稽刻石用了较长篇幅专门讲述此事，应该是针对会稽当地风俗而发。又引用《国语·越语上》与《左传》哀公元年越王勾践"十年生聚"之故事，和《吴越春秋》佚文中勾践以寡妇犯淫泆之过者输于山上之事，论证当时吴越不禁淫泆的风俗，以致影响于秦代。③ 这种说法虽然借助传世文献讲得详细，但秦始皇东巡、刻石并非一次，为何要在会稽刻石中专门写下对某一地域制裁男女淫泆风俗的内容，则是一个显得很突兀的问题。林剑鸣先生

① 司马迁：《史记》卷6《秦始皇本纪》，中华书局1982年版，第245页。

② 司马迁：《史记》卷6《秦始皇本纪》，中华书局1982年版，第261~262页。

③ 顾炎武著，陈垣校注：《日知录校注》卷十三"秦会稽山刻石"条，安徽大学出版社2007年版，第716~717页。

首先对此说提出批评意见，认为吴越风俗相对中原、北方并不显得更加淫泆，因而会稽刻石与其他刻石一样，并非为一时一地而作，并非针对会稽地区。① 臧知非先生赞同其说，进一步论证顾炎武提出的几个论据并不可靠。他认为琅琊刻石标志着秦始皇统一伊始便以“匡饬异俗”为己任，会稽刻石则是秦始皇认为“匡饬异俗”的目的达到后的自我炫耀。将《语书》、琅琊刻石、会稽刻石依据时间先后进行考察，可以发现秦政府对社会风俗的整治行动从南郡等地域推广到全国的演变过程。② 笔者认同两位先生的看法。琅琊刻石与会稽刻石显示秦帝国曾经在全国范围内的“匡饬异俗”活动，而《语书》记载南郡的“举论乡俗”并非孤立事件，而应该是全国活动的先声。

现在再回过头看《语书》中的“淫泆”。原整理者引用会稽刻石与《左传》隐公三年孔颖达疏“淫谓耆欲过度，泆谓放恣无艺”而并未作直接定义。熊铁基先生认为古代凡是过分、过度或者邪、乱，都可以用“淫泆”这个词。③ 刘海年先生认为可以指三种情况，一是嗜欲过度、游手好闲，二是曾有爵禄的旧贵族，三指男女不以义交。④ 尹在硕先生认为指“淫荡的行为”或者“不遵守法规随意放肆的行为”。⑤ 以上观点都将“淫”“泆”两字字义所含有的较为抽象的过度、放纵之义囊括在内。

现在我们知道《语书》与会稽刻石有着非常密切的联系，那么两篇文献都提到的“淫泆”一词很可能有着对应关系。会稽刻石中的“淫泆”应该是有着具体所指。“防隔内外，禁止淫泆，男女絜诚”，不论是起首的“防隔内外”

① 林剑鸣：《秦始皇会稽刻石辨析》，《学术月刊》1994 年第 7 期。

② 臧知非、宋仁桃：《秦始皇〈会稽刻石〉与吴地社会新论——林剑鸣先生秦始皇会稽刻石辨析》，《秦文化论丛》第 11 辑，三秦出版社 2004 年版。

③ 熊铁基：《释〈南郡守腾文书〉——读云梦秦简札记》，《中国史研究》1979 年第 3 期。

④ 刘海年：《云梦秦简〈语书〉探析——秦始皇时期颁布的一个地方性法规》，《学习与探索》1984 年第 6 期。

⑤ 尹在硕：《睡虎地秦墓竹简译注》，（韩国）昭明出版社 2010 年版，第 62 页。转引自中国政法大学中国法制史基础史料研读会：《睡虎地法律文书集释（一）：〈语书〉（上）》，《中国古代法律文献研究》第六辑，社会科学文献出版社 2012 年版。

或是末尾"男女絜诚"，皆指维持严格的男女关系，所以中间的"淫泆"不会是其他的放纵行为，而是专指在男女问题上的放纵行为，也就是刘海年、尹在硕等先生所列举的"男女不以义交""淫荡的行为"等。所以《语书》里的"淫泆"定义大致也随之解决。

《语书》作者笔下的乡俗中，"淫泆"与"恶俗""邪僻"等要素是并列关系。既然"淫泆"指男女关系方面的风俗，那么所谓"恶俗""邪僻"大概应该指除男女关系之外，其他的不合法律的地方风俗。或许正如"淫泆"在会稽刻石中有明确所指一样，"恶俗""邪僻"也不是抽象概念而是有具体指向的，只不过现在文献不足征也。

三、乡俗的案例

《语书》作者在表示将要整治乡俗的同时，却没有列举任何一个案例，而是反复使用一些抽象描述，这为我们理解当时的乡俗带来了不少困难。但随着更多批次简牍不断公布，其中还是能够看到一些与乡俗有关的新材料。虽然这些材料并没有"乡俗"字眼出现，未必就是《语书》所说的乡俗，但因为与民众直接相关，姑且将它们集中在一起，对于我们理解当时地方社会风俗或许有所助益。

《里耶秦简(壹)》简8-355：

(6)☒[黔]首习俗好本事不好末作，其习俗槎田岁更，以异中县。

材料(6)的竹简上半残断。中县，当指秦关中腹地。"以异中县"，指与秦关中腹地不同的边远地区，故其"习俗"当属地方风俗，可归入乡俗之类。简文说当地"习俗"有二："好本事不好末作"，即喜好耕田而不喜从事商业；"槎田岁更"，校释者认为指一种斫木为田并进行年度轮耕的耕作制度，① 其

① 陈伟主编：《里耶秦简牍校释(第一卷)》，武汉大学出版社 2012 年版，第 137 页。

说当是。秦自商鞅以来以法家思想治国，重视耕战，崇本抑末，对于这种习俗当然应该是乐见其成的。但材料(6)也启发我们，既然有“好本事”的习俗，也就意味着在其他地方有荒废“本事”的习俗存在。

《岳麓书院藏秦简(伍)》简196-198：

(7)律曰：黔首不田作，市贩出入不时，不听父母笱若与父母言，父母、典、伍弗忍告，令乡啬夫数谦(廉)問，捕系[献廷]，其罪当完城旦以上，其父母、典、伍弗先告，赀其父若母二甲，典、伍各一甲。乡啬夫弗得，赀一甲，令、丞一盾。有[犯律者]辄以律论及其当坐者，乡啬夫弗得，以律论及其令、丞，又免乡啬夫。

材料(7)的主要内容是说，普通民众不从事耕作，市贩不按时出入市场，不听从父母之命或与父母争执的人，假如父母与里典、伍长不忍上报，也要由乡啬夫出面多次查问。假如逮捕询问之后，此人若犯有完城旦以上罪行，其父母、典、伍若未曾事先告发，都要予以处罚。乡啬夫若失职，也要处罚。这里值得注意的是：黔首不从事田作，则属于荒废“本事”；市贩不在市场待着，则是无心本职。两种人都属于游手好闲之徒。从引用的律文来看，其父母、典、伍有告发他们的义务，乡啬夫也必须进行查问，说明政府对于这类人物是非常警惕的。这非常接近于对于乡俗的定义。

《岳麓书院藏秦简(肆)》简297-299：

(8)廿年二月辛酉内史言：里人及少吏有治里中，数昼闭门不出入。请：自今以来敢有□来□□□☑昼闭里门，擅赀伪□□□□□□□□□□者，县以律论之。乡啬吏智(知)而弗言，县廷亦论。乡啬夫吏令典、老告里长，皆勿敢为。敢擅昼闭里门，不出入□□，赀乡啬夫吏，智(知)弗言，县廷赀☑

这则材料记录了当时在最基层的闾里之中，数次发生“昼闭里门”的事件，引起了内史的重视，要求予以严查，警告管理里门的里长等人“皆勿敢为”。内史并未点明闭门之里的名字，似乎这不是个别现象。里门本是居民进出里中的唯一门户，白天擅自关闭里门必然给居民带来诸多不便。另外据多种传世文献记载，里门开闭是有特定时间的，白天显然不是闭门时段。里长甘冒被处罚之风险，也要在白天紧闭里门，这种现象或许与伏日闭门的民间风俗有关。①

《岳麓书院藏秦简(肆)》:

(9)里人令军人得爵受赐者出钱酒肉饮食之，及予钱酒肉者，皆赀戍各一岁。其先自告，赀[典、老]379各一甲，弗知，赀各一盾，有不从令者而丞、令、令史弗得，赀各一盾，以为恒。380

(10)材官、趋发、发弩、善士敢有相责(债)入舍钱酒肉及予者，捕者尽如此令，士吏坐之，如乡啬夫。赀丞、令381[令]史、尉、尉史各一甲。丞相下，尉布，御史议，吏敢令后入官者出钱财酒肉，入时共分饮食及出者，皆[赀]二甲，责费。382

《岳麓书院藏秦简(伍)》简249-250:

(11)有狱者、有狱者新所智(知)以财酒肉食遗治狱者、治狱者亲所智(知)，弗受而告吏，以盗[律]论遗者，以赃赐告者，赃过四千钱者，购钱四千，勿予赃入县官。

以上(9)~(11)三则材料都涉及请客吃酒肉之事。材料(9)中“里人”与“军人”，大致是同居一里的邻居。材料(10)中的“材官、趋发、发弩、善

① 王准、王谷:《岳麓秦简里门史料一则》,《楚学论丛》第8辑，湖北人民出版社2019年版。

士”，应属军中同袍；“吏”与“后入官者”，属于新老同事。材料(11)“有狱者”与“治狱者”，则是被管理者与管理者、民与吏之关系。材料(10)与材料(11)中的人物关系属于典型的公事关系。材料(9)虽然是同居一里的私人关系，但军人一般是因战功获得爵位赏赐，这也属于公事的领域。或许在秦政府看来，公事关系中掺杂私人关系(请客吃饭)，属于以私害公，有违秦的基本立国精神，故而要求严惩，不仅请客出钱酒肉者要受罚，接受吃请的人同等受罚。这应该是非常严厉的惩罚了。

材料(9)请客吃酒肉之风发生在里民之间，应该归入乡俗之类。但它仅仅只是乡俗吗？我们看到，其不仅在民众中流行，在军中和政府官吏中也同样出现，以至于丞相、太尉、御史要同时下令狠刹此风。此风究竟源自地方社会乡俗还是衙门，目前尚不可考证。但这一现象说明，某些风俗是可以上下渗透的，从一个层级轻易地影响到另一个层级。这种传播属性大概是秦政府最不愿意看到的，也是最为警惕的，所以才会将牵涉其中的所有人处以同等严厉的责罚，目的是通过威吓试图阻断其蔓延。

睡虎地秦简《法律答问》：

(12)或与人斗，夬(决)人唇，论可(何)殹(也)？比疻痏。87

(13)律曰：“斗夬(决)人耳，耐。”今夬(决)耳故不穿，所夬(决)非珥所入殹(也)，可(何)论？律所谓，非必珥所入乃为夬(决)，夬(决)裂男若女耳，皆当耐。80

(14)或斗，啮人頯若颜，其大方一寸，深半寸，可(何)论？比疻痏。88

(15)或斗，啮断人鼻若耳若指若唇，论各可(何)殹(也)？议皆当耐。83

睡虎地秦简《法律答问》篇中有相当数量的关于民众斗殴的法令。由于普通民众的斗殴是非常常见的现象，所以我们将其看作里中居民的乡俗写照亦无不可。这些关于斗殴情形的法令，其内容之细节复杂到令人惊讶的地步。比如说，这些斗殴中由徒手造成的伤害，就可以分为很多种情形，最轻的撕破嘴唇[材料(12)]，再重一点的扯破耳朵[材料(13)]。因为妇女耳部常戴有饰品珥而穿有耳洞，大概在斗殴撕扯耳朵时比较容易被扯破与耳洞相连的部分，但是如果撕破的不是耳洞周围该怎么判处？法律规定不一定要与耳洞相关的裂耳才入刑，不论受害人是男或女都要被判耐刑。由于牙齿尖利，在斗殴中也颇多咬伤。在斗殴中咬伤他人头部或颜面[材料(14)]，咬断他人鼻子、耳朵、手指或嘴唇[材料(15)]。这些详细规定未免令人捧腹，为何秦律中间要如此详细罗列民众斗殴的各种形式，而且都是徒手斗殴的情形而少见持械斗殴？合理的解释应该是秦对持刀剑等利器斗殴法律管制非常严厉。破人的耳朵、咬断他人肢体都要判处耐刑，咬成轻伤、撕破嘴唇比照打人青肿或破伤论处。看来后者应该比耐刑要轻。秦律中斗殴的判处轻重是随着受伤程度逐渐增加的。

睡虎地秦简《法律答问》：

(16)士五(伍)甲斗，拔剑伐，斩人发结，可(何)论？当完为城旦。84

(17)铍、戟、矛有室者，拔以斗，未有伤殴(也)，论比剑。85

动用刀剑会造成更加严重的伤害，秦律的处罚比徒手斗殴严厉得多。拔剑相斗，虽未曾造成伤痕，仅仅削掉发结，就会被判处完为城旦的刑罚。相比之下，咬断鼻子、耳朵、手指或嘴唇，伤害远高于前者，却仅判处耐刑。可以想见拔剑伤人情况下会被判更重，秦律对于手持兵器斗殴现象始终维持一种高压状态。

睡虎地秦简《法律答问》：

(18)“以梃贼伤人。”何谓“梃”？木可以伐者为“梃”。91

(19)斗以箴(针)、鉥、锥，若箴(针)、鉥、锥伤人，各可(何)论？斗，当赀二甲；贼，当黥为城旦。86

(20)或与人斗，缚而尽拔其须麋(眉)，论可(何)殴(也)？当完城旦。81

(21)拔人发，大何如为“提”？智(知)以上为“提”。82

(22)斗，为人殴也，无疻痏，殴者顾折齿，何论？各以其律论之。89

商鞅变法的重要内容之一就是禁止秦人私斗，而鼓励奋其余勇宣泄于战场。① 所以秦很可能从秦献公时代起就严厉禁止私斗。但是民间斗殴是无法禁绝的，这是人性使然，总会有民众发生肢体冲突，我们可以说私斗仍是民众常见的乡俗。同时在秦使用刀剑兵器斗殴的后果又非常严重，于是民众想出各种办法在逞一时之快的同时又刻意规避法律条文。如果拔剑斗殴惩罚太重，就弃用刀剑，改用徒手，用撕扯、咬等方式宣泄。或许秦律为应对新出现的徒手斗殴，于是就出现了以上各条详细的规定。不让用刀剑，民众就借用非刀剑的器械，比如兵器的鞘壳、木棍甚至细针等。刀剑不能用，于是转用铍、戟、矛等兵器的鞘壳。

《岳麓书院藏秦简(陆)》：

(23)自今以来，有殴詈其父母者，辄捕以律论，典智(知)弗告，䙴(迁)。乡部啬夫智(知)弗捕论，赀二甲191而废，弗智(知)，典及父母、伍人赀各二甲，乡部啬夫及令、丞、尉赀各一甲，捕，免乡部啬夫。192

(24)[自]今以来，殴泰父母，弃市，奊訽(诟)詈之，黥为城旦

① 《商君书·战法》：“故王者之政，使民怯于邑斗，而勇于寇战。民习以力攻难，故轻死。”(高亨注译：《商君书注译》，中华书局1974年版，第238页)

春。殴主母，黥为城旦春，奊訽(诟)詈之，完为城旦198[春，殴威公,]完为春，奊訽(诟)詈之，耐为隶妾。199 ☐同居典、伍弗告，乡部啬夫弗得，城旦舂罪☐同居赀二甲，典、伍、乡部啬夫赀各一甲，耐罪同。200(《岳麓书院藏秦简(伍)》简 302-304 与此类似)

《岳麓书院藏秦简(伍)》：

(25)黔首或事父母孝，事兄姊忠敬，亲弟(悌)兹(慈)爱，居邑里长老率黔首为善，有如此者，牒书☐199☐别之，率之千户，毋过上一人，上之必谨以实。200

秦政府对于殴打祖父母、父母与主人的行为处罚非常严厉。这种家庭内部的纠纷，不仅事情公开之后要处罚打人者，而且即使事件被当事家庭私下处理，也会处罚隐瞒事件、装作不知晓、不积极处理的乡里官吏。同时对于孝父母、敬兄姊、亲弟妹的黔首，以及能够带领乡里黔首从善风气的长老人物，政府都要作为典型上报，后续应该会有表彰奖赏的措施。以上几条材料，通过罚与赏，国家司法、政策对家庭内部关系直接进行干涉，并不仅仅是为了维护当事人的公义，更显示楚秦政府在维护乡里风俗上的决心。

小 结

傅籍是基层民众的基本义务之一。《国语》是记载周代户籍登记问题相对可靠的早期史料，从宣王“料民于太原”到管仲“五家为轨”，这些户口编制方式显示户籍制度逐步建立。战国楚简中记载楚国也有登录名籍“典”的制度，且大致按照行政区域、居所进行编制。楚国基本进入地缘组织的阶段，但仍能看到一些血缘家族制度的残余痕迹。楚简名籍登记内容包含“居处名族”，宗族与居处地、名字并列，同时也确实看到一些宗族之人的案例。楚国名籍只登记男丁，其他人如女性、臣妾等的名籍都附于男丁之下。楚名籍以“居”表示迁居或临时居住的地点，以“处”表示登记于名籍“典”的地址。

秦户籍制度可上溯至秦献公“为户籍相伍”，开始编制户籍与什伍组织。孝公任用商鞅变法“令民为什伍”，重点仍是编制户籍。秦简中少见“户籍”之称，而多见各种不同的“籍”，如“食者籍”、“游士籍”、“瘠籍”、牛马籍等。从《岳麓书院藏秦简(叁)》“识劫㛷案”记载的“户籍”一词来看，秦户籍应该记录有户内成员的名字、爵位、身份等信息。睡虎地秦简《封诊式》“封守”显示秦政府应该登记了财产项目，但是否属于秦户籍内容仍存疑。里耶秦简户籍简对户内成员分栏登记，分栏的标准既照顾到课役身份，又反映了血缘亲属关系。里耶秦简文书显示，编户民的年龄专门登记在一种“年籍”簿上。里耶户籍简应该是秦户籍的完整实物，年籍、财产簿籍等都不在秦政府认定的户籍范围内。秦政府编制了大量簿籍，户籍、年籍、财产簿籍都只是众多簿籍中并列的几种而已，只不过研究者根据汉代以后的观念把它们都归为广义上的户籍，秦应该不存在广义户籍。秦政府已经形成一整套申报户籍、迁移户籍与削去户籍的管理制度。

楚简中记载的“倌(官)人”，应该是带有强制性的身份，从大量“反官”逃亡案例来看，可能与楚国的赋役制度有关。秦民众需要承担田租，其税率大约是什一。除了上交粮食之外，还有缴纳刍、稿作为田租的义务。没能完成的民众必会受罚，甚至会牵连到他人。除了田租之外，民众还要承担户赋。户赋最终交给太守，而不是归于县乡，可能与户赋起源的军事属性有关。户赋包含了户刍，与田租中的田刍并不混同。秦民众承担的徭戍，主要服役内容大多是工程建设。徭多在本地县内服役，戍役并非兵役而只是在遥远边地从事相近的劳役。

包山楚简司法文书显示出战国中期楚国地方社会治安尚属良好，未见地方动乱、治安失控的迹象，楚国在乡里组织中应该建立了较为严密的治安管理体系。秦在乡里中用绵密而严厉的法律制度作为维持治安的基础。家庭内部有检举义务，四邻同伍须相互监视告发，里的吏员典、老等对全里居民活动时时关注。同居、同伍、典、老都处于巨大的社会性网络之中。秦政府通过傅籍对民众进行管理，同时也有人不愿受此约束脱籍逃亡。从地方社会角度出发，秦人逃亡可分为黔首逃亡与犯罪者逃亡。为了制止逃亡，秦律对于隐匿逃亡者的行为进行严厉处罚，同时颁布减轻刑罚的条例鼓励逃亡者“自出”。

秦高层官吏眼中的地方社会是什么模样，可以借助睡虎地秦简《语书》篇的“乡俗”问题一窥全豹。“乡俗”在篇中的语义随着撰写者的情感变化而流动，最终因道德训斥而流露出嫌恶之情。《语书》与秦始皇会稽刻石有密切关系，显示篇中“淫泆”“恶俗”“邪僻”等都是不合秦律精神的地方风俗。在秦简文书中记录了多种乡俗案例，显示官方遏制不良风俗的企图与地方风俗上下渗透的现实之间的博弈。

第五章　战国秦代的乡里生活形态

战国秦代的乡里居民日常生活是怎样的，确实是一个很有意思的话题。对于普通百姓来说，衣、食、住、行一般被认为是生活的基本要素。衣、食，特别是普通民众吃什么、穿什么，在简牍文献中记载并不多，其物质形态与风俗并未受到文献书写者的重视。但如果我们把“衣食”理解为民众的经济收入来源，那么简牍中就有相当多的资料。特别是战国时期商业贸易空前活跃的大背景下，有相当多的城市居民都直接或间接地参与了商业活动。即使是被认为各国之中经济相对落后的秦，黔首的商业活动仍表现出相当高的水准。住，即居住形态，在简牍文献中是有不少重要记载的。当时的民众多以里居为基本的居住形态，不仅承袭了历史传统，且在当时的法律制度下注入了现实的政治内涵。里居建筑包含很多，其中里门与里垣、门户与院墙，不仅具有物理上的隔绝功能，更在法律上体现了边界观念。行，不仅仅涉及交通工具，与地方社会相关且更为重要的是官方对于居民旅行、人口流动的管控制度。民众在何种条件下才可以实现流动，以及由人口流动带来的里中异姓杂居的现象，都是值得探讨的主题。接下来本章将从上述方面对战国秦代的乡里生活进行讨论。

第一节　里人的居住形态

战国秦代的普通民众多居住在里中，即采用所谓里居的方式生活。对于里中居民(简牍中称之为“里人”)来说，里不仅仅具有行政组织的意义，更重要的是它是由多幢民居共同组成的建筑实体。里的建筑结构、布局，不仅有浓厚的政治含义，同时也影响到生活的方方面面。即使经历战火之后的残垣断壁、碎砖断瓦，也会对居民生活具有特殊的意义。

一、里门、里巷与里的建筑结构①

里作为古代长期以来的最基层的地方行政组织，在行政管理上直接面对普通百姓，和他们日常的生活和行为息息相关，对于里的研究长期以来都被学界所关注。宏观上，朱凤瀚、臧知非、卜宪群、马新等先生对于东周秦汉里的行政职能研究、纵向历史研究、社会功能研究等都有了许多不同程度的成果。② 而微观上，居住于里中的民众生活状态如何，里的建筑格局是什么模样，相关研究并不充分，尤其是对里中“门”的研究更是少见。目前的研究成果，更偏重于对城门、宫门进行研究，如：楼西庆、吴裕成、蓝先琳、傅熹年、许宏等先生的研究成果③。实际上，对于里门的相关主题，传世文献的记载虽不多但相当精练，同时新出的简牍文献也提供了一些关于里门的生动描绘。下面将综合传世文献与出土文献，就东周秦汉时期的

---

① 此小节关于里门、里巷的大部分论述，乃是与武汉大学王谷博士合作研究发表的成果。承蒙王谷博士慨允，将此部分放入本章节中，特致以谢意！

② 朱凤瀚：《商周家族形态研究(增订本)》，天津古籍出版社2004年版；朱凤瀚：《先秦时代的“里”——关于先秦基层地域组织的发展》，《先秦史研究》，云南人民出版社1987年版；臧知非：《先秦什伍乡里制度试探》，《人文杂志》1994年第1期；臧知非：《“闾左”新证——以秦汉基层社会结构为中心》，《史学集刊》2012年第2期；卜宪群：《春秋战国乡里社会的变化与国家基层权力的建立》，《清华大学学报》2007年第2期；卜宪群：《从简帛看秦汉乡里的文书问题》，《文史哲》2007年第6期；马新：《两汉乡村社会史》，齐鲁书社2011年版。

③ 楼庆西：《中国建筑的门文化》，河南科学技术出版社2001年版；楼庆西：《千门万户》，清华大学出版社2006年版；吴裕成：《中国的门文化》，天津人民出版社2004年版；蓝先琳：《门》，天津大学出版社2008年版；傅熹年：《中国古代城市规划建筑群布局及建筑设计方法研究》，中国建筑工业出版社2001年版；许宏：《先秦城市考古学研究》，北京燕山出版社2000年版。

里门作一番考察与分析。

（一）关于里门的称呼

里门，不论是在战事连年的先秦时期还是在相对安定却严密控制人口流动的秦汉，都是构成里的重要元素之一。同里之民户聚居形成一里并设有里门，最初可能只是血缘关系密切的族群用以防御外敌。而随着经济生产的发展，人口数量的增加，小型聚居地不断扩大，聚落中涌入异姓的情况逐渐普遍，里门的用途和含义也开始发生变化。除了防卫之外，更重要的用途是管理内部居民，其含义也从最初专指里的大门，延伸至泛指里中的所有公共区域的门。

在传世文献中保存有不少与里门相关的词汇，因为处在不同的区域、有着不同的用途，所以其称呼也有所不同，比如闾、闬、阎、闳等。

闾，较早时期还只是作为门的代称之一，进入战国以后逐渐成为里门的专称。《左传》襄公十八年："范鞅门于扬门。州绰门于东闾，左骖迫，还于东门中，以枚数阖。"①东闾指齐国的东城门。《公羊传》成公二年："二大夫出，相与踦闾而语。"何休注云："闾，当道门。闭一扇，开一扇，一人在外一人在内曰踦闾。"②所谓当道门，就是路中间所设的门。以上的"闾"应该都是泛指门，并未专指里门。这种情况到了战国发生变化。《战国策·齐策六》载："（王孙贾）其母曰：'女（汝）朝出而晚来，则吾倚门而望；女（汝）暮出而不还，则吾倚闾而望。'"③王孙贾若回家太迟，其母倚宅门而望；若晚上出门不还，其母便会步出家门到里门口焦急张望。门即宅门，闾即里门，明显形成由内至外的不同层次。《楚辞·天问》云："何环穿自闾社丘陵"，子文之母环穿于里门与里社，至于丘陵相通，乃生下子文。闾作为里门的含义

① 阮元校刻：《十三经注疏·春秋左传正义》卷33，上海古籍出版社1997年版，第1965页。

② 阮元校刻：《十三经注疏·春秋公羊传注疏》卷17，上海古籍出版社1997年版，第2290页。

③ 缪文远：《战国策新校注》卷13《齐策六》，巴蜀书社1985年版，第443页。

在汉代仍得到延续。《说文·门部》曰："闾，里门也"，遂成为对"闾"字最经典的解释。《淮南子·时则》说："门闾无闭，关市无索。"①其门、闾之分别，与《战国策·齐策》类同。因闾有里门之义，又可以用来指代里的全部居民。《周礼·地官·闾胥》云："闾胥各掌其闾之征令。"郑玄注引郑司农曰："二十五家为闾。"《说文·门部》也说："闾，侣也，二十五家相群侣也。"②闾显然指所有里中居民。在某些文献中，闾的含义作两种解释(里门、里中居民)皆可。例如《尚书·武成》"式商容闾"中的闾，孔安国传作里中居民解，而孔颖达疏则作里门解。③

闬，是方言中对里门的称呼。《说文》："闬，门也。从门，干声。汝南平舆里门曰闬。"④《汉书·叙传下》："绾自同闬，镇我北疆。"颜师古注引应劭曰："楚名里门为闬。"由此看来，直到东汉时，江淮地区等原楚地称里门为闬。因与闾皆指同一事物，故而在部分文献中出现"闾闬"连言的情况，如《管子·八观》："里域不可以横通，闾闬不可以毋阖。"⑤

阎，里门的一部分。阎字在先秦文献中基本都作地名、姓氏或人名解，进入秦汉以后字义才与门联系起来。《说文》："阎，里中门也。"里的大门不止一个门洞，中间的门洞被称为阎。与此形成对照的是，《说文》："闱，宫中之门也。"加上之字，表示宫内部的门称为闱。故"里中门也"意即"里之中门"，而非"里中之门"。段玉裁的注"别于闾闬为里外门也"就把意思理解错了。闾指整座里门，阎指里门最重要的中间门洞，所以文献时常以"闾阎"并称。按说里门还有侧方门洞，但未见有专门称呼。《史记·平准书》载："守

① 何宁：《淮南子集释》，中华书局 1998 年版。

② 阮元校刻：《十三经注疏·周礼注疏》卷 12，上海古籍出版社 1997 年版，第 719 页。

③ 孔安国传："商容，贤人，纣所贬退，式其闾巷以礼贤。"孔颖达疏："《说文》云：'闾，族居里门也。'武王过其闾而式之，言此内有贤人，式之礼贤也。"(阮元校刻：《十三经注疏·尚书正义》卷 11，上海古籍出版社 1997 年版，第 185 页)

④ 许慎：《说文解字》，中华书局 1963 年版，第 248 页。

⑤ 黎翔凤撰，梁运华整理：《管子校注》，中华书局 2004 年版，第 256 页。

闾阎者食粱肉，为吏者长子孙。”①汉武帝时连负责看守里门的人也能吃上非常好的伙食，用以形容当时之富庶。《文选》收录班固《西都赋》云：“内则街衢洞达，闾阎且千。”李善注引《字林》：“闾，里门也。阎，里中门也。”②班固在赋中以闾阎之众多反衬西都长安的宏伟浩大。后来闾阎也被引申出个人出身微末的含义。例如《史记·苏秦列传》：“夫苏秦起闾阎，连六国从亲，此其智有过人者。”③《汉书·循吏传》：“(汉宣帝)繇(由)仄陋而登至尊，兴于闾阎，知民事之艰难”，颜师古注曰：“闾，里门也。阎，里中门也。言从里巷而即大位也。”④

闳，是里的内部设置的门。《尔雅·释宫》：“衖(巷)门谓之闳。”⑤《说文》：“闳，巷门也。”段玉裁注：“巷者，里中道也。”⑥看来《说文》是采纳了《尔雅》的说法。里中居住的各户之间，有巷道相通，在巷道上设置的门称为闳。段玉裁注“然则闳犹闾也”并不确切。闳门在道中央作公用，不同于家门；闳门并不直通其他的里，故也不同于闾。《左传》襄公十一年云：“乃盟诸僖闳。”孔颖达疏：“《释宫》云：‘衖门谓之闳’。孙炎曰：‘巷舍间道也’。李巡曰：‘闳，巷头门也’。以此知僖闳是僖公之庙门也。”⑦《左传》襄公三十一年又云：“政刑之不修，寇盗充斥……高其闬闳，厚其墙垣，以无忧客使。”⑧当时为防备盗贼，特意加高里门(闬)与巷门(闳)，增厚城垣与里墙。

---

① 司马迁：《史记》卷30《平准书》，中华书局1982年版，第1420页。

② 萧统编，李善注：《文选》卷1，上海古籍出版社1986年版，第7页。

③ 司马迁：《史记》卷69《苏秦列传》，中华书局1982年版，第2277页。

④ 班固：《汉书》卷89，中华书局1962年版，第3624页。

⑤ 阮元校刻：《十三经注疏·尔雅注疏》卷5，上海古籍出版社1997年版，第2598页。

⑥ 许慎撰，段玉裁注：《说文解字注》，上海古籍出版社1981年版，第587页。

⑦ 阮元校刻：《十三经注疏·春秋左传正义》卷31，上海古籍出版社1997年版，第1950页。

⑧ 阮元校刻：《十三经注疏·春秋左传正义》卷40，上海古籍出版社1997年版，第2014页。

(二)里门的建筑布局

根据前文对里门称呼的分析，我们对里门的建筑布局有了一个初步印象。

里的大门，也就是狭义中的里门，是居住在里中的百姓出入里的必经之门。① 一般一里至少有一个里门，其内部有里巷联通各户。

在里的内部还设置有门，称为“闳”，专指横跨在里巷中间的门，其建筑规模可能仅次于里大门(闾、阎)。为何要在里的内部再修筑闳门，暂时还无定论，或许有三方面的原因。其一，闳门可能是什伍制度在里中的反映。为了将人们严格地依附在一定的里中范围之内，控制其人身自由，用于治安、连坐。其二，里的人口、民户增长，里的建筑随之扩张，人们选择在原本的里垣外再修建垣墙，中间垣墙另外开门方便交通，从而形成闳门。其三，随着整个城市的人口增殖与人口流动，原本同姓聚居的民众与异姓开始混杂居住在同一个行政区域“里”内，政府为方便管理，以闳门将不同血缘团体分隔开。后由于时间的推移，同里但不同姓氏的人们相互融合杂糅，地缘关系开始取代血缘关系，从而形成“同里人”“同巷人”的说法。

里中其他的巷门，除了可以用闳等书面式用语外，一般也根据巷门的具体方位或者数量而直接称为“里一门”“里中二门”等。里中的巷门与春秋时期的衡门和唐时的坊门的联系似乎更加密切。《诗·陈风·衡门》：“衡门之下，可以栖迟。”这是对于衡门最早的记载，衡门最早的解释是简陋的门，是贫者所居之门。后逐渐聚族而居，若干户相邻，外围用栏杆隔开，并设一道作为公共出入的大门即为衡门，这可能就是巷门的雏形。坊门(见图 5.1)② 是东汉末年出现的，它继续沿袭了闾里制度的建筑初衷，也是指百姓出入被街道隔开的居民区“坊”的巷门。故里中的巷门正处于衡门和坊门的中间，或

① 有了“第”的概念后，里中居住的达官贵族第宅的大门可直接向街开门，即出入可以不用通过里门直接出里，此后里门不再是出入里的必经之门。

② 王圻、王思义编集：《三才图会》，上海古籍出版社 1980 年版，第 1001 页。

许有继承延续的性质。

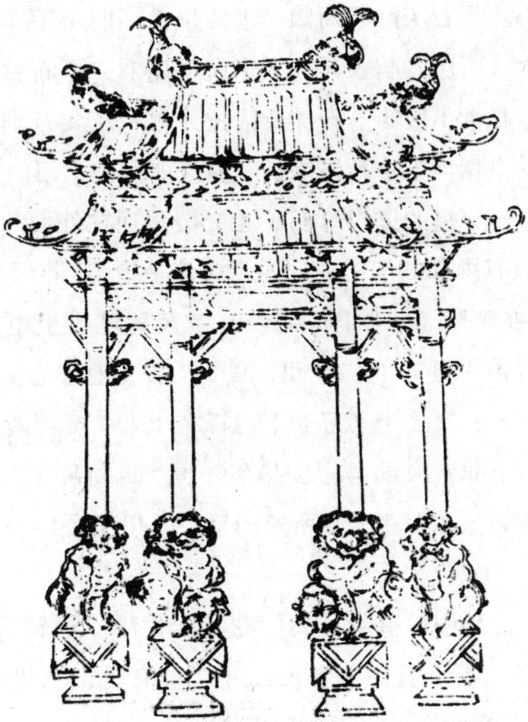

图 5.1　《三才图会》中的坊门图

在一里之中，闳(巷门)的数量并不固定，但大致与该里的规模大小以及距离都会的远近距离呈现正相关。里的规模越大、人口越密集、离中心城市越近，巷门的数量也会越多，反之则越少。

《史记 · 万石张叔列传》中记载：

> 万石君徙居陵里。内史庆醉归，入外门不下车。万石君闻之，不食。庆恐，肉袒请罪，不许。举宗及兄建肉袒，万石君让曰："内史贵人，入闾里，里中长老皆走匿，而内史坐车中自如，固当。"乃谢罢庆。

庆及诸子弟入里门，趋至家。①

万石君的小儿子石庆醉酒而归，进陵里大门时不下车，违反礼节，引得万石君大怒绝食。石庆乃与长兄、全宗肉袒谢罪，万石君仍语带讥讽地说石庆入闾里不下车非常不恰当。石庆及诸位兄弟听从父亲训导后，再次步行进入里门回到家中，相当于重新演练了一遍该如何进里门。文中的“外门”就是石庆兄弟后来步行穿过的里门(闾)，也是陵里通往外面的大门。既然陵里有“外门”，也应该有内部的门。内部的门应该是指闳(巷门)。《史记索隐》云：“陵里，里名，在茂陵。”《史记正义》云：“茂陵邑中里也。茂陵故城，汉茂陵县也，在雍州始平县东北二十里。”②《汉书·地理志》：“茂陵，武帝置。户六万一千八十七，口二十七万七千二百七十七。”③茂陵有六万户，在当时万户以上就是一个非常大的县了，虽然不是“闾阎且千”，也应该是里门众多。可以据此推测，在一些大县所置的里中，里门是以空间概念分为外门和内门的。

出土简牍的记载中也显示了巷门的不同称呼。居延汉简中记载：“居延西道里不更许宗，年卅五，长七尺二寸，自有舍，入里一门。”(合 37.23)“终古燧卒，东郡临邑高平里召胜，字游翁，贳卖九稯、曲布三匹，匹三百卅三，凡直千，觻得富里张公子所，舍在里中二门东入。”(合 282.5)“惊里隧卒，东郡临邑吕里王广，卷上字次君，贳卖八稯布一匹，直二百九十，觻得定安里随方子惠所，舍在上中门第二里三门东入。任者阎少季、薛少卿。”(合 287.13)“自有舍，入里五门东入舍，居延▨能长君舍禄福广汉▨”(合 340.33)④在汉代居延地区，里门是以数字编号的，如一门、三门、中二门之类。虽然文献中未明确地记载里的大小和里门数量的多少是否有统一的规

① 司马迁：《史记》卷 103《万石张叔列传》，中华书局 1982 年版，第 2766 页。

② 司马迁：《史记》卷 103《万石张叔列传》，中华书局 1982 年版，第 2766 页。

③ 班固：《汉书》卷 28，中华书局 1962 年版，第 1547 页。

④ 谢桂华、李均明、朱国炤：《居延汉简释文合校》，文物出版社 1987 年版，第 60、472、485、534 页。

定，但应该可以说一里之中设多个巷门的事实还是存在的。

我国古代的房屋建筑，大多都有中轴对称的特点。刘敦桢先生主编《中国古代建筑史》认为："中国古代建筑的庭院与组群的布局，大多采用均衡对称的方式，沿着纵轴线（又称前后轴线）与横轴线进行设计。"①那么里中的建筑格局大多也应遵循这一特点。《春秋繁露·求雨》记载："凿社通之于闾外之沟，取五虾蟇，错置社之中。……令民阖邑里南门，置水其外。开邑里北门，具老豭猪，置之于里北门之外。"②在董仲舒笔下，里门处于里的南北两端，位置应该是对称的。张衡《西京赋》说"街衢相径，廛里端直，甍宇齐平"③，左思《蜀都赋》云"轨躅八达，里闬对出"④。各座民宅屋宇端直齐平，各里外围的街衢也非常规整，那么里的外部轮廓应该也是非常规矩方正的，所以才会出现整齐对置的里门。

在《三才图会》中，明朝人绘出一副"闾里图"（见图 5.2），⑤ 展现出了当时人们认为的闾里的基本形态。

由图 5.2 可见，闾里的轮廓似乎并不规则，屋舍走向可能因紧邻水与田而作因地制宜之规划。里中有两大门分处南北两端，方便百姓出入。里巷左右两端排列着房屋，家家相连，每一户的大门面对着里巷，百姓从家中通过户门可直接通往巷中。在闾里外围没有任何其他的墙垣对门户进行隔挡和防护，户与户之间也是直接相连的，这与秦汉文献中的记载有较大的出入。《张家山汉简·杂律》记载了对私自翻越里中院垣、破坏里巷、偷开门户的人处罚的量刑标准，"越邑、里、官、市院垣，若故坏决道出入，及盗启门户，皆赎黥。其坏垣高不盈五尺者，除。捕罪人及以县官事征召人，所征召捕越邑、里、官、市院垣，追捕、征者得随迹出入"（简 182-183）⑥。睡虎地秦简

① 刘敦桢：《中国古代建筑史》，中国建筑工业出版社 1984 年版，第 9 页。
② 苏舆撰，钟哲点校：《春秋繁露义证》，中华书局 2002 年版，第 429~430 页。
③ 萧统编，李善注：《文选》卷 2，上海古籍出版社 1986 年版，第 61 页。
④ 萧统编，李善注：《文选》卷 4，上海古籍出版社 1986 年版，第 184 页。
⑤ 王圻、王思义编集：《三才图会》，上海古籍出版社 1980 年版，第 996 页。
⑥ 朱红林：《张家山汉简〈二年律令〉集释》，社会科学文献出版社 2005 年版。

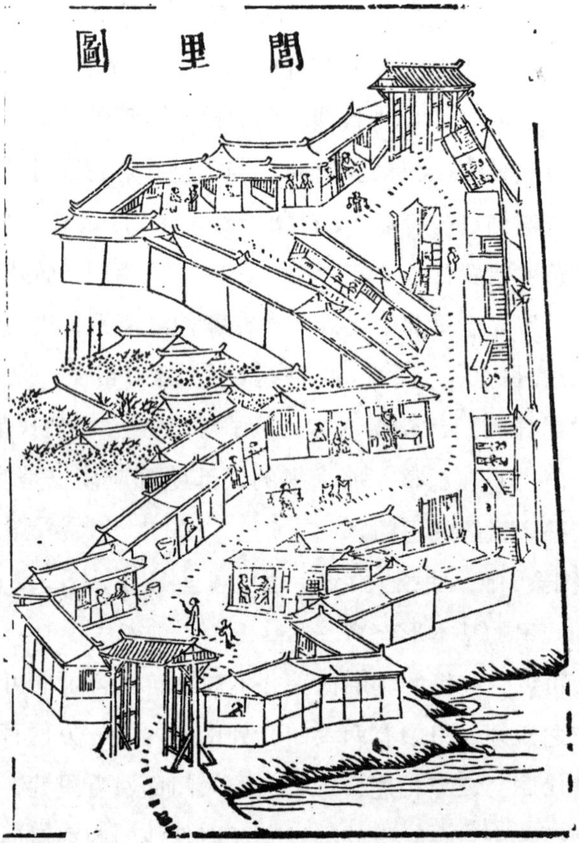

图 5.2　《三才图会》中的闾里图

《法律答问》中也有相应的记载："越里之中与它里界者，垣为'完(院)'不为？巷相直为'院'，宇相直者不为'院'。"(简 186)两个里之间的隔墙称为"垣"，户与户之间的隔墙则称为"院"。里外有垣墙作为分隔邻里之间的标志，里内也有院墙作为分隔邻户之间的标志，这些都是禁止翻越毁坏的。朱凤瀚先生在《商周家族形态研究》也认为，"既然里与各宅既都有门，那么里和宅都必有围墙，里间也设有隔墙，里中居民相互自由交往受到限制"①。

① 朱凤瀚：《商周家族形态研究(增订本)》，天津古籍出版社 2004 年版，第 562 页。

这都充分说明了里中的构造远比这幅闾里图复杂。

虽然简牍材料不能完全否认类似“闾里图”中建筑布局的存在，但图中东南角的水面与西面隐没在植物丛中的里庐、田野则提醒我们这确实不是城市中心的闾里。我们认为这幅图勾绘的是散落在偏僻乡野中的闾里，或者是年代较早的闾里的雏形，是明代士人理想中结合自然田园风光与市井世俗生活的完美闾里。朱凤瀚先生也提到过：“《齐语》中所言鄙地，为国都近郊周围之行政区划，其内的里则可能是一些独立的小聚落，这种位于城外的独立聚落式的‘里’，在西汉早期时仍然存在，而且可能亦比较普遍。”①长沙马王堆三号墓出土《驻军图》中记录了不少属于独立聚落的里，不在城邑之内，互相也不相邻。② 城中闾里的建筑格局应该与其差别很大。关于城中里，在传世文献中也可以得到印证。《史记·外戚世家》中记载：“(武帝)当小市西入里，里门闭，暴开门，乘舆直入此里，通至金氏门外止，使武骑围其宅，为其亡走，身自往取不得也。”③从中可以看出汉武帝从市的西面入里，破里门而入，到金氏家门外停下，可以证明里由墙垣所包围，必须穿过里门方可进入里中，通过里巷才能到达居住的宅门。

据此，我们大致可以构建出一幅理想的闾里图。整个闾里就是一个封闭的空间，不论是里与里之间，还是户与户之间，甚至是里中公共区域，都有墙垣所隔挡，仅能通过各种门让百姓出入。城中有若干里，闾里大致呈南北朝向整齐分布于城中。闾里由一条主要里巷贯通其中，闾门位于里巷的首尾两端。在主里巷的中间，设巷门(阎)将其隔断，形成多个大小相仿的封闭区域。百姓的家宅分布于里巷两侧，必须经过巷门才能到达家中或出至闾门。

回过头来再看居延汉简中关于里门的记载，基本上都与住宅地址登记有关。“舍在里中二门东入”“舍在上中门第二里三门东入”“自有舍，入里五门

---

① 朱凤瀚：《商周家族形态研究(增订本)》，天津古籍出版社 2004 年版，第 562 页。

② 马王堆汉墓帛书整理小组：《马王堆三号汉墓出土驻军图整理简报》，《文物》1976 年第 1 期。

③ 司马迁：《史记》卷 49《外戚世家》，中华书局 1982 年版，第 1981 页。

东入舍”，所谓“东入”，即东侧之意。里门内就是里巷，里巷直通南北，东西两侧依次坐落着民宅院落。“里五门东入舍”是说宅院在第五号巷门对应的里巷东侧。虽然还不能像今日门牌号码那样具体到东侧的某一户，但地理范围已经缩到极小，因为一条里巷单侧的民宅数量不会太多。住址再配合户主的姓名、籍贯及爵位等，其名籍信息就非常完整了。综合居延汉简、张家山汉简中关于里门、里巷、巷门、里垣、院墙等的记载，我们对秦汉时代的闾里绘制了一幅示意图(见图5.3)①。

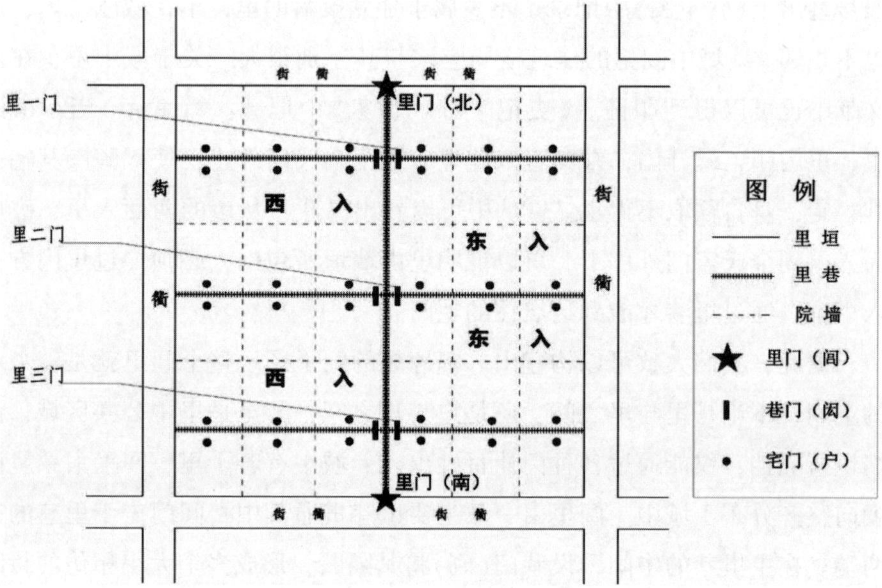

图5.3　秦汉闾里示意图

① 此示意图是排除地貌因素的一幅示意图。在南北设置一对里大门，里大门由一条贯通南北主要巷道相连；由主要巷道向东西方向延伸开去的有支巷道，在支巷道上设置巷门；居延汉简的里一门、里三门之类应该是指支巷道的巷门(阁)，而非闾门。支巷道上对置的巷门，一对巷门作一个编号，而不是单独编号，这样就可以分“东入”与“西入”。从里大门(正门)进入，第一对门是“一门”，第二对门是“二门”，区域范围很容易辨别，不论是用于户籍清点、赋税缴纳，还是连坐制度、安全保卫都非常方便。《管子·八观》说“里域不可以横通”，对置的巷门恰好可以隔断横通的支巷道。

《岳麓书院藏秦简(肆)》记载了有关里门的一条材料，原文如下：

(1)诸故同里₌门而别为数里者，皆复同以为一里。一里过百而可隔垣益为门者，分以为二里。□☐ 295 ☐□出归里中、里夹、里门者，□车马，衷为门介，更令相近者、近者、相同里。296

首句的"同"字应解释为共、共一个，作动词使用。《诗·郑风·有女同车》："有女同车，颜如舜华。"①王充《论衡·书虚》："舜之与尧，俱帝者也，共五千里之境，同四海之内。"②共用什么呢？应该指里的墙垣等公共建筑，后文将详述。

"一里过百"，原文并未明示"百"的单位是什么。百尺、百丈，抑或百人(口)、百户？笔者认为很可能是"一里过百户"之省。《岳麓书院藏秦简(肆)》"尉卒律"记载："尉卒律曰：里自卅户以上置典、老各一人，不盈卅户以下，便利，令与其旁里共典、老，其不便者，予之典而勿予老。"30户大概是秦人设立一里的基本规模，低于30户，最多只设典一人，不设老，这在里耶秦简中可以得到印证。③ 民户超出30户，依据"尉卒律"仍然只能设置典、老各一人。百户超过此规模3倍多，典、老要承担的维持治安、征收赋税等工作也随之增倍，民户众多带来的各种隐患也呈倍数增长。④ 所以

① 阮元校刻：《十三经注疏·毛诗正义》卷4，上海古籍出版社1997年版，第341页。

② 黄晖：《论衡校释》，中华书局1990年版，第174页。

③ 《里耶秦简(壹)》："卅二年正月戊寅朔甲午，启陵乡夫敢言之：成里典、启陵邮人缺。除士五(伍)成里匄、成，成为典，匄为邮人，谒令尉以从事。敢言之"(简8-157)；"正月戊寅朔丁酉，迁陵丞昌却之启陵：廿七户已有一典，今有(又)除成为典，何律令应？"(简8-157背)

④ 比如里中民户聚集带来的防火问题。岳麓秦简《为吏治官及黔首》记载有"里中备火"(简2)，就是提醒官吏注意里中防火事宜。里中民户越多，如果没有里的墙垣作隔离带的情况下，火灾隐患也越严重。另外睡虎地秦墓竹简《法律答问》载："旞火延燔里门，当赀一盾。"(简160)"旞火"或是"燧火"，乃烽燧之火。里门可能被外来的火源点燃，小吏也会因此被罚。

秦令要求百户以上析分为二里，合乎情理。

“隔垣”的“垣”，本义指墙，此处专指里的围墙，即里垣。墙垣的作用就在于划分边界，秦律严令禁止跨越墙垣的行为。里垣“益为门”指分隔出来的两个里可以新开辟里门与外界相通。里在秦代已经是围有一圈墙垣、墙上开有少数里门(闾)的封闭式建筑结构。为了维护里的相对封闭的结构，新的里门不得在相邻的里的围墙上开设门洞，而是应该在临街的一面开辟里门。《岳麓书院藏秦简(肆)》“尉卒律”记载：“公大夫以上擅启门者附其旁里，旁里典、老坐之。”(简143)也就是说，如果公大夫以上爵位的人，擅自在隔壁里的里垣上开了一扇门，隔壁里的典、老都要受罚。这从侧面证明两个里之间绝对不允许直接相通，典、老有维护本里墙垣完整的职责。所以，新的里门必须开在宽阔的临街一边。

“同里=门”的重文符号“=”值得推敲。整理者释读为：“诸故同里里门而别为数里者”，重文的“里”字让文句不太通顺。依据文句字义，存在着两种可能性：其一，重文符号“=”是衍文，原句应为“诸故同里门而别为数里者”，意即原本共用里门而被分为几个里；其二，重文符号“=”并非衍文，原句应断读：“诸故同里、里门而别为数里者”。笔者赞同第二种说法。“同”字作用的不仅有“里”，还有“里门”。完整的说法应该是：“诸故同里、同里门而别为数里者”。原句中的“同里”不仅仅是作为行政区划的里，而且包含了建筑结构意义上的里。怎么理解呢？这些新分出来的里，仍然使用原来的同一堵外墙、同一扇里门。或者还有一种情况，以最低限度来说，即使不共用里垣，但是共用里门。像这样两种情况，秦令要求重新合并为一个里。

说到这儿，读者对于这条秦律难免会产生疑问：这些里既然已经分置，为何现在又要重新合并？虽然合并的只是最小一级的行政组织“里”，但涉及的面恐怕会很广。被要求重新合并的情况可能较为普遍，不止一地，所以才需要秦律专门规定。政区的合并从来都是非常复杂的行政操作，里名的更动，户口的合并，上计的调整，典、老的裁汰与重新任命①，都会带来较高的行政成本。付出这么多的代价，仅仅只是为了把几个里合并成一个，这又有何必要呢？

从律文的下一句，我们似乎可以看到一些端倪。“一里过百而可隔垣益为门者，分以为二里。”对于户口众多的里，官方并不是不允许分立，而是有着一些较为严格的前提条件。第一个前提条件是，里的编户过百，才能分拆，而且不是任意分拆，只能拆为两个里，平均下来每个里50户以上。有意思的是，50户以上的规模，明显要比“尉卒律”里规定的30户高出近六成。这种差异我们应该怎么看待它呢？我们从两个不同角度来观察里的分拆过程，可能会得到较为合理的解释。

从典、老等小吏的角度来看，应该是希望在法律允许的范围内，自己的工作不那么繁重。减少工作负担的方法有很多，最便捷的方式是直接减少管辖下的编户数量与人口。但是里的编户数量是不能随意变动的，除非上级官府下令将其中民户迁走，而这种情况并不是那么普遍，且存在着其他地区民户被官方迁徙到本里的情形。那么借口里中编户太多、拆分出新的里，是一个很好的机会。假如原来的里有100户，直接分拆成3个里，每里30多户，一方面正好符合“尉卒律”的规定，每个里都能配足典、老等人手，另一方面管理民户数量可以降到最低。

但是从上级政府的角度来看，这件事情就不那么美妙了。“尉卒律”中30户的规定其实只是一个最低底线，并未规定里中民户达到多少必须要拆分。站在国家的角度，编户用最少的小吏去管理才是划算的选择。这些里中的典、老，必须替政府时时刻刻管理、监控里中民户，既不能服兵役徭役，又可能需要国家提供俸禄，数量越多，花费也越大。假如所有60户以上的里都开始心思浮动、琢磨着分拆，这分拆之后多出来的典、老职位又需要新的投入，这种趋势若是不加以遏制，未来政府财政军政又将经受

① 几个里合而为一，原来数量若干的典、老职位势必缩减，减至典、老各一人，才能符合“尉卒律”中的规定，所以原有典、老必定会有裁汰。

一次考验，所以律文中出现了百户只能分拆为两个里的规定。原本可以分拆为 3 个里，现在仅仅只能分为 2 个，对于政府可以省下典、老各一人的员额。

官方允许分立的第二个前提条件，也是最为重要的条件，就是新分出来的里用围墙隔开，并开辟独立的里门。实际上，这就变相要求所有新设立的里必须有独立而完整的里垣、里门。里垣禁止翻越，否则将受罚，在法律中有明文规定。张家山汉简《二年律令·杂律》记载："越邑、里、官、市院垣，若故坏决道出入，及盗启门户，皆赎黥。"①即使里垣原本已经损坏，不再具有阻止人员通过的物理功能，若有人从决口处出入，仍然要受到赎以黥刑的责罚。《二年律令·杂律》还接着记载："其垣坏高不盈五尺者，除。"(简 182)当里垣受损、高度低于五尺(折合今 1.15 米)时，必须加以修补，恢复其原有的高度。只有在某些特殊情况下，指定人员才能翻越里垣出入。"捕罪人及以县官事征召人，所征召捕越邑、里、官、市院垣，追捕、征者得随迹出入。"(简 183)追捕翻越里垣的嫌犯时，追捕人及随从可以出入，但也不是随意出入，只有跟踪翻越里垣的痕迹，在该特定区域的里垣处，才能翻越出入。这也意味着其他情况下，翻越里垣都是违法行为。既然里垣不能翻越，所有人就只能从里门出入。

把材料(1)第一句和第二句连缀起来，我们似乎可以体会政府颁布此律的用意。在中央政府看来，拥有独立的里垣与里门、形成封闭的建筑布局，才可以成为官方认可的一个里。之前地方出于各种目的，将一个里草草拆分为数里，有不少新分出来的里沿用原来的公共建筑，并没有独立里垣、里门等基础建设。对于这种情况，先恢复原貌，合并为一里；然后再依照百户以上的标准，建造独立的里垣与里门之后，分立为两个里。

简 296 开头部分残断，又有两字未能辨识，给文意理解带来困难，所以只能作简单梳理与推测。"里中"应该指里的内部。具体来说，大概是里

---

① 彭浩、陈伟、工藤元男主编：《二年律令与奏谳书：张家山二四七号汉墓出土法律文献释读》，上海古籍出版社 2007 年版，第 162 页。

垣、里门以内，包括里巷和里中民宅等。“里夹”，整理者认为是里的左右两边，但是并未注明是同一里的左右两边，抑或不同里的左右两边。笔者认为，“里夹”应该是里内部或外部的公共区域，大致存在两种可能。其一，在里的外部，相邻两个里所夹的地区，比如左里的右里垣，与右里的左里垣之间，形成两壁之间的狭窄夹道，称为里夹。其二，在里的内部，里垣与居民宅院墙壁之间的区域，也可形成夹道，称为里夹。后者的可能性更大。

(三)与里门有关的习俗与制度

闾里作为普通民众日常生活之所在，自然而然形成一些惯有的习俗乃至制度，其中有相当部分与里门有密切关联。即使在东周秦汉，这些习俗制度已经相当成熟。

首先，在一些习俗中，里门可以在居民的公共生活中起到宣示、纪念作用。《荀子·大略》云：“武王始入殷，表商容之间，释箕子之囚，哭比干之墓，天下乡善矣。”杨倞注：“表，筑旌之。”①此事在《史记》中也留下好几次记录，《史记·留侯世家》记载：“武王入殷，表商容之间，释箕子之拘，封比干之墓。”②《史记索隐》引崔浩云：“表者，标榜其里门也。”③所谓“表”，就是在某人的门前立类似碑坊、匾额之类的表柱以示褒扬。周武王进入殷都城后，特意选择在贤者商容居住的间门前立表褒扬，显示出间门的重要性。《汉书·龚胜传》记载：“(龚)胜居彭城廉里，后世刻石表其里门。”④后人为表彰龚胜之德行而在里门旁刻石。虽然里门的用途主要是供人出入的大门，但也可以作为表彰先贤或世贤的象征性场所，对当世之人有宣示作用，对后

① 王先谦撰，沈啸寰、王星贤点校：《荀子集解》，中华书局 1988 年版，第 499 页。

② “表商容之间”又见于《史记》的《殷本纪》《周本纪》等篇，可见太史公对曾经发生过此事的说法非常肯定。

③ 司马迁：《史记》卷 55《留侯世家》，中华书局 1982 年版，第 2040~2041 页。

④ 班固：《汉书》卷 72，中华书局 1962 年版，第 3085 页。

世之人则有纪念性意义。将功德和贡献或刻于石碑之上立于闾门前，或写在牌匾之中挂于里门之上，供外来人羡慕和景仰，也让居住于同里的人们引以为荣。借助闾里之门表彰里中之人逐渐成了固定习俗，这一习俗一直延续至今。因为里门的地位非常重要，出现损坏时由里中领袖人物牵头维护。《汉书·于定国传》云："始定国父于公，其闾门坏，父老方共治之。"①汉代里门发生损坏，由里中父老共同召集修理。

其次，入里门不可乘车，须下车步行入内。里门内外有着严格区别的，门外可以乘车，入门后必须下车步行直至回到家中，前文所述内史石庆的故事就是最好说明。

另外前引《岳麓书院藏秦简(肆)》简296载："☒□出归里中、里夹、里门者；□车马，衷为门介，更令相近者、近者、相同里。""车马"前残缺一字，但结合前句"出归"一词，应该指外出时所驾车马，正如《史记·万石张叔列传》所记内史庆乘车入里门故事中的车马，原本里人是不能乘车进出里门的。"衷为门介"的"衷"字，整理者采用"合适，恰当"的字义。笔者认为，或许从衷字本义"内衣、亵衣"引申出的"在里面的"意思会更好，指在里中的人。"介"字，整理者直接读为"界"，取界限之义。笔者认为或许可取"副手""辅助人员"之义。《荀子·大略》："诸侯相见，卿为介。"杨倞注："介，副也。"②《左传》成公十三年："孟献子从，王以为介。"杜预注："介，辅相威仪者。"③"衷为门介"，意思是里内之人在里门作为辅助人员，接待"出归"之人与车马。只有里中之人亲自在场的情况下，才可以进入里门以内。

这一习俗或许是出于安全原因，防止狭窄的里门行驶车辆伤到人，以及阻止陌生人随车进入里门，也有可能与门禁制度有关。

---

① 班固：《汉书》卷71，中华书局1962年版，第3046页。

② 王先谦撰，沈啸寰、王星贤点校：《荀子集解》卷19，中华书局1988年版，第487页。

③ 阮元校刻：《十三经注疏·春秋左传正义》卷27，上海古籍出版社1997年版，第1911页。

再次，闾里已经形成一套较为严密的门禁制度。关于一般城门或县门的禁行制度，从春秋战国到秦汉都有文献记载。

《国语·周语中》有云："敌国宾至……门尹除门"①，《荀子·荣辱》也云："监门、御旅、抱关、击柝"②。这里反映出当时的城门已有专门的小吏负责开闭与维护。《墨子·号令》记载："昏鼓，鼓十，诸门亭皆闭之，行者断，必击问其故，乃行其罪；晨见，掌文鼓，纵行者。诸城门吏各入，请钥开门，已辄复上钥。"③黄昏时，击鼓十下，关闭城门；清晨天刚亮，击鼓，开城门。城门按照日出日落时间开闭。这是战争期间坚守城市的非常时期城门的门禁制度。

张家山汉简《二年律令·户律》简 308 载："募民欲守县邑门者，令以时开闭门，及止畜产放出者，令民共(供)食之，月二石。"汉初县城的城门也要"以时开闭"。

那么里门是否也有类似的门禁制度呢?《管子》中有相关的记载：

> 审闾闬，慎筦键，筦藏于里尉。置闾有司，以时开闭。闾有司观出入者，以复于里尉。凡出入不时，衣服不中，圈属群徒，不顺于常者，闾有司见之，复无时。(《管子·立政》)④

里门的钥匙由里尉保管。同时，里门设有监门人员(闾有司)，负责里门的定时开闭。因为看守大门的便利，闾有司负责观察出入人员的言行举止，凡进出不遵守出入时间规定、穿戴不符合礼仪、人群形迹可疑等情况，都要像向负责治安的里尉报告。《管子》虽假托管仲之名，实际的成书时代应该在

① 徐元诰撰，王树民、沈长云点校：《国语集解》，中华书局 2002 年版，第 66-67 页。

② 王先谦撰，沈啸寰、王星贤点校：《荀子集解》卷 2，中华书局 1988 年版，第 71 页。

③ 吴毓江撰，孙启治点校：《墨子校注》，中华书局 1993 年版，第 918 页。

④ 黎翔凤撰，梁运华整理：《管子校注》卷 1，中华书局 2004 年版，第 65 页。

战国以至汉初，相关的情形应该也出现在这一时期。

除《管子》外，汉代文献如《汉书·食货志》与《春秋公羊传注疏》也保留有一些记载：

> 在壄(野)曰庐，在邑曰里。五家为邻，五邻为里……春令民毕出在壄(野)，冬则毕入于邑。……春将出民，里胥平旦坐于右塾，邻长坐于左塾，毕出然后归，夕亦如之。入者必持薪樵，轻重相分，班白不提挈。冬，民既入，妇人同巷，相从夜绩。(《汉书·食货志》)①
>
> 民春夏出田，秋冬入保城郭。田作之时，春，父老及里正旦开门坐塾上，晏出后时者不得出，莫不持樵者不得入。五谷毕入，民皆居宅，里正趋缉绩，男女同巷，相从夜绩，至于夜中。(《公羊传》宣公十五年何休注)②

这两则史料都是东汉人描绘周代里中生活的场景。不论班固或何休，他们生活的时代距离周代有200年以上，对周代的生活情形的描述不太可能以世代口耳相传的形式流传下来，他们的认知应该都来源于当时的文献记载。而且从两者的行文来看，两人看到的材料可能很相似，或者何休参考了班固的文字。班固认为，里胥与邻长清晨坐在“塾”里(里门两侧的小屋子)，监视着里中居民出里门。③ 傍晚时两人还是坐在“塾”中盯着居民回来。何休的版本中虽然未曾写明里门开闭的具体时间，但提到了“田作之时”，按照农作早出晚归习惯，应该也是清早让居民外出，傍晚扛着薪柴回来的居民才能入内，其中还加入了劝农的因素(早上时间太晚不让人出门)。虽然两则材料没

① 班固：《汉书》卷24，中华书局1962年版，第1121页。

② 阮元校刻：《十三经注疏·春秋公羊传注疏》卷16，上海古籍出版社1997年版，第2287页。

③ 《尔雅·释宫》：“门侧之堂谓之塾。”

有直接提到开闭里门，但是我们从里的首领①需要亲眼监视居民的进出这一点来看，假如里门不是由他们掌握开闭，则根本做不到。只有里门由他们每天亲手开闭，才能保证每一个进出之人都在监控之下。

《吕氏春秋·仲夏纪》："是月也，天子以雏尝黍……令民……门闾无闭，关市无索。"②仲夏之月，天子下令城门和闾门不要关闭，也就是说如果没有特殊的命令，城门和闾门是要按时关闭的。假如没有闾里的门禁制度会产生何种后果，《管子·八观》这样记载："州里不鬲，闾闬不设，出入毋时，早晏不禁，则攘夺窃盗，攻击残贼之民，毋自胜矣。"③若闾里没有里垣、里门，里门不按时封禁，民众出入不遵守时辰规定，盗贼就会横行无忌，民众生活会受到极大干扰。

里门有专门的人员值守，对百姓的出入进行监视登记，也为防范盗贼，在传世文献中，战国秦代专门值守之人称为"里监门"，与"闾有司"类似④，对百姓的出入进行监视登记。"监门"一词原本见于《周礼·地官·司门》："祭牲之牛牲系焉，监门养之。"郑玄注："监门，门徒。"⑤但所监之门并非里门。直到《战国策·齐策四》写道："今夫士之高者……监门闾里，士之贱也亦甚矣！"⑥给闾里作监门被视为非常低贱的职位，原本是高士不屑为之的，但因为社会动荡不得已而为之。当时闾里监门的设置应该相当普遍，担任此职的人数量众多，所以有一部分后来在秦汉之际成为底层出身的英豪人物，例如张耳、陈馀、郦食其等。关于战国秦代里监门的情况，见前文"秦里的里正、监门等职"部分，兹不赘述。

---

① 不论称呼为里胥、邻长或是父老、里正，含义差不太多。荀悦《汉纪·前汉孝文皇帝纪下》中称之为"闾首""比长"，虽与何休之说更加接近，但能让人感觉到，包括班固、何休、荀悦在内的东汉人可能都在以自己的个人经验对里的首领的称呼加以改造。

② 陈奇猷校注：《吕氏春秋新校释》，上海古籍出版社 2002 年版，第 244 页。

③ 黎翔凤撰，梁运华整理：《管子校注》卷 5，中华书局 2004 年版，第 266 页。

④ "里监门""闾有司"或许是对值守里门人员的不同称呼。

⑤ 阮元校刻：《十三经注疏·周礼注疏》卷 15，上海古籍出版社 1997 年版，第 739 页。

⑥ 缪文远：《战国策新校注》卷 11《齐策四》，巴蜀书社 1985 年版，第 397 页。

此外，前文提到，在《岳麓书院藏秦简(肆)》简 297-299 中谈到了“昼闭里门”现象。这是出土文献侧面印证里长之类里中小吏负责里门管理的例子。若出现“昼闭里门”的情况，乡啬夫要让典、老警告里长“皆勿敢为”，显然“昼闭里门”不被官方许可。

综合以上材料，我们可以知道，里门的开启和关闭是管理里中民众、维护里中秩序的重要方式。为方便里中民众的生活，里门会按时开启和关闭，可能是朝开夕闭，不在规定时间不可随意开启或关闭里门。由此，形成了一套严密的门禁制度。

关于“昼闭里门”的非常规操作，秦律令说“县以律论之”，可能秦律已经有规定不允许昼闭里门，如何处罚也有明文。那么又产生了新的疑问：在律法明文禁止的情况下，为何少吏等公职人员仍然顶风违法？

这个问题的解释，或许可以有两种。其一，少吏与里长等人，懈怠公事、懒政渎职，白天关闭里门，便可免去监控居民进出之职责，这可以归结为个人原因。其二，出于某些社会性原因，少吏与里长宁可冒被处罚的风险也要这么做。

张家山汉简《二年律令》也提到了里门管理及“昼闭里门”的现象。《二年律令》虽是西汉初年的律令，但是对理解秦律令有很大参考价值。

张家山汉简《二年律令·户律》载：

> 自五大夫以下，比地为伍，以辨□为信，居处相察，出入相司。有为盗贼及亡者，辄谒吏。典、田典更挟里门钥，以时开；305伏闭门，止行及作田者，其献酒及乘置乘传，以节使，救水火，追盗贼，皆得行。不从律，罚金二两。306

《二年律令·户律》中提到里门有钥匙。谁掌握钥匙，便能掌控里门开闭。钥匙由典、田典轮流看管，两人也负责“以时开”里门。这里的“时”究竟是什么时段尚不可知，或许与班固、何休所记载的类似，朝开夕闭。一年之中，唯有伏日全天关闭里门，闭门之后，除了“献酒及乘置乘传，以节使，救水火，追盗贼”等特殊情况外，严禁人员进出。违背“以时开”与闭门的规定，将受到罚金二两的处罚。伏日全天关闭里门，应当与当时的民俗信仰有很大关系，而《二年律令·户律》不过是顺应了民心与潮流。

《二年律令》是汉初吕后二年(前186年)所见律令，政府已经把伏日闭门习俗正式吸收进国家法律之中。当时距离处罚“昼闭里门”相关律令的秦王政二十年(前227年)仅仅只有41年，加上该条《户律》的实际颁布年代应该更早一些，两者相隔的时间更短。我们知道一种民风习俗很难在短时间内形成，汉初由国家认可的伏日闭门习俗，其源头很可能上溯到秦朝乃至东周时期。《史记·秦本纪》载：“(秦德公)二年，初伏，以狗御蛊。”①《史记·十二诸侯年表》也载：“(秦德公)二年，初作伏，祠社，磔狗邑四门。”②秦德公二年(前676年)，秦国已经开始在伏日举行祭祀活动。为什么要杀犬，张守节《史记正义》解释说：“蛊者，热毒恶气为伤害人，故磔狗以御之。……按：磔，禳也。狗，阳畜也。以狗张磔于郭四门，禳却热毒气也。”③当时的秦人认为伏日有热毒之蛊为害，要在城的四门杀狗以禳除之。在这种巫术活动中，有两个要素值得注意：一个是伏日会产生类似蛊这种外来的不祥之气；另一个就是须在门前举行仪式，将其拒之门外。这种巫术信仰一直影响到汉代。《汉官旧仪》载：“伏日万鬼行，故尽日闭，不干它事。”④伏日的外来不祥(万鬼)、拒之门外(尽日闭)两个要素基本得到保留。从春秋到汉代，伏日的信仰一直在发展、传承，战国末期的秦国又如何能够例外。所以，岳麓秦简中的昼闭里门现象，有可能是基层小吏遵从民风民俗而在伏日的闭门之举。虽然《二年律令》中将伏日闭门录入法律，但东周末年的秦国是否有此法令则存在疑问。秦王政二十年律令中点名批评昼闭里门现象而又未曾提及伏日，或许秦律中并没有伏日闭门的规定。假如这

① 司马迁：《史记》卷5《秦本纪》，中华书局1982年版，第184页。
② 司马迁：《史记》卷14《十二诸侯年表》，中华书局1982年版，第573页。
③ 司马迁：《史记》卷5《秦本纪》，中华书局1982年版，第184页。
④ 孙星衍等辑，周天游点校：《汉官旧仪》，中华书局1990年版，第55页。

种闭门现象是因为伏日而发生的话，其性质就变成了百姓民俗与政府法律之间的一场博弈。

以上是文献中对门禁制度的记载，而该制度在实际运行中又是何种样子呢？秦简中保留了少量案例，我们或许可以管中窥豹。《岳麓书院藏秦简(叁)》中的“得之强与弃妻奸案”是一则记录强奸未遂案的官方档案，犯罪地点就在里门。

今讯得之，得之曰：逢䜌，和与奸。未巳(已)，闻人声，即起，和与偕之䜌里门宿。得[之]☐177弗能与奸。它如气(乞)鞫书。䜌曰：晦逢得之，得之欲与䜌奸。䜌弗听，即捽倍(踣)庰(屏)䜌，欲强与䜌奸。䜌与务，178殴搒䜌。䜌恐，即逯谓得之：迺之䜌里门宿。到里[门][宿]，［逢颠，弗能］与䜌奸，即去。它如故狱。179颠曰：见得之牵䜌，䜌谓颠：“救吾!”得之言曰：我□□□□□□□殹(也)。颠弗救，去。不智(知)它。180①

案情大致如下：嫌疑人得之是受害人䜌的前夫。一天晚上得之在路上遇见了䜌，向䜌求欢，䜌不允，得之遂殴打䜌意图强奸。没过多久，得之听到旁边有人靠近，不得已而起身。䜌因被殴打感到害怕，于是被胁迫去其居住闾里的里门宿。在里门宿旁，又遇到了同里的居民颠。䜌向颠呼救，得之为两人行为作了狡辩，于是颠没有理会䜌而离去。得之也因碰见熟人而害怕逃走，犯罪因而中止。

得之与前妻䜌相逢的地点应该是公共场合，或许就在里巷边。依仗夜色已晚，得之企图强暴䜌，但很快被过往行人打断。在这种情形下，接下来得之胁迫䜌去的“里门宿”应该是更加隐蔽的场所。里门白天供居民进出，人多眼杂，但到了晚上会按时关闭，里中居民也不会主动靠近。夜晚的里门成了

① 朱汉民、陈松长主编：《岳麓书院藏秦简(叁)》，上海辞书出版社2013年版，第196~201页。

一个僻静的所在，得之因此选择里门实施犯罪。另外，简文屡次提及“里门宿”，应该是里门旁边的建筑。《周礼·地官·遗人》：“十里有庐，庐有饮食。三十里有宿，宿有路室。”郑玄注：“宿，可止宿，若今亭有室矣。”①“里门宿”未必与《周礼》的宿相同，但至少是可称为室的屋舍，或许类似今日之门房。前文讲到“闾有司”与里正等每日要在里门口监视进出人等，应该会设立专门建筑供其使用，以免受日晒雨淋之苦。何休说里正父老“坐塾上”，所谓“塾”，乃是门侧的堂屋。《尔雅·释宫》曰：“门侧之堂谓之塾。”邵晋涵《正义》引李如圭云：“门之内外，其东西皆有塾。”②不论是“宿”还是“塾”，可以确定里门旁边都有可以遮风挡雨的建筑。里门旁附属的“宿”因为相对隐蔽，被嫌疑人选中作为犯罪的地点。《岳麓书院藏秦简(陆)》简190记载有“里治所”，似乎小小的里也有专门的里典治事之所。“里治所”可能就是案件中提到的“里门宿”。

另外，该案发生时是在夜间，得之和变两人相互撕扯时有动作较大的肢体接触以及伴随的争吵、呼救之声，但未见类似“闾有司”或“里正”等人物前来的巡查和制止。前文引述的诸多关于里门看守人的职责，虽然包含纠察异常情况，但是偏重两个方面：一个是看守人只在里门开启时段(白天)行使职能，另一个是侧重防范外部人员，对于内部居民监控则相对较弱。这两点与里垣、里门的存在意义一致：主要防范来自外部的威胁。该案发生时正值夜晚，并非守门人值守的时辰，守门人应该已经离开；发生纠纷的两人，一人是里中居民，另一人是其前夫(勉强算是故旧)，对该闾里来说都不算是外人。这样的纠纷不属于看门人管理范围，所以对这场发生在里门的案件诉讼中，没有涉及对看门人的任何指控。只能说里门的门禁制度，在这样的案件面前也无能为力。既然门禁制度不能管束这类案件，那么什么制度可以管辖呢？依据当时的情景来看，秦汉时代的什伍制度应该可以起到作用。秦国从

① 阮元校刻：《十三经注疏·周礼注疏》卷13，上海古籍出版社1997年版，第728页。

② 邵晋涵：《尔雅正义》卷6，《续修四库全书》第187册，上海古籍出版社2002年版，第133页。

商鞅时代就施行什伍连坐制度。《史记·商君列传》载："令民为什伍，而相牧司连坐。不告奸者腰斩，告奸者与斩敌首同赏，匿奸者与降敌同罚。"①睡虎地秦简《法律答问》简 98 云："贼入甲室，贼伤甲，甲号寇，其四邻、典、老皆出不存，不闻号寇，问当论不当？审不存，不当论；典、老虽不存，当论。"居民遇到邻居呼救而不作帮助，在秦代是要被追究刑责的。到汉初，连坐制度虽废，什伍制度仍然存在。张家山汉简《二年律令·户律》简 305 载："自五大夫以下，比地为伍，以辨□为信，居处相察，出入相司。有为盗贼及亡者，辄谒吏。"因为其他人干扰，得之两次企图强奸婜而未成。这些人可能是居住在旁边的居民，因什伍制度的义务而出来查看，恰好制止了得之的暴行。从此案来看，里门制度并非孤立存在，而是与其他制度互相支撑，构成了保障里中居民安全的网络。

门，在本质上是用于区分内、外的。门外，是一个活跃的、进取的世界；门内，是一个平静的、内敛的空间。区分内外之间边界的标志物不只有门，还有墙，如里垣、院墙。但门还有另外一个特点，就是可以沟通内外，例如闾阎、闳门。借助里门，里内的安静空间在白天可以与里外的喧嚣世界联结沟通，也可以在夜深人静之时避免外界的打扰，这是里门显得如此重要的原因。里门也最终演化出一种独特的里门文化：里门衍生了不同的形态，被赋予了不同的称呼；里门的门禁制度与看守人职位被设立并严格执行；闾里的建筑布局因里门的设置而保持了相对固定的形态；里中居民形成了特有的里门习俗并以道德约束越轨的行为。我们越了解里门，就越了解古人对于内外两个世界的看法，以及进出内外世界时他们的日常生活。

二、秦乡里居民对楚瓦的二次利用

《里耶秦简(壹)》中有一则关于借用官方船只("假公船")而未归还的案卷。

---

① 司马迁：《史记》卷 68《商君列传》，中华书局 1982 年版，第 2230 页。

(1)廿六年八月庚戌朔丙子，司空守樛敢言：前日言竞陵汉阴狼假迁陵公船一，袤三丈三尺，名曰□，以求故荆积瓦。未归船。狼属司马昌官。谒告昌官，令狼归船。报曰：狼有逮在覆狱已卒史衰、义所。今写校券一牒上，谒言已卒史衰、义所，问狼船存所。其亡之，为责券移迁陵，弗□□属。谒报。敢言之。[九]月庚辰，迁陵守丞敦狐却之：司空自以二月□叚(假)狼船，何故弗蚤辟□，今而誧(甫)曰谒问覆狱卒史衰、义。衰、义事已，不智(知)所居，其听书从事。
　　手。即令走□行司空。8-135

□月戊寅走已巳以来。
　　半。□手。8-135背

这则案卷的大致内容是，竞陵县汉阴乡一个名叫狼的人，从迁陵县借走一艘官船，用以运输“故荆积瓦”，最后未曾归还船只。因借船人狼是司马昌官之下属，迁陵县向司马昌官追索，得到的回信是：狼因为犯事被逮捕，关押在已卒史衰、义那里。迁陵县再向衰、义二人去信，让其询问狼官船何在，结果衰、义二人对狼的审核、关押此前已完成，狼已被释放，不知所居何处，追索官船之事暂无下文。

“假公船”案卷的案情大致是清楚的，但是公船原本运输的“积瓦”是什么，还需要我们重新认识。此前学者对“积瓦”的解释，说法有所不同。王焕林先生认为秦仓储与贮藏单位皆可称为“积”，有睡虎地秦简《仓律》“入禾仓，万石一积而比黎之为户……栎阳二万石一积，咸阳十万一积”为证。他认为“瓦，不当理解为屋瓦，此寻常之物，何劳遍求诸荆楚故地？”在界定了积与瓦的含义后，认为积瓦“当指仓存之陶器”①。当然这些仓存陶器是剔除了屋瓦之外的陶器。马怡先生引用《太平寰宇记》卷149“山南东道八”：“乱

① 王焕林：《里耶秦简考释(二)》，简帛网，2005年12月2日；后收入氏著《里耶秦简校诂》，中国文联出版社2007年版，第37页。

石如积瓦焉"①，大概是将"积瓦"理解为累积的屋瓦。《里耶秦简牍校释(第一卷)》校释者认为："积瓦，储藏的陶器"，似乎与王焕林先生观点更为接近。② 细审词义，仓存(储藏)的陶器，又可以作两种理解：在仓库中存放的陶器；专门在仓库中用于储藏用途的陶器。两种意思有细微差别，前者只在仓库存放，后者在仓库使用。其中之差别，后文中将分别讨论。

"积瓦"究竟应该理解为仓存的陶器还是堆积的瓦片，目前还难以下定论。不过《里耶秦简(壹)》有一则"作徒簿"同时提到了"积"与"瓦"，倒是可以留意。

(2)卅年八月贰春乡作徒薄(簿)。AI
城旦、鬼薪积九十人。AII
仗城旦积卅人。AIII
舂、白粲积六十人。AIV
隶妾积百一十二人。AV
·凡积二百九十二人。BI ▨
卅人甄。BII ▨
六人佐甄。BIII ▨
廿二人负土。BIV ▨
二人□瓦。BV 8-1143+8-1631

这是一则记录城旦舂、鬼薪、白粲等人员从事劳作人次的"作徒簿"。其中记录了有人"甄"、有人"佐甄"、有人"负土"。《说文·瓦部》："甄，匋也。"段玉裁注："匋者，作瓦器也。"《玉篇·瓦部》："甄，陶人作瓦器谓之甄。"所以可以解释为：有人制作陶器，有人辅助制陶，有人背土作为原料。文末的"二人□瓦"也应该与陶器制作有关，只是不能证实瓦究竟指屋瓦或是

① 马怡：《里耶秦简选校(连载一)》，简帛网，2005年11月14日。

② 陈伟主编：《里耶秦简牍校释(第一卷)》，武汉大学出版社2012年版，第73页。

其他陶器。城旦、鬼薪90人，仗城旦30人，舂、白粲60人，吏妾112人，相加刚好等于“凡积”292人，可见此处“积”之含义接近于累计。

追根溯源，“积瓦”被认为是仓存或储存的陶器，主要是因为“积”被认作秦代仓储单位的缘故①。但是仔细审读简牍原文，情况恐怕并非如此。翻检《里耶秦简(壹)》，“积”大致还有如下这些文例：

(3)廿八年九月丙寅，贰春乡守畸徒薄(簿)。积卅九人。十三人病。廿六人徹城。8-1280

(4)司空守兹、佐得出以食舂、小城旦却等五十二人，积五十二日，日四升六分升一。8-216+8-351

(5)径廥粟米一石九斗五升六分升五。 卅一年正月甲寅朔丁巳，司空守增、佐得出以食舂、小城旦渭等卌七人，积卌七日，日四升六分升一。8-212+8-426+8-1632

(6)城旦却等五十二，积五十二日，日四升六分升一。8-1894

(7)☐/【等】四人，积各廿九日，日半斗。8-1621

(8)卅二年，迁陵积户五万五千五卅四。8-552

(9)卅五年迁陵贰春乡积户二万一千三百☐/ 8-1716

(10)廿七年，迁陵贰春乡积户☐/ 8-927

材料(2)与材料(3)都属于“作徒簿”，不同之处在于，前者是“月作徒簿”(卅年八月)，后者“日作徒簿”(廿八年九月丙寅)。② 徒簿应该是记录劳作数量的簿书，计量单位为人(次)，故行文采用“积若干人”的写法。材料(3)中，在九月丙寅日，生病的13人与“徹城”的26人合计刚好等于“积卅

① 参见王焕林：《里耶秦简考释(二)》，简帛网，2015年12月2日；后收入氏著《里耶秦简校诂》，中国文联出版社2007年版，第37页。

② 陈伟先生最先注意到“徒簿”可区分为日徒簿、月徒簿、年徒簿。参见陈伟：《里耶秦简所见秦代行政与算术》，简帛网，2014年2月4日；后收入氏著《秦简牍校读及所见制度考察》，武汉大学出版社2017年版。

九人”。材料(4)、(5)、(6)、(7)都是禀米的记录簿，因禀米时皆以一日之口粮数量(前3例为4 $\frac{1}{6}$升，后1例为半斗)为基本计数单位，故行文先记录有若干人，禀米“积若干日”，应该是领取一日之口粮。唯有材料(7)的4人，积“各廿九日”，应是每人29日，合计应领取116日共58斗粮食。材料(7)、(9)、(10)之“积户”，大概是秦政府以某种计算方法算出的累积户数。① 以上各例中，不论“积若干人”，或“积若干日”，或“积户若干”，其中“积”之含义，都表示累积之意。“积”的用法并未超出“作徒簿”中累计的范围，而与仓储无涉。

在《睡虎地秦墓竹简》中，“积”确实与储存有密切关联，但所指为特定对象。

《秦律十八种·仓律》：

> 入禾仓，万石一积而比黎之为户。21……入禾未盈万石而欲增积焉，其前入者是增积，可也；其它人是增积，积24者必先度故积，当题，乃入焉。后即不备，后入者独负之；而书入禾增积者之名事邑里于廥籍。万25石之积及未盈万石而被出者，毋敢增积。栎阳二万石一积，咸阳十万一积，其出入禾、增积如律令。长吏相26杂以入禾仓及发，见𡰥(录)之粟积，义积之，勿令败。27
>
> 入禾稼、刍稿，辄为廥籍，上内史。刍稿各万石一积，咸阳二万一积，其出入、增积及效如禾。28
>
> 别粲、糯之酿，岁异积之，勿增积，以给客，到十月牒书数，35上内[史]。36

《秦律十八种·效》：

---

① 唐俊峰：《里耶秦简所示秦代的“见户”与“积户”——兼论秦代迁陵县的户数》，简帛网，2014年2月8日。

仓漏朽禾粟，及积禾粟而败之，其不可食者不盈百石以下，谇官啬夫……164

入禾，万[石一积而]比黎之为户。168

禾、刍稾积廥，有羸、不备而匿弗谒，及诸移羸以偿不备，群它物当负偿而伪出之以彼偿，皆与174盗同法。175

《效律》简38：

栎阳二万石一积，咸阳十万石一积。

睡虎地秦简中的“积”，主要见于《秦律十八种·仓律》与《秦律十八种·效》。禾稼等粮食入仓，以万石为一积，用荆笆围绕区隔开来。积，整理者释为堆，在此作为贮藏粮食的单位，① 其说甚确。所谓增积，便是继续贮存粮食。刍稾的储藏，“其出入、增积及效如禾”，具有与粮食等同的管理方式，也是万石一积。积，既是秦政府对粮草的存储单位，同时也因为荆笆隔离、设立门户的做法，形成粮草管理中封印、发户、增积、义积(异积)等重要而严密的系列制度。

但从上列秦律条文来看，并非所有物品的储存都可以称为“积”，而是专门特指粮草(禾稼、刍稾等)的贮藏。陶器等其他物资的储存，没有证据可以称之为“积”，因此将“积瓦”解释为用仓库存放陶器就说不通了。

那么有没有可能当时粮草的贮存需要用到陶器呢？“万石一积”的粮草特别是粮食，假如用陶器盛放，必然要用到大量的陶器，假如楚人存放粮食的陶器被秦人翻出，也有可能存在二次利用的价值。这只是一种假设，也是对“仓存的陶器”的另外一种解释。对于这个问题，文献并未给出明确的答案，但我们可以从考古材料中寻找线索。

① 睡虎地秦墓竹简整理小组编：《睡虎地秦墓竹简》“释文注释”部分，文物出版社1990年版，第26页。

战国粮仓的考古遗迹，目前最具有代表性的主要有两个：河南洛阳战国粮仓遗址与江西新干战国粮仓遗址。两个粮仓遗址的考古情况，应该可以对当时粮食储存与陶器的关系做出证明。

洛阳粮仓遗址，位于今洛阳市共青路东段，胜利路西侧，洛河以北不远，周山余坡尽头，东周王城南城墙的北边。总共发掘粮窖 3 座，探出 74 座，是规模很大的粮仓遗址。① 粮仓兴建与废弃时间都在战国中晚期，属于地下粮仓。粮窖为圆窖，口大底小，纵剖面呈倒置等边梯形。一般口径 10 米左右，深 10 米左右。粮仓采用了复合型的防潮措施：从下至上采用一层铁锈色隔水层、一层青膏泥、两层木板，一层谷糠，隔绝水汽。另外粮仓窖壁上镶砌有木板，可能作为侧边防潮用。根据遗迹填土中出土的大量砖瓦、圆木等推测，窖顶可能是一种高出地面、顶上覆瓦的圆锥形土木建筑，与战国西汉墓中出土陶仓类似。根据 62 号窖出土遗物分析，陶器仅有滑轮(1 件)、纺轮(14 件)、陶凤(1 件)，未见陶质储存器出土。(见图 5. 4)62 号窖窖壁上环壁横贴木板，上粘有谷糠，发掘者因而推断整个窖壁都应该镶嵌有这种壁板。另外窖底淤泥中发现大量苇席与夹编竹箔痕迹，应该是用来隔离窖内粮食与壁板上谷糠用的。这说明窖内并未使用陶质容器盛放粮食，而是在木板上直接堆放，而以苇席、夹编竹箔、米糠作为隔离层。

1975 年江西省博物馆考古队在新干县界埠公社发现一处战国遗址，在江边逆口村发现一座同时代的战国土城，在土城南面一里的袁家村土丘上探掘出两座大型战国粮仓遗址。② 粮仓平面呈长方形，长 61. 5 米，宽 11 米，总面积约 670 平方米，坐东朝西，应该是一座土木结构的房子，屋顶铺瓦。仓内到处堆积被烧成炭末的米粒，部分保持完整形状，经鉴定为粳米，堆积厚度为 0. 3~1. 2 米。仓内出土大量烧米、红烧土及烧成灰白的痕迹，推测粮仓可能在一场大火后废弃。仓内地面开挖了四条平行的纵沟，纵沟之间又开了

① 洛阳博物馆：《洛阳战国粮仓试掘纪略》，《文物》1981 年第 11 期。

② 陈文华、胡义慈：《新干县发现战国粮仓遗址》，《文物工作资料》1976 年第 2 期。

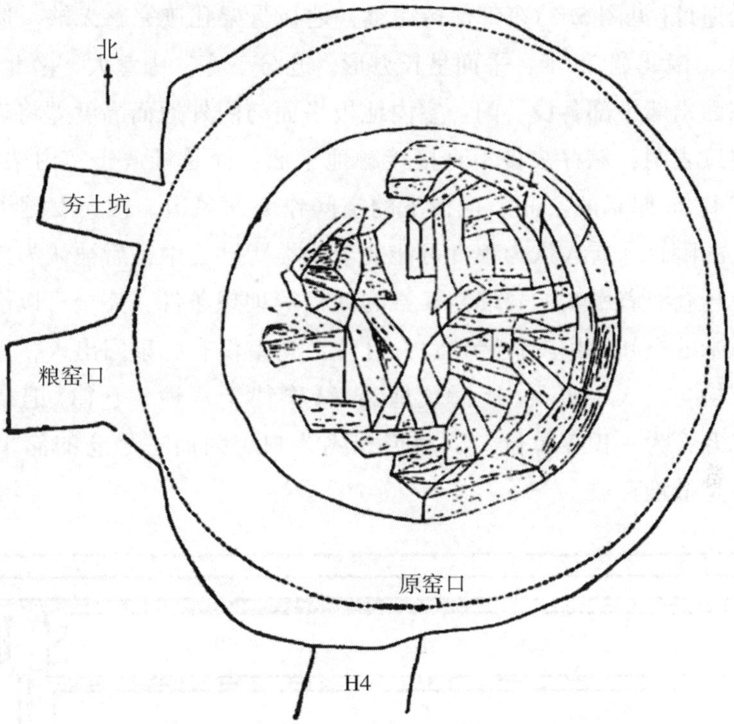

图 5.4 洛阳战国粮仓 62 号粮窖平面图①

若干小横沟，推测用于加强室内地下空气流通，防止米谷受潮发霉。值得注意的是，粮仓中出土物为绳纹板瓦与铁斧，可能是仓顶的屋瓦垮塌后与仓内铁斧头混合一处，仓内并未有其他陶质容器出土。简报记载有几何印纹陶片散布于粮仓附近，而非在粮仓之中，所以粮食很可能是散装堆放，并未使用陶容器。

比洛阳与新干粮仓遗址时代晚一些的，有西汉京师仓遗址，大约兴建于汉武帝时期，废弃于王莽末年或东汉初年。② 西汉京师仓，又名华仓，位于陕西华阴县城东 7 公里处。粮仓周围建有城墙，仓城依山塬而建。发掘出的

① 洛阳博物馆：《洛阳战国粮仓试掘纪略》，《文物》1981 年第 11 期。

② 陕西省考古研究所华仓考古队：《汉华仓遗址勘查记》，《考古与文物》1981 年第 3 期；《汉华仓遗址发掘简报》，《考古与文物》1982 年第 6 期；《汉华仓遗址一号仓建筑复原探讨》，《考古与文物》1982 年第 6 期。

一号仓遗址(见图5.5)东部保持完整，地板骨架孔迹完整无缺。遗址东西长62.3米，南北宽25米，平面呈长方形。仓分三室，中室大，南北二室略小，三室东面山墙中部各设一门。室内地板平面与门外地面高度差将近1米。一号仓遗迹表明，储存粮食不直接接触地平面，而是堆放于室内架空地板上，两者相差86厘米的空间。地板下的空间作为通风道。粮仓发掘中曾发现一种较大的陶缸，有人认为粮食可能装于此类陶缸之中，后被认为此说不切实际。一号仓有着厚实的仓墙与架空的地板等理想条件，完全可以散装。在近万立方米的空间中用陶缸装粮食，且每个仓室仅有一扇门出入，无法解决翻仓、查检与出入等事项。① 睡虎地秦简《秦律十八种·仓律》记载粮食入仓时，以万石为一积存单位，以荆笆相隔为户。因而一号仓的储粮应该是散装，不是散堆存放。

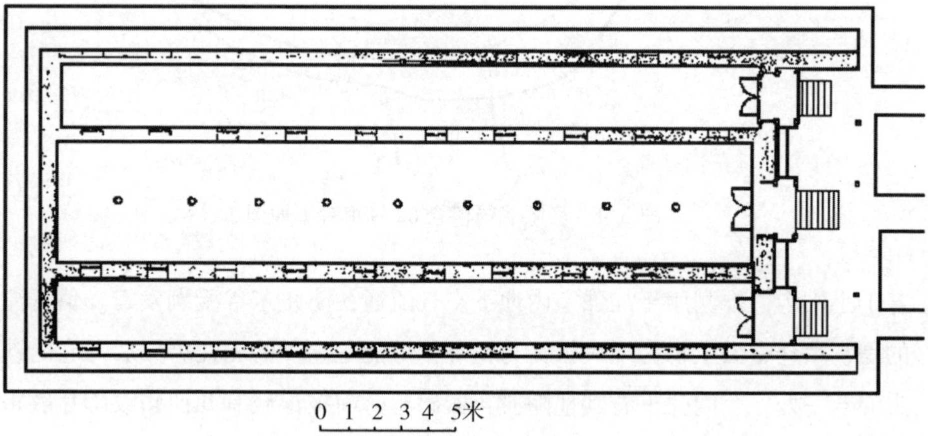

图5.5　西汉华仓一号仓遗址平面图②

看过洛阳、新干、华仓的考古资料后，我们在回头看秦简牍中的记载，发现不乏相互呼应之处。睡虎地秦简《秦律十八种·效》："仓漏朽禾粟，及积禾粟而败之，其不可食者不盈百石以下，谇官啬夫；百石以上到千石，赀官啬夫

① 呼林贵：《西汉京师仓储粮技术浅探》，《农业考古》1984年第2期。

② 陕西省考古研究所华仓考古队：《汉华仓遗址一号仓建筑复原探讨》，《考古与文物》1982年第6期。

一甲；过千石以上，赀官啬夫二甲；令官啬夫、冗吏共偿败禾粟。禾粟虽败而尚可食也，程之，以其耗石数论负之。”由此条秦律可见秦人非常注意粮食储存状况，遭雨淋以致粮食发霉变质，必须问责管仓官吏。《秦律十八种·田律》：“禾、刍稿撤木、荐，辄上石数县廷。勿用，复以荐盖。”木，指存粮草的仓所用之木材。荐，垫盖在粮草上下的草垫。意思是说，在粮、草从仓中全部移空的时候，撤下的木头和草垫不要移作他用，要再用其来垫盖粮草。① 这说明战国秦政府的粮仓普遍采用底部放置木头、草垫，用以解决防潮问题，与西汉京师仓一号仓架空木板防潮的特点相似，都没有使用陶器储存。

洛阳、新干的粮仓遗址都应该算是大型粮仓的代表，那么规模较小的粮食储存又是什么情形，仍需要其他材料来说明。位于楚国都城的荆州纪南城陈家台遗址或许可以有助于理解这个问题。

陈家台遗址位于纪南城内新桥区的陈家湾西侧，南距南城垣约 700 米，西距西城垣约 800 米。遗址台子东西长 50 米，南北宽约 10 米。文化层堆积第三层为东周文化层，内含大量筒瓦、板瓦，其次是陶豆、盆残片和铜矛、铜箭头，还有许多碳化物、炼渣和鼓风管残片。碳化物中有成堆的碳化稻米和成块的木炭等。台基西部发掘范围内，第三层堆积中发现 5 处被火烧过的稻米遗迹，4 处在台基西北角。(见图 5. 6) 根据出土遗物与碳化米的碳 14 测定年代，陈家台台基的时代为战国时期。推断台基附近原本是一个铸造作坊遗址。台基西部发现碳化米，简报认为可能是当时作坊存放粮食的地方，后因火而毁。② 据村民反映，过去曾经在台基西部挖出过成层的碳化米，说明当初这里存储的粮食应该已达到仓的规模。陈家台遗址总共约 500 平方米，碳化米只集中出土于台基西部，存粮规模应该比洛阳、新干粮仓小许多。台基旁边发现了炼炉和铸造遗迹，所以陈家台遗址应该不是政府设立的专门粮库，只是铸造作坊附属的仓库。据简报，碳化米层中仅夹杂有少量红烧土块和木炭，而且每处碳化米四周没有发现其他现象，看来陈家台遗址这样稍小规模的粮仓也未使用陶器存放米粮。

---

① 蔡万进：《从云梦秦简看秦国粮仓的建筑与设置》，《中州学刊》1996 年第 2 期。

② 湖北省博物馆：《楚都纪南城的勘察与发掘(下)》，《考古学报》1982 年第 4 期。

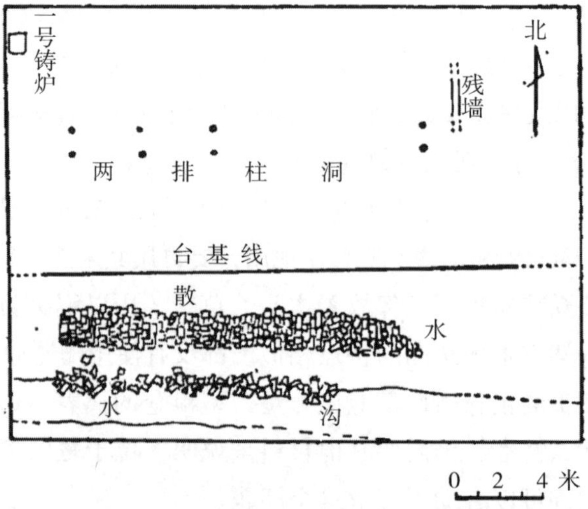

图 5.6　纪南城陈家台遗址平面图①

综合以上洛阳、新干粮仓遗址，荆州纪南城陈家台遗址，还有西汉华仓遗址的考古资料，我们基本可以确认，战国时期的大中型粮仓在贮藏粮食时，并未大量使用陶器。这样一来，将“积瓦”理解为在仓库中用于储藏用途的陶器也就说不通了。

“积瓦”与仓储和陶器既无直接关联，我们还是应该回归本源，将其理解为累积的瓦片(屋瓦之类)更加合适。睡虎地秦简《封诊式》有一件“封守”爰书，记录了查封嫌疑人家产与家庭成员的活动。其中简 8-9 载：“一宇二内，各有户，内室皆瓦盖。”嫌疑人的住宅有一堂屋配两间卧室，都是有屋瓦盖顶的。这显示当时屋瓦已成为普通家庭的建筑材料，被大量使用。虽然瓦片可以本地烧制，属于相当常见的建筑材料，但是赴异地运输瓦片也并非不可思议。“积瓦”乃是“故荆”之瓦，“假公船”事件发生于秦王政二十六年(前 221 年)，“故荆”当指刚刚灭国两年的楚国。此前秦楚连年大战，造成楚国故地多少民众流离失所，多少亭台楼阁化为残垣断壁，大量房屋废弃，惊人数量的屋瓦堆积。屋瓦既然已成无主之物，对普通人家来说仍是必需之建筑材

① 湖北省博物馆：《楚都纪南城的勘察与发掘(下)》，《考古学报》1982 年第 4 期。

料。战国时代各种建筑已经普遍使用筒瓦与板瓦，但以当时之生产水平，普通民户购买屋瓦仍旧显得捉襟见肘。现在不需制陶之人工、燃料花费，仅需承担运输费用(而且采用运费最省的水运方式)，这样的二手瓦片运到迁陵可能仍比本地烧制瓦片价格低。有了利益驱动，借用公船运输“故荆积瓦”便不是难以想象之事。

然而“积瓦”的来源是哪里，目前尚存在不同意见。

此案卷提到“故荆”，是关系“积瓦”来源的重要线索。马怡先生认为“故荆”便是指楚国旧都纪南城。① 蔡万进先生则认为是指秦新近所取原楚国领土。② 有学者赞同蔡氏之说。③ 那么究竟哪种说法是可靠的呢？

运输“故荆积瓦”的船只“袤三丈三尺”，折算成今天度量衡，大约长 7 米，是一艘有着相当运载量的运输船。它的运输路线应该是循临近的酉水而行。酉水汇入沅水，又与资水汇合，流入洞庭，接入长江。从出土的鄂君启舟节所记载的水运路线来看，战国中期楚国已经有了从长江进入湘、资、沅、澧的通畅商道。这也意味着迁陵的船只应该有能力抵达长江与诸多支流流域。有学者认为“故荆”就是纪南城，基于船只通行能力的考虑，不无可能。张荣强先生怀疑，如果要到江陵运送积瓦怎会到数百公里外的迁陵借船，因而“故荆”当指迁陵县一带。④ 我们同时也注意到，在距离里耶古城稍近的湘、资、沅、澧流域，特别是沅水与澧水流域，分布着为数众多的战国古城。笔者将今湖南、湖北地区经考古发现的战国时期古城遗址做了一番统计整理，⑤ 具体情况见表 5.1 与图 5.7：

---

① 马怡《里耶秦简选校(连载一)》：“‘故荆’，即荆(楚)之旧都，此处应指郢。秦灭楚后，以楚都郢为南郡治所。地在今湖北省江陵西北。”(简帛网，2005 年 11 月 14 日)

② 蔡万进：《里耶秦简研读三题》，《湖南大学学报》2007 年第 1 期。

③ 陈伟主编：《里耶秦简牍校释(第一卷)》，武汉大学出版社 2012 年版，第 73 页注 6。

④ 张荣强：《湖南里耶所出“秦代迁陵县南阳里户版”研究》，《北京师范大学学报》2008 年第 4 期。

⑤ 主要参考陈振裕：《东周楚城的类型分析》，《江汉考古》1992 年第 1 期；马世之：《楚城试探》，《楚文化研究论集》第一集，荆楚书社 1987 年版；曹传松：《湘西北楚城调查与探讨——兼谈有关楚史几个问题》，《楚文化研究论集》第二集，湖北人民出版社 1991 年版。

表 5.1　今两湖地区战国时期古城遗迹与陶瓦概况表

区域	城名	地理方位	时代	主要遗迹与史料
沅水流域	黔中故城	沅陵县城西10公里处太常乡窑头村	战国-汉代	城垣、护城河不甚明显。由3个城堡组成。城内遍地可拾到绳纹板瓦、筒瓦、灰色鬲、罐陶片，城南数里分布密集的战国至汉代墓葬与2处东周文化遗址
沅水流域	义陵城	溆浦县城南2.5公里处马田坪乡梁家坡村		黄色黏土夯筑城垣，可见护城河遗迹。城内采集到绳纹灰陶鬲足、罐、豆等楚文物。筑城于战国，西汉袭用。“因项羽杀义帝，武陵人缟哭于招屈亭，高祖闻而义之，故称义陵”(常林《义林记》)
沅水流域	黄楚城(采菱城)	桃源县茅草街乡，白洋河、沅水交汇处	东周	绝大部分城垣清晰可辨，城内陶片堆积多，俯拾皆是，有大型绳纹筒瓦、鬲足、豆等，均属东周楚遗物。城内文化层堆积较厚。《桃源县志》载：“为楚平王筑”，时代吻合
沅水流域	索县故城	常德市断港头乡城址村	东周-西汉	大、小两城，城垣犹存，四角筑夯土台。城内出土大量灰陶罐、豆等东周楚国遗物
澧水流域	白公城	慈利县城东1.5公里，澧水、零溪水交汇处	东周	城垣、护城河大部分清晰可辨，暴露在地表的绳纹筒瓦、板瓦、罐、钵陶器较多，属春秋战国楚人遗物，文化层较厚。《慈利县志》载白公城在县城东5里，相传楚白公所筑
澧水流域	古城堤城	石门县维新乡古城村	东周	城垣用黄灰土筑成。城内东周文化层较厚，地表散布着筒瓦、罐、钵、鬲等楚遗物
澧水流域	申鸣城	临澧县新安乡古城村	东周	仅存夯土残垣。城内长出东周时期绳纹罐、豆等楚遗物。《直隶澧州志》云当地有“申鸣墓”，在城南4公里处合口镇北侧
澧水流域	城头山城	澧县车溪乡南岳村	东周	城堑犹存，有人工护城河。城内出土东周双箍首青铜剑。不远处临澧九里丘分布有密集的大型楚墓

续表

区域	城名	地理方位	时代	主要遗迹与史料
澧水流域	鸡叫城	澧县涔南乡复兴村	东周-西汉	土垣尚存，黄土夯筑，有人工护城河与壕沟，2个烽火台。城西北山丘有密集东周楚墓
	古城岗城	澧县闸口乡古城村	战国-汉代	城内有厚达1米的东周至汉代文化层堆积，有东周铜簇，大量筒瓦、陶鬲等楚国遗物
	宋玉城	临澧县望城乡宋玉村、楚城村之间	东周	残存夯土城墙与护城河。城内到处可见板瓦、筒瓦、陶鬲等东周楚文物①
湘水、汨罗水流域	长沙楚城	长沙市区内	东周	据长沙近郊发掘约3000座楚墓推断，附近一座有相当规模的战国楚城。出土东周时期鬲、钵、豆、罐等日用陶器与战国时期4个水井②
	麋子国城	岳阳市	东周	资料不详
	罗城	汨罗市河市乡小土洲上	东周	城垣残高4~6米，城垣外有护城河，城内有大夯土台基。城墙地面有零星鬲、豆残片与许多粗厚的瓦片③
	瓮江遗址			
	安定城	平江县城东17公里	东周-西汉	有城垣与护城河，城内中部有一面积300平方米的建筑基址，灰土层中发现绳纹板瓦、筒瓦、陶鬲碎片等遗物④

① 以上黔中故城、义陵城、黄楚城(采菱城)、索县故城、白公城、古城堤城、申鸣城、城头山城、鸡叫城、古城岗城、宋玉城资料出自曹传松：《湘西北楚城调查与探讨——兼谈有关楚史几个问题》，《楚文化研究论集》第二集，湖北人民出版社1991年版。

② 黄纲正、吴铭生：《战国长沙楚城初论》，《楚文化研究论集》第二集，湖北人民出版社1991年版。

③ 湖南省文物管理委员会：《湖南湘阴古罗城的调查及试掘》，《考古通讯》1985年第2期。

④ 李科威：《平江县安定区古城址调查》，《湖南考古辑刊》第4辑，岳麓书社1987年版。

续表

区域	城名	地理方位	时代	主要遗迹与史料
长江沿岸附近地区	纪南城	荆州市纪南镇	东周	城墙残高3~5米，有城门与护城河遗迹，城内有84座夯土台基。东南部可能为宫殿区。城内东北部与西南部，分布着制陶与铸铜作坊区。城墙西垣北城门建筑前的堆积层中，出土陶器有筒瓦、板瓦与鬲、鼎、盂、豆、盆、瓮、罐等。西垣北门附近水井与早期灰坑下层出土有筒瓦、瓦当、板瓦等。南垣水门古河道遗迹地层第三层出土板瓦、筒瓦、瓦当等。① 松柏区30号台基南北散水中发现排水管道，管道上下都垫有板瓦。南北散水外的水沟内，有大量陶片、瓦片，当为房屋废弃后的堆积。台基第三文化层中及同层位(东周层)水井中有大量筒瓦、板瓦、素面半瓦当、圆瓦当。陈家台遗址文化堆积第三层(东周文化层)内含大量筒瓦片、板瓦片，散水中部有大量破碎瓦片铺砌的散水建筑，散水南边也有瓦片层(可能为建筑废弃倒塌后堆积)。龙桥河西段发现2座窑址，出土大量东周陶片、瓦片，发现的水井中有出土筒瓦、板瓦。松柏区范家垸发掘窑址(Y1)出土遗物均为筒瓦、板瓦，应为专门烧瓦之窑②
	作京城	黄陂西北约24公里李集镇	战国两汉	城址呈"亚"字形，城垣仍耸立地面，有城壕环绕城墙四周，城垣夯土包含物以瓦片为多，还有豆、盆残片。城垣出土筒瓦与板瓦，与纪南城接近。城内建筑东周遗迹出土5块较完整的绳纹筒瓦排成一条直线③

① 湖北省博物馆：《楚都纪南城的勘察与发掘(上)》，《考古学报》1982年第3期。
② 湖北省博物馆：《楚都纪南城的勘察与发掘(下)》，《考古学报》1982年第4期。
③ 黄陂县文化馆：《黄陂县作京城遗址调查简报》，《江汉考古》1985年第4期。

续表

区域	城名	地理方位	时代	主要遗迹与史料
长江沿岸附近地区	草店坊城	孝感市牌坊乡（孝昌县花源镇）中心村	战国两汉	城墙唯有西墙保护较好，墙体高 3~5 米，夯层中包含东周陶片，有护城河。城中有一夯土台基。城内文化遗物丰富，夯土台基上陶片特多，包含东周陶鬲、豆、盂、盆、罐、瓮，绳纹筒瓦数量较多
	楚王城	云梦县城，南接涢水	东周-西汉	东城墙保护较好，现存高 2~4 米，有护城河直通涢水，文化层较厚，包含物极为丰富，东周遗物以陶器为主，有鬲、豆、盂、瓮、盆、罐与筒瓦等①
	鄂王城	大冶市西南 58 公里胡彦贵村	东周	故城高出地面 5~10 米，城垣两侧夯层内包含较大数量的东周时期陶瓦片，有护城河遗迹。城内中南部一处 2000 平方米遗迹文化层中，有大量的陶板瓦、小砖、半圆瓦当、筒瓦。发现窑址 2 处，遗存绳纹筒瓦陶片，应该是供应城内建房的制瓦窑址。城内的文化遗物主要在西部，出土有筒瓦、板瓦、铜戈、铜簇、陈爰等东周遗物②
	草王嘴城	大冶市城关西北约 9 公里金湖乡田垄村	东周	城垣保存较好，城内文化堆积极为丰富，出土东周时期筒瓦、板瓦、瓦当等。城址周围出土一批陶器与铜器。城南发现古陶井和古墓葬，还有大量炉渣。距离铜绿山矿冶遗址仅 3 公里③

① 草店坊城与鄂王城资料见于孝感地区博物馆：《湖北孝感地区两处古城遗址调查简报》，《考古》1991 年第 1 期。

② 大冶县博物馆：《鄂王城遗址调查简报》，《江汉考古》1983 年第 3 期。

③ 大冶县博物馆：《大冶县发现草王嘴古城遗址》，《江汉考古》1984 年第 4 期。

续表

区域	城名	地理方位	时代	主要遗迹与史料
长江沿岸附近地区	禹王城	黄冈市黄州区汪家冲北面	东周秦汉	不详
	大箕铺城	大冶城关东南12公里大箕铺公社五里界大队	东周	四周城墙尚存，高出地面2～3米，城墙上与城内地表采集到的陶片，有东周时期陶鬲、豆与印纹陶片①

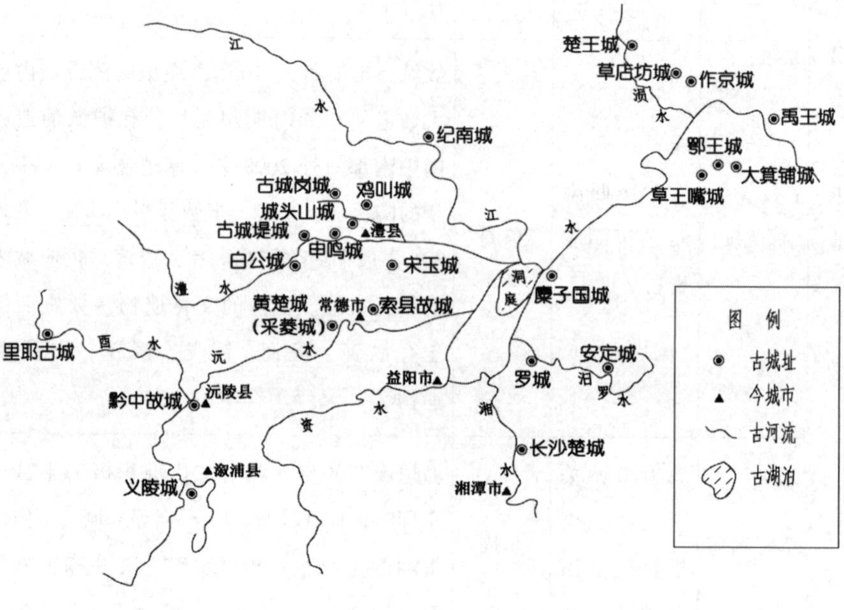

图 5.7　今两湖地区战国古城分布图

从表5.1与图5.7可知，从里耶古城出发，沿酉水、沅水可以抵达义陵

① 冯少龙：《大冶县新发现一处古城遗址》，《江汉考古》1983年第4期。

城、黔中故城、黄楚城(采菱城)、索县故城；沿澧水上溯，可抵达宋玉城、城头山城、鸡叫城、古城岗城、申鸣城、古城堤城、白公城；从沅水转入湘水、汨罗水，可抵达长沙楚城、罗城、安定城、麇子国城；进入长江后，上溯可到达纪南城，顺流可到鄂王城、草王嘴城、大箕铺城、禹王城，进入涢水还可到达作京城、草店坊城、楚王城。

各古城遗址发现的陶质筒瓦、板瓦数量不少。据现有调查资料，沅水流域的黔中故城、黄楚城(采菱城)，澧水流域的白公城、古城堤城、古城岗城、宋玉城，湘水、汨罗水流域的罗城、安定城，以及长江沿岸附近地区诸多古城，都能采集到很多战国陶瓦。所以秦迁陵县搜寻“故荆积瓦”的公船，理论上去到其中任意一个古城遗址，都应该会有不少收获。

虽然以上古城都有“积瓦”遗存，但还有一个因素必须考虑，即水路里程带来的运输成本与效率问题。所以，蔡万进先生认为“故荆”不在纪南城而在新灭之楚地，此观点是有其道理的。进一步说，从目前考古城址发现的角度，如果要以最低成本、最短水路里程运输“积瓦”，里耶的船只首先应该考虑前往位于酉水尽头的黔中故城，其次是沅水上下游的义陵城、黄楚城(采菱城)与索县古城，再次可以去澧水与湘水流域的诸古城，最后才轮到长江沿岸的纪南城与其他古城。长江水道的水文条件比湘、资、沅、澧等支流要复杂得多，从水路里程与水道条件来看，纪南城都应该排在靠后的位置。但考虑到纪南城烧造建筑用瓦的窑址较多，郢都作为都城使用之瓦片规格可能高于普通城邑，且纪南城在白起拔郢之后大规模废弃，远赴纪南城采集旧瓦仍存在可能。

第二节 异姓(氏)杂居与人口流动

一、楚国里人姓氏反映的聚居状况

里虽然是地域区划组织，但在西周时期，原本带有很浓厚的血缘组织的印记。《逸周书·商誓》载："予既殛纣承天命，予亦来休命，尔百姓里居君子，其周即命。"①《商誓》是周人克商之后，武王告诫殷遗民的文字。殷遗民"百姓"，已经被分配入里的组织之中。其具体细节，当如《左传》定公四年所记载的那样：周人将殷商遗民以宗族为单位分为"殷民六族""殷民七族"，分赐给鲁周公、卫康叔，"使帅其宗氏，辑其分族，将其类丑"。故而当时里内居民应该有较明显的血缘聚居的情形。

到了战国时代，这种状况已经有很大改变。由包山简反映出，当时楚国里内居民已经不是单一家族血缘聚居，而是各种姓氏的家族杂处而居。这可以从里中人物的姓氏得到印证。包山楚简记载有"邚阳之酷里人卲⿰犬夬、⿰求阝⿰車𦣞、盘己"（简 150），3 人的名籍都在同一里中。3 人虽然具有同里的地缘关系，但姓氏却各不相同。

卲氏，即楚国王族三姓之一昭氏。《楚辞·离骚》王逸序："三闾之职，掌王族三姓，曰昭、屈、景。"②昭氏以楚王之谥号立为族氏。《通志·氏族略》："昭氏、景氏，则以谥为族者也。"③在卲王之諻鼎铭文中，楚昭王之"昭"即写作"卲"。④ 包山二号墓墓主人卲𠊲生前为疾病所困扰。简 200 记载贞人石被裳曾为其"⿱罒龍祷于卲王"、"文坪夜君、郚公子春、司马子音、蔡公子豪"。他祭祷的对象之一"卲王"即为楚昭王。所以卲⿰犬夬应该是楚昭王的后裔，以卲为氏，与墓主左尹卲𠊲、大司马卲阳同族。

⿰求阝氏，原释文作"邦"氏，刘信芳先生改释，其说可从⑤。《说文》："⿰求阝，地名，从邑。"《玉篇》："⿰求阝，乡。在陈留。""⿰求阝"为乡名，汉代乡上属县，此处"陈留"当为县名。《汉书·地理志》记载西汉元狩元年置陈留郡，治所在

① 黄怀信、张懋镕、田旭东：《逸周书汇校集释》，上海古籍出版社 1995 年版，第 477～485 页。

② 洪兴祖撰，白化文等点校：《楚辞补注》，中华书局 1983 年版，第 1 页。

③ 郑樵撰，王树民点校：《通志二十略·氏族略》，中华书局 1995 年版，第 5 页。

④ 中国社会科学院考古研究所编：《殷周金文集成释文》第 4 册 2288，香港中文大学出版社 2001 年版，第 196 页。

⑤ 刘信芳：《包山楚简解诂》，艺文印书馆 2003 年版，第 154 页。

陈留县，即今河南省开封市东南陈留城。郲氏应该就是以封地为氏的家族，其后裔辗转从中原地区来到楚国邷阳，居于酷里。

盘氏，《说文》：“槃，承槃也。……盘，籀文从皿。”段玉裁注：“今字皆作‘盘’。”《通志·氏族略》：“盘氏，盘瓠氏之后。与冉、元、巴、李、田为巴南六姓。”①关于以盘瓠氏为祖先并聚居西南的情形，《续通志》卷640“四夷传”也可印证：“西南溪洞诸蛮皆盘瓠种。”盘己家族可能是从西南地区迁徙到楚地的。东周时期，西南地区的巴国与楚接壤，关系密切。两国人民来往频繁，耳濡目染，以至于宋玉对楚襄王描绘楚郢都有人歌咏“下里巴人”“国中属而和者数千人”的景象②。简226以事纪年“大司马悼愲逆(将)楚邦之师徒以救郙之岁”，后又略写为“大司马悼愲救郙之岁”。“郙”国，李学勤先生认为就是巴国。③ 如此一来，显示巴、楚关系直到怀王时期仍非常紧密，有西南地区盘氏定居于楚国因而不是什么让人惊讶的事情了。

小小的邷阳之酷里，不仅生活着楚国公族后裔——昭氏，还居住着来自中原地区的郲氏，以及起源于盘瓠氏并聚居于西南地区的盘氏。郲轞、盘己的名籍都归邷阳管辖，他们的家族具有了楚人的身份。由此可知，当时即使是在楚国最基层的行政组织——里——中，也已经不是单一血缘家族聚居了，而是多个氏族混合杂居。

“邷阳之酷里”的3个氏族并非是当时里中氏族杂居的孤立案例，我们还可以从包山简中找出其他例证，比如说，楚国的里人与里公基本上也是不同氏族杂居。

简120至简123记录了下蔡地区的4个里中存在着4种职官：里公、加公、士尹、亚大夫。其中里公应该是里中职官系统的核心，在4个里中都能见到。加公、士尹、亚大夫三种职官，以往极少见于典籍，所以无法判定楚

① 郑樵撰，王树民点校：《通志二十略·氏族略》，中华书局1995年版，第122页。

② 萧统编，李善注：《文选》卷45《对楚王问》，上海古籍出版社1986年版，第1999页。

③ 李学勤：《包山楚简郙即巴国说》，《中国文化》2004年第21期。

国如何选拔人员来担任以上职务。至于里公，作为里中长官的身份与职责，与传统文献中的里长、里典、里宰相似，所以其选拔方式也应该可以互相参照。前文第三章已经谈到秦里的长官在本里居民中选拔。楚国的里公也很可能是如此，换句话说，里公与其管辖之里人应该同居于一里。那么我们通过两者的姓氏便可以了解里中的氏族杂居状态。

根据包山楚简 120-123 号简记载，当时下蔡地区发生一起命案，有 5 个涉案的普通里中居民（里人）和 4 个里的长官（里公）姓名被记录下来，具体见表 5.2。

表 5.2　下蔡里中居民人名表

里名	里人名	里公名
关里	雇女返	利臤
东邗里	埸贾	郑[illegible]
荑里	竞不割（害）	吴掏
山阳里	郑倴	舍□
荨里	舍猬	

从表 5.2 来看，目前可见的下蔡地区同里之内的居民（里人与里公）姓氏都不相同。

雇氏之“雇”，据《说文》：“雇，九雇，农桑候鸟，扈民不淫者也。”并非姓氏。何琳仪先生认为：“楚简雇，读顾，姓氏。顾伯，夏殷侯国也，子孙以国为氏。”①其说甚确。关于顾氏起源，《通志·氏族略》曰：“顾氏，己姓，伯爵，夏商之诸侯。今濮州范县东南二十八里有故顾城，是其地也。子孙以国为氏。”②郑樵说的濮州范县在今河南省东北部范县附近，所以雇女返的家族可能来自中原地区。

① 何琳仪：《战国古文字典》，中华书局 1998 年版，第 469 页。

② 郑樵撰，王树民点校：《通志二十略·氏族略》，中华书局 1995 年版，第 72 页。

利氏，《通志·氏族略》云："利氏，或言楚公子食采于利，后以为氏。"①利臤可能是楚公族后裔，但其祖先是哪一代楚王已不可考。

场氏，当读为"唐"氏。《古玺汇编》0099收录有"上场行宫大夫玺"，因《说文》"唐"字古文作"啺"，从口从昜，故李学勤先生将"上场"读为"上唐"②。李零先生进而将"场"氏读为"唐"氏。③"上唐"与楚国所灭唐国有关，同时也是唐氏发源地之一。《左传》宣公十二年杜注："唐，属楚之小国，义阳安昌县东南有上唐乡。"④其地大约在今湖北随州市西北唐县镇一带。《通志·氏族略》也记载："唐氏……宣十二年传，楚子使唐狡与蔡鸠居告唐惠侯，使潘党率游阙四十乘从唐侯为左拒。其地在今随州唐城县，此楚之唐也。定公五年，楚灭唐，子孙亦以唐为氏。"⑤战国时代楚国有唐勒，正生活于怀王时代，与宋玉、景差比肩，"皆好辞而以赋见称"⑥。场(唐)贾应该就是唐国的后裔，其祖先在唐国被灭之后成了楚国居民。

郏氏，姓氏书所未见。《说文》："郏，琅琊县，一名纯德。"⑦郏为汉代琅琊郡之所属县名，王莽时改名纯德，见于《汉书·地理志》。虽知其为地名，但未见以郏立氏之明证。何琳仪先生将郏读为"夫"，以为吴之后裔。⑧此姓氏未有定论。

竞氏，即楚国赫赫有名的三姓之一——景氏。1973年当阳季家湖出土的"秦王卑命钟"，其铭文中"竞坪王"，经过黄锡全、李零等先生的研究，可

① 郑樵撰，王树民点校：《通志二十略·氏族略》，中华书局1995年版，第196页。

② 李学勤：《楚国夫人玺与战国时的江陵》，《江汉论坛》1982年第7期。

③ 李零：《包山楚简研究(文书类)》，《李零自选集》，广西师范大学出版社1998年版，第141页。

④ 阮元校刻：《十三经注疏·春秋左传正义》卷23，上海古籍出版社1997年版，第1881页。

⑤ 郑樵撰，王树民点校：《通志二十略·氏族略》，中华书局1995年版，第37页。

⑥ 司马迁：《史记》卷84《屈原贾生列传》，中华书局1982年版，第2491页。

⑦ 许慎：《说文解字》，中华书局1963年版，第135页。

⑧ 何琳仪：《包山楚简选释》，《江汉考古》1993年第4期；《战国古文字典》，中华书局1998年版，第590页。

以证实应读为“景平王”。① “景平”是楚平王的双字谥，平王后人采用其中的“景”字立氏，写作“竞”氏。包山简中以“竞”为氏者有多人，与景氏作为楚国大姓的地位相称。

吴氏，《说文》：“吴，姓也。”周太王之子太伯、仲雍，为让王位于季历，相携而奔荆蛮，其后封于吴。据《通志 · 氏族略》：“吴氏……勾践灭吴，子孙以国为氏。”②勾践灭吴，时为鲁哀公二十二年，距怀王时代已经有一个半世纪了。楚威王又曾大败越国，杀越王无强，“尽取故吴地至浙江”，以“吴”为氏的吴王后裔大概有许多从此成为楚人。

舍氏，其姓氏字“舍”，目前有不同读法。何琳仪先生直接读为“舍”，并引用《路史》“微子后有舍氏”。③ 微子于周初受封于宋，其后代应当也多在宋国。刘钊先生将舍读为“余”。④《通志 · 氏族略》载：“余氏，《风俗通》云：由余之后，世居歙州。”⑤此“由余”指助秦穆公“开地千里，遂霸西戎”的戎人由余。山阳里公舍氏家族，究竟来自中原还是西秦难以确定。

这些族氏的发源，既有楚国公族后裔(竞氏与利氏)，也有被楚国所灭之国(场氏)，还有来源于密切相连的周边地区，如西边的巴与秦、东边的吴、北方中原等。虽然每个里的姓氏取样还不能超过 2 个，但区区一个下蔡就能集中如此多种氏姓，由此我们可以想见，里中居民的居住形态与人口来源是非常复杂的。同时，将下蔡各个里之间进行比较，氏姓的重复率相当低。特别是里公的氏姓，已知的 4 位里公(利氏、郏氏、吴氏、舍氏)全无重复。里

① 黄锡全、刘森淼：《“救秦戎”钟铭文新解》，《江汉考古》1992 年第 1 期；李零：《楚景平王与古多字谥》，《传统文化与现代化》1996 年第 6 期；李零：《“三闾大夫”考》，《文史》第 54 期，中华书局 2001 年版。

② 郑樵撰，王树民点校：《通志二十略 · 氏族略》，中华书局 1995 年版，第 46～47 页。

③ 何琳仪：《包山楚简选释》，《江汉考古》1993 年第 4 期。

④ 刘钊：《包山楚简文字考释》，《出土简帛文字丛考》，台湾古籍出版有限公司 2004 年版。

⑤ 郑樵撰，王树民点校：《通志二十略 · 氏族略》，中华书局 1995 年版，第 137 页。

公姓氏各不相同有何特别意义？如果以睡虎地秦简《法律答问》的描述来看，里的长官从该里豪强之人中选拔而出，那么里的长官身后代表的正式里中的豪强氏族。这一规律应该可应用于包山简所处的怀王时代的楚国。4 位里公的族氏完全不同，似乎表示当时的豪强氏族仍然是以里为聚居的基本单位。即使是在下蔡一地，也未曾见到跨越里的界限并且在两个里掌权的氏族。这与文献记载的春秋时代家族聚居里中的情形类似。①

二、楚国民众的迁徙流动

包山简所反映的战国晚期楚国的里已经有多氏族杂居，出现这么大的变化，其原因在于大量的人口流动。楚国立国约八百年间，据何浩先生统计，共灭国 61 个，“占《经》《传》有载之国三分之一以上，为同一时期各国灭国扩疆之首”②。被灭国家的民众，绝大部分成为楚国人，并且常有被迁徙离开故土、另寻别处建立新城邑的案例，造成人口大量的流动。由于当时征战频繁，各国逃亡、出奔的士大夫家族与普通民众也不在少数。还有各种学术、思想流派的学者为了传播自己的学说、推行治国理想，频繁往来各国之间，有的就直接在异国异地定居。各国国君为在竞争中立于不败之地，极力延揽人才，不少异国人(客卿)被委以重任，因此引发各国人才为施展抱负，奔走各国，寻求效力的对象。还有各种贵族、公子，都有供养大批门客的习尚，所招徕的门客来自各地。战国时期城市的蓬勃发展也造就了大量的工商业移民。战国城市中的居民，除了原有的国君、士大夫、宾客、奴仆等，还有很多是商人、手工业者及其家属，移民在城市人口中占据相当部分。除了来自附近的乡野县鄙之外，也不乏长距离的移民。

以“下蔡”地区为例，其地原为州来国，被楚所灭，后又被吴国夺走，此

① 《史记·管蔡世家》载，晋师入曹，晋文公严令毋入“釐(僖)负羁之宗族间”。釐(僖)氏家族聚居于此里，釐(僖)负羁曾优待流亡的重耳，故晋文公有此命令以防扰及釐(僖)负羁家人(司马迁：《史记》卷 35《管蔡世家》，中华书局 1982 年版，第 1572 页)。

② 何浩：《楚灭国研究》，武汉出版社 1989 年版，第 9 页。

时应该有部分吴人入住此地。蔡国都城原在上蔡，即今河南省上蔡县城关一带，往来中原各国非常方便，来自中原的移民当不在少数。蔡国徙于州来时，这些移民也一并迁至下蔡。楚灭蔡之后，应该有相当数量的楚人迁入下蔡，其中可能就包括利氏与竞氏的族人。

里中居民不仅是各姓氏家族杂居，而且具有较强的人口流动性。他们中的相当部分人很少被束缚在狭小的地域范围内，常常在楚国境内各地区间迁居、流连。具体详情可见包山楚简以下几则材料。

九月甲辰之日，繁丘之少司败蓬[illegible]复笭，言谓：繁丘之南里信有龚酉，酉以甘匿之岁为偏于鄗，居□里。90

中阳[illegible]盘邑人沈繄以讼坪阳之枸里人文适，以其夺妻。97

子左尹命漾陵之宫大夫察州里人阳鏞之与其父阳年同室与不同室。大宫疾、大驲尹帀言谓：阳鏞不与其父阳年同室。鏞居郢，与其季父[illegible]连嚣阳必同室。127

同社、同里、同官不可证，暱至从父兄弟不可证。138背

简90中，繁丘少司败证实：龚酉确实是繁丘地区所属的南里人，但他自从“甘匿之岁”起就居住在鄗地的“□里”。虽然龚酉的名籍还归繁丘地区管理，但是他本人应该算是长期居住于鄗地的流动人口。

简97是一起“夺妻”案。沈繄上诉说，他的妻子被文适夺走。如果沈繄所诉是真实的，中阳[illegible]盘邑与坪阳之枸里是两地，不论沈繄的妻子是自愿私奔，或是被胁迫掳走，坪阳之枸里人文适很可能长期在中阳[illegible]盘邑活动，才能得到“夺妻”的机会。退一步说，即使文适未曾夺走沈繄之妻，却引发了沈繄对他的怀疑与起诉，也很可能是因为文适在中阳[illegible]盘邑长期活动并与沈繄家庭有接触所致。

简127中，左尹命令漾陵地区的宫大夫查清楚阳年、阳鏞父子是否“同室”的问题。“室”既可以表示房屋，也可以指因同居而共有的财产。此处

“同室”可笼统理解为“居住在一起”。地方官员回复说：两人并不居住在一起，儿子阳鏽居住在郢都，与他的叔父阳必住在一起。阳鏽虽然名籍在漾陵之州里，他的父亲也居住在当地，但是他本人却长期居住于郢都的叔父家。

简138背面的文字大概是左尹府对“舒庆杀人案”(简132-139)提出的仲裁原则。该段文字先提出同居一里之人的证词不可采信，再提出血缘关系亲近到从父兄弟者(即堂兄弟)也不可作证。显然两种人所指并不重合。也就是说，如果当时居民的从父兄弟聚居在同一里中，左尹官署没有必要将“同里”与“暱至从父兄弟”同义重复、强调两次。所以，即使是类似堂兄弟的近亲也生活在不同里中，也就是说楚国的家庭传承到第三代就流动到其他地域，在当时是常见现象，以至于左尹官署需要明文批注在案卷背后。

里中居民的流动在整个战国时期应该算是一个比较普遍的现象。孔子云：“里仁为美，择不处仁，焉得知?”郑注：“里者，民之所居也。居于仁者之里，是为美。……求居而不处仁者之里，不得为有知。”①当时在选择居住于何里之中时，应当有比较大的自由度，所以孔子才会鼓励选择仁者之里居住的行为。《荀子·劝学》也认为：“君子居必择乡，游必就士，所以防邪僻而近中正也。”②其言论固然是为说明求学者当慎重选择居处之环境，但也同样描绘出当时居民人口流动的情形。

三、秦对人口流动的控制

秦自商鞅变法以来实行的是奖励耕战的国策，为鼓励农耕，就要把农民牢牢系于土地之上，以免他们离开故土荒废农田。当时如何做到这一点呢?《商君书·垦令》载：“使民无得擅徙，则诛愚乱农农民无所于食而必农；愚

① 阮元校刻：《十三经注疏·论语注疏》卷4，上海古籍出版社1997年版，第2471页。

② 王先谦撰，沈啸寰、王星贤点校：《荀子集解》卷1，中华书局1988年版，第6页。

心躁欲之民壹意，则农民必静。农静诛愚，则草必垦矣。”①把农民拘束于自己的土地，让他们除了农业之外得不到谋生的机会，如此一来，那些“诛愚”“躁欲”的农民才会一心一意耕作土地。“使民无得擅徙”只是在这一背景下的具体执行措施而已。《商君书·垦令》还有好多促使农民专心务农的做法，比如“废逆旅”“声服无通于百县”“国之大臣诸大夫……无得居游于百县”“以商之口数使商……去来赍送之礼无通于百县”。② 这些政策有着共同的倾向，即限制人口的正常流动，以达到“农民必静”“草必垦矣”的结果。《商君书》虽然不是全出自商鞅之手，但它应该是反映商鞅与其他法家思想的合编。《商君书·垦令》篇被高亨先生认为是商鞅遗著，应该是秦孝公时《垦草令》的方案。③ 由此看来，《商君书·垦令》很可能自商鞅变法后已经施行于秦。秦的人口流动因此会受到很大制约。

另一方面，当时普遍存在的逃亡现象，以及由此带来的追捕亡人、打击匿亡的严厉措施，也让民众在外出之时有不便之感。在前文谈及地方社会的逃亡现象时，也曾引用过给罪人提供房舍、雇佣亡者都会被问罪的秦律例子。在立法者眼中，所有流动的人口都是可疑人物，询问排查亡者与罪人已经成为常态。虽然出发点是打击罪人与逃亡，但最终效果与《商君书·垦令》一致。

那么秦律令中对于居民外出、人口流动有着什么样的规定呢？刚好《岳麓书院藏秦简(肆)》中有一些宝贵的简文材料可以参考。

> 尉卒律曰：缘故徼县及郡县黔齿〈首〉、县属而有所之，必谒于尉，尉听，可许者为期日。所之 132 它县，不谒，自五日以上，缘故徼县，赀一甲；典、老弗告，赀一盾。非缘故徼县殹(也)，赀一盾。典、老弗

① 高亨注译：《商君书注译》，中华书局 1974 年版，第 38 页。

② 高亨注译：《商君书注译》，中华书局 1974 年版，第 32、29、42、49~50 页。

③ 高亨注译：《商君书注译》附录“商君书作者考”，中华书局 1974 年版，第 24~25 页。

133告，治(笞)□□。尉令不谨，黔首失令，尉、尉史、士吏主者赀各一甲，丞、令、令史各一盾。134

“尉卒律”，整理小组认为即“尉杂律”。这里的“尉”，周海锋先生指出与廷尉关系不大，与县尉关系密切。① 其说甚是。律文中提到的郡县黔首、县属“必谒于尉”，这里的尉肯定不是中央的廷尉，而是所在县的县尉。这条律文给我们提供了很多关于秦控制人口流动的信息：其一，黔首外出“有所之”之前，必须面见县尉并取得许可令，许可令的内容包含了许可外出的时长(期日)。“可许者为期日”意味着县尉有权否决黔首外出的申请，否决理由可能与黔首申请的理由及“期日”有关。其二，只有在同时满足“之它县”“不谒”“自五日以上”三个条件时，黔首才会被罚。这也意味着黔首在县内活动，或去县外不足五日，应该无须向县尉申请许可令。这应该是考虑到现实中民众活动范围与外出时间，给出的一种便民措施，同时减轻县尉的工作量。即使在那个交通不便的时代，民众偶尔会有外出三四天的需求应该并不少见。其三，黔首居住之里的典、老密切掌握每位里人的行踪，若有无故消失五日以上者，必会向官府告发。这种紧密监视还有防止逃亡的含义，典、老向官府告发的名目或许就是“去亡”。故而黔首“不谒”外出五日以上若典、老仍不告发，就要被连坐处罚。其四，“缘故徼县”黔首外出规定比普通郡县更加严格。“故徼”，整理者指出是没有设塞的边境地区，并引《里耶秦简(壹)》中的《秦更名方》“边塞曰故塞，毋(无)塞者曰故徼”(简8-461)为证。“缘故徼县”，应指围绕无边塞的边境线周围的县。《荀子·议兵》：“限之以邓林，缘之以方城。”②缘即围绕、环绕之意。原边境线周围的县相比普通郡县，黔首外出至他县，不仅违规者处罚更重，典、老不告也处罚更重。这种

① 周海锋：《秦律令研究——以〈岳麓书院藏秦简〉(肆)为重点》，湖南大学博士学位论文，2016年，第110页。

② 王先谦撰，沈啸寰、王星贤点校：《荀子集解》卷10，中华书局1988年版，第283页。

区别对待之所以产生，很可能因为“故徼”跟“邦亡”有关。① “缘故徼县”因为就在原边境线旁边，很容易就越过边境线从而“邦亡”，故而用更严厉之法令限制境内黔首流动。其五，县尉在颁发外出许可方面负有主要责任，自由裁量权较大，故而立法者特别关注其工作成效。周海锋先生指出“令不谨”即秦律习惯用语“布令不谨”，又见于岳麓秦简 1085 号简。② 陶磊先生指出，“黔首失令”后，处罚对象不是黔首而是一堆官吏，显示出“失令”与《法律答问》的废令、犯令性质相似，乃是官吏对法令宣讲不到位（“尉令不谨”），造成黔首不知情而犯令，因而责任不在黔首而在众官吏。③ 实际上秦律中很少在律文末尾加上“不谨”及处罚的表述。目前仅见到两条材料。睡虎地秦简《秦律十八种 · 金布律》：“贾市居列者及官府之吏，毋敢择行钱、布；择行钱、布者，列伍长弗告，吏循之不谨，皆有罪。”（简 68）《岳麓书院藏秦简（伍）》简 201：“☐各乡啬夫、令史，里即为读令，布令不谨，吏主者，赀二甲，令、丞一甲。已布令后，吏☐”后一条岳麓秦简（伍）简 201 是残断的，缺上下文，暂且搁置不论。秦律规定都是相当明晰的，一般不会在律文中强调“不谨”如何处罚的问题。“金布律”与“尉卒律”两条材料中，官吏都有相当大的自由裁量权。前者虽规定“毋敢择行钱、布”，但流通中的钱、布面临的情况相当复杂。如果钱、布破损过于严重，以致影响下一次流通，拒收者是否算是“择行钱、布”？虽然《秦律十八种 · 金布律》规定“百姓市用钱，美恶杂之，勿敢异”（简 65），但如果有人故意损坏钱币，比如从铜钱上割下一部分私藏作铜料，剩下的破铜钱被人拒收，又是否算作“择行钱、布”？又《秦律十八种 · 金布律》规定“布恶，其广袤不如式者，不行”（简 66），布在

---

① 《法律答问》：“人臣甲谋遣人妾乙盗主牛，买（卖），把钱偕邦亡，出徼，得，论各可（何）殹（也）？当城旦黥之，各畀主。”人臣甲与人妾乙一同“邦亡”“出徼”，显示“邦亡”与“出徼”有紧密联系，可能越过原边境线就属于“邦亡”行为。“邦亡”可能表示从原秦地逃亡至新占领地区（“新地”）。

② 周海锋：《秦律令研究——以〈岳麓书院藏秦简〉（肆）为重点》，湖南大学博士学位论文，2016 年，第 114 页。

③ 陶磊：《读岳麓书院藏秦简（肆）札记》，简帛网，2017 年 1 月 9 日。

何种状况下属于“恶”而被拒，何种状况下属于“择行”被拒？“尉卒律”虽规定县尉对外出者的申请“可许者为期日”，但哪些理由应发放许可，哪些又不行？约定的期日应该是多长合适，五日抑或十日？这些都无法在秦律中事先言明详细标准，只能临机应变。即使以秦令或法律答问作为补充，也难以囊括所有的现实情形。裁量标准变成了法律的灰色地带，立法者在无法以律文明确要求官吏的情况下，出现不良状况时只能以“布令不谨”的理由来处罚约束他们。秦代获得许可的黔首，会从乡官手中拿到“传书”。《龙岗秦简》简10：“取传书乡部稗官。”①“传书”即文献中常见“符传”之“传”。可能由于管理全县黔首出行事务过于繁琐，到了汉代以后，据汉简文书记载，普通百姓出行申请已经改由乡吏而非县尉进行核查。② 若乡吏许可则于文书中注明“得取传”，意思是可以取得官府发放的“传”作为通行凭证。

以上律令是针对已经编入户籍的民众的规定。但秦还有一个特殊人群，就是秦新占领地区或从他国新投靠过来的人口，他们被称为“新黔首”。因为原本是六国的居民，他们原来所处的六国可能并没有严厉的禁止流动的法令，所以傅籍于秦乡里之后，因为不熟悉秦的法令，仍然按照旧习惯跨县流动，于是秦政府不得不针对他们特别重申禁令。《岳麓书院藏秦简(陆)》记载：

> 来书名数者以属其典、伍，令谨居家室，勉田作，非有县官事殹(也)，毋敢之咸阳。咸阳谨布令，令黔首及146蛮夷舍毋敢舍新黔首来书名数者，令吏各任其部求捕之，以县次传诣其县，赀新黔首来书147名数者二甲，吏部者一甲，丞、令、令史、尉、尉史各一盾。148

① 陈伟主编：《秦简牍合集[贰]·龙岗秦墓简牍》，武汉大学出版社2014年版，第18页。

② 苏卫国：《秦汉乡亭制度研究——以乡亭格局的重释为中心》，黑龙江人民出版社2010年版，第87~90页。

这些新黔首应该有一部分跑到了秦都城咸阳，所以秦政府才会下令强调“毋敢之咸阳”。对于已经流动到他处，寄居于他人房舍之中的新黔首，还要专门逮捕，并押解到其户籍所在县。不仅新黔首要重罚，主管官吏、县级官吏也要受罚。秦中央政府试图通过这种政令扭转新黔首任意流动的现象，把他们也变为与其他编户民无异的固定在土地上的人口。

总的说来，秦人口的自由流动受到官方法规的较大抑制。简文中也常见到迁者、徙官、戍边者，但他们不能算是自由流动，只是在官方命令下被迫流动而已。秦政府限制人口流动的律令实际执行情况可能并不乐观。当时大量出现的逃亡者使得官府的管理出现了不少漏洞，即使是被全国追捕的张耳、陈馀、张良等人也能在异地隐姓埋名。普通黔首的日常出行是否如“尉卒律”所规定那样执行严格的申请制度，县尉及其属吏是否有这么多精力处理相关申请，在某种程度上仍值得怀疑。

第三节　商业活动与物价

楚国里人流动性强，部分原因是从事商业活动者相当多，以至于商业氛围不可避免地对里中居民产生影响。秦虽然有“抑末”之虑，但实际上商业活动也有相当水准。秦商贾虽因市籍而地位不高，但仍居于里中，里中黔首也有不少从事商业相关活动。

一、楚国里人的商业活动

由楚国里中人口的流动性引出一个问题：里中居民从事何种营生？他们中的部分人可以在各地区间迁居，似乎显示这部分人口很少被束缚在土地之上，其生活方式不太像从事农业生产。我们来看下面这则材料，包山楚简简 150：

邛阳之酷里人卲㹤、郙[illegible]、盘己，邛阳之牢中兽竹邑人宋贔，蒹陵之䣝里人石绅，贷让(上)蕭(林)之王金不赛。让(上)蕭(林)之客苛𥅄内之。

包山楚简简150讲述的是有5人借贷“王金”而“不赛”的事件。“让”，何琳仪先生径释为“上”。“蕭”，原释文作“[illegible]”，何琳仪先生隶为“蕭”，释为“廪”。① “廪”与“林”相通。《集韵》：“菻，《说文》‘蒿属，或从廪’。”则意味着“菻”或作“廪”。传世文献中有“林钟”，例如《左传》襄公十九年所载“季武子以所得于齐之兵，作林钟而铭鲁功焉”②。“林钟”在金文中写作“䉮钟”。传世的楚公冢钟铭文曰：“楚公家自作宝大䉮(林)钟，孙孙子子其永宝。”③周原出土楚公冢钟铭文作“楚公家自作宝大亩(林)龢钟，孙孙子子永宝用”④。故让蕭可释读为“上林”。

“王”无疑指时任楚王，“王金”是楚怀王的货币财产。因此拥有“王金”的“上林”，应是楚国的官方机构之名。秦有“上林苑”⑤，有学者因而认为此处“上林”为秦苑，“上林之客”似为秦客⑥。此说法不妥。对于来自秦的使臣，楚人径称“秦客”，天星观一号墓楚简有“秦客公孙鞅”⑦，寿县出土太府镐有“秦客王子齐”⑧。楚简不太可能在详细记录“上林”的同时却又漏记其国籍。或许楚国的“上林”与秦的“上林苑”相仿，“上林之客”是为楚王打理财产的臣属。

---

① 何琳仪：《包山楚简选释》，《江汉考古》1993年第4期。

② 阮元校刻：《十三经注疏·春秋左传正义》卷34，上海古籍出版社1997年版，第1968页。

③ 中国社会科学院考古研究所编：《殷周金文集成释文》第1卷44，香港中文大学出版社2001年版，第24页。

④ 罗西章：《陕西周原出土的青铜器》，《考古》1999年第4期。

⑤ 《史记·秦始皇本纪》：“乃营作朝宫渭南上林苑中。”“诸庙及章台、上林皆在渭南。”(司马迁：《史记》卷6《秦始皇本纪》，中华书局1982年版，第256、239页)

⑥ 何琳仪：《包山楚简选释》，《江汉考古》1993年第4期。

⑦ 滕壬生：《楚系简帛文字编》附录“楚简原物照片选”，湖北教育出版社1995年版，第1171、1174页。

⑧ 殷涤非：《寿县楚器中的“太府镐”》，《文物》1980年第8期。

“上林”贷给卲耳夬等 5 人的“王金”，有学者认为是“私人向公家借贷”。①如果仔细考察简文，我们可以进一步认定此借贷属于商业贷款。通过将简 150 与简 103-119 进行比较，我们可以得出以上结论。

简 103-119 是一本记录簿册，记录了在“大司马昭阳败晋师于襄陵之岁”，楚国司马以楚王之命向地方贷出“越异之黄金”的详细金额、经手人等。我们可以从中看出，此次借贷有 4 个特点。其一，簿册特别标明了贷款用途。“以糴(糴)种”的字样在简 103、105-114 中共出现 11 次，每次都紧接在贷款金额之后，表示前列金额必须用于购买农作物种子的用途，其用意当是防止贷款被挪作他用。其二，贷入方标明是当地行政长官，多为莫嚣(敖)、攻尹、司马等职，表明贷款并非贷给个人，而是集体借贷给当地政府，再由地方长官与相关机构发放给个人。其三，贷出方不是楚王个人，而是楚国中央政府，所以在简 103、115 中，真正处理此事的是楚国“司马”(未署其名)、“命(令)尹士”、“大帀(师)子繡(佩)”等人。其四，贷出的款项有两种称呼：一曰“越异之黄金”，同样在简 103、105-114 中共出现 11 次；一曰“越异之金”，在简 115-119 中出现共 8 次。两者同义。“越异”，刘信芳先生认为其本义为渡灾，此处作官府名，是楚特设的救灾机构。② 其说可从。“越异之黄金”“越异之金”几乎每次出现时都在贷款金额之前，表示此款项的性质是用于救灾。虽然文字多次重复，但在账簿中从未曾省略，其作用与第二点所说类似，应该是防止款项挪用的。以上四点，明白表示此批贷款为中央政府的官方贷款，有指定的中央负责人(司马、令尹等人)，有指定的地方负责人(地方行政长官)，有着固定的贷出项目(渡灾)，且有着严格的指定用途(购买种子)。

再来看简 150，与简 103-119 相比，有明显不同。其一，简文未记录贷出用途，很可能得到贷款的 5 人并未有一致的贷款用途。其二，贷入方为个

① 王颖：《从包山楚简看战国中晚期楚国的社会经济》，《中国社会经济史研究》2004 年第 3 期。

② 刘信芳：《包山楚简解诂》，艺文印书馆 2003 年版，第 98 页。

人，简文清楚记录了 5 人的姓名与居处地。他们并非地方长官，不是以官方身份，而是以个人身份贷款。其三，贷出款项称为“上林之王金”，“王金”的称呼很笼统，并未表明其用途。而简 103-119 中的“越异之黄金”虽然是以楚王之命而下拨的款项，但在简文中从未称呼为“王金”。所以，“上林之王金”应该是比较纯粹的商业贷款。由简 150，我们可以得知楚国将政府财产交由“上林”管理，“上林”将其进行商业借贷以收取利息、寻求资产增值，而贷款的对象多为里中居民(里人)。

类似简 150 这样，贵族将私人现金进行商业贷款的现象，在战国时代还能找到其他的案例。《史记 · 孟尝君列传》载孟尝君放贷之事，可与简 150 对比。

> 孟尝君时相齐，封万户于薛。其食客三千人。邑入不足以奉客，使人出钱于薛。岁余不入，贷钱者多不能与其息，客奉将不给。孟尝君忧之，问左右：“何人可使收债于薛者?”传舍长曰：“代舍客冯公……宜可令收债。”孟尝君乃进冯驩而请之曰：“宾客不知文不肖，幸临文者三千余人，邑入不足以奉宾客，故出息钱于薛。薛岁不入，民颇不与其息。今客食恐不给，愿先生责之。”冯驩曰；“诺。”辞行，至薛，召取孟尝君钱者皆会，得息钱十万。①

孟尝君因为要供养三千食客，封邑租税收入不足，所以“使人出钱于薛”，即在自己的封邑薛放贷收取利息。简 150 所见，楚王也是通过“上林”向郘阳人、蒹陵人放贷。此后因“贷钱者多不能与其息”，孟尝君不得不找人前往收债，最终选定了冯驩。简 150 所见，借款人恐怕不止 5 人，只是这 5 人不能按时缴纳利息，所以负责收债的“上林之客苛昖”才一纸诉状将他们告上官府。孟尝君放贷的地域是自己的封邑居民，借贷双方都是私人身份。简 150 中，官方机构“上林”放贷的对象是普通个人，所以应该是商业借贷。借

① 司马迁：《史记》卷 75《孟尝君列传》，中华书局 1982 年版，第 2359~2360 页。

款的5人中，除1人(宋贔)是邑中居民，其他4人都是里中居民。看来商业借贷活动主要发生在里中，从一个侧面说明楚国里中的工商业活动是比较活跃的，而这4人的职业很可能与工商业有关。

战国时代的里已经成为工商业发展的重要地区，最突出的例子是齐国临淄的制陶业。李学勤先生在《战国题铭概述(上)》中注意到齐国陶器题铭所记生产者籍贯的问题。① 此后还有学者对此进行过专门研究。② 临淄出土的陶文多记载有制陶工人的人员名字与所处乡、里，显示很多齐国陶器的生产者都来自临淄周围的乡里，同时陶器生产的专业分工也反映出乡里工商业的发达程度。

反观楚国，“里”应该也是受到工商业活动的直接影响。发达的工商业离不开便捷的交通，例如包山简中的下蔡、鄵，虽不是被司马迁所称许的战国名都，却都是楚国商道上的重要商业城市。鄂君启车节记载“自鄂(鄂)市，就昜(阳)丘……就下鄵(蔡)，就居鄵(巢)，就郢”。据谭其骧先生考证，鄂君启的商队，从鄂地出发，先舟行溯水而上，到达南阳盆地，舍舟乘车，东行至郢(寿春)。③ 下蔡就是这条商路中必经的城邑，下蔡的商业氛围之浓厚可以想见。战国时代的下蔡与阳城之间的往来也非常频繁。宋玉的《登徒子好色赋》说他的东家之女“惑阳城，迷下蔡”，也许对其美貌有夸大之词。但是宋玉的赋所反映出的下蔡、阳城之间风气习俗相互浸染的现象，是当时楚人包括楚王都认同的事实。能够有这样的交互影响，两城之间交通便利、商业发达应该是重要成因。包山楚简简120-121记载下蔡之山阳里人郑倖“窃马于下蔡而價之于阳城”，就是发生在这样的背景之下。虽然郑倖拒绝承认自己犯下窃马的罪行，但举报人的说法至少能反映当地马匹交易、商品异地销售等商业因素已经对里中居民产生影响。

同时，楚国甚至有以“市”为名的里，虽然未必是将市场设在里中，但可

① 李学勤：《战国题铭概述(上)》，《文物》1959年第7期。

② 高明：《从临淄陶文看衢里制陶业》，《古文字研究》第十九辑，中华书局1992年版；王恩田：《齐国地名陶文考》，《考古与文物》1996年第4期。

③ 谭其骧：《鄂君启节铭文释地》，《中华文史论丛》第2辑，中华书局1962年版。

以表明当时里与商业贸易的关系密不可分。包山楚简简63“郙之市里人殷𣏾”。鄂君启车节记载其商路经过“居郙”，谭其骧先生将其读作“居巢”，并特别注意到“居巢”之“居”为发语词的现象，《左传》记载中的“巢”地，在《史记》中皆写作“居巢”。① 所以简63的“郙”应该就是“居郙”，即传世文献中的“巢”，正处在鄂君启的商路之上。以“市”作为里名，表示该里与市的活动有密切关系。所谓市，据《周礼·地官·司市》记载分三种，“大市日昃而市，百族为主；朝市朝时而市，商贾为主；夕市夕时而市，贩夫贩妇为主”。建立市的目的，“凡治市之货贿六畜珍异，亡者使有，利者使阜，害者使亡，靡者使微”②。即使里人殷𣏾的身份不能确认为商贾，但是他所在的“市里”很可能是因为靠近集市而得名，该集市应该是郙地的交易中心，而郙又是鄂君启商路中的必经之城邑，所以里中工商业活动应该相当活跃，里中居民也应该有相当部分从事工商业生产与贸易相关职业。

综上所述，包山楚简为认识战国中晚期的楚国地方社会提供了不少新鲜的资料。楚国的里已不是单一家族血缘聚居，而是各种姓氏的家族杂处。里中居民来源于各地，他们的汇聚之所——里——也因此有相当程度的人口流动现象。人口流动与便利交通带来商业的发展，里中的商业氛围也比较浓厚，并进而影响到里中居民的社会生活。

二、秦黔首的商业活动

秦自商鞅变法以来，因文献记载中多见“崇本抑末”的经济思想，而导致后世多以为秦施行重农抑商的政策。李剑农先生认为，提出重农抑商主张并施行此政策者，实自商鞅始。③ 林剑鸣先生也认为“重农抑商”是秦自商鞅变

① 谭其骧：《鄂君启节铭文释地》，《中华文史论丛》第2辑，中华书局1962年版。

② 阮元校刻：《十三经注疏·周礼注疏》卷14，上海古籍出版社1997年版，第734~735页。

③ 李剑农：《先秦两汉经济史稿》，中华书局1962年版，第120页。

法以来一直贯彻的国策。① 这种抑商说在秦汉史研究领域长时期以来已成为主流。但也有学者并不认同秦推行抑商政策，认为商人与商业在秦得到了进一步的发展，这种看法以何兹全、翦伯赞等先生为代表。② 随着睡虎地、里耶、岳麓等多个批次的秦简公布后，大量秦商业活动的记载被学者所关注，秦抑商或重商的看法也开始被重新评估。吴荣曾先生据睡虎地秦简的记载认为秦有较为发达的商品货币关系，因而认为秦政权虽重本抑末，但执行时有灵活性，使得手工业与商业仍能获得一定发展。③ 杨剑虹先生也借助睡虎地秦简系统梳理和反驳了传统上被认为是秦抑商的史料与观点，认为秦人并未打击摧毁工商业，而是实行一系列有利于工商业发展的措施，秦人虽然重农，但是也重视工商业。④ 朱德贵先生依据《岳麓书院藏秦简(叁)》的案件文书认为秦的商品交换与货币经济发达，市场管理与商业纠纷处理都有完善的制度。⑤ 王子今先生梳理了学界的秦“抑商”说与“重商”说，认为“抑商”政策虽为“重农”的辅助策略，但是在秦行政方针中并不具有重要地位，反而是“市”与商人在秦的政治经济生活中具有重要作用。⑥ 总体上来说，秦简牍史料展示了一个商业与货币经济相当活跃的秦社会，促使学界反思秦“抑商”说是否符合当时的实际情况。而在这样的背景下，秦乡里居民的商业活动具有一定的指标意义。

据《史记·秦始皇本纪》载：“献公立七年，初行为市。”秦官方设立市的时间虽晚，但很快市就发展成为秦经济生活中的重要组成。商鞅变法时，曾

---

① 林剑鸣：《秦汉史》，上海人民出版社 1989 年版，第 140~141 页。

② 何兹全：《秦汉史略》，上海人民出版社 1955 年版，第 10 页；翦伯赞：《秦汉史》，北京大学出版社 1983 年版，第 32、36 页；王云度、张立文：《秦帝国史》，陕西人民教育出版社 1997 年版，第 138~144 页。

③ 吴荣曾：《从秦简看秦国商品货币关系》，《文物》1978 年第 5 期。

④ 杨剑虹：《从云梦秦简看秦代手工业和商业的若干问题》，《江汉论坛》1989 年第 2 期。

⑤ 朱德贵：《岳麓秦简奏谳文书商业问题新证》，《社会科学》2014 年第 11 期。

⑥ 王子今：《秦“抑商”辨疑：从商君时代到始皇帝时代》，《中国史研究》2016 年第 3 期。

有“徙木立信”之举，据《史记·商君列传》就是向众人悬赏，将一根三丈之木从“市南门”徙至“市北门”。商鞅为何要选择在市之门作为立信的地点，跟市场聚集的人流与社会影响有着莫大关系。此后秦政府通过颁布律令为市的管理提供了不少制度保障。比如“百姓市用钱，美恶杂之，勿敢异”（睡虎地秦简《秦律十八种·金布律》简65）；“为作务及官府市，受钱必辄入其钱缿中，令市者见其入，不从令者赀一甲”（睡虎地秦简《秦律十八种·关市律》简97）；“有买及有买（卖）殹（也），各婴其贾（价）；小物不能各一钱者，勿婴”（睡虎地秦简《秦律十八种·金布律》简69）。秦用律令规范市场交易行为并不让人惊讶，值得注意的反而是市场的交易主体。

我们先来谈谈市场交易主体中的买方。市的买方其中应该有一部分是秦官府机构。《岳麓书院藏秦简（肆）》简242：“关市律曰：县官有卖买殹（也），必令令史监，不从令者，赀一甲。”官府日常应该有比较大量的采购需求，虽然此条并未明言购买于市，但一般来说，只有在市中才能得到商贩比较专业的服务。《岳麓书院藏秦简（伍）》简260：“令曰：遣吏市者必遣真官啬夫吏、令史，不从令，赀各二甲。内史旁金布令乙四。”负责采买的官吏必须是正职，不得派假、守等代理类的职官。这显示官府采买在当时应是很常见的现象。除了官府机构采买之外，买家群体的大部分应该是普通黔首。睡虎地4号秦墓11号木牍收录的黑夫与惊兄弟给母亲的家书，提及“母视安陆丝布贱可以为禪帬、襦者，母必为之，令与钱偕来。其丝布贵，徒操钱来，黑夫自以布此”①。正在外地服兵役的黑夫，让母亲视家乡安陆县丝布价格决定是否买布制衣，如果价贵，就只寄钱给黑夫，由黑夫自行买布制衣。黑夫与其母应该都是在市中购买丝布，他们都是普通黔首，代表了市的多数买家。另外奴婢与刑徒是否可以进入市中购物，目前还无从知晓，但秦律明令禁止城旦舂等在某些情形下不得去市场，连借道市场通过也不允许。《岳麓书院藏秦简（肆）》收录“司空律”，简168：“仗城旦勿将司，舂城旦出

① 陈伟主编：《秦简牍合集[壹]·睡虎地秦墓简牍》，武汉大学出版社2014年版，第629页。

繇(徭)者，毋敢之市及留舍闠外，当行市中者，回，［勿行］。”这种限制可能是出于防止逃亡等方面的理由。

接下来讨论市场交易的卖方。在市中贩卖物品的商贩，他们的身份是值得讨论的。按照传世文献记载，普通商贾的地位在秦似乎相当低。《史记·秦始皇本纪》：“(秦始皇)三十三年，发诸尝逋亡人、赘壻、贾人略取陆梁地，为桂林、象郡、南海，以适遣戍。”①贾人即商贾，他们与曾经拖欠徭役及逃亡的人、依靠他人生活的赘壻并列，可见其在官府眼中地位很低。另外据说商贾的名籍也与寻常编户不同，被称为“市籍”。《汉书·晁错传》载：

> 臣闻秦时北攻胡貉，筑塞河上，南攻杨粤，置戍卒焉。……秦之戍卒不能其水土，戍者死于边，输者偾于道。秦民见行，如往弃市，因以谪发之，名曰“谪戍”。先发吏有谪及赘壻、贾人，后以尝有市籍者，又后以大父母、父母尝有市籍者，后入闾，取其左。发之不顺，行者深恐，有背畔之心。②

秦政府为进攻北方胡人与南方杨粤，在征发士兵时首先征发贾人、赘壻，而后扩大为曾经有过“市籍”的人，再往后又扩大为祖父母与父母曾经有“市籍”者。这是典型以家庭出身进行人员分类的行为，把家庭成员有过市籍的人都打入另册，优先征发。由此材料看来，秦的商贾似乎都被编入了“市籍”，并且有些人后来脱离了“市籍”不再是贾人，于是才产生了所谓“尝有市籍者”。

在秦简牍材料中的律令，似乎可以反映秦商贾的一些更为具体的情况。《岳麓书院藏秦简(肆)》所收“金布律”载：

> 金布律曰：市衡术者，没入其卖殹(也)于县官，吏循行弗得，赀一

① 司马迁：《史记》卷6《秦始皇本纪》，中华书局1982年版，第253页。
② 班固：《汉书》卷49，中华书局1962年版，第2284页。

循〈盾〉。县官有卖殹(也)，不用 124 此律。有贩殹(也)，旬以上必于市，不者令续〈赎〉䙴(迁)，没入其所贩及贾钱于县官。典、老、伍人见及或告之 125 而弗告，赀二甲。有能捕告赎䙴(迁)辠一人，购金一两。卖瓦土毄〈墼〉粪者，得贩卖室中舍中，租如律令。126

从“有贩殹(也)，旬以上必于市”来看，秦对专门从事贩售为业的商贾可能以营业十日为认定标准，十日以上为商贾，必须到市内交易。正式进入市内营业，商贾的名籍应该登记在市的簿册之上，归属市吏管理，这大概就是晁错所说的“市籍”。在市内交易，市的管理者才能收取市租作为官方收入，于是在“衢术”(街道)进行的交易必然会被严厉禁止，不惜没收其所卖商品以杜绝再犯。① 只有售卖“瓦土毄〈墼〉粪”(破瓦烂砖)时②，可能因为价值不高、搬运不便，才得以在这些砖瓦的破拆来源地或使用地(“室中舍中”)交易，但仍要收取市租(“租如律令”)③。编入“市籍”，并不意味着商贾就要从原本居住的闾里搬出。典、老、伍人有告发商贾在市外交易的义务，正好说明商贾虽然被列“市籍”，但可能仍旧与普通编户混杂居住于里中，仍旧有编伍(伍人)，受到典、老的管理，此时看不出与普通里人有太大区别。这明显与《管子》“四民”不可使杂处的思想不同。④

《岳麓书院藏秦简(陆)》载：

① 虽然在“衢术”售卖商品也有阻碍街道交通的疑虑，但从后文“县官有卖殹(也)，不用此律”来看，官方考虑的并不是交通，而主要是市租问题。官府机构售卖物品，据睡虎地秦简《秦律十八种·关市律》：“为作务及官府市，受钱必辄入其钱缿中，令市者见其入，不从令者赀一甲”(简 97)，有专门的“缿”收钱，收入多少皆可查验，或许因此不用此律。

② “毄〈墼〉粪”，整理小组：墼，砖坯。粪，废弃的粗劣之物。

③ 《里耶秦简(壹)》用船载运“故荆积瓦”的记录，都是建筑废弃材料(砖瓦之类)再利用的案例。

④ 《管子·小匡》记载：“士农工商四民者，国之石民也，不可使杂处，杂处则其言哤，其事乱。是故圣王之处士必于闲燕，处农必就田野，处工必就官府，处商必就市井。”(黎翔凤撰，梁运华整理：《管子校注》卷 8，中华书局 2004 年版，第 400 页)

律曰：黔首不田作，市贩出入不时，不听父母，笱（苟）若与父母言，其父母、典、伍弗忍告，令乡 194 部啬夫数谦（廉）问，捕毄（击）献廷，其罪当完城旦舂以上，其父母、典、伍弗先告，赀其父若母二甲，195 典、伍各一甲，乡部啬夫弗得，赀一甲，令、丞一盾。自今以来，有犯律者辄以律论。及其当 196 坐者，乡部啬夫弗得，以律论及其令、丞，有（又）免乡部啬夫。197

这则简文记载更加清晰：市贩出入不时，与黔首不田作、不听父母并列，里典、伍长不告发都要受罚，表示市贩与普通黔首都居住在同一闾里之中。所以秦市中之商贾小贩，其另一种身份就是混杂居于乡里的编户之民。或者可以说，秦的商业交易本就是由乡里之中的黔首在操持。其实正如前文论述户籍制度时所说，不论户籍还是市籍，都只是秦众多统计簿籍中的两个不同功用的品类而已。

从秦简材料来看，确实会发现不少里中居民从事商业的例子。《岳麓书院藏秦简（叁）》“识劫婏案”中，大女子婏及其家庭就是很好的案例。大女子婏因为在占家訾时隐匿了一大笔借款，被公士识要挟，不得不将手头的一间“市布肆”、一间“舍客室”转让给公士识。“市布肆”即市中售卖布匹的店铺。“舍客室”，整理者认为疑似出租房，王彦辉先生认为即“逆旅”（私人开设的宾馆）。① 当以“逆旅”说为是。在市场中经营有布匹店，大女子婏的家庭应该是商人身份或与之密切相关。我们再来看看她的家庭在闾里中的地位。简文载曰：

婏曰：与羛（义）同居，故大夫沛妾。沛御婏，婏产羛（义）、女姝。沛妻危以十岁时死，沛不取（娶）妻。居可二 112 岁，沛免婏为庶人，妻婏。婏有（又）产男必、女若。居二岁，沛告宗人、里人大夫快、臣、走马拳、上造嘉、颉曰：113 沛有子婏所四人，不取（娶）妻矣。欲令婏入

① 王彦辉：《秦简“识劫婏案”发微》，《古代文明》2015 年第 1 期。

宗，出里单赋，与里人通歓(饮)食。快等曰：可。婉即入宗，里 114 人不幸死者出单赋，如它人妻。居六岁，沛死。115

大女子婉原本是故大夫沛的妾，被沛免为庶人并娶其为妻。婉的“市布肆”“舍客室”应该都是从死去的沛处继承而来，沛在世时应该是商人，或与商贾关系密切的东家身份。沛曾经遍告宗人与里人，承认婉是自己的妻子，把婉排入宗谱，获得了认可。婉经过沛的争取，从此承担了里单赋，还可以与里人通饮食，这些都是里人与同宗享受到的正常待遇，我们也可以推断沛本人也是享有同样待遇的。从这些细节来看，沛与婉的家庭完全融入闾里社会之中，他们是普通的编户里人，只是操持商贾的营生而已。至于《史记·秦始皇本纪》与《汉书·晁错传》所记载征发贾人、市籍者为士卒的事迹，或许是在特殊时期与场景下的遭遇，并不能代表日常。

除了以上材料外，朱德贵先生根据《岳麓书院藏秦简(叁)》的史料列出了秦县级商品交易的丰富品种、发达的货币经济，以及包含合伙经商在内的灵活经营模式。① 总体上说，秦的商业活动，在战国时期各国商业贸易皆极其活跃的大背景下，虽然受到“抑末”思想与政策的影响，仍旧保持了相当高的水准。

小　结

官方对里的政治定位在很大程度上决定了闾里的建筑布局，闾里的建筑形态对里中居民的社会生活产生重大影响。里的外部环以围墙(即里垣)，墙上仅设少量闾门供里民出入，形成封闭隔绝的建筑空间，用以区隔内、外。早期的里门有多种称呼，如閭、闬、阎、闳等，其功用也各不相同。里的内部有里巷，还有各种巷门、院垣，形成复杂有序的内部构造。秦律要求一个独立的里必须有完整的里垣、专设的里门，保证闾里的空间分隔作用。里门

① 朱德贵：《岳麓秦简奏谳文书商业问题新证》，《社会科学》2014 年第 11 期。

的开闭也有专人管理，设有严密的门禁制度，定时开闭，防止外人随意进出，由此衍生出相应的风俗与文化。借助里门，里内的安静空间可以与里外的喧嚣世界联结沟通，也可以避免外界的打扰。秦简文书记载以船运输“故荆积瓦”，可能是民众对故楚建筑材料的二次利用。根据对战国秦汉储粮遗迹与文物的考察，“积瓦”并非仓储的陶器，而是二手建筑材料筒瓦、板瓦之类。“故荆积瓦”的来源可能是水路沿线的故楚城邑。

战国时期楚国的里已不再是单一氏族血缘聚居，而呈现异姓(氏)杂居之格局，这一点从同里居民的多种姓氏得到印证。异姓(氏)杂居现象的肇因，是当时楚国存在大量的人口流动。不仅楚国灭其他小国过程中存在楚人迁入新占领地区的情况，在楚国内部许多里中居民也常常在各地区间迁徙、流连。另外同族堂兄弟等近亲也往往生活于不同闾里之中，这也是迁徙流动的结果。秦受法家思想影响不愿农夫流动影响农耕生产，人口流动受到秦律的直接限制。黔首外出他县需要得到县尉的许可，否则会受罚。“故徼”周围的县处罚更加严厉。获得许可的黔首将从乡官手中拿到传书作为同行凭证。

楚国里中居民大量流动，从事的营生多不是农耕生产，而更多是商业活动，如资金借贷、商品交易等，让楚国闾里的商业氛围显得非常浓厚。秦虽有“崇本抑末”的经济思想，但是否严格执行抑制商业的政策仍存在争议。商业在秦经济生活中有着重要地位，秦律令中有不少规范市场交易行为的规定，显示秦政府为市场交易提供了严格的制度保障。商贾在秦虽列入市籍，但可能只是管理市场交易与抽取市租的需要，他们仍与普通黔首混居于里中，许多里中居民也具有商人身份。秦的商业活动仍具有相当高的水准。

结　　语

战国至秦代是中国古代地方社会组织初步成形并开始发挥行政与社会作用的重要时期。中国的行政系统从血缘性组织向地缘性组织过渡，从分封制向郡县制转变。在这样的大背景下，从微观角度观察地方社会行政组织在何种情形下、怎样承担越来越多的职能，是很有学术意义的研究课题。一方面国家权力逐渐触及地方，迫切需要建立起地方行政组织，以征发更多人力与物资满足大规模战争的需要。另一方面乡里聚落经过长期演变，发展成为有着各种社会功能需求的社区，于是地方行政组织在适应这些需求的同时，建立起自身的合法性与权威。通过地方乡里组织观察战国秦代社会的演变进程，有利于深度理解当时的行政运作过程、社会结构与风俗变迁。本书主要利用出土文献资料，考察战国秦代乡里组织的渊源和性质、基层吏员的职能与地位，以及地方社会的秩序与风俗，可以对当时的社会结构与变化有更多之认识。

战国时代各国的乡里组织呈现出一致性与多样性并存的复杂面貌。一致性表现在秦国与东方各国普遍都将“里”作为最基层的组织之一，同时也作为民众聚居的聚落，即使是最东方的齐国与最南方的楚国也没有例外。多样性表现在除却“里”之外的其他乡里组织多种多样，比如秦国设乡、里，楚国无乡而另设邑、州，郑、韩等国也都设邑，齐国设有衢、圜等。这种复杂面貌该如何解释？一致性可能来源于自西周时代流传下来的“里君”传统。战国时代的各国多数在西周早期已经立国，或者继承、瓜分原西周封国而来(三家分晋)，所以在承袭西周“里君”传统方面保持了一致性。从作为血缘性组织的“百姓里君”之“里”，逐步发展成为郡县制下由县政府进行管制的地缘性组织的“里”，折射了历史发展的总体趋势。多样性则可能来源于不同诸侯国的地方性传统。例如楚国把城外的聚居点专称为邑，与“里”同属于最基层的组织，这明显与秦国将县乡泛称为邑不同，也与传世文献中广泛使用的“城邑”“都邑”“县邑”不同。楚国的“州”在他国未曾见到，可能是来源于春秋时期楚庄王对陈国“乡取一人”、设置夏州的楚国传统。齐国在各国中比较特别，并未施行战国时各国通行的以郡辖县的制度，不设郡而设五都，以都辖县，其乡里组织衢、圜与各国不同也就显得并不奇怪了。事实上，多样性可能才是各国乡里组织原本应有的特色。反倒是秦国实行的严格统一的乡里制度可能是经过法家整理规划的结果。《史记·秦本纪》载商鞅变法“并诸小乡聚，集为大县”，《史记正义》注：“聚犹村落之类也。”①此处并未使用后世常见的乡里之称，“聚”也不是战国所见秦乡里组织正式名称，或许经过变法之后而弃用。三晋受法家思想影响较深，内部组织的情形或许与秦国类似，只是目前出土材料并不多。齐、楚两国皆未重用法家，因而保留更多地方性传统大概也在情理之中。

虽然战国时期的乡里组织在各国呈现出多样的面貌，但有一点是具有共通性的，即东周以来连绵不断的战争对乡里组织产生了深刻的影响，或许可以说从根本上改造了这些组织。春秋早期各国并未设常备军，进行战争之前的固定程序是发动国人、宗族及其私属等，以贵族军队为骨干，人数较少，军赋也只在战时才征收。后来随着春秋战争规模扩大，军制发生变革，一般庶民也要出任士兵，大型战争中参与的人数通常都在数万人，军赋开始成为一种常赋。进入战国以后，战争更加频繁、持久、规模宏大且残酷，其最明显的后果，是春秋时代的诸变化在战国时期表现得更加剧烈。赵鼎新先生将其描述为“战争驱动型理性化”：即反复发生的非毁灭性战争迫使各方采取富有效率的行动以赢取战争。② 在这样的大背景下，不仅中央的制度需要通过

① 司马迁：《史记》卷5《秦本纪》，中华书局1982年版，第203页。

② 赵鼎新：《东站战争与儒法国家的诞生》，华东师范大学出版社2006年版，第19页。

变法来适应战争需求，地方郡县制被更加强有力地执行，连原本作为聚落民居的乡里组织也必然经历这种变革。所以我们会看到，秦、楚都实行了比较严格的赋役、户籍等制度，同时对逃亡人口进行追缉，强力维持治安，通过乡里组织最大程度动员人口与财政资源。特别是秦，相关秦简记载非常丰富，制度设计相当严密，对违反制度的行为予以重惩，反映变法之后的秦政府所具有的高效率。这些制度基本上都是中央与郡县下令，最终通过乡里组织来执行。在《墨子·号令》等文献中还能看到一些更为极端的状况：敌军兵临城下，守城之时连里中居民也必须参与防守，据里门而层层设防。所以战国时代的乡里组织经历了一系列变化，以直接或间接方式满足日益增长的战争需求。

秦占据六国之地后，即着手对其上下的行政建制进行改造。不仅秦的郡县制被推行到六国故地，连带着乡里组织与相关制度也被强制推广到这些地区。在灭六国之后，秦彻底实现在政治上的大一统，以往各国纷繁复杂的地方组织都被整齐划一的乡里组织代替。这一变迁过程，迁陵地区可以算是代表。从里耶古城的发掘情况来看，其古城历史最早可以上溯到战国中晚期。该城最早是楚城，当地原本也是楚地，地方组织应该也是和楚国其他地区一样设置有里、邑等。秦人攻占迁陵地区后设置秦迁陵县，里耶秦简中记载秦人将当地分为三个乡，以乡辖里，转变为整齐的乡里组织。迁陵县就是秦帝国重新改造和统一原六国地方组织的缩影。对于乡里组织的统一改造，在微观层面宣告了秦统治秩序的正式建立。从此这些新设立的乡里组织，也处于秦人律法与制度的掌控之下。一叶而知秋，一部战国秦代乡里组织的微观史，同时也是当时中国社会大历史的写照。

参 考 文 献

A

安作璋、熊铁基:《秦汉官制史稿》,齐鲁书社,1984 年。

B

班固:《汉书》,中华书局,1962 年。

卜宪群:《秦汉官僚制度》,社会科学文献出版社,2002 年。

卜宪群:《秦汉之际乡里吏员杂考——以里耶秦简为中心的探讨》,《南都学坛》2006 年第 1 期。

卜宪群:《春秋战国乡里社会的变化与国家基层权力的建立》,《清华大学学报》2007 年第 2 期。

卜宪群:《从简帛看秦汉乡里的文书问题》,《文史哲》2007 年第 6 期。

卜宪群:《从简帛看秦汉乡里组织的经济职能问题》,《史学月刊》2008 年第 3 期。

卜宪群:《从简牍看秦代乡里的吏员设置与行政功能》,《里耶古城 · 秦简与秦文化研究:中国里耶古城 · 秦简与秦文化国际学术研讨会论文集》,科学出版社,2009 年。

C

蔡靖泉：《楚国的“莫敖”之官与“屈氏”之族》，《江汉论坛》1991 年第 2 期。

蔡全法：《近年来新郑“郑韩故城”出土陶文简释》，《中原文物》1986 年第 1 期。

蔡万进：《从云梦秦简看秦国粮仓的建筑与设置》，《中州学刊》1996 年第 2 期。

曹传松：《湘西北楚城调查与探讨——兼谈有关楚史几个问题》，《楚文化研究论集》第二集，湖北人民出版社，1991 年。

曹锦炎：《释战国陶文中的𢽾》，《考古》1984 年第 1 期。

曹旅宁：《秦律新探》，中国社会科学出版社，2002 年。

曹旅宁：《张家山汉律研究》，中华书局，2005 年。

晁福林：《先秦社会形态研究》，北京师范大学出版社，2003 年。

常璩撰，刘琳校注：《华阳国志》，巴蜀书社，1984 年。

陈公柔：《先秦两汉考古学论丛》，文物出版社，2005 年。

陈絜：《血族组织地缘化和地缘组织血族化——关于周代基层组织与基层社会的几点看法》，《社会科学战线》2009 年第 1 期。

陈絜：《里耶“户籍简”与战国末期的基层社会》，《历史研究》2009 年第 5 期。

陈梦家：《寿县蔡侯墓铜器》，《考古学报》1956 年第 2 期。

陈明光：《秦朝傅籍标准蠡测》，《中国社会经济史研究》1987 年第 1 期。

陈宁：《秦刻石新论》，《黑龙江史志》2009 年第 5 期。

陈奇猷校注：《吕氏春秋新校释》，上海古籍出版社，2002 年。

陈松长：《岳麓书院所藏秦简综述》，《文物》2009年第3期。

陈松长主编：《岳麓书院藏秦简(肆)》，上海辞书出版社，2016年。

陈松长主编：《岳麓书院藏秦简(伍)》，上海辞书出版社，2017年。

陈松长主编：《岳麓书院藏秦简(陆)》，上海辞书出版社，2017年。

陈文华、胡义慈：《新干县发现战国粮仓遗址》，《文物工作资料》1976年第2期。

陈伟：《包山楚简所见邑、里、州的初步研究》，《武汉大学学报》(哲学社会科学版)1995年第1期。

陈伟：《包山楚简初探》，武汉大学出版社，1996年。

陈伟：《〈简大王泊旱〉新研》，《简帛》第2辑，上海古籍出版社，2007年。

陈伟：《里耶秦简所见秦代行政与算术》，简帛网，2014年2月4日；后收入《秦简牍校读及所见制度考察》，武汉大学出版社，2017年。

陈伟：《岳麓秦简"尉卒律"校读(一)》，简帛网，2016年3月21日；后收入《秦简牍校读及所见制度考察》，武汉大学出版社，2017年。

陈伟：《秦简牍校读及所见制度考察》，武汉大学出版社，2017年。

陈伟：《秦简牍整理与研究》，经济科学出版社，2017年。

陈伟：《论岳麓秦简法律文献的史料价值》，《武汉大学学报》(哲学社会科学版)2019年第2期。

陈伟主编：《里耶秦简牍校释(第一卷)》，武汉大学出版社，2012年。

陈伟主编：《秦简牍合集》，武汉大学出版社，2014年。

陈伟主编：《里耶秦简牍校释(第二卷)》，武汉大学出版社，2018年。

陈伟等：《楚地出土战国简册[十四种]》，经济科学出版社，2009年。

陈振裕：《东周楚城的类型分析》，《江汉考古》1992年第1期。

陈直：《略论云梦秦简》，《西北大学学报》(哲学社会科学版)1977年第

1期。

陈直：《史记新证》，中华书局，2006年。

程俊英、蒋见元：《诗经注析》，中华书局，1999年。

程树德撰，程俊英、蒋见元点校：《论语集释》，中华书局，1990年。

[日]池田雄一：《关于里耶秦简中的乡里吏问题》，《史林挥麈——纪念方诗铭先生学术论文集》，上海古籍出版社，2015年。

[日]池田雄一：《中国古代的聚落与地方行政》，郑威译，复旦大学出版社，2017年。

[日]池田知久：《睡虎地秦简〈语书〉与墨家思想》，《秦汉史论丛》第九辑，三秦出版社，2004年。

[日]池田知久：《睡虎地〈语书〉与〈淮南子·齐俗〉篇——围绕着“风俗”的中央集权和地方分权》，《湖南大学学报》(社会科学版)2013年第6期。

D

[日]大西克也：《试论新蔡楚简的“述(遂)”字》，《古文字研究》第二十六辑，中华书局，2006年。

大冶县博物馆：《鄂王城遗址调查简报》，《江汉考古》1983年第3期。

大冶县博物馆：《大冶县发现草王嘴古城遗址》，《江汉考古》1984年第4期。

董说：《七国考》，中华书局，1956年。

董巧霞：《〈周礼〉所见地方行政组织考察》，东北师范大学博士学位论文，2009年。

杜赞奇：《文化、权力与国家——1900—1942年的华北农村》，王福明译，江苏人民出版社，2008年。

杜佑：《通典》，中华书局，1988 年。

杜预：《春秋左传集解》，上海人民出版社，1977 年。

杜正胜：《周代城邦》，台湾联经出版事业公司，1979 年。

杜正胜：《编户齐民的出现及其历史意义》，台湾《“中央研究院”历史语言研究所集刊》第 54 本第 3 分，1983 年。

杜正胜：《周代封建解体后的军政新秩序——编户齐民的研究之二》，台湾《“中央研究院”历史语言研究所集刊》第 55 本第 1 分，1984 年。

杜正胜：《编户齐民——传统政治社会结构之形成》，台湾联经出版事业公司，1990 年。

F

凡国栋：《里耶秦简所见秦基层地方行政体系》，《湖南考古辑刊》第 11 辑，科学出版社，2015 年。

范学辉、吕仁祥：《西周、春秋地方行政制度略论》，《山东工业大学学报》(社会科学版)1996 年第 3 期。

方龄贵校注：《通制条格校注》，中华书局，2002 年。

方诗铭、王修龄：《古本竹书纪年辑证(修订本)》，上海古籍出版社，2005 年。

冯少龙：《大冶县新发现一处古城遗址》，《江汉考古》1983 年第 4 期。

符奎：《秦简所见里的拆并、吏员设置及相关问题——以〈岳麓书院藏秦简(肆)〉为中心》，《安徽史学》2017 年第 2 期。

傅有举：《有关秦汉乡亭制度的几个问题》，《中国史研究》1983 年第 3 期。

傅熹年：《中国古代城市规划建筑群布局及建筑设计方法研究》，中国建筑工业出版社，2001 年。

G

甘肃省文物考古研究所等编：《居延新简——甲渠候官与第四燧》，文物出版社，1990 年。

［日］冈崎文夫：《魏晋南北朝通史》，（日本）弘文堂，1932 年。

高亨注译：《商君书注译》，中华书局，1974 年。

高恒：《秦律中的徭、戍问题——读云梦秦简札记》，《考古》1980 年第 6 期。

高敏：《关于秦时服役者的年龄问题探讨——读〈云梦秦简〉札记》，《郑州大学学报》（哲学社会科学版）1978 年第 2 期。

高敏：《从云梦秦简看秦的赐爵制度》，《云梦秦简初探》（增订本），中州书画社，1982 年。

高敏：《秦的赐爵制度试探》，《秦汉史论集》，中州书画社，1982 年。

高敏：《秦汉的户籍制度》，《求索》1987 年第 1 期。

高明编著：《古陶文汇编》，中华书局，1990 年。

高明：《从临淄陶文看衢里制陶业》，《古文字研究》第十九辑，中华书局，1992 年。

高荣：《“十里一亭”说考辨——秦汉亭制研究之一》，《南都学坛》2008 年第 3 期。

高士荣：《40 年来秦乡里社会研究综述》，《西安财经学院学报》2017 年第 1 期。

葛剑雄：《中国人口发展史》，福建人民出版社，1991 年。

［日］宫崎市定：《中国における聚落形体の変遷について》，原载《大谷

史学》第6号，1957年；中文译文《中国聚落形态的变迁——关于邑、国、乡、亭、村的考察》，《宫崎市定亚洲史论考》中卷，上海古籍出版社，2017年。

[日]宫崎市定：《中國における村制の成立》，原载《东洋史研究》18卷4号，1960年；中文译文《中国村制的确立——古代帝国崩坏的一个侧面》，中国科学院历史研究所翻译组编译：《宫崎市定论文选集》上卷，商务印书馆，1963年；中文译文又载于《宫崎市定亚洲史论考》中卷，上海古籍出版社，2017年。

[日]工藤元男：《睡虎地秦简所见秦代国家与社会》，广濑薰雄、曹峰译，上海古籍出版社，2010年。

顾栋高：《春秋大事表》，中华书局，1993年。

顾颉刚：《春秋时代的县》，《禹贡》第7卷第6、7合期，1937年。亦收入陈苏镇、张帆编：《中国古代史读本(上册)》，北京大学出版社，2006年。

顾颉刚等：《古史辨》，上海古籍出版社，1982年。

顾颉刚：《史林杂识初编》，中华书局，2005年。

顾久幸：《楚国地方基层行政机构探讨》，《江汉论坛》1993年第7期。

顾炎武著，陈垣校注：《日知录校注》，安徽大学出版社，2007年。

故宫博物院编：《古玺汇编》，文物出版社，1981年。

郭成伟点校：《大元通制条格》，法律出版社，2000年。

郭沫若：《金文丛考》，人民出版社，1954年。

郭豫才：《试论西周的公社问题》，《河南师大学报》(社会科学版)1983年第1期。

H

韩连琪：《春秋战国时代的中央官制及其演变》，《文史哲》1985年第

1期。

何光岳:《楚“敖”考》,《求索》1986年第1期。

何浩:《战国时期楚封君初探》,《历史研究》1984年第5期。

何浩:《楚灭国研究》,武汉出版社,1989年。

何琳仪:《包山楚简选释》,《江汉考古》1993年第4期。

何琳仪:《战国古文字典》,中华书局,1998年。

何宁:《淮南子集释》,中华书局,1998年。

何兹全:《秦汉史略》,上海人民出版社,1955年。

河南省考古学会等:《楚文化觅踪》,中州古籍出版社,1986年。

洪兴祖撰,白化文等点校:《楚辞补注》,中华书局,2002年。

呼林贵:《西汉京师仓储粮技术浅探》,《农业考古》1984年第2期。

湖北省博物馆:《楚都纪南城的勘察与发掘(上)》,《考古学报》1982年第3期。

湖北省博物馆:《楚都纪南城的勘察与发掘(下)》,《考古学报》1982年第4期。

湖北省博物馆编:《曾侯乙墓》,文物出版社,1989年。

湖北省荆沙铁路考古队:《包山楚简》,文物出版社,1991年。

湖南省文物管理委员会:《湖南湘阴古罗城的调查及试掘》,《考古通讯》1985年第2期。

湖南省文物考古研究所编著:《里耶发掘报告》,岳麓书社,2007年。

湖南省文物考古研究所、湘西土家族苗族自治州文物处、龙山县文物管理所:《湖南龙山里耶战国—秦代古城一号井发掘简报》,《文物》2003年第1期。

湖南省文物考古研究所、湘西土家族苗族自治州文物处、龙山县文物管理所:《湘西里耶秦代简牍选释》,《中国历史文物》2003年第1期。

黄纲正、吴铭生：《战国长沙楚城初论》，《楚文化研究论集》第二集，湖北人民出版社，1991年。

黄海烈：《里耶秦简与秦地方官制》，《北方论丛》2005年第6期。

黄海烈：《秦地方官制研究综述》，葛志毅主编：《中国古代社会与思想文化研究论集》，黑龙江人民出版社，2006年。

黄怀信：《鹖冠子汇校集注》，中华书局，2004年。

黄今言：《秦代租赋徭役制度研究》，《江西师院学报》1979年第3期。

黄陂县文化馆：《黄陂县作京城遗址调查简报》，《江汉考古》1985年第4期。

黄盛璋：《云梦秦简〈编年记〉初步研究》，《考古学报》1977年第1期。

黄盛璋：《云梦秦简辨正》，《考古学报》1979年第1期。

黄盛璋：《包山楚简中若干重要制度发复与争论未决诸关键字解难、决疑》，《湖南考古辑刊》第6辑，《求索》增刊，1994年。

黄士斌：《河南偃师县发现汉代买田约束券》，《文物》1982年第12期。

黄锡全、刘森淼：《"救秦戎"钟铭文新解》，《江汉考古》1992年第1期。

J

[日]加藤繁：《汉代的国家财政和帝室财政的区别及帝室财政一斑》，原文1918、1919年初次公布；中文译文载刘俊文主编：《日本学者研究中国史论著选译》第三卷，中华书局，1993年。

贾连敏：《新蔡葛陵楚简中的祭祷文书》，《华夏考古》2004年第3期。

翦伯赞：《秦汉史》，北京大学出版社，1983年。

江士杰：《里甲制度考略》，《民国丛书》第四编23册，上海书店，1992年。

金鹗：《求古录礼说》“礼说九”之“邑考”，《续修四库全书》第 110 册，上海古籍出版社，2002 年。

晋文：《里耶秦简中的积户与见户——兼论秦代基层官吏的量化考核》，《中国经济史研究》2018 年第 1 期。

K

[日]堀毅：《秦汉法制史论考》，法律出版社，1988 年。

L

蓝先琳：《门》，天津大学出版社，2008 年。

劳干：《汉代的亭制》，《劳干学术论文集》甲编上册，艺文印书馆，1976 年。

李峰：《西周的政体——中国早期的官僚制度与国家》，生活·读书·新知三联书店，2010 年。

李家浩：《齐国文字中的“遂”》，《湖北大学学报》(哲学社会科学版)1992 年第 3 期。

李剑农：《先秦两汉经济史稿》，中华书局，1962 年。

李瑾、徐俊：《论先秦楚国职官名称及其有关问题》，《华中师范学院学报》1982 年第 6 期。

李零：《中国古代居民组织的两大类型及其不同来源——春秋战国时期齐国居民组织试析》，《文史》第 28 辑，中华书局，1987 年。

李零：《齐、燕、邾、滕陶文的分类与题铭格式——新编全书季木藏陶介绍》，《管子学刊》1990 年第 1 期。

李零：《楚景平王与古多字谥》，《传统文化与现代化》1996 年第 6 期。

李零：《包山楚简研究(文书类)》，《李零自选集》，广西师范大学出版社，1998年。

李零：《"三闾大夫"考》，《文史》第54期，中华书局，2001年。

李勉：《再论秦及汉初的"田"与"田部"》，《中国农史》2015年第3期。

李向平：《试论周秦时代的什伍制度》，《广西师大学报》(哲学社会科学版)1986年第3期。

李学勤：《战国题铭概述(上)》，《文物》1959年第7期。

李学勤：《山东陶文的发现和著录》，《齐鲁学刊》1982年第5期。

李学勤：《楚国夫人玺与战国时的江陵》，《江汉论坛》1982年第7期。

李学勤：《东周与秦代文明》，文物出版社，1984年。

李学勤：《包山楚简鄗即巴国说》，《中国文化》第21期，2004年。

李亚农：《西周与东周》，上海人民出版社，1956年。

李艳琴：《包山楚简名籍问题初探》，《宁夏大学学报》(人文社会科学版)2012年第2期。

李宗侗(玄伯)：《中国古代社会新研》，开明书店，1949年。

李宗侗(玄伯)：《中国古代社会新研 历史的剖面》，中华书局，2010年。

栗劲：《〈睡虎地秦墓竹简〉译注斠补》，《吉林大学社会科学学报》1984年第5期。

黎明钊：《秦代什伍连坐制度之渊源问题》，《大陆杂志》第79卷第4期，1989年。

黎明钊：《里耶秦简：户籍档案的探讨》，《中国史研究》2009年第2期。

黎石生：《里耶秦简中的两个小问题》，《里耶古城·秦简与秦文化研究》，科学出版社，2009年。

黎翔凤撰，梁运华整理：《管子校注》，中华书局，2004年。

连云港市博物馆等编：《尹湾汉墓简牍》，中华书局，1997年。

林剑鸣：《秦汉史》，上海人民出版社，1989年。

林剑鸣：《秦始皇会稽刻石辨析》，《学术月刊》1994年第7期。

林森：《从张家坡墓地看西周社会基层地域组织》，《中国国家博物馆馆刊》2014年第7期。

林沄：《"百姓"古义新解——兼论中国早期国家的社会基础》，《吉林大学社会科学学报》2005年第4期。

凌文超：《秦代傅籍标准新考——兼论自占年与年龄计算》，《文史》2019年第3辑。

刘彬徽、彭浩、胡雅丽、刘祖信：《包山二号楚墓简牍释文与考释》，湖北省荆沙铁路考古队：《包山楚简》，文物出版社，1991年。

刘彬徽：《楚系青铜器研究》，湖北教育出版社，1995年。

刘彬徽：《常德夕阳坡楚简考释》，《早期文明与楚文化研究》，岳麓书社，2001年。

刘海年：《云梦秦简〈语书〉探析——秦始皇时期颁布的一个地方性法规》，《学习与探索》1984年第6期。

刘乐贤：《里耶秦简和孔家坡汉简中的职官省称》，《文物》2007年第9期。

刘敏：《关于里耶秦"户籍"档案简的几点臆测》，《历史档案》2008年第4期。

刘瑞：《里耶古城北城壕出土户籍简牍的时代与性质》，《考古》2012年第9期。

刘伟：《齐国陶文的研究》，山东大学硕士学位论文，2008年。

刘文淇：《春秋左传旧注疏证》，科学出版社，1959年。

刘熙撰，毕沅疏证，王先谦补：《释名疏证补》，中华书局，2008年。

刘先枚：《楚官源流考索》，《江汉论坛》1982 年第 8 期。

刘向辑，向宗鲁校证：《说苑校证》，中华书局，1987 年。

刘向：《战国策》，上海古籍出版社，1988 年。

刘向编著，石光瑛校释：《新序校释》，中华书局，2001 年。

刘信芳：《包山楚简解诂》，艺文印书馆，2003 年。

刘欣宁：《里耶户籍简牍与“小上造”再探》，简帛网，2007 年 11 月 20 日。

刘雨、张亚初：《西周金文官制研究》，中华书局，2004 年。

刘玉堂：《楚官补考》，《荆州师专学报》(哲社版)1990 年第 3 期。

刘钊：《释新蔡葛陵楚简中的“[illegible]”字》，简帛网，2003 年 12 月 28 日。

刘钊：《包山楚简文字考释》，《出土简帛文字丛考》，台湾古籍出版有限公司，2004 年。

泷川资言考证，水泽利忠校补：《史记会注考证附校补》，上海古籍出版社，1986 年。

楼西庆：《中国建筑的门文化》，河南科学技术出版社，2001 年。

楼西庆：《千门万户》，清华大学出版社，2006 年。

鲁家亮：《里耶秦简所见迁陵三乡补论》，《国学学刊》2015 年第 4 期。

鲁西奇：《楚秦汉之际的“楚人”》，台湾《早期中国史研究》第 8 卷第 1 期，2016 年。

鲁鑫：《包山楚简州、里问题研究缀述》，《中原文物》2008 年第 2 期。

陆德富：《齐国陶文的“聚”字》，《中国文字学报》第八辑，商务印书馆，2017 年。

罗开玉：《秦国什伍、伍人考》，《四川大学学报》1981 年第 2 期。

罗开玉：《秦国乡、里、亭考》，《考古与文物》1982 年第 5 期。

罗西章：《陕西周原出土的青铜器》，《考古》1999 年第 4 期。

罗运环：《论包山简中的楚国州制》，《江汉考古》1991年第3期。

罗运环：《楚国八百年》，武汉大学出版社，1992年。

罗运环：《释包山楚简䜴敔宫三字及相关制度》，《简帛研究　二〇〇二、二〇〇三》，广西师范大学出版社，2005年。

洛阳博物馆：《洛阳战国粮仓试掘纪略》，《文物》1981年第11期。

罗振玉：《贞松堂集古遗文》，北京图书馆出版社，2003年。

M

马端临：《文献通考》，中华书局，1986年。

马非白：《云梦秦简中所见的历史新证举例》，《郑州大学学报》(哲学社会科学版)1978年第2期。

马世之：《楚城试探》，《楚文化研究论集》第一集，荆楚书社，1987年。

马王堆汉墓帛书整理小组编：《战国纵横家书》，文物出版社，1975年。

马王堆汉墓帛书整理小组：《马王堆三号汉墓出土驻军图整理简报》，《文物》1976年第1期。

马新：《两汉乡村社会史》，齐鲁书社，2011年。

马怡：《里耶秦简选校(连载一)》，简帛网，2005年11月14日。

马雍：《读云梦秦简〈编年记〉书后》，《云梦秦简研究》，中华书局，1981年。

缪文远：《战国策新校注》，巴蜀书社，1987年。

缪文远：《秦人傅籍标准试探》，《中国史研究》1996年第4期。

O

欧阳修、宋祁：《新唐书》，中华书局，1975年。

P

庞建卫：《论秦汉时代的乡官》，山东师范大学硕士学位论文，2011 年。

彭浩：《包山楚简反映的楚国法律与司法制度》，湖北省荆沙铁路考古队：《包山楚墓》附录二二，文物出版社，1991 年。

彭浩、陈伟、工藤元男主编：《二年律令与奏谳书：张家山二四七号汉墓出土法律文献释读》，上海古籍出版社，2007 年。

彭林：《〈周礼〉畿服所见中央与地方的关系》，《史学月刊》1990 年第 5 期。

Q

秦嘉谟等辑：《世本八种》，商务印书馆，1957 年。

秦进才：《秦汉士伍异同考》，《中华文史论丛》1984 年第 2 期。

裘锡圭：《湖北江陵凤凰山十号汉墓出土简牍考释》，《文物》1974 年第 7 期。

裘锡圭：《关于商代的宗族组织与贵族和平民两个阶级的初步研究》，《古代文史研究新探》，江苏古籍出版社，1992 年。

裘锡圭、李家浩：《曾侯乙墓竹简释文与考释》，湖北省博物馆编：《曾侯乙墓》附录一，文物出版社，1989 年。

R

［日］日比野丈夫：《乡亭里についての研究》，（日本）《东洋史研究》14 卷 1、2 合并号，1955 年。

冉光荣：《春秋战国时期郡县制的发生和发展》，《四川大学学报》1963

年第1期。

阮元校刻:《十三经注疏》,中华书局,1980年。

S

陕西省考古研究所华仓考古队:《汉华仓遗址勘查记》,《考古与文物》1981年第3期。

陕西省考古研究所华仓考古队:《汉华仓遗址发掘简报》,《考古与文物》1982年第6期。

陕西省考古研究所华仓考古队:《汉华仓遗址一号仓建筑复原探讨》,《考古与文物》1982年第6期。

沈长云、李秀亮:《西周时期"里"的性质》,《历史研究》2011年第4期。

沈刚:《里耶秦简所见民户簿籍管理问题》,《中国经济史研究》2015年第4期。

沈约:《宋书》,中华书局,1974年。

石泉:《古代荆楚地理新探》,武汉大学出版社,1988年。

石泉:《楚国历史文化辞典》,武汉大学出版社,1996年。

史建群:《〈周礼〉乡遂组织探源》,《郑州大学学报》(哲学社会科学版)1986年第2期。

史游:《急就篇》,岳麓书社,1989年。

施伟青:《论秦自商鞅变法后的逃亡现象》,《中国社会经济史研究》2004年第2期。

舒之梅:《珍贵的云梦秦简》,《云梦秦简研究》,中华书局,1981年。

睡虎地秦墓竹简整理小组编:《睡虎地秦墓竹简》,文物出版社,1990年。

司马光：《资治通鉴》，中华书局，1956年。

司马迁：《史记》，中华书局，1982年。

宋春：《先秦时期的户籍制度考略》，《农业考古》2010年第4期。

宋公文：《楚史新探》，河南大学出版社，1988年。

宋华强：《新蔡葛陵楚简初探》，武汉大学出版社，2010年。

苏杰：《释包山楚简中的“阩门有败”》，《中国文字研究》第3辑，广西教育出版社，2002年。

苏卫国：《秦汉乡亭制度初探》，北京大学硕士学位论文，2000年。

苏卫国：《秦汉乡亭制度研究——以乡亭格局的重释为中心》，黑龙江人民出版社，2010年。

苏舆撰，钟哲点校：《春秋繁露义证》，中华书局，2002年。

孙敬明：《齐陶新探(附益都藏陶)》，《古文字研究》第十四辑，中华书局，1986年。

孙敬明：《临淄齐故城内外新发现的陶文》，《文物》1988年第2期。

孙敬明：《齐国陶文分期刍议》，《古文字研究》第十九辑，中华书局，1992年。

孙敬明：《齐陶文比较研究》，《管子学刊》1994年第3期。

孙敬明：《齐陶文比较研究(续)》，《管子学刊》1994年第4期。

孙敬明：《从陶文看战国时期齐都近郊之制陶手工业》，《古文字研究》第二十一辑，中华书局，2001年。

孙楷著，徐复订补：《秦会要订补》，中华书局，1959年。

孙希旦：《礼记集解》，中华书局，1995年。

孙筱：《秦汉户籍制度考述》，《中国史研究》1992年第4期。

孙言诚：《秦汉的徭役和兵役》，《中国史研究》1987年第3期。

孙诒让撰，王文锦、陈玉霞点校：《周礼正义》，中华书局，1987年。

孙诒让:《墨子间诂》，中华书局，2001 年。

孙兆华、王子今:《里耶秦简牍户籍文书妻从夫姓蠡测》，《中国人民大学学报》2018 年第 3 期。

T

谭黎明:《春秋时期楚国的县制》，《吉林师范大学学报》(人文社会科学版)2005 年第 4 期。

谭黎明:《春秋战国时期楚国官制研究》，吉林大学博士学位论文，2006 年。

谭黎明:《试春秋战国时期的楚国官制》，《社会科学战线》2007 年第 4 期。

谭其骧:《鄂君启节铭文释地》，《中华文史论丛》第 2 辑，中华书局，1962 年。

汤余惠:《包山楚简读后记》，《考古与文物》1993 年第 2 期。

唐嘉弘主编:《先秦史研究》，云南民族出版社，1987 年。

唐俊峰:《里耶秦简所示秦代的“见户”与“积户”——兼论秦代迁陵县的户数》，简帛网，2014 年 2 月 8 日。

陶磊:《读岳麓书院藏秦简(肆)札记》，简帛网，2017 年 1 月 9 日。

滕壬生:《楚系简帛文字编》，湖北教育出版社，1995 年。

[日]藤田胜久:《包山楚简所见战国楚的县和封邑》，《中国出土资料研究》第 3 号，(日本)中国出土资料学会，1999 年 3 月。

田昌五、臧知非:《周秦社会结构研究》，西北大学出版社，1996 年。

田旭东:《里耶秦简所见的秦代户籍格式和相关问题》，《四川文物》2009 年第 1 期。

仝晰纲：《秦汉时期的里》，《山东师大学报》(社会科学版)1988年第4期。

仝晰纲：《秦汉乡里的社会职能》，《山东师大学报》(社会科学版)，1992年第3期。

仝晰纲：《秦汉乡官里吏考》，《山东师大学报》(社会科学版)，1995年第6期。

仝晰纲：《秦汉时期的乡里管理体制》，《东岳论丛》1999年第4期。

W

万荣：《秦汉简牍"自告"、"自出"再辨析——兼论"自诣"、"自首"》，《江汉论坛》2013年第8期。

王恩田：《齐国地名陶文考》，《考古与文物》1996年第4期。

王爱清：《秦汉里制研究》，苏州大学硕士学位论文，2005年。

王爱清：《秦汉乡里控制研究》，山东大学博士学位论文，2008年。

王爱清：《秦汉乡里控制研究》，山东大学出版社，2010年

王爱清：《秦汉基层小吏的选用及其功能变迁》，《绵阳师范学院学报》2012年第12期。

王光镐：《楚文化源流新证》，武汉大学出版社，1988年。

王国维：《观堂集林》，中华书局，1959年。

王国维：《古史新证》，清华大学出版社，1994年。

王焕林：《里耶秦简考释(二)》，简帛网，2005年12月2日。

王焕林：《里耶秦简校诂》，中国文联出版社，2007年。

王晖：《季姬尊铭与西周兵民基层组织初探》，《人文杂志》2014年第9期。

王进锋:《西周时期里的管理形态——兼论里与邑的关系》,《社会科学》2018年第1期。

王琳:《从郑韩故城出土陶文看先秦乡遂制度》,《考古与文物》2003年第4期。

王溥:《唐会要》,中华书局,1955年。

王圻、王思义:《三才图会》,上海古籍出版社,1980年。

王若钦:《册府元龟(校订本)》,凤凰出版社,2006年。

王飒:《中国传统聚落空间层次结构解析》,天津大学博士学位论文,2011年。

王伟撰,沈啸寰、王星贤点校:《秦玺印封泥职官地理研究》,中国社会科学出版社,2014年。

王先谦撰,沈啸寰、王星贤点校:《荀子集解》,中华书局,1988年。

王先慎撰,钟哲点校:《韩非子集解》,中华书局,1998年。

王彦辉:《论东周秦汉时代的乡官》,《史学集刊》2001年第3期。

王彦辉:《〈里耶秦简〉(壹)所见秦代县乡机构设置问题蠡测》,《古代文明》2012年第4期。

王彦辉:《秦简"识劫㜫案"发微》,《古代文明》2015年第1期。

王彦辉:《秦汉户籍管理与赋役制度研究》,中华书局,2016年。

王贻梁、陈建敏:《穆天子传汇校集释》,华东师范大学出版社,1994年。

王颖:《从包山楚简看战国中晚期楚国的社会经济》,《中国社会经济史研究》2004年第3期。

王毓铨:《汉代"亭"与"乡""里"不同性质不同行政系统说——"十里一亭……十亭一乡"辨正》,《历史研究》1954年第2期。

王宇信等:《中国政治制度通史·先秦卷》,人民出版社,1992年。

王云度、张立文：《秦帝国史》，陕西人民教育出版社，1997年。

王准、王谷：《岳麓秦简里门史料一则》，《楚学论丛》第8辑，湖北人民出版社，2019年。

王子今：《试说里耶户籍简所见“小上造”、“小女子”》，《出土文献》第一辑，中西书局，2010年。

王子今：《秦“抑商”辨疑：从商君时代到始皇帝时代》，《中国史研究》2016年第3期。

文炳淳：《包山楚简所见楚官制研究》，台湾大学硕士学位论文，1998年。

文旭东：《秦汉乡亭里制与基层社会整合》，湖南科技大学硕士学位论文，2013年。

闻钧天：《中国保甲制度》，《民国丛书》第四编23册，上海书店，1992年。

吴大林、尹必兰：《西汉东海郡各县、邑、侯国及乡官的设置》，《东南文化》1997年第4期。

吴良宝：《战国楚简地名辑证》，武汉大学出版社，2010年。

吴荣曾：《从秦简看秦国商品货币关系》，《文物》1978年第5期。

吴树平：《云梦秦简所反映的秦代社会阶级状况》，《云梦秦简研究》，中华书局，1981年。

吴永章：《楚官考》，《中华文史论丛》1982年第2期。

吴裕成：《中国的门文化》，天津人民出版社，2004年。

吴毓江撰，孙启治点校：《墨子校注》，中华书局，1993年。

吴镇烽：《史密簋铭文考释》，《考古与文物》1989年第3期。

吴镇烽编著：《商周青铜器铭文暨图像集成》，上海古籍出版社，2012年。

武风征：《睡虎地秦简职官汇考》，集美大学硕士学位论文，2016 年。

X

项怀诚主编，黄文模、李洪波著：《中国财政通史(战国秦汉卷)》，中国财政经济出版社，2006 年。

孝感地区博物馆：《湖北孝感地区两处古城遗址调查简报》，《考古》1991 年第 1 期。

孝感地区第二期亦工亦农文物考古训练班：《湖北云梦睡虎地十一号秦墓发掘简报》，《文物》1976 年第 6 期。

萧统编，李善注：《文选》，上海古籍出版社，1986 年。

夏利亚：《睡虎地秦简〈语书〉篇释文商榷一则》，《江汉考古》2016 年第 3 期。

谢桂华、李均明、朱国炤：《居延汉简释文合校》，文物出版社，1987 年。

谢维扬：《周代家庭形态》，中国社会科学出版社，1990 年。

辛田：《名籍、户籍、编户齐民——试论春秋战国时期户籍制度的起源》，《人口与经济》2007 年第 3 期。

邢义田：《张家山汉简〈二年律令〉读记》，《燕京学报》新一五期，2003 年。

邢义田：《龙山里耶秦迁陵县城遗址出土某乡南阳里户籍简试探》，简帛网，2007 年 11 月 3 日。

熊铁基：《释〈南郡守腾文书〉——读云梦秦简札记》，《中国史研究》1979 年第 3 期。

熊铁基：《“十里一乡”和“十里一亭”——秦汉乡、亭、里关系的决断》，

《江汉论坛》1983 年第 4 期。

许宏：《先秦城市考古学研究》，北京燕山出版社，2000 年。

许淑珍：《临淄齐国故城新出土陶文》，《考古与文物》2003 年第 4 期。

许维遹：《韩诗外传集释》，中华书局，2005 年。

许维遹：《吕氏春秋集释》，中华书局，2009 年。

徐杰令：《试论先秦乡官制度》，《求是学刊》2000 年第 2 期。

徐少华：《关于春秋楚县的几个问题》，《江汉论坛》1990 年第 2 期。

徐少华：《周代南土历史地理与文化》，武汉大学出版社，1994 年。

徐少华：《古复国复县考》，《中国历史地理论丛》1996 年第 1 期。

徐少华：《包山楚简释地五则》，《江汉考古》1996 年第 4 期。

徐少华：《包山楚简释地八则》，《中国历史地理论丛》1996 年第 4 期。

徐少华：《包山楚简释地六则》，《简帛研究　二〇〇一》，广西师范大学出版社，2001 年。

徐世虹主编：《中国古代法律文献研究》第六辑，社会科学文献出版社，2012 年。

徐世虹主编：《中国古代法律文献研究》第七辑，社会科学文献出版社，2013 年。

徐喜辰：《春秋时代的“室”和“县”》，《人文杂志》1983 年第 3 期。

徐元诰：《国语集释》，中华书局，2002 年。

徐中舒：《论西周是封建制社会——兼论殷代社会性质》，《历史研究》1957 年第 5 期。

Y

晏昌贵、郭涛：《里耶简牍所见秦迁陵县乡里考》，《简帛》第 10 辑，上海古籍出版社，2015 年。

严耕望：《中国地方行政制度史——秦汉地方行政制度》，上海古籍出版社，2007 年。

颜世铉：《包山楚简地名研究》，台湾大学硕士学位论文，1997 年。

杨伯峻编著：《春秋左传注》，中华书局，1990 年。

杨剑虹：《从云梦秦简看秦代手工业和商业的若干问题》，《江汉论坛》1989 年第 2 期。

杨剑虹：《从简牍看秦汉时期的乡与里组织》，《陕西历史博物馆馆刊》第三辑，西北大学出版社，1996 年。

杨际平：《秦汉户籍管理制度研究》，《中华文史论丛》第 85 辑，上海古籍出版社，2007 年。

杨宽：《论西周金文中“六𠂤”“八𠂤”和乡遂制度的关系》，《考古》1964 年第 8 期。

杨宽：《再论西周金文中“六𠂤”和“八𠂤”的性质》，《考古》1965 年第 10 期。

杨宽：《古史新探》，上海人民出版社，1965 年。

杨宽：《春秋时代楚国县制的性质问题》，《中国史研究》1981 年第 4 期。

杨宽：《西周史》，上海人民出版社，1999 年。

杨宽：《战国史》，上海人民出版社，2003 年。

杨宽：《战国会要》，上海古籍出版社，2005 年。

杨晓华：《楚国户籍制度简论》，《黑龙江教育学院学报》2010 年第 12 期。

杨振红：《秦汉官僚体系中的公卿大夫士爵位系统及其意义——中国古代官僚政治社会构造研究之一》，《文史哲》2008 年第 5 期。

杨振红：《从秦“邦”、“内史”的演变看战国秦汉时期郡县制的发展》，

《中国史研究》2013 年第 4 期。

杨宗兵:《里耶秦简释义商榷》,《中国历史文物》2005 年第 2 期。

姚澜:《东周晚期基层社会从血缘到地缘的转变——以里耶户籍简为中心》,《淮北师范大学学报》(哲学社会科学版)2015 年第 3 期。

姚彦渠:《春秋会要》,中华书局,1955 年。

殷崇浩:《春秋楚县略论》,《江汉论坛》1980 年第 4 期。

殷涤非:《寿县楚器中的"太赓镐"》,《文物》1980 年第 8 期。

殷涤非:《寿县蔡侯墓铜器的再研究》,《考古与文物》1984 年第 4 期。

银雀山汉墓竹简整理小组编:《银雀山汉墓竹简(一)》,文物出版社,1975 年。

于成龙:《释䏰——新蔡楚简中的衅礼》,《故宫博物院院刊》2004 年第 4 期。

于豪亮、李均明:《秦简所反映的军事制度》,《云梦秦简研究》,中华书局,1981 年。

于省吾:《关于〈论西周金文中"六自""八自"和乡遂制度的关系〉一文的意见》,《考古》1965 年第 3 期。

于振波:《里耶秦简中的"除邮人"简》,《湖南大学学报》(社会科学版)2003 年第 3 期。

于振波:《走马楼吴简所见户与里的规模》,《江汉考古》2009 年第 1 期。

余行迈:《汉代乡亭部吏考略》,《苏州大学学报》1992 年第 1 期。

袁延胜:《秦汉简牍户籍资料研究》,人民出版社,2018 年。

《元典章》,中国书店,1990 年。

Z

臧知非:《先秦什伍乡里制度试探》,《人文杂志》1994 年第 1 期。

臧知非：《周秦风俗的认同与冲突——秦始皇“匡饬异俗”探论》，《秦文化论丛》第 10 辑，三秦出版社，2003 年。

臧知非：《秦始皇〈会稽刻石〉与吴地社会新论——林剑鸣先生秦始皇会稽刻石辨析》，《秦文化论丛》第 11 辑，三秦出版社，2004 年。

臧知非：《秦汉里制与基层社会结构》，《东岳论丛》2005 年第 6 期。

臧知非：《“闾左”新证——以秦汉基层社会结构为中心》，《史学集刊》2012 年第 2 期。

曾宪通：《说繇》，《古文字研究》第十辑，中华书局，1983 年。

[日]增渊龙夫：《说春秋时代的县》，《日本学者研究中国史论著选译》第三卷(上古秦汉)，中华书局，1993 年。

[日]增渊龙夫：《先秦时代的山林薮泽及秦的公田》，原载于中国古代史研究会编：《中国古代の社会と文化》，(日本)东京大学出版会，1957 年。中文译文载增渊龙夫：《中国古代的社会与国家》，上海古籍出版社，2017 年。

张朝阳：《也从里耶简谈秦代乡啬夫与乡守：论基层管理的双头模式》，《史林》2013 年第 1 期。

张春龙：《里耶秦简所见户籍和人口管理》，《里耶古城·秦简与秦文化研究》，科学出版社，2009 年。

张德芳主编：《居延新简集释》，甘肃文化出版社，2016 年。

张功：《秦朝逃亡犯罪探析》，《首都师范大学学报》(社会科学版)2002 年第 6 期。

张功：《秦汉逃亡犯罪研究》，湖北人民出版社，2006 年。

张金光：《秦自商鞅变法后的租赋徭役制度》，《文史哲》1983 年第 1 期。

张金光：《秦户籍制度考》，台湾《汉学研究》第 12 卷第 1 期，1994 年。

张金光：《秦乡官制度及乡、亭、里关系》，《历史研究》1997 年第 6 期。

张金光:《秦制研究》,上海古籍出版社,2004 年。

张怀通:《先秦时期的基层组织——丘》,《天津师范大学学报》2000 年第 1 期。

张觉人:《周秦两汉的地方自治制度》,《东方杂志》第 39 卷第 19 号,1943 年。

张力:《秦汉里论》,《四川师范学院学报》(哲学社会科学版)1993 年第 4 期。

张懋镕:《史密簋与西周乡遂制度——附论“周礼在齐”》,《文物》1991 年第 1 期。

张荣强:《湖南里耶所出“秦代迁陵县南阳里户版”研究》,《北京师范大学学报》(社会科学版)2008 年第 4 期。

张荣强:《〈前秦建元籍〉与汉唐间籍帐制度的变化》,《历史研究》2009 年第 3 期。

张守中:《包山楚简文字编》,文物出版社,1996 年。

张天恩:《西周社会结构的考古学观察》,《考古与文物》2013 年第 5 期。

张信通:《秦汉里治研究》,河南大学博士学位论文,2013 年。

张信通:《东周齐国农乡的里吏》,《中国农史》2016 年第 3 期。

张信通:《秦国乡官里吏民籍管理职能探究》,《河北师范大学学报》(哲学社会科学版)2017 年第 2 期。

张信通:《秦国乡官里吏发展管理农业职能》,《中国农史》2017 年第 6 期。

张信通:《我国乡里制度的起源和演变》,《太原师范学院学报》(社会科学版)2017 年第 6 期。

张正明:《楚史论丛》初集,湖北人民出版社,1984 年。

张正明:《楚文化史》,上海人民出版社,1987 年。

张正明：《楚史》，湖北教育出版社，1995年。

张正明：《湖北通史·先秦卷》，华中师范大学出版社，1996年。

赵冈、陈钟毅：《中国土地制度史》，新星出版社，2006年。

赵世超：《周代国野制度研究》，陕西人民出版社，1991年。

赵秀玲：《中国乡里制度》，社会科学文献出版社，1998年。

郑超：《战国秦汉陶文研究概述》，《古文字研究》第十四辑，中华书局，1986年。

郑樵：《通志》，中华书局，1987年。

郑樵撰，王树民点校：《通志二十略》，中华书局，1995年。

中国科学院考古研究所编：《甲骨文编》，中华书局，1965年。

中国社会科学院考古研究所编：《殷周金文集成》，中华书局，1984—1994年。

中国社会科学院考古研究所编：《殷周金文集成释文》，香港中文大学出版社，2001年。

中国社会科学院考古研究所、历史研究所、湖南省文物考古研究所编：《里耶古城·秦简与秦文化研究》，科学出版社，2009年。

中国文物研究所、湖北省文物考古研究所编：《龙岗秦简》，中华书局，2001年。

中国政法大学中国法制史基础史料研读会：《睡虎地法律文书集释（一）：〈语书〉（上）》，《中国古代法律文献研究》第六辑，社会科学文献出版社，2012年。

中国政法大学中国法制史基础史料研读会：《睡虎地法律文书集释（一）：〈语书〉（下）》，《中国古代法律文献研究》第七辑，社会科学文献出版社，2013年。

周海峰：《岳麓书院藏秦简〈田律〉研究》，《简帛》第11辑，上海古籍出版社，2015年。

周海峰：《秦律令研究》，湖南大学博士学位论文，2016年。

周美华：《春秋至秦统一后“五大夫”在军功爵中的历史定位(上)》，《许昌学院学报》2013年第1期。

周美华：《春秋至秦统一后“五大夫”在军功爵中的历史定位(下)》，《许昌学院学报》2013年第4期。

周书灿：《春秋时期“县”的组织形式和管理形态》，《江海学刊》2003年第3期。

周晓陆、路东之：《秦封泥集》，三秦出版社，2000年。

周振鹤：《从汉代“部”的概念释县乡亭里制度》，《历史研究》1995年第5期。

周振鹤：《县制起源三阶段说》，《中国历史地理论丛》1997年第3期。

朱德贵：《论汉代国家财政与帝室财政管理体制——与加藤繁先生商榷》，《江西师范大学学报》(哲学社会科学版)2006年第1期。

朱德贵：《岳麓秦简奏谳文书商业问题新证》，《社会科学》2014年第11期。

朱德贵：《岳麓秦简所见田税问题探讨》，《税务研究》2017年第5期。

朱德熙：《战国文字资料里所见的廏》，《出土文献研究(一)》，文物出版社，1985年。

朱汉民、陈松长主编：《岳麓书院藏秦简(壹)》，上海辞书出版社，2010年。

朱汉民、陈松长主编：《岳麓书院藏秦简(贰)》，上海辞书出版社，2011年。

朱汉民、陈松长主编：《岳麓书院藏秦简(叁)》，上海辞书出版社，2013年。

朱锦程:《读〈岳麓书院藏秦简〉(肆)札记(二)》,简帛网,2016年5月8日。

朱凤瀚:《先秦时代的“里”——关于先秦基层地域组织之发展》,《先秦史研究》,云南民族出版社,1987年。

朱凤瀚:《商周家族形态研究(增订本)》,天津古籍出版社,2004年。

朱骏声:《说文通训定声》,武汉市古籍书店,1983年。

朱红林:《张家山汉简〈二年律令〉集释》,社会科学文献出版社,2005年。

朱绍侯:《军功爵制考论》,商务印书馆,2008年。

诸山:《从睡虎地秦简看秦代乡里性质》,《历史教学》2007年第4期。

邹水杰:《再论秦简中的田啬夫及其属吏》,《中南大学学报》(社会科学版)2014年第5期。

邹水杰:《国家与社会视角下的秦汉乡里秩序》,湖南师范大学出版社,2014年。

邹水杰:《论秦及汉初简牍中有关逃亡的法律》,《湖南师范大学社会科学学报》2019年第1期。